모든 예배 대표기도문

모든 예배 대표기도문

지은이 | 문성모
초판 발행 | 2024. 11. 13
3쇄 | 2025. 1. 16
등록번호 | 제1988-000080호
등록된 곳 | 서울특별시 용산구 서빙고로65길 38
발행처 | 사단법인 두란노서원
영업부 | 2078-3333   FAX | 080-749-3705
출판부 | 2078-3331

책 값은 뒤표지에 있습니다.
ISBN 978-89-531-4958-8 03230

독자의 의견을 기다립니다.
tpress@duranno.com   http://www.duranno.com

두란노서원은 바울 사도가 3차 전도여행 때 에베소에서 성령 받은 제자들을 따로 세워 하나님의 말씀으로 양육하
던 장소입니다. 사도행전 19장 8-20절의 정신에 따라 첫째 목회자를 돕는 사역과 평신도를 훈련시키는 사역, 둘째
세계선교(TIM)와 문서선교(단행본·잡지) 사역, 셋째 예수문화 및 경배와 찬양 사역, 그리고 가정·상담 사역 등을
감당하고 있습니다. 1980년 12월 22일에 창립된 두란노서원은 주님 오실 때까지 이 사역들을 계속할 것입니다.

주일 수요 절기 예식 심방 모임 축하 장례

모든 예배
대표기도문

문성모 지음

REPRESENTATIVE
PRAYER

두란노

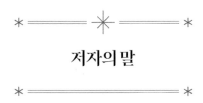

저자의 말

우리나라 교회 예배 시간에는 교인 중 한 명이 회중을 대표하여 기도하는 순서가 있다. 이를 가리켜 대표기도라고 한다. 이는 미국이나 유럽 교회에는 없는 현상이다. 즉 예배 시간에 목사가 아닌 교인이 회중을 대표하여 기도하는 순서는 우리나라가 거의 유일하다고 할 수 있다. 대표기도라는 단어 사용에 문제를 제기하는 사람도 있지만, 이는 보편적으로 통용되는 한국 교회 예배 순서로 자리매김하였다.

대표기도는 교육과 훈련이 필요하다. 왜냐하면 예배의 중요한 순서를 담당하기 때문이다. 예배 중에 선포되는 목사의 설교는 많은 교육과 훈련을 통하여 좋은 설교로 완성된다. 성가대(찬양대)가 성가 한 곡을 찬양하려면 여러 번의 교육과 연습의 과정을 거쳐야 한다. 다른 예배 순서도 마찬가지이다.

그러므로 대표기도를 맡은 사람도 교육과 훈련의 과정을 거쳐야 좋은 기도를 할 수 있다는 사실을 명심하지 않으면 안 된다. 성경을 보면, 제자들은 예수님께 기도를 가르쳐 달라고 청을 하였고 예수님은 제자들에게 기도하는 법을 가르쳐 주셨다. 이것이 아주 중요하다.

보통 대표기도를 맡은 사람들은 신앙생활을 오래 한 교인들이고, 누구에게 기도를 배운다는 것을 어색하거나 불편하게 생각하는 경향이 있다. 그러나 적어도 대표기도를 맡은 사람은 바른 기도를 위하여 훈련과 교육이 반드시 필요하다는 것을 인정하는 겸손이 있어야 한다. 이 책은 기도를 위한 훈련과 교육이라는 점에서 도움을 줄 것이라고 확신한다.

* 5주가 있는 달은 해당 월의 '절기와 교회력에 따른 예배' 대표기도문과 순서를 바꾸어서 사용할 수 있다.

4 CHAPTER

교회 예식을 포함한 예배 대표기도문
[주일 오전, 오후 및 저녁 예배]

5 CHAPTER

특별 행사 예배 대표기도문 [주일 오전, 오후 및 저녁 예배]

6
CHAPTER

수요 예배 대표기도문

7
CHAPTER

구역(속회, 목장, 셀, 순) 예배 대표기도문

장례 관련 예배 대표기도문

심방 예배 대표기도문

일러두기

1. 이 책의 특징

❶ 한국 교회에서 시행되고 있는 모든 종류의 예배에 사용할 모범 대표기도 문을 수록하였다.

❷ 주일 예배 기도문을 평상 예배와 절기와 교회력에 따른 예배로 나누어 수록하였다. 절기와 교회력에 따른 예배 기도문도 주일 예배를 위한 것이다.

❸ 주일 오후 및 저녁 예배를 위한 대표기도문을 헌신 예배, 교회 예식, 특별 행사 등으로 분리해 수록하였다. 교회 예식과 특별 행사 중 일부는 주일 예배 중에 거행될 수도 있다.

❹ 수요 예배의 대표기도문을 월별로 자세하게 수록하였다.

❺ 구역(속회, 목장, 셀, 순) 예배와 각종 모임, 생일, 백일, 결혼, 감사 예배와 장례 관련 예배 대표기도문도 자세한 항목과 함께 수록하였다.

❻ 심방 대표기도는 보통 평신도보다는 동행한 교구 담당 부교역자가 하는 경우가 많고, 상황에 따라 즉흥 기도가 행해지는 것이 보통이므로 자세한 항목보다 꼭 필요한 경우만 선별해 수록하였다.

❼ 이 책의 용어는 문법을 존중하지만, 관용적이고 습관적인 용어 사용은 문법에 구애 없이 그대로 사용하였다. 가령 '저희들'이나 '우리들', '우리 모두가', '모든 성도들', '시간들', '함께 동행하며' 등은 문법적 오류이지만, 한국 교회 기도의 관용적 용법이므로 그대로 표현하였다.

❽ '하나님'을 주어로 한 문장에서는 '축복'이란 단어 대신 '복'이라는 말로 대체해 사용하였다. 축복은 인간이 어떤 대상을 위하여 하나님께 복을 비는 행위이다. 그러므로 복을 주시는 하나님께 '축복'해 달라고 할 수는 없다. 그러나 이것도 이미 의미가 전도되어 지금은 '축복'이라는 말이 '복'이라는 단어와 동일한 개념으로 사용되고 있으므로 부분적으로는 허용하였다.

❾ 하나님께 기도하면서 사람 이름에 존칭을 붙이는 것은 사실상 결례가 되는 일이다. 하나님께 드리는 기도에 가령 '목사님에게', '장로님을 위하여', '권사님의 건강을' 등 '님' 자를 붙이면 안 된다는 말이다. 그러나 현실적으로는 사람도 듣고 있기에 존칭을 생략하면 매우 불편해진다. 평신도가 기도하면서 "우리 목사를 위하여 기도합니다"라는 식으로 말하면 어색할 수밖에 없으므로, 한국적인 상황을 고려하여 관용적인 존칭 사용을 그대로 인정하였다.

❿ 이 책의 기도문은 주기도문의 형식을 존중하며 구성하였다. 기도의 첫 부분에 하나님의 영광을 찬양하고 그 이름을 높이며, 사랑과 은혜에 감사하면서 기도가 시작된다. 그 후에 인간의 소원을 주님께 아뢰는 식으로 전개된다.

⓫ 헌금기도, 새벽기도, 참회기도 대표기도문은 지면 관계상 웹 부록(QR 코드)을 통해 볼 수 있게 하였다.

2. 대표기도를 위한 제언

한 교회에서 대표기도를 하는 사람들의 기도 내용을 자세히 살펴보면 통일성이 없는 경우가 대부분이다. 모두 각자의 스타일이나 정해진 내용을 거의 무의식적으로 반복한다. 그리고 각각의 기도자들은 자신의 틀을 벗어나지 못한 채 기도한다. 몇 달에 한 번 하는 대표기도이지만 거의 비슷한 도입부와 내용과 단어 사용이 반복되어서, 교인들은 대표기도자가 누구인가를 눈을 감고도 알 수 있다.

이는 기도를 위한 노력이나 훈련의 부족에서 온 결과이다. 만약 기도자가 대표기도를 위해 훈련과 노력을 기울였다면 매번 '그 나물에 그 밥' 같은, 변화가 거의 없는 기도는 하지 않을 것이다. 또한 대표기도답지 못한 내용이나 신학적, 신앙적으로 문제가 있는 단어의 사용, 중언부언하는 기도, 문법에 맞지 않거나 더듬는 기도, 전체 회중을 위한 기도가 아닌 개인적인 기도 등으로 예배 분위기를 해치지는 않을 것이다.

그러므로 대표기도를 맡은 이들은 다음과 같은 내용을 참고하여 모두가 공감하는 기도가 되게 해야 한다.

1) 주님이 가르쳐 주신 기도의 모범을 따라 하라

기도는 예배 중에 인간이 하나님의 영광을 찬양하며 그 은혜에 감사하는 행위이다. 주기도문의 모범은 하나님 아버지의 이름을 거룩하게 하며, 그 나라가 임하기를 원하며, 그 뜻이 이 땅에 이루어지도록 소원하는 것이다. 이 큰 개념 안에 인간의 작은 간구와 소원이 포함되어 있어야 하며, 이러한 인간의 바람은 다시 하나님 아버지의 나라와 권능과 영광으로 귀결되어야 한다.

2) 사람을 향해 기도하지 말라

기도하기 전 방향성을 먼저 생각하라. 기도는 하나님께 향한 것이어야 한다. 때로 기도의 내용이 설교처럼 들리거나 훈계하는 듯한 언어가 사용되기도 하는데, 이는 하나님이 아닌 사람을 향한 기도로서 방향이 잘못된 것이다. 기도에 지나치게 한 사람을 칭찬하거나 비난하는 내용이 들어가서도 안 된다.

기도를 미사여구가 가득한 시어(詩語)처럼 만들 필요도 없다. 웅변식으로 기도하는 태도도 사람을 의식한 것으로, 수정이 필요하다. 기도는 하나님과의 대화이다. 대표기도는 회중을 대표하여 예배 중에 하는 것이기에 의식적일 수밖에 없으나, 기도를 들으시는 분은 하나님이심을 잊어서는 안 된다.

기도는 하나님께 드리는 것이기에, 대표기도자가 기도할 때 회중이 그 기도를 감상해서는 안 된다. 회중을 대표한 기도이므로 교인들은 마음속으로 대표기도자의 기도를 따라서 하나님께 함께 기도를 드려야 한다. 그리고 마지막에 함께 기도했다는 표시로 "아멘" 하며 마쳐야 한다.

3) 성가대(찬양대)만을 위해 기도하지 말라

언제부터인가 한국 교회에는 설교자를 위한 기도 후에 성가대(찬양대)를 위해서 기도하는 습관이 생겼다. 그 내용은 성가대(찬양대)의 수고를 치하하고, 잘 불러서 은혜가 되게 해 달라는 것이다.

성가대(찬양대)를 위한 기도가 문제 될 것은 없다. 그러나 예배가 원활하게 진행되기 위하여 수고를 아끼지 않는 많은 봉사자들이 있는데, 유독 성가대(찬양대)만을 위해 기도하고 다른 분야는 언급하지 않는 것은 형평성의 문제가 있다. 성가대(찬양대)를 위한 기도를 하고 싶다면, 다른 예배 봉사자들을 위한 기도도 함께 하는 것이 마땅하다. 가령 예배를 위하여 수고하는 헌금 위원이나 안내 위원, 방송 위원, 차량 봉사 위원을 위한 기도가 함께 있어야 한다.

만약 성가대(찬양대)의 찬양하는 행위를 세상적인 공연처럼 생각하여 감상하려는 마음으로 잘하게 해 달라는 기도를 한다면, 이는 찬양의 기본적 자세를 망각한 것이다. 예배 중의 성가는 하나님께 드리는 감사의 예물이지 인간이 감상하고 즐기는 노래가 아니기 때문이다.

회중을 대표하여 기도자가 기도하듯이, 성가대(찬양대)는 회중을 대표하여 찬양을 하는 것이다. 따라서 회중은 성가대(찬양대)의 찬양을 감상해서는 안 되고, 속으로 함께 따라서 하나님께 찬양을 드려야 한다. 그리고 기도 후에 함께 "아멘" 하는 것처럼, 성가를 마친 후에는 "아멘"으로 화답하여 회중이 함께 찬양을 드렸다는 표를 해야 한다.

4) 기도 시작 부분에 성경 구절을 읽지 말라

대표기도자가 성경 구절을 읽고 기도를 시작하는 경우가 있는데, 이것은 시정되어야 한다. 말씀은 하나님이 인간에게 주시는 위로부터 아래로의 복음이고, 기도는 인간이 하나님께 드리는 아래로부터 위로의 순서이기 때문이다. 예수님이 가르쳐 주신 기도에는 성경 구절의 인용이 없다. 또한 성경에는 수많은 인물의 기도문이 있지만 어떤 경우에도 성경 구절을 읽으며 시작하는 기도는 없다. 왜 그럴까?

모든 예배 대표기도문

성경은 인간이 들어야 할 하나님의 말씀이다. 기도 시간에 성경 구절을 낭독하는 행위는 하나님께 들어 보라고 하는 것이나 마찬가지이다. 기도자가 성경 구절을 인용하고 싶은 충동은 결국 그 방향이 사람을 향해 있음을 증명하는 것이다. 그러나 기도 중간에 성경 구절을 인용하며 기도의 내용과 연관시키는 것은 문제가 없다.

5) 중언부언하거나 문법적인 오류가 많은 기도를 하지 말라

대표기도는 개인 기도와 다르다. 예배 중에 모인 교인 전체를 대표하는 기도는 잘 정돈되고 훈련되어야 한다. 이를 위해서는 기도문을 반드시 써서 읽기를 반복하고, 거의 틀림 없이 반듯하고 모범적인 내용의 기도를 해야 한다.

기도를 외우는 것은 정성이 들어가야 가능하다. 마치 성경 구절을 암송하듯 작성한 기도문을 외워야 한다. 이것이 어려울 때는 기도문을 보고 읽어야 한다. 기도문을 보고 모범적으로 기도하는 것이, 보지 않고 엉망으로 하는 기도보다 백번 낫다.

전통적인 기독교 예전에서는 기록된 기도문을 읽는 것이 관례였다. 목사의 설교도 원고 없이 방향성을 잃는 것보다, 원고를 보면서 바른 논리로 설교하는 것이 좋다. 성가대(찬양대)도 악보 없이 틀리게 부르는 것보다, 악보를 보면서 정확하게 소리를 내는 것이 옳은 태도이다.

6) 설교를 통하여 하나님의 뜻이 잘 전달되기를 기도하라

교회 예배의 중심에는 설교가 있다. 설교는 하나님의 말씀을 설교자가 전달하는 시간이다. 하나님의 말씀은 완전하지만, 설교자는 인간이

기에 불완전하다. 따라서 설교자가 좋은 설교를 할 수 있도록 돕는 기도가 필요하다. 말씀의 전달자인 목사가 하나님의 말씀을 잘 대언하도록 기도하고, 회중이 말씀을 잘 받을 수 있도록 기도하라. 말씀을 방해하는 마귀의 역사가 틈타지 못하도록 기도하라. 예배 분위기를 성령께서 주관하시어 말씀이 감동 있게 전달되도록 기도하라.

7) 교인의 연합과 화합을 해치는 내용을 피하라

정치적인 이슈나 이념적인 논쟁거리는 교인 전체가 합일된 의견을 가질 수 없는 경우가 대부분이다. 시사적인 문제나 경제, 교육, 윤리 문제 등의 분야에서 교인들의 정서가 양분되거나 사분오열인 상태라면, 기도자가 자기주장을 기도에 담아서는 안 된다. 대표기도자가 자기의 견해를 강조하며 기도하면, 교회의 평화와 연합은 깨질 수밖에 없다.

기도는 기도자의 어떤 주장을 관철시키는 수단이 아니다. 기도자는 개인이 아닌 교회 공동체 전체를 대표하는 기도를 해야 하는 사명이 있다. 이 기도를 통하여 주님의 뜻이 이루어지기를 먼저 기도하라. 예수님이 교회 공동체에 주신 지상 명령은 "서로 사랑하고 하나가 되라"는 말씀이었다는 것을 명심해야 한다.

8) 기도 시간을 3분 이내로 하라

대표기도 시간을 3분으로 못 박을 필요는 없지만, 회중이 눈을 감고 진행하는 대표기도가 길어지면 기도의 집중력이 떨어지며, 기도가 위선적으로 변할 수 있다. 눈을 감고 있는 회중이 잡념에 빠질 수도 있고, 기도가 핵심을 벗어난 내용으로 흐를 수 있는 것이다.

또한 예배 시간 전체에도 영향을 미친다. 보통 예배는 정한 시간이 있고 각 순서에 묵시적으로 배당된 시간이 있어서 진행이 매끄럽게 흘러가야 한다. 예배는 복음이지만, 예배 의식은 시간 예술이라고 할 수 있다. 막힘이 없는 매끄러운 진행, 답답하지 않고 은혜로 충만한 분위기, 밋밋하지 않고 고저장단이 있어 감동을 더하는 예술 작품 같은 예배가 되기 위해서는 기도 시간을 잘 지키고, 전체 예배 분위기를 해치는 일이 없어야 한다.

3. 이 책의 활용법

대표기도는 쉬운 일이라고 생각할 수 있지만, 교인 전체를 대표하여 기도하는 행위는 결코 쉽게 생각해서는 안 되는 일이다. 어떤 교인들은 기도 순서가 되면 며칠 잠을 못 자고 밥맛도 없어진다고 한다. 대표기도에 대한 부담 때문이다.

그렇다고 대표기도를 어떻게 해야 하는지를 가르쳐 주는 프로그램도 없고, 마땅한 참고 서적도 발견하지 못해 고민하다가 잘못된 습관에 빠져 굳어진 기도자들이 많다. 피아노는 처음부터 잘 배워야지, 초기에 잘못된 습관이 들면 나중에 고치기 어렵다. 이는 운동도 마찬가지이다. 노래도 처음에 잘 배워야 하고, 설교도 처음부터 바르게 훈련해야 한다.

이 책은 대표기도의 모범을 예시하므로 어떻게 기도해야 올바른 기도가 되는가를 알려 주는 지침서라고 생각하면 된다. 저자는 이 책의 기도문만 정답이라거나 이대로 해야 한다 주장하지 않는다. 기도자는 이를 참고로 하여 자기 기도문을 만들어야 한다. 각 교회의 상황과 환경에 맞는 내용을 응용하고 첨가하라.

1) 기도로 기도를 준비하라

대표기도자는 회중을 대표하여 기도하는 막중한 임무를 잘 감당하기 위하여 하나님께 지혜와 지식과 능력을 달라고 기도해야 한다. 기도로 준비하지 않는 설교나 찬양이 없듯이, 기도도 기도로 준비해야 한다.

2) 해당 기도문을 참고하여 자신의 기도문을 작성하라

이 책의 해당되는 기도문을 읽고, 그 내용을 참고하여 각자 기도문을 작성해 본다. 그리고 그 기도문을 소리 내어 읽고 어색한 부분을 수정해 보자. 문장의 어디를 띄어 읽어야 하는지를 검토하고 표시해서 읽어 보자. 책을 읽듯이 하지 말고 감정을 넣어 호소력이 있는 문장을 만들어 보자.

3) 주보에 있는 목회 방침이나 교회 행사를 기도 제목에 포함하라

대표기도자는 이 책의 기도문을 참고하면서도, 목사의 목회 방침이나 교회의 당면한 행사를 포함하여 기도해야 한다. 그러나 이때 광고 시간의 반복처럼 해서는 안 된다. 기도는 사람에게 하는 것이 아니기 때문이다. 목회 방침이나 교회 행사가 하나님의 뜻에 합하기를 기도하며, 하나님의 도우심으로 풍성한 열매를 거두어 하나님께 영광을 돌릴 수 있도록 기도해야 한다.

4) 국제 정세나 사회적 문제를 기도 제목에 포함하라

이 책의 기도문에는 없지만 돌발적인 국제적, 사회적 문제가 생길 경우, 이를 위해 기도해야 한다. 가령 전쟁이 발발하였을 때 이를 종식시키기 위한 평화의 기도를 할 수 있고, 재난과 천재지변과 대형 사고가 발생하였을 때는 피해를 당한 사람들을 위한 기도를 해야 한다. 교회는 사회와 국가를 위해 기도해야 하며, 이는 예배 중의 대표기도부터 모범이 되어야 한다.

5) 기도 문장을 짧게 끊어서 작성하라

이 책의 기도 문장은 길게 늘어지는 것이 없다. 기도문은 소설이나 논문처럼 부문장이 계속되어 콤마(,)가 여러 개 반복되면 안 된다. 이 책을 참고하여 개인 기도문을 만들 때도 가능하면 문장을 짧게 만들어 매듭을 짓고 다음 문장으로 이어 가야 한다.

＊ 5주가 있는 달은 2장 '절기와 교회력에 따른 예배' 중 해당 월의 기도문을 사용한다.

CHAPTER

주일 예배 대표기도문(1)
[평상 주일 예배]

1월 주일 예배(1)

사랑과 은혜가 충만하신 하나님 아버지!

부족하고 허물이 많은 저희에게 새해를 맞게 하시고, 새로운 결단으로 다시 한 번 한 해를 시작하게 하시니 감사를 드립니다. 새해 첫 주일, 주의 전에서 우리의 마음과 정성을 모아 드리는 예배를 받아 주옵소서. 이 예배를 통하여 우리 모두가 하나님의 뜻을 따라 선한 결단으로 나아가게 하옵소서. 그리하여 우리를 통하여 하나님의 이름이 거룩히 여김을 받게 하시고, 주의 나라가 임하게 하시고, 하나님 아버지의 뜻이 이 땅에 펼쳐지게 하옵소서.

올 한 해 우리 교회가 예수님의 마지막 명령을 잘 실천하게 하옵소서. 하나님을 사랑하는 마음으로 복음을 땅끝까지 전하는 일에 열심을 품게 하시고, 이웃을 사랑하여 화해와 평화를 위해 노력하는 우리 모두가 되게 하여 주옵소서. 올 한 해 우리 교회가 복음의 말씀으로 충만하여서 예배드릴 때마다 은혜와 사랑이 넘치게 하옵소서. 주의 복음의 능력으로 갈등이 치유되게 하시고, 이웃 사이의 막힌 담이 무너지게 하옵소서. 복음의 감격으로 서로서로 용서하게 하시고, 위로와 축복의 언어가 오가는 아름다운 공동체가 되게 하옵소서.

인간의 생사화복을 주관하시는 하나님, 한 해의 시작이 있고 끝이 있듯이, 우리 인생도 언젠가는 끝나는 시간이 있음을 깨닫습니다. 올 한 해 아버지께서 허락하신 시간의 달란트를 소중히 여기고 활용하여, 주 앞에 많은 것을 남기게 하옵소서. 새롭게 하나님께서 허락하신 1년, 12개월의 시간 속에서 게으르지 않고 열심을 다하여 주님이 원하시는 삶을 살아가게 하옵소서.

새해 우리 교회의 모든 가정이 주님을 더욱 잘 섬기게 하시고, 영육 간에 주께서 주시는 복을 누리게 하옵소서. 가정이 평안하게 하시고, 사업과 직장이 순조롭게 하시고, 건강과 지혜의 복을 더하여 주옵소서. 하나님 사랑과 이웃 사랑이 교회 생활과 사회 생활에서 구체적으로 실천되는 새해가 되게 하여 주옵소서.

오늘 말씀을 전하시는 목사님을 주님의 강한 팔로 붙들어 주셔서, 하나님의 말씀을 바로 전달하게 하옵소서. 듣는 우리에게 겸손을 허락하사 하나님의 말씀으로 받게 하옵소서. 목사님을 통하여 주시는 하나님의 말씀이 한 주간을 살아가는 생명의 양식이 되게 하시고, 모든 삶의 문제를 해결하는 열쇠가 되게 하옵소서.

이 예배를 통하여 우리가 주님께 드리는 사랑과 헌신을 기쁘게 받아 주옵소서. 성가대(찬양대)가 찬양할 때 하나님 영광 받아 주옵소서. 예배를 돕는 모든 일꾼들에게 하늘의 복을 내려 주옵소서.

새해를 허락하시고 복을 주시는 예수님의 이름으로 기도합니다. 아멘.

1월 주일 예배(2)

언제나 우리와 동행하시는 하나님 아버지!

주님의 은총 속에 희망찬 새해를 허락하여 주심을 감사합니다. 차가운 겨울 날씨 속에서도 건강을 지켜 주시고, 혹한의 추위 가운데서도 따뜻한 주님의 손길을 느끼게 하시니 감사를 드립니다. 한파와 같은 고난과 역경이 엄습해도 모든 것이 주님의 사랑 가운데 있음을 믿게 하시니 감사합니다.

지난 한 해 동안 우리의 가정과 교회를 굳건히 지켜 주시고, 모든 식구들이 믿음 안에서 살게 하심을 감사드립니다. 새해에는 모두가 주의 말씀을 따라서 새로운 결심을 하게 하시고, 우리의 언어와 행동이 하나님의 영광을 드러내고 그 뜻을 이루게 하옵소서.

우리를 향하신 하나님의 뜻이 무엇인가를 분별하게 하시고, 올 한 해 우리의 생명을 연장시켜 주신 주님의 은혜에 보답하며 살게 하옵소서. 무엇보다도 우리 모두가 주님이 주신 환경에 감사하며, 가진 것에 만족하는 자족의 신앙을 갖게 하옵소서. 물질이나 명예에 집착하므로 주님의 뜻을 거스르지 않게 하옵소서. 교회 생활이나 사회 생활에서 항상 그리스도인다운 절제와 자기 긍정의 인격을 갖춘 사람으로 살아가게 하옵소서.

주여! 이 나라 위정자들의 마음을 다스려 주옵소서. 하나님을 두려워하는 다윗의 마음을 가지고 나라와 민족을 위해 섬김의 자세로 일하게 하옵소서. 우리 교회가 건강하게 성장하여서 해야 할 일을 잘 감당하게 하옵소서. 교회가 세상에서 소금과 빛의 사명을 다함으로 불신의 사회 속에 하나님의 나라가 확장되게 하옵소서.

말씀을 들고 단 위에 서시는 목사님을 주님의 강한 팔로 붙들어 주시고, 하나님의 말씀을 능력 있게 전하도록 도와주옵소서. 목사님을 통하여 주시는 말씀을 하나님의 말씀으로 들을 수 있도록 우리에게 성령의 감화를 허락하여 주옵소서. 말씀을 통하여 게으른 마음에 새로운 결단이 생기게 하옵소서. 삶의 어려운 문제들로 근심과 염려가 가득한 심령에 하늘의 위로가 깃들게 하시고, 낙심한 영혼이 새 힘을 얻는 축복이 임하게 하옵소서.

오늘 우리가 드리는 예배가 습관과 형식을 넘어 영과 진리로 하나님을 경배하고 찬양하는 자리가 되게 하여 주옵소서. 예배를 통하여 살아 계신 하나님을 만나게 하시고, 그리스도의 구속의 은혜를 체험하게 하시고, 보혜사 성령의 임재가 새롭게 느껴지는 시간이 되게 하여 주옵소서. 성가대(찬양대)의 찬양이 하나님께 드려질 때, 우리 모두의 신앙 고백이 되게 하여 주옵소서.

언제나 우리와 함께하시는 예수님의 이름으로 기도합니다. 아멘.

1월 주일 예배(3)

우리를 사랑하시고 복 주시기를 좋아하시는 하나님 아버지!

지난 한 주간도 은혜로 보호하시고, 오늘 거룩한 주일을 맞아 예배의 자리로 불러 주심에 감사와 찬양을 드립니다. 이 예배가 영과 진리로 드려짐으로 주님께서 기뻐 받으시는 예배가 되도록 성령께서 인도하여 주옵소서. 예배를 통하여 하나님의 이름이 높임을 받으며, 모든 회중이 하나님의 임재와 그 영광을 체험하는 시간이 되게 하여 주옵소서.

사랑의 하나님 아버지, 지금까지 지내 온 모든 것이 주님의 은혜임을 고백합니다. 그러나 우리는 새해에도 변화되지 못한 채 여전히 불순종하고 게으른 삶 가운데서 주님의 마음을 아프게 하고 있음을 용서하여 주옵소서. 이 시간 다시 한 번 주님이 주신 구원의 은혜를 기억하게 하시고, 구원받은 감격이 감사로 이어지는 예배가 되게 하여 주옵소서.

주여, 이 예배를 통하여 우리를 변화시켜 주옵소서. 말씀을 통하여 진정한 회개와 반성이 있게 하시고, 구원의 즐거움이 회복되는 복된 시간이 되게 하여 주옵소서. 그리하여 여기 모인 우리 모두가 올 한 해 주어진 사명을 잘 감당하게 하시고, 하나님 아버지를 기쁘시게 해 드리는 자녀가 되게 하여 주옵소서. 어지러운 이 세대를 본받지 않고, 오직 마음을 새롭게 함으로 변화를 받아 하나님의 선하시고 기뻐하시고 온전하신 뜻이 무엇인지 분별하도록 하옵소서.

모든 예배 대표기도문

주님이 세우신 영적 지도자인 담임 목사님을 강한 팔로 붙들어 주옵소서. 건강과 지혜와 영력을 더하사 양 무리의 본이 되게 하시고, 피곤하지 않도록 늘 성령으로 새 힘을 공급하여 주옵소서. 동역하시는 교역자님들에게도 동일한 은총을 허락하여 주옵소서. 당회가 하나 되게 하시고, 한마음으로 주님의 교회를 세워 나가는 데 부족함이 없도록 도와주옵소서.

오늘도 단 위에 세우신 주의 종을 통하여 말씀을 듣습니다. 하나님의 말씀만이 선포되게 하옵소서. 우리에게 하나님의 말씀으로 들을 수 있는 귀를 허락하여 주옵소서. 그리하여 모두가 '아멘'으로 화답하며 말씀을 받게 하시고, 그 말씀이 생명의 양식이 되어서 한 주간을 사는 지혜와 능력을 얻게 하옵소서.

찬양으로 영광 돌리는 성가대(찬양대)의 지휘자와 반주자, 대원들에게 복을 주사 항상 건강하여 맡은 사명을 잘 감당하게 하옵소서. 예배를 위하여 수고를 아끼지 않는 안내 위원, 헌금 위원, 방송 위원, 차량 봉사 위원들에게 하늘의 신령한 복으로 채워 주옵소서. 또한 드러나지 않는 곳에서 예배를 위해 수고하는 헌신의 손길을 기억하여 주옵소서. 이 예배가 우리 일생에 가장 기념이 되는 은혜로운 예배가 되게 하여 주옵소서.

우리를 언제나 사랑하시는 예수 그리스도의 이름으로 기도합니다. 아멘.

1월 주일 예배(4)

사랑과 은혜가 충만하신 하나님 아버지!

오늘도 거룩한 주일에 주님 전에 나와 예배할 수 있도록 건강과 믿음과 평안을 주심에 감사를 드립니다. 오늘 우리가 정성을 모아 드리는 예배를 통하여 하나님 홀로 영광 받으시고, 저희에게는 복음의 말씀을 깨닫고 주님을 만나는 복된 시간이 되게 하여 주옵소서.

예배를 통하여 우리를 괴롭히는 근심과 걱정의 무거운 짐들이 벗겨지게 하시고, 이제까지 습관화된 우리의 죄악 된 삶이 변화받는 축복이 있게 하옵소서. 하나님의 이름을 높이 찬양하는 가운데 우울한 마음에 기쁨이 깃들게 하시고, 질병에서 회복되어 건강을 되찾는 기적이 나타나게 하옵소서. 주여, 이 예배를 통하여 십자가로 보증하신 하나님의 사랑을 다시 한 번 깨닫게 하시고, 그 사랑의 힘으로 한 주간을 건강하게 살고, 열심히 일하며 복음을 전하는 주의 자녀들이 되게 하여 주옵소서.

"여호와를 찾으라 그리하면 살리라"라고 말씀하신 하나님 아버지의 말씀을 믿고 이 자리에 나와 고개 숙인 사랑하는 성도들의 간구와 소원에 귀를 기울여 주옵소서. 우리의 가정과 직장과 일터를 지켜 주시고 하늘의 복으로 채워 주옵소서. 모든 가정의 자녀들이 믿음 생활을 잘할 수 있도록 은총을 내려 주옵소서. 한 주간 저희들의 삶이 말씀으로 더욱 풍요롭고 아름답게 하옵소서.

주여, 이 나라와 민족에게 자비와 긍휼을 베풀어 주옵소서. 이 나라를 불쌍히 여기셔서 다시 한 번 영적으로 회개하는 민족이 되게 하여 주옵소서. 이 백성이 정치적 이념을 초월하여 하나가 되게 하여 주시고, 하나님의 공의와 정의가 강물같이 흐르는 나라가 되게 하여 주옵소서. 경제가 안정적으로 성장하게 하시고, 사회의 각종 범죄가 줄어들게 하시고, 빈부의 격차가 해소되게 하시고, 노사 갈등이 잦아들게 하옵소서.

우리 교회를 위하여 기도합니다. 하나님의 영광이 가득한 교회가 되게 하여 주옵소서. 하나님의 뜻을 이루고, 주신 사명을 잘 감당하며 하나님을 기쁘시게 하는 교회로 만들어 주옵소서. 사랑으로 하나 되게 하시고, 그 사랑 가운데 모든 문제가 눈 녹듯 해결되는 축복의 현장이 되게 하여 주옵소서.

담임 목사님을 능력의 장중에 붙잡아 주사 주님께서 맡겨 주신 영혼을 사랑하는 목자로 사역하게 하시고, 영력을 칠 배나 더하셔서 오늘도 권세 있는 능력의 말씀을 선포하게 하옵소서.

오늘의 예배를 돕는 성가대(찬양대)와 안내 위원과 헌금 위원과 방송 위원과 차량 봉사 위원과 자모실 위원들의 수고를 기억하여 주옵소서. 교회학교를 섬기는 교사와 식당 봉사 위원과 그 밖의 모든 일꾼들에게도 하늘의 신령한 복으로 채워 주옵소서.

존귀하신 예수 그리스도의 이름으로 기도합니다. 아멘.

2월 주일 예배(1)

은혜와 사랑이 많으신 하나님 아버지!

지난 한 주간도 주님의 은혜 안에서 살게 하여 주시고, 오늘 주의 전에서 예배드릴 수 있도록 발걸음을 인도하여 주신 것을 감사합니다. 영과 진리로 주님께 영광을 돌리는 이 예배를 기뻐 받아 주옵소서. 주님의 은혜가 아니면 헛된 세상의 욕망을 따라 살 수밖에 없었던 죄인들이지만, 특별하신 은총으로 예수 믿고 구원받아 하나님을 예배하게 하시니 감사를 드립니다. 만 입이 있어도 다 찬송할 수 없는 주의 은혜를 생각하며, 이 시간 마음과 정성을 다하여 예배를 드리오니 주님 홀로 영광을 받아 주옵소서.

자비와 긍휼이 풍성하신 주님, 지난 한 주간을 돌아보며 주님 앞에 용서를 구합니다. 주신 말씀에 은혜를 받고 깨달음을 얻었지만, 세상의 유혹에 빠져 말씀대로 살지 못하였습니다. 주님의 뜻을 머리로만 알고 마음으로 순종하지 못한 부끄러운 상태를 용서하여 주옵소서. 주여, 주의 뜻에 우리의 의지를 복종시켜 살기를 원합니다. 나의 왕국이 아니라 하나님의 나라를 세우며, 그 나라의 백성으로 살게 하여 주옵소서. 우리 삶의 왕이신 주께서 원하시는 곳으로 가게 하시고, 주께서 하라는 것을 행하게 하옵소서. 우리를 통하여 하나님의 뜻이 이루어지게 하시고, 주의 나라가 확장되게 하옵소서.

모든 예배 대표기도문

하나님 아버지, 아직도 겨울 추위의 끝자락에 있습니다. 벌써 한 달이 지나고 새해의 둘째 달을 맞이한 우리의 신앙생활이 움츠러들지 않도록 힘을 주옵소서. 추위 속에서도 입춘을 선언하며 봄이 온 것을 알리는 계절의 변화로부터 믿음을 배우게 하옵소서. 비록 우리의 환경이 겨울 추위와 같은 시련의 계절 가운데 있다 할지라도, 믿음으로 그 시련의 끝을 선언하게 하옵소서. 하나님의 응답은 이미 와 있음을 입으로 고백하고 마음으로 선언하며, 주님이 주시는 봄과 같은 환경을 기다리게 하옵소서.

주여, 이 나라에 다시는 전쟁의 비극이 없게 하시고, 평화와 생명의 기운으로 가득하게 하옵소서. 나라를 사랑하는 마음으로 사분오열된 목소리가 하나 되게 하옵소서. 교회가 먼저 평안의 줄로 연결되어 사회를 향해 한목소리를 내게 하시고, 교회가 평화를 선포하며 사회를 선도하게 하옵소서.

오늘도 말씀을 전하시는 목사님을 성령의 능력으로 붙들어 주셔서 주신 사명 잘 감당하게 하옵소서. 주의 종을 통하여 주시는 말씀을 하나님의 말씀으로 받게 하시고, 그 말씀이 우리의 인격을 변화시키는 능력 있는 말씀이 되게 하옵소서. 예배를 돕는 모든 위원들에게 복을 주옵소서. 성가대원(찬양대원)과 안내 위원과 헌금 위원, 영상팀, 찬양팀, 차량 봉사 위원, 그 밖의 모든 주의 일꾼들이 기쁨으로 주의 몸 된 교회를 섬기며 자원하는 심령으로 일하게 하옵소서.

우리 주 예수 그리스도의 이름으로 기도합니다. 아멘.

2월 주일 예배(2)

언제나 우리와 함께하시는 하나님 아버지!

은혜와 사랑에 감사를 드립니다. 나약함으로 항상 무너지는 우리를 품어 주셔서, 흔들려도 쓰러지지 않게 하시고 넘어져도 다시 일어나게 하시는 주님의 은혜를 감사합니다. 오늘도 주님의 손에 이끌려 마음을 추스르고 예배의 자리에 나왔습니다. 비록 연약한 저희들이지만, 정성으로 마음을 다해 드리는 이 예배를 받아 주시고 하늘의 복으로 채워 주옵소서.

하나님 아버지, 지난 한 주간도 주님의 은총 속에서 살았습니다. 하지만 말씀대로 살지 못한 저희들의 모습을 돌아보며 회개합니다. 바벨의 시대처럼 죄악이 창궐한 세상에서 우리의 입술과 마음을 지켜 주를 따라 살기를 원합니다. 하나님의 자녀로 사는 것보다 세상과 짝하여 사는 것을 좋아하는 우리를 성령께서 붙들어 주셔서, 하나님이 원하시는 길을 걷게 하시고 주의 말씀대로 살게 하옵소서.

주님 앞에 엎드린 우리의 마음을 위로하여 주시고 품어 주시기를 원합니다. 우리의 기도에 하늘 문을 여시고 응답의 축복을 내려 주옵소서. 문제가 있어서 문제가 아니라 믿음이 없어서 문제임을 깨닫게 하여 주시고, 이 시간 예배 가운데 하나님을 믿고 신뢰하는 믿음이 확고해지게 하옵소서. 문제는 있으나 근심 염려는 사라지게 하옵소서. 모든 것을 합력하여 선을 이루시는 하나님의 살아 계심을 확실하게 깨닫고 기쁨이 회복되게 하옵소서.

하나님 아버지, 교회를 위하여 기도합니다. 교회가 계획하고 준비하는 모든 일들이 하나님의 뜻을 이루게 하옵소서. 하나님이 원하시는 뜻을 펼쳐 나가는 우리 교회가 되게 하여 주옵소서. 주님을 교회의 머리로 온전히 받들게 하시고, 주님께만 영광을 돌리는 교회가 되게 하여 주옵소서. 주여, 이 나라와 민족을 위하여 기도합니다. 이 나라에 하나님이 미워하시는 왜곡된 문화가 바로잡히게 하시고, 진리를 거스르는 불의함이 사라지게 하옵소서.

오늘도 말씀을 전하기 위하여 단 위에 서시는 목사님을 붙들어 주옵소서. 하나님의 말씀을 잘 대언하게 하시고, 말씀 가운데 하나님의 뜻이 나타나게 하시고, 말씀을 통하여 우리 모두에게 기도의 응답이 임하게 하옵소서. 목사님의 건강을 지켜 주시고, 가정에 평안을 주시고, 교회를 돌볼 때 기쁨이 넘치게 하여 주옵소서.

오늘도 성가대(찬양대)의 헌신을 귀하게 보시고 그 찬양을 받아 주옵소서. 인간에게 들려지는 소리가 아니라 하나님께 드려지는 찬양이 되게 하여 주옵소서. 우리 온 회중이 마음으로 찬양을 함께 드릴 때, 하나님의 영광이 이 전에 가득하게 하옵소서. 예배를 돕는 많은 위원들의 수고와 헌신에 하늘의 복으로 채워 주옵소서.

우리를 사랑하시는 예수 그리스도의 이름으로 기도합니다. 아멘.

2월 주일 예배(3)

사랑과 자비가 무한하신 하나님 아버지!

오늘 이렇게 복된 주일을 허락하시고, 주님의 전에서 예배드릴 수 있도록 인도하심에 감사드립니다. 영과 진리로 드리는 우리의 예배를 통하여 하나님 아버지께서 영광 받으시고, 아버지의 뜻이 이루어지며, 아버지의 나라가 우리 마음과 교회와 이 나라에 임하게 하옵소서.

벌써 2월의 절반이 지나가고 있습니다. 새해를 맞이하여 새로운 결심으로 하나님의 뜻을 이루며 살고자 다짐했지만, 어느덧 시간이 지남에 따라 하나님의 뜻이 아닌 내 생각과 뜻대로 살고 있는 우리의 모습을 반성하며 회개합니다. 주여, 우리의 믿음 없음을 불쌍히 여기시고, 이 예배를 통하여 하나님 앞에 자신을 돌아볼 수 있는 은총을 허락하여 주옵소서.

하나님 아버지, 우리나라의 정치와 경제가 심히 어려운 가운데 있습니다. 진실과 거짓을 구분할 수 없는 혼돈의 시대를 살아가고 있습니다. 국민을 위한 애국자가 보이지 않고 백성이 고개 숙일 만한 인물이 보이지 않는 암담한 현실 속에서, 낙심과 절망의 탄식 소리가 들려오고 있습니다. 주여, 이 나라를 불쌍히 보시고 자비와 긍휼을 베풀어 주시기를 간구합니다.

이 나라의 정치와 경제를 이끄는 사람들에게 애국심을 주시고, 모든 국민이 잘사는 나라의 건설을 위해 무엇을 해야 할 것인가를 생각하며 실

모든 예배 대표기도문

천하게 하옵소서. 그리하여서 빈익빈 부익부가 점차 해소되게 하시고, 하나님의 나라가 이 땅에 펼쳐지는 복된 미래를 허락하여 주옵소서.

주님, 한국 교회를 위하여 기도합니다. 우리의 허물을 용서하여 주옵소서. 회개의 영을 부어 주셔서 통회 자복함으로 교회들이 새롭게 거듭나게 하옵소서. 교회가 진정으로 주님을 머리로 하는 공동체가 되게 하여 주시고, 주님의 뜻을 이루기 위해 헌신하고 충성하는 교회가 되게 하여 주옵소서. 교회가 사회로부터 존경을 받게 하시고, 죽어 가는 영혼들이 교회를 통하여 영육 간에 새 힘을 얻고 구원받는 역사가 이어지게 하옵소서. 교회가 힘들고 지친 영혼들의 안식처가 되게 하시고, 길 잃고 헤매는 양들의 푸른 초장이 되게 하여 주옵소서.

이 시간 주께서 세워 주신 목사님을 통하여 말씀을 듣게 하시니 감사합니다. 주의 종을 강한 팔로 붙들어 주시고, 주의 말씀을 대언할 때 힘이 있게 하시고, 성령의 영감을 칠 배나 더하사 듣는 우리에게 감동과 치유가 있게 하여 주옵소서.

예배를 돕는 성가대(찬양대)의 찬양을 하나님 받아 주옵소서. 안내 위원, 헌금 위원, 방송 위원, 차량 봉사 위원에게 하늘의 복으로 채워 주옵소서. 주님의 충성된 일꾼으로 맡은 곳에서 책임을 다하고 있는 모든 종들을 기억하시고 은혜를 내려 주옵소서.

우리의 구원자 되시는 예수님의 이름으로 기도합니다. 아멘.

2월 주일 예배(4)

사랑과 은혜가 충만하신 하나님 아버지!

지난 한 주간도 우리를 눈동자같이 지켜 주시고, 오늘 거룩한 주의 날을 기억하고 주 앞에 나와 예배할 수 있도록 믿음을 허락하신 은혜와 사랑에 감사를 드립니다. 오늘 예배가 하나님께 영광을 돌리고, 하나님의 말씀을 듣는 복된 자리가 되게 하여 주옵소서.

오늘날 하나님 없는 외식적인 예배가 너무도 많음을 고백합니다. 예배를 받으시는 하나님을 찾지 않고 사모하지도 않는, 인간들의 모임으로 끝나는 예배도 많습니다. 주여, 오늘 우리가 하나님을 모시고 예배하게 하옵소서. 이 예배의 자리에 들어오며 먼저 하나님을 찾게 하시고, 하나님의 은총을 구하게 하시고, 하나님의 사랑을 느끼는 우리 모두가 되게 하여 주옵소서.

우리의 찬양이 인간의 귀에 즐거움을 주는 찬양이 아니라, 오직 하나님의 영광을 찬양하는 신앙 고백이 되게 하옵소서. 우리의 헌신이 인간의 눈을 의식하는 외식으로 흐르지 않게 하시고, 오직 하나님만을 바라보며 보이지 않는 곳에서도 충성하게 하옵소서. 우리의 예물이 하나님의 은혜에 대한 감사의 예물로 드려지게 하옵소서. 말씀을 들을 때 인간의 언어가 아닌 하나님의 말씀으로 듣게 하옵소서.

주여, 말씀을 들었고 은혜도 받았고 결단도 하였지만, 지난 한 주간의 삶 속에서 주의 뜻을 실천하지 못하고 받은 은혜에 보답하지 못한 우리의 허물과 죄를 용서하여 주옵소서. 이 시간 주님 앞에 엎드린 뭇 심령들에게 자비와 긍휼을 베푸사, 다시 한 번 새로운 피조물로 변화시켜 주옵소서. 주의 사랑에 힘입어 마귀의 시험을 이기게 하시고, 주의 자녀로서 권세 있게 세상을 살게 하옵소서.

주여, 어린아이와 같이 사모하는 심정으로 이 자리에 나온 주의 백성들의 간구를 들어주옵소서. 죄의 포로가 된 자에게 자유를 주옵소서. 몸과 마음에 상처가 있고 질병이 있는 심령에 치유와 회복을 허락하여 주옵소서. 경제적인 문제로 마음이 무너진 성도들의 가정과 사업에 복을 주사, 그들의 기도가 응답되는 기적을 허락하여 주옵소서. 주의 빛으로 우리의 어두운 마음을 비추어 주셔서, 세상살이에서 얻은 근심과 염려가 감사와 찬송으로 바뀌게 하옵소서.

오늘도 주님의 말씀을 받아 증언하시는 목사님을 붙들어 주시고 영육간에 강건하게 하여 주옵소서. 우리에게 선포되는 말씀이 주께서 주시는 말씀으로 들려지는 귀를 열어 주옵소서. 성가대(찬양대)의 준비한 찬양이 하나님께 올려질 때, 우리가 한마음으로 찬양을 드리는 시간이 되게 하여 주옵소서. 아침부터 예배를 돕는 모든 봉사자들의 헌신을 기쁘게 받아 주시고, 크신 은혜와 축복을 허락하여 주옵소서.

언제나 사랑으로 지켜 주시는 예수님의 이름으로 기도합니다. 아멘.

3월 주일 예배(1)

사랑과 자비가 충만하신 하나님 아버지!

오늘도 우리를 사랑하셔서 주의 거룩한 날을 구별하게 하시고, 주의 전으로 불러 주신 은혜를 감사합니다. 이 예배를 통하여 주님 홀로 영광 받으시고, 우리 모두가 한 주간을 돌아보며 받은 바 은혜에 감사와 찬양을 돌리는 시간이 되게 하여 주옵소서.

하나님 아버지, 저희들은 너무나 어리석어 지은 죄를 알지도 못합니다. 무엇이 주님의 뜻인지도 모른 채, 나의 뜻을 주님의 뜻으로 각색하며 살아왔습니다. 주여, 우리의 소원 성취에 주님을 이용하려 했던 죄악과 허물을 용서하여 주옵소서. 우리의 소원을 주의 뜻에 굴복시키게 하옵소서. 그리하여 나의 욕심이 아닌, 하나님의 뜻을 이루며 살게 하옵소서. 먼저 그의 나라와 그의 의를 구하게 하시고, 주의 은혜로 무엇을 먹을까, 무엇을 입을까 하는 육신적인 염려도 다 해결되는 놀라운 축복을 누리며 살게 하옵소서.

봄기운이 가득한 이 계절에 우리 성도들의 가정마다 성령의 기운이 가득하게 하시고, 추위를 물리친 봄바람처럼 우리 교우들의 가정 가정에 성령의 바람이 불어오게 하옵소서. 그리하여 근심 염려의 마음이 굳센 믿음으로 채워지게 하시고, 한숨과 원망의 입술이 찬양과 감사로 변화되게 하옵소서. 우리 성도들의 가정마다 질병이 물러가게 하시고, 치유하시는 성령의 불길로 강건함이 회복되게 하옵소서.

하나님은 살아 계시고 우리 삶의 주인이시고 모든 문제 해결의 열쇠를 가지신 분임을 잊지 않게 하옵소서. 기쁠 때는 찬양하게 하시고, 슬플 때는 기도하게 하옵소서. 행복할 때 더 주님을 잘 섬기게 하시고, 불행한 일을 만날 때 더욱 주님을 의지하게 하옵소서. 모든 것을 합력하여 선을 이루시는 하나님을 믿게 하옵소서. 십자가로 보증하신 하나님의 변함없는 사랑을 믿게 하시고, 마귀의 시험을 이기고 승리하게 하옵소서.

오늘도 하나님의 말씀을 대언하기 위하여 단 위에 서시는 목사님을 붙들어 주옵소서. 말씀을 잘 증언하도록 건강을 주시고, 지혜를 주시고, 성령의 능력으로 옷 입혀 주옵소서. 그 입술에서 나오는 말씀이 우리 성도들에게 생명의 양식이 되게 하여 주옵소서.

우리 성도들을 대신하여 영광 돌리는 성가대(찬양대)의 찬양을 주님 기쁘게 받아 주옵소서. 예배를 돕는 많은 봉사자들을 기억하시고 그 섬김에 복을 내려 주옵소서. 오늘의 예배가 하나님의 임재하심이 느껴지는 감동의 시간이 되게 하여 주옵소서. 예배 가운데 주의 영광을 보게 하시고, 우리 모두가 주님을 만나는 시간이 되게 하옵소서.

우리 주 예수 그리스도의 이름으로 기도합니다. 아멘.

3월 주일 예배(2)

은혜와 사랑이 무한하신 하나님 아버지!

추운 겨울에도 우리를 따뜻한 사랑의 날개 안에 품어 주시고, 만물이 소생하는 계절 3월을 허락해 주신 은혜를 무한 감사드립니다. 주의 전에 나왔사오니 주님을 만나는 복된 시간이 되게 하시고, 주의 음성을 듣는 산상수훈의 자리가 되게 하여 주옵소서. 이 시간 예배를 통하여 하나님의 뜻을 더 깊이 알게 하시고, 하나님 나라의 백성으로 왕 되신 주님을 더 잘 섬기는 결단이 서게 하여 주옵소서.

주님이 피로 값 주고 사신 우리가 그 은혜와 사랑에 감격하여 모였습니다. 우리 성도들이 모여 이 교회가 되게 하시고, 주님을 머리로 하여 몸을 이루게 하시니 감사합니다. 주님을 섬기듯 교회를 섬기게 하옵소서. 우리 교회가 진정한 의미에서 주의 몸으로서의 역할과 사명을 다하도록 도와주옵소서. 우리 교회가 어두운 이 땅에 밝은 빛을 비추고, 부패한 곳에 소금의 역할을 감당하는 공동체가 되게 하옵소서.

교회를 이루는 우리 자신이 먼저 주님의 말씀을 따라 빛 된 생활을 하게 하시고, 깨끗하고 정의롭게 살아서 세상의 모범이 되게 하여 주옵소서. 우리 모두가 한마음으로 교회를 교회답게 만들어 가는 주의 제자로 살게 하옵소서. 주님의 생각과 의지가 우리의 마음을 지배하게 하시고, 주의 뜻이 우리 교회의 체질이 되게 하여 주옵소서. 교회 안에 어떤 악한 세력도 침투하지 못하게 하시고, 주의 뜻을 거스르는 어떤 생각이나 습관도 발붙이지 못하게 하옵소서.

주님만이 이 교회의 머리가 되심을 늘 고백하고 시인하는 우리 모두가 되게 하여 주옵소서. 주인 되신 주님께 우리의 몸과 마음을 드리고 복종하는 자세로 섬기는 일꾼들이 되게 하여 주옵소서. 주님께 쓰임 받음에 감격이 있게 하시고, 주님의 부르심에 기쁨과 감사가 넘치게 하옵소서. 마른 막대기와 같이 무익한 우리를 주님이 불러 사용하셨다는 것 자체가 은혜요 감격으로 다가오게 하시고, 감사의 조건으로 느껴지게 하옵소서.

오늘도 말씀을 듣고 단 위에 서시는 목사님을 주님의 강한 팔로 붙들어 주시기를 기도합니다. 주의 말씀을 대언할 때 힘 있게 하시고, 우리가 성령 충만하여 큰 은혜를 받는 시간이 되게 하여 주옵소서. 주의 종의 말씀을 하나님의 말씀으로 듣는 축복이 있게 하시고, 들은 말씀대로 실천하여 하나님의 자녀로 살아가게 하옵소서.

성가대(찬양대)의 찬양이 우리 모두의 찬양으로 하나님께 올려지는 감사의 예물이 되게 하시고, 주님께 영광을 돌리는 성가가 되게 하옵소서. 교회학교 교사로 수고하는 종들과 안내와 헌금 위원으로 섬기는 주의 일꾼들에게 복을 주시고, 방송 위원과 차량 안내 위원과 주방에서 섬기는 봉사자들의 수고를 기억하옵소서.

주 예수 그리스도의 이름으로 기도합니다. 아멘.

3월 주일 예배(3)

사랑과 자비와 은혜가 풍성하신 하나님 아버지!

아직도 찬바람이 부는 쌀쌀한 날씨 속에서도 저희 마음에 성령의 훈풍을 주시고, 오늘도 성전에 나와 예배할 수 있는 은총을 허락하시니 감사를 드립니다. 이 예배 시간에 불같은 성령의 임재를 경험하게 하셔서 우리의 마음이 뜨거워지게 하시고, 새로운 피조물로 거듭나는 신령한 영적 체험이 있게 하여 주옵소서.

길이요 진리요 생명이 되시는 주님, 예수님의 부활을 바라보며 지키는 사순절 기간 중에 있습니다. 우리 모두가 그리스도의 고난을 묵상하며 경건의 모양과 더불어 경건의 능력을 생활 속에서 채워 가는 시간이 되게 하여 주옵소서. 우리를 위해 죽으신 주님의 은혜를 조용히 묵상하며 하루하루 주님과 동행하는 마음으로 살아가게 하옵소서. 십자가로 하나님과 우리 사이에 막힌 담을 허무신 은혜를 감사합니다. 우리가 날마다 하나님과 화목한 가운데 살게 하시고, 주님과 누리는 교제의 풍성함을 맛보게 하옵소서. 죄에 대하여 민감하게 하시고, 우리의 죄를 주 앞에 회개하는 일에 머뭇거리지 않게 하옵소서.

주님이 허락하셔서 이 교회에 영적 지도자로 세우신 담임 목사님에게 영육 간에 강건함을 주시고 하나님의 말씀을 담대히 전하는 능력의 종으로 사명을 잘 감당하게 하옵소서. 성도들을 위해 기도할 때마다 하늘

문을 여시고 응답해 주옵소서. 함께 동역하는 교역자님들에게도 은혜를 주셔서 교회를 섬길 때 감사와 보람으로 충만하게 하옵소서.

오늘도 주의 종을 통하여 말씀을 들을 때, 우리가 하나님의 말씀으로 듣게 하여 주옵소서. 말씀을 들을 만한 귀를 열어 주시고, 우리의 마음 밭을 옥토로 만드셔서 떨어지는 말씀의 씨앗이 백 배의 열매를 맺게 하여 주옵소서. 또한 들은 말씀을 마음속에 잘 새기고 삶의 현장에서 순종함으로 우리 인격이 변하고, 언어가 변하고, 인생관이 변화되는 놀라운 축복을 누리게 하옵소서.

주님을 머리로 섬기며 오늘도 주의 몸 된 교회의 지체로서 열심을 다해 충성하는 종들의 수고와 헌신을 기억하여 주옵소서. 주의 일을 할 때 주님만을 바라보게 하시고, 기쁨과 감사가 마음에 가득하게 하옵소서. 주님께서 부르셔서 직분을 맡은 것을 감격으로 받아들이게 하옵소서. 수고에 대한 다른 보상 심리가 없게 하시고, 주님께 쓰임 받고 있다는 사실 자체가 이미 큰 보상임을 깨닫는 착하고 충성된 종으로 살게 하옵소서.

오늘도 우리 회중을 대표하여 하나님께 찬양을 드리는 성가대(찬양대)의 성가를 받아 주옵소서. 성가대(찬양대)가 찬양을 드릴 때 우리 모두가 함께 시와 찬송과 신령한 노래로 서로 화답하고 주께 노래하는 체험을 하게 하옵소서.

주 예수 그리스도의 이름으로 기도합니다. 아멘.

우리를 사랑하사 독생자를 주신 자비하신 하나님 아버지!
세상을 말씀으로 창조하시고, 인간을 하나님의 형상대로 가장 귀하게 만드신 하나님의 능력과 은혜와 사랑에 감사드립니다. 부족하고 죄 많은 우리를 위하여 주님께서 십자가를 지시고 고난을 당하셔서 구원해 주신 은총을 무한 감사합니다. 죄인을 택하여 부르사 믿는 자마다 의롭다 인정해 주시고 하나님의 자녀 삼아 주신 자비와 사랑을 감사드립니다.

오늘도 성전에 나와 예배하는 주의 자녀들에게 하늘의 신령한 복을 마음 가득 채워 주시기를 간구합니다. 받은 바 주의 은혜가 새록새록 생각나게 하시고, 우리의 영이 진리 안에서 주님께 찬송하고 예배하는 시간이 되기를 원합니다. 예배 가운데 주님을 만나게 하시고, 주의 손길을 느끼는 감격이 있게 하여 주옵소서.

사순절을 보내는 우리의 마음에 주님의 사랑이 더욱 강하게 생각나게 하시고, 그 사랑의 힘으로 모든 고난과 근심과 염려를 극복하고 승리하게 하옵소서. 사순절 기간에 우리의 경건이 생활화되게 하시고, 주의 말씀과 더 가까워지게 하옵소서. 주님과 하루하루 동행하게 하시고, 주의 고난이 나를 위한 고난임을 깊이 깨닫는 시간이 되기를 소원합니다.

우리 민족과 나라를 위하여 기도합니다. 이스라엘 민족이 어려울 때마다 선지자를 보내 주신 것처럼, 이 민족에게 교회가 하나님의 뜻을 전하는 예언자의 역할을 잘 감당하게 하옵소서. 교회가 먼저 하나님의 뜻을 헤아릴 영적 분별력을 얻게 하옵소서. 교회가 세속화되지 않게 하시고, 이 세상에서 주의 거룩한 공동체로서의 정체성을 지켜 나가게 하옵소서. 그리하여 세상의 소금과 빛으로 드러나게 하시고, 그 사명을 잘 감당하는 교회가 되게 하여 주옵소서.

우리 교회의 모든 가정이 믿음의 반석 위에 굳게 서게 하옵소서. 육신적인 질병과 경제적인 어려움 때문에 신앙적으로 넘어지는 가정이 없게 하시고, 환난과 고통 중에도 하나님의 뜻을 믿으며 먼저 그의 나라와 의를 구하는 가정들이 되게 하여 주옵소서.

오늘도 주의 말씀을 대언하시는 목사님에게 성령의 충만함을 주옵소서. 가정의 행복과 영육 간에 건강을 지켜 주옵소서. 지혜와 명철을 주셔서 성령의 능력으로 말씀을 전할 때 하나님의 뜻이 선포되게 하옵소서. 우리 모두에게 겸손히 하나님의 말씀을 들을 수 있는 귀를 허락하여 주옵소서.

성가대(찬양대)의 성가 가운데 하나님의 영광이 드러나게 하시고, 우리 공동체의 감사가 찬양의 곡조를 타고 하늘 보좌에 상달되게 하옵소서. 이 시간 각 처소에서 맡은 일에 충성하며 예배를 위하여 수고하고 봉사하는 손길들을 기억하시고 복을 내려 주옵소서.

우리를 구원해 주신 예수님의 이름으로 기도합니다. 아멘.

4월 주일 예배(1)

은혜로우신 하나님 아버지!

오늘도 복된 날을 허락하여 주시고 이 시간 우리가 함께 모여 하나님을 찬양하고 경배하게 하시니 감사를 드립니다. 4월의 첫 주일에 우리가 마음을 다해 드리는 이 예배를 통하여 주님 홀로 영광 받으시고 하늘의 평안을 내려 주옵소서.

예배하면서 하나님의 은혜가 생각나게 하시고, 찬송을 부를 때 주의 은총에 감격하여 노래하게 하시고, 십자가로 보여 주신 변치 않는 사랑에 위로받는 시간이 되게 하옵소서. 기도할 때 우리의 소원을 아뢰기 전에 먼저 하나님의 나라와 뜻을 구하게 하옵소서. 이 예배를 통하여 하나님의 이름이 거룩히 여김을 받으시고, 이 성전에 하나님의 영광이 가득하게 하옵소서.

주여, 지금까지 지내 온 시간들을 돌이켜 봅니다. 모든 것이 주님의 은혜였음을 고백합니다. 우리가 스스로의 힘으로 이룬 것이 아무것도 없고, 우리의 능력으로 얻은 것도 없음을 인정하며 더욱 주님께 감사를 드립니다. 우리의 남은 삶도 주께서 인도하시고 보호하여 주옵소서. 사망의 음침한 골짜기를 지나갈 때도 두려워하지 않게 하시고, 고난과 질병의 시간이 온다고 할지라도 기다리며 인내할 믿음을 주옵소서.

불평의 입술과 근심의 마음을 몰아내 주시고, 모든 것의 주인 되시는 하나님의 뜻과 계획 속에 내가 있음을 믿게 하여 주옵소서. 내 소원 성취를 위하여 하나님을 이용하지 않게 하시고, 오히려 하나님의 뜻에 우리의 삶을 맞추어 나갈 수 있도록 반석 같은 믿음을 허락하여 주옵소서.

오늘도 말씀을 듣고 단 위에 서시는 담임 목사님에게 영육 간에 강건함을 허락하여 주시고, 말씀을 잘 전할 수 있도록 우리가 기도로 동역하게 하옵소서. 들려지는 말씀이 하나님의 말씀으로 우리 마음 밭에 심어지게 하옵소서. 말씀이 자라 백 배의 결실을 보게 하시고, 말씀이 우리 생활에 적용되어 언어가 변하고, 생각이 변하고, 삶이 변하고, 인격이 변화되게 하옵소서.

우리 회중을 대신하여 성가대(찬양대)가 하나님께 찬양을 드릴 때, 마음속으로 우리의 감사가 찬양 소리를 타고 하늘 보좌에 올려지게 하옵소서. 예배를 위해 섬기는 위원들에게 복을 주옵소서. 안내 위원, 헌금 위원, 방송 담당 위원, 차량 봉사 위원들의 수고를 통하여 우리의 예배가 아름다운 봉헌물로 하나님께 드려지게 하옵소서. 이 시간 성령께서 우리 모두의 마음을 주관하셔서 예배에 집중하게 하시고, 말씀 가운데서 하나님과 만나는 체험이 있게 하옵소서.

우리의 구원자 되시는 예수님의 이름으로 기도합니다. 아멘.

4월 주일 예배(2)

은혜와 사랑이 충만하신 하나님 아버지!
거룩한 주일에 주의 전에 나와 영과 진리로 예배할 수 있게 하시니 감사합니다. 우리의 의지로 나온 것 같으나 주님께서 부르시고 허락하셔서 이 복된 자리에 나온 것을 깨달으며 감사를 드립니다.

이 예배를 통하여 주님께 영광 돌리는 시간이 되게 하여 주시고, 주님의 은혜를 소리 높여 찬양하는 시간이 되게 하옵소서. 정성을 다해 우리의 사랑을 주께 고백하는 예배가 되게 하시고, 받은 바 은혜에 대한 감사의 기도와 예물이 드려지는 예배가 되게 하옵소서. 육신이 연약하여 예배에 참석하지 못한 사랑하는 성도들을 기억하사 위로하여 주시고, 주님의 손길로 어루만져 주옵소서.

주님을 만나러 나왔사오니 주의 얼굴을 우리에게 보이시고, 주님의 말씀 듣기를 사모하는 우리의 심령에 하늘의 메시지를 들려주옵소서. 예배드림이 우리의 기쁨이 되게 하시고, 주의 전을 사모하는 열심이 매일 새롭게 하여 주옵소서. 우리가 있어야 할 자리를 언제나 지키게 하시고, 예배를 통하여 우리가 변화되어 하나님의 뜻을 실천하고, 그 나라의 확장을 위해 살아가게 하옵소서.

예루살렘에 입성하시는 주님을 향해 "호산나"를 외쳤던 유대인들을 생

모든 예배 대표기도문

각합니다. 우리가 항상 그 무리에 있게 하시고 언제 어디서나 주님을 환영하고 영접하며 살게 하여 주옵소서. 우리 삶에서 주님을 왕으로 모시고, 주의 백성으로 살아가게 하옵소서. 평화의 왕이신 주님, 저희의 마음 가운데 오셔서 허물과 죄를 깨닫게 하시고 완악하고 교만한 마음을 다스려 주옵소서. 연약하고 상한 우리 심령을 어루만져 주시고 새로운 기쁨과 힘을 허락하여 주옵소서.

주님의 고귀한 피로 값 주고 사신 우리 교회가 주의 뜻을 이루는 공동체가 되게 하여 주옵소서. 이 땅의 모든 교회들이 힘을 합하여 이 마지막 때에 하나님의 나라 확장을 위해 손잡고 전진할 수 있는 화합의 정신과 지혜를 주옵소서.

이 시간 목사님과 함께하셔서 선포하시는 말씀으로 근심이 가득한 우리 마음에 소망의 빛이 비치게 하옵소서. 말씀을 받는 저희들의 마음 밭을 옥토로 만들어 주옵소서. 우리의 귀가 열리게 하시고, 마음이 겸손해져서 하나님의 말씀을 순종하며 받게 하옵소서.

성가대(찬양대)의 찬양을 기뻐 받으시고, 우리 모두가 한마음으로 찬양하는 시간이 되게 하옵소서. 교회를 섬기는 모든 일꾼들에게 복을 주시고 기쁨으로 봉사하게 하옵소서.

우리를 위해 십자가를 지신 예수님의 이름으로 기도합니다. 아멘.

4월 주일 예배(3)

세상을 창조하시고 주관하시는 전능하신 하나님 아버지!
오늘도 거룩한 주일을 구별하고 성전에 나와 예배하는 주의 백성들에게 복 주시고 은혜 내려 주시기를 기도합니다. 이 시간 우리의 마음과 정성과 뜻을 모아 드리는 예배를 통하여 주님 홀로 영광 받으시옵소서. 한 주간 인간적인 욕심 때문에 흐트러진 신앙의 자세가 이 예배를 통하여 바로잡히게 하옵소서. 하나님의 사랑을 망각하고 세상살이에 지쳐 버린 우리의 몸과 마음에 하늘의 신령한 양식을 내려 주시고, 주의 위로하심으로 채워 주옵소서.

주님, 4월의 대지가 봄기운에 푸르게 피어나듯이, 메마르고 죽어 있는 우리의 심령에 성령의 단비를 부어 주사 다시 한 번 믿음의 새싹들이 돋아나게 하시고, 성령의 기운으로 모든 것이 회복되는 역사가 일어나게 하옵소서. 건강을 잃은 자에게 치료의 광선을 비추시고, 신앙이 흔들리는 자에게는 믿음의 새순을 허락하여 주옵소서. 근심과 염려로 메마른 심령이 말씀으로 회복되게 하시고, 죄와 악에 빠진 자들의 마음에 정직의 영을 주셔서 새사람이 되는 축복을 허락하여 주옵소서.

우리 믿는 자들이 교회를 이루는 구성원들로서 바르게 살고, 주의 자녀로서의 도덕성을 지니고 살아가게 하옵소서. 우리의 생각과 행동을 주님께서 주장하셔서 믿지 않는 자들의 본이 되게 하시고, 믿음의 형제들

모든 예배 대표기도문

에게 덕을 세우며 살게 하여 주옵소서.

우리의 몸을 성전 삼고 계신 하나님을 주인으로 모시고 그 뜻을 따라 살아가게 하옵소서. 하나님께서 계획하시고 인도하시는 길을 우리가 다 알 수는 없지만, 기도하며 주의 뜻에 순종하려는 결단을 주옵소서. 우리의 모든 것을 주관하시는 하나님께 삶을 맡기며 나아가게 하옵소서.

오늘도 말씀을 전하시는 목사님을 영육 간에 강건하게 하시고, 주님의 강한 팔로 붙드사 하나님의 말씀을 바르게 대언하게 하옵소서. 우리가 사모하는 마음으로 하나님의 말씀을 겸손히 받아 생명의 양식으로 삼게 하옵소서.

예배와 말씀의 감격으로 또 한 주간을 살아갈 때, 전능하신 하나님께서 복을 주시어 택함 받은 백성들이 샘 곁의 종려나무처럼 번성하게 하옵소서. 이웃에게 기쁨과 유익을 나누어 주게 하시고, 주린 자에게 양식을 주고 목마른 자의 목을 축여 주는 선한 사마리아인으로 살아가게 하옵소서.

성가대(찬양대)의 준비한 찬양이 하늘 보좌로 올려질 때 우리의 마음이 함께 주를 찬양하게 하시고, 찬송 중에 거하시는 하나님의 영광을 보게 하옵소서.

우리의 기도를 들으시는 예수 그리스도의 이름으로 기도합니다. 아멘.

사랑과 은혜가 무한하신 하나님 아버지!

지난 한 주간 저희를 주님의 품에 지켜 주시고, 오늘 주의 날을 기억하며 예배할 수 있도록 건강과 믿음을 주시니 감사를 드립니다. 오늘도 예배할 때 하나님의 은혜와 사랑을 더욱 강하게 느끼게 하시고, 살아 계신 주님을 만나고 그 음성을 듣는 귀한 시간 되게 하여 주옵소서.

새 움이 돋고 만물이 소생하는 생동감 넘치는 봄의 기운 속에서 부활의 소망이 더욱 강해지게 하시고, 사망을 이기고 다시 사신 주님의 능력을 공급받아 우리도 힘 있게 세상을 살아가게 하옵소서. 온 인류의 죄를 위해 십자가를 지신 주님의 넘치는 은혜와 사랑을 항상 감사하며 살아가게 하옵소서. 그 은혜를 갚을 길이 없어서 이 자리에 찾아 나온 주의 사랑하는 백성들에게 복을 주사 영과 진리로 예배하게 하옵소서. 우리가 예배 시간에 무엇을 바라기 전에 주께서 주신 은혜를 생각하게 하시고, 우리의 소원을 기도하기 이전에 하나님의 나라와 그 뜻을 구하는 믿음을 주옵소서.

주여, 나라와 민족을 위하여 기도합니다. 숱한 시련과 고난 속에서도 우리나라를 여기까지 지켜 주신 것을 감사드립니다. 나라를 다스리는 지도자들이 하나님을 두려워할 줄 알게 하옵소서. 백성을 사랑하는 마음이 더해지게 하시고, 후손들에게 좋은 나라를 물려주겠다는 간절한 의지 속에서 국정을 운영하게 하옵소서.

교회를 위하여 기도합니다. 우리 교회가 주님을 머리로 섬기며, 사도의 가르침을 따라 모이기를 힘쓰고, 세상 사람들에게 칭찬받는 교회가 되게 하여 주옵소서. 온유와 겸손으로 옷 입고, 섬김의 모범을 보이신 주님의 모습을 본받게 하옵소서. 정결한 주님의 신부로서의 윤리와 믿음으로 치장하게 하시고, 교회답지 못한 요소들은 사라지게 하옵소서. 언제나 성령 충만한 일꾼들로 가득하게 하시고, 하나님을 찬양하고 이웃을 사랑하는 공동체가 되게 하여 주옵소서.

말씀을 대언하시는 목사님에게 날마다 새로운 은혜를 부어 주시고 건강도 지켜 주옵소서. 우리의 마음 밭이 옥토가 되어 말씀의 씨앗이 잘 심어지고 열매 맺는 은혜 충만한 시간이 되게 하여 주옵소서. 성령님이 우리의 마음에 깨달음의 지혜를 허락하시고, 하나님의 말씀을 들을 수 있는 귀를 열어 주시기를 간구합니다.

예배를 돕는 주의 종들을 기억하시고, 그들의 헌신에 복을 내려 주옵소서. 성가대(찬양대)가 찬양을 드릴 때, 우리 모두가 한마음으로 주님을 향하여 찬양하게 하옵소서. 오직 주님께만 드려지는 흠 없는 예물로서의 찬양이 되게 하여 주옵소서.

우리를 사랑하시는 예수님의 이름으로 기도합니다. 아멘.

5월 주일 예배(1)

사랑과 은혜가 충만하신 하나님 아버지!

오늘도 주님의 거룩한 날을 구별하여 예배할 수 있도록 건강과 믿음과 영적인 자유를 주시니 감사합니다. 주께서 허락하지 않으시면 이 자리에 나올 수 없는 우리이지만, 오늘도 불러 주신 주의 은혜에 응답하는 마음으로 예배에 나와 머리를 숙였습니다. 주의 넓은 가슴으로 우리를 품어 주사 하늘의 위로와 평안과 기쁨으로 공허하고 지친 마음을 채워 주시기를 간구합니다.

하나님을 아버지라고 부를 수 있는 특권을 주시고, 세상의 많은 사람들 중에 이 영광스런 예배의 자리를 지키게 하시니 감사를 드립니다. 이 예배를 통하여 하나님의 임재를 경험하게 하시고, 그 능력을 체험하는 시간이 되게 하여 주옵소서. 세상의 모든 것이 변하지만, 영원히 변치 않는 주의 사랑에 의지하여 새로운 삶의 용기를 얻는 시간이 되게 하여 주옵소서.

아름다운 5월의 계절을 허락하시니 감사를 드립니다. 푸르름이 더해지는 산천초목을 보면서 우리의 믿음도 푸르게 성장하는 계절이 되기를 소원합니다. 길가에 수놓아진 형형색색 꽃들의 향연을 보면서, 우리의 신앙 인격도 꽃을 피우며 하나님과 사람 앞에서 아름답고 보기 좋은 그리스도인으로 살게 하여 주옵소서.

우리 교회에서 꽃처럼 자라나는 믿음의 후손들에게 하늘의 복으로 채워 주시고 그들의 앞길을 인도하여 주옵소서. 교회학교의 모든 학생들이 믿음의 밭에서 잘 성장하게 하시고, 이 교회와 나라를 책임질 귀중한 인재들로 자라나게 하옵소서. 모세와 같은 지도자가 나오게 하시고, 사무엘과 같은 선지자가 배출되게 하시고, 다윗과 같은 왕이 세움을 받게 하여 주옵소서. 우리 교회의 귀한 인재들이 장차 교회와 민족을 믿음으로 이끌게 하시고, 이 마지막 때에 놀라운 하나님의 뜻을 이루게 하옵소서.

오늘도 목사님이 말씀을 전하실 때 깨닫는 영을 허락하사 주의 말씀이 생명의 양식이 되게 하여 주옵소서. 말씀이 우리의 심령과 골수를 쪼개어 새롭게 만드는 역사가 있게 하시고, 말씀이 불 기둥과 구름 기둥이 되어 한 주간의 삶을 인도하여 주시기를 간구합니다. 말씀을 따라 살아갈 때 찬송하며 주와 함께 동행하게 하시고, 기도로 늘 주님과 교통하게 하여 주옵소서. 어디를 가든지 들은 말씀을 되새기게 하시고, 들은 대로 실천하며 살아가게 하옵소서.

우리가 편안하게 예배를 드리는 동안에도 낮은 자세로 헌신과 수고를 아끼지 않는 예배 위원들에게 하늘의 복을 내려 주옵소서. 성가대(찬양대)의 찬양이 우리 교회 공동체의 마음을 담아 하나님께 드려지는 예물이 되게 하시고, 하나님 홀로 영광 받아 주옵소서.

영원히 살아 계신 우리 구주 예수님의 이름으로 기도합니다. 아멘.

5월 주일 예배(2)

사랑의 하나님 아버지!

오늘 복된 주일에 우리를 주님 전으로 불러 주셔서 함께 예배할 수 있는 은혜를 주시니 감사합니다. 이 자리에 모인 저희가 아버지의 이름을 높이고 경배하고 찬양하오니 우리의 예배를 받아 주시옵소서. 이 예배 가운데 주님의 임재를 느끼게 하시고, 주의 사랑을 확인하게 하옵소서.

우리를 창조하시고 우리에게 생명을 주셔서 이 땅에 살게 하신 주님의 사랑을 찬양합니다. 우리에게 부모를 주시고 가정을 주신 주의 은혜를 찬양합니다. 부모의 사랑을 통하여 하늘 아버지의 사랑을 조금이라도 알게 하심을 감사합니다. 또한 우리에게 자식을 주셔서 사랑이 무엇인지를 깨닫게 하심도 감사합니다. 험하고 악한 세상을 살아갈 때, 하나님을 아버지로 모시고 그 사랑을 믿으며, 용기 있게 시련과 역경을 헤쳐 나갈 수 있는 믿음의 용사들이 되게 하여 주옵소서.

하나님께 예배하는 마음과 부모를 공경하는 마음이 신앙의 기본이 되게 하시고, 부모의 마음을 기쁘게 해 드리는 것이 하늘 아버지의 약속 있는 첫 계명임을 확인하는 가정의 달이 되게 하옵소서. 우리를 자녀 삼아 주신 하나님의 사랑이 얼마나 귀한 것인지를 깨닫게 하시고, 하나님 아버지께서 기뻐하시는 예배의 자리를 지키며 살게 하옵소서.

모든 예배 대표기도문

우리 교회가 가정 같은 교회가 되게 하시고, 우리 가정이 교회 같은 가정이 되게 하옵소서. 주님께서 이 땅에 허락하신 가정과 교회가 우리의 삶의 공간이오니 가정을 교회처럼 지켜 나가게 하시고, 교회를 가정 같은 사랑의 공동체로 세워 나가게 하옵소서. 교회의 머리가 주님이신 것처럼, 우리 가정의 주인도 주님이심을 인정하며 살아가게 하옵소서. 우리 교회와 가정 공동체가 말씀 중심으로 서게 하시고, 주님의 생각과 뜻이 구현되는 장소가 되게 하여 주옵소서.

우리 한국 교회가 이 민족의 어미가 되게 하시고, 바른길을 제시하고 인도하는 영적 아비로서의 역할을 잘 감당하게 하옵소서. 그 옛날 민족을 이끌었던 교회의 권위를 회복하게 하시고, 이 사회에 선한 영향력을 미치는 교회로서의 사명을 잘 감당하게 하옵소서. 사랑으로 부모가 자식을 양육하듯이, 주의 종들이 선한 목자로서 주께서 허락하신 양들을 목양하게 하옵소서. 교회의 모든 중직자들과 제직들이 부모의 심정으로 교인을 돌보며 섬기게 하옵소서.

오늘도 말씀을 들고 단 위에 서시는 목사님을 강건하게 붙들어 주옵소서. 하나님의 말씀을 대언할 때 권위가 있게 하시고, 주의 뜻이 바로 전달되게 하옵소서. 듣는 우리에게 신령한 귀를 열어 주시고, 깨닫는 지혜의 영을 허락하사 말씀이 생명의 양식이 되게 하옵소서. 성가대(찬양대)의 찬양이 하늘 아버지께 올려질 때 우리 모두의 신앙 고백이 되게 하옵소서.

우리를 구원하신 예수님의 이름으로 기도합니다. 아멘.

은혜가 풍성하신 하나님 아버지!

바쁜 일상의 생활 속에서도 주의 날을 기억하게 하셔서 주님 전에 나와 예배드리게 하시니 감사를 드립니다. 하나님을 아버지로 고백하며 자녀 된 저희들이 함께 모여 드리는 예배를 기쁘게 받으시고, 위로부터 내리시는 신령한 복으로 우리 마음을 채워 주시기를 원합니다. 이 예배를 통하여 주님의 한량없는 은혜가 새록새록 생각나게 하시고, 지금까지 살아온 것이 모두 주의 은혜임을 깨닫게 하셔서, 감사하는 마음으로 하나님의 영광과 능력을 찬양하는 시간이 되게 하여 주옵소서.

이 가정의 달에 모든 가정이 하나님을 아버지로 모시고 살게 하옵소서. 그리하여 가정이 교회가 되고 천국이 되게 하여 주옵소서. 우리의 자녀들이 믿음의 유산을 잘 이어받기를 간구합니다. 저들의 앞길을 주님이 책임져 주시고 삶의 모든 과정마다 동행하여 주시기를 기도합니다. 주님을 잘 섬김으로 저들의 앞길이 열리게 하시고, 푸른 초장과 맑은 시냇가로 인도함을 받는 자녀들이 되게 하여 주옵소서.

이 가정의 달에 우리를 낳으신 부모님을 한 번 더 생각하게 하옵소서. 저들의 노후의 삶을 주님이 주관하여 주시고, 천국 가는 그날까지 하늘의 소망 가운데서 기쁨과 평안을 누리게 하옵소서. 부모님을 먼저 천국에 보낸 가정에 복을 더하셔서, 부활의 소망 가운데 믿음을 지키며 살아가는 은총을 내려 주옵소서. 우리 교회에 속한 가정마다 부부가 서로 화목하게 하시고, 사랑으로 주님이 허락하신 가정을 잘 영위해 나갈 수 있는 축복을 허락하여 주옵소서. 각 가정에 필요한 믿음과 물질과 사랑을 넉넉히 채워 주시고, 주님을 잘 섬기며 화목하게 하옵소서.

우리 교회를 가정 같은 교회로 만들어 주옵소서. 주님의 전에 나올 때 일하러 나오지 않게 하시고, 예배하러 나오게 하옵소서. 일꾼으로 나오지 않게 하시고, 주의 자녀로 나오게 하옵소서. 우리 교회의 모든 교우들이 한 식구라는 의식을 갖게 하시고, 사랑하고 아끼는 마음으로 서로를 대하게 하옵소서. 기뻐하는 자들과 함께 즐거워하며, 슬퍼하는 자들과 함께 울어 주는 공동체가 되게 하여 주옵소서. 교회 안에 경쟁이 없게 하시고, 우열 의식이 사라지게 하시고, 다툼과 분열이 물러가게 하옵소서.

이 나라와 민족이 한 가족이 되게 하시고, 복음으로 분열과 갈등이 해소되어 하나님이 다스리시는 왕국이 이 땅에 임하게 하옵소서. 아픔이 많은 이 민족에게 하나님의 사랑과 위로를 전하는 교회가 되게 하여 주옵소서.

오늘도 주의 종을 통하여 말씀을 들을 때에 하늘의 신령한 만나를 공급받는 시간이 되게 하여 주옵소서. 성가대(찬양대)의 찬양이 우리 모두의 찬양으로 하나님께 드려지게 하옵소서.

우리를 사랑하시는 예수 그리스도의 이름으로 기도합니다. 아멘.

5월 주일 예배(4)

은혜로우신 하나님 아버지!

대자연의 푸르름이 더해 가는 계절에 우리에게 믿음을 주셔서 오늘도 주의 전에 나와 예배하게 하심을 감사드립니다. 매일 예배하는 마음으로 살아가지만, 특별히 주의 날에 주의 전에 나와 경배와 찬양을 드리오니 홀로 영광을 받으시옵소서. 예배 중에 하나님의 살아 계심을 경험하게 하시고, 하나님의 권능과 영광을 체험하는 시간이 되게 하여 주옵소서.

지금까지 살아온 것이 모두 주님의 은혜임을 고백합니다. 앞으로의 삶도 주의 손에 이끌려 살아가게 하옵소서. 세상의 근심과 염려가 우리의 마음을 짓누를지라도, 두려워하지 않고 믿음으로 기도하게 하옵소서. 모든 문제의 열쇠를 가지신 하나님 아버지를 의지하고 나아가게 하옵소서. 항상 기뻐하고 쉬지 않고 기도하며 범사에 감사하여서 하나님이 원하시는 뜻 안에 있게 하시고, 합력하여 선을 이루시는 주님의 능력을 경험하게 하옵소서.

이 푸른 계절에 우리나라의 교회를 건강하게 지켜 주시고 세워 주셔서 능력 있게 복음을 전하게 하옵소서. 교회를 통하여 이 민족에게 그리스도의 푸른 계절이 오게 하여 주옵소서. 혼란한 이 시대에, 교회가 하나님의 뜻을 바르게 가르쳐서 이 땅에 하나님의 나라가 임하게 하옵소서.

교회가 먼저 주님의 순결한 신부로서 순수함과 정결함으로 옷 입게 하시고, 세상과 구별된 윤리관을 회복하게 하옵소서. 믿는 자들의 삶이 세상 사람의 본이 되게 하시고, 악을 멀리하고 선을 따라 살게 하여 주옵소서. 오직 길과 진리와 생명이 되신 주님만을 따라 살게 하시고, 주님의 생각과 윤리를 삶에서 실천하는 우리 모두가 되게 하여 주옵소서.

진리 안에서 세상의 욕심으로부터 자유하게 하시고, 오늘 이대로 감사하며 만족하게 하옵소서. 흔들리지 않고 두려움 없는 믿음 위에 굳게 서서, 마귀의 유혹을 이기고 하나님의 자녀로 살아가게 하옵소서. 말씀을 받은 대로 되새김하며 삶에서 실천하게 하시고, 그 말씀이 우리의 인격을 변화시키고 행동과 결단의 기준이 되게 하여 주옵소서.

정신적으로나 경제적으로 어려운 가정들을 주님이 친히 심방하여 주시고, 저들이 기도할 때 응답하여 주옵소서. 우리 각 가정의 공부하는 자녀들에게 복을 주사 지혜가 충만하게 하시고, 저들의 꿈이 기도 가운데 이루어지는 축복을 허락하여 주옵소서. 젊은이들이 직장과 결혼을 위해 기도할 때, 그들의 앞길을 열어 주시고 가장 좋은 것으로 응답하여 주옵소서.

오늘도 말씀을 증언하시는 목사님을 강건하게 하시고, 듣는 우리의 마음 밭이 옥토가 되게 하여 주옵소서. 성가대(찬양대)의 찬양을 주님께서 기쁘게 받아 주시고, 예배를 돕는 모든 사역자들에게 복을 내려 주옵소서.

사랑이 많으신 예수님의 이름으로 기도합니다. 아멘.

6월 주일 예배(1)

언제나 우리를 사랑하시는 하나님 아버지!

그 은혜와 사랑을 감사하는 마음으로 주 앞에 나와 예배를 드립니다. 이 거룩하고 복된 날 하나님 아버지의 초청에 응답하는 마음으로 이 자리에 나온 주의 자녀들을 품어 주시고, 하늘의 복으로 채워 주옵소서. 우리의 찬양과 기도와 예물을 드리오니 주님께서 홀로 영광을 받으시옵소서. 우리의 참회하는 마음에 사죄의 은총을 허락하여 주시고, 상한 갈대와 같은 심령에 위로와 평안을 더하사 회복의 시간이 되게 하여 주옵소서.

사슴이 시냇물을 찾는 심정으로 주님을 만나러 나온 주의 백성을 기억하여 주옵소서. 성령께서 각 사람의 마음에 개별적으로 역사하사, 주의 사랑을 경험하게 하옵소서. 산천초목에 단비를 내리시는 것처럼 우리 마음에도 은혜의 단비를 내려 주시기를 기도합니다. 따사로운 햇볕을 삼라만상에 비추어 주신 것같이, 우리의 삶을 하늘의 광명한 빛으로 인도하여 주옵소서. 그리하여 삶의 어둡고 괴로운 여정 속에서도 하나님의 사랑을 믿게 하시고, 빛 되신 주님의 인도를 따라 찬송하며 걸어가게 하옵소서.

사랑의 하나님 아버지, 세상이 온통 푸르름으로 가득 차고 녹음이 우거져 있습니다. 우리의 가정과 기업도 이처럼 무성한 나무들이 되게 하여 주시옵소서. 요셉의 가지가 담장을 넘어 번성하였던 것처럼, 우리 가정의 복이 넘쳐 이웃의 복이 되게 하시고, 우리 교회의 복이 담장을 넘어 세상을 변화시키게 하옵소서.

이 나라를 지키다가 숨진 호국 영령들의 나라 사랑 정신을 우리 모두가 잊지 않게 하옵소서. 교회가 애국의 정신을 다음 세대에 가르치고 교육하게 하옵소서. 우리 교회에서 민족 지도자들이 배출되게 하시고, 이 나라의 미래를 이끌어 갈 인재들이 양성되게 하옵소서. 우리 교회학교의 학생들 중에 모세와 같은 인물이 배출되게 하시고, 다윗과 같은 성군이 나오게 하시고, 예레미야 같은 선지자가 세움을 받게 하옵소서.

남과 북의 불가능할 것처럼 보였던 평화가 갑자기 임하게 하시고, 전쟁의 위협을 제거하시는 하나님의 손으로 자유 통일을 앞당겨 주옵소서. 그리하여 마지막 때에 이 민족을 통하여 세계가 복음화되게 하여 주옵소서.

오늘도 말씀을 증언하시는 목사님을 강건하게 붙들어 주옵소서. 말씀을 통하여 우리의 심령이 성령으로 충만하게 하시고, 생명의 말씀으로 소생하는 복을 허락하여 주옵소서. 성가대(찬양대)의 찬양을 기쁘게 받아 주옵소서. 우리가 마음으로 하나님의 위대하신 사랑을 함께 찬양하는 시간이 되게 하옵소서. 오늘도 교회를 위하여 말없이 봉사하는 숨은 일꾼들을 기억하여 주옵소서.

우리를 사랑하시는 예수님의 이름으로 기도합니다. 아멘.

6월 주일 예배(2)

은혜와 사랑이 충만하신 하나님 아버지!

오늘도 저희에게 주의 날을 기억하게 하시고, 주의 전에 불러 주셔서 살아 계신 하나님 아버지께 예배하고 찬양하게 하심을 감사드립니다. 이시간 저희가 드리는 예배를 받으시고, 우리 마음에 기쁨과 감격이 넘치게 하여 주옵소서.

6월의 싱그러움이 가득한 계절처럼, 오늘 예배하는 우리에게 복을 주사 성령의 능력으로 낙심했던 심령이 소생함을 얻게 하옵소서. 근심 걱정의 그림자가 사라지고 밝은 복음의 빛으로 채워지게 하옵소서. 죄와 허물로 죽었던 우리를 살리신 생명의 기운이 오늘의 삶을 지배하게 하시고, 항상 주님과 함께 동행하며 승리하게 하옵소서.

독수리가 날개 치며 올라가듯이 우리의 신앙도 높은 곳에 오르게 하시고, 전능하신 하나님의 손길이 인간의 역사를 움직이고 있음을 깨닫게 하여 주옵소서. 우리의 머리털까지도 다 세고 계신 하나님의 사랑을 믿게 하시고, 눈동자와 같이 보호하시는 은혜 안에서 험한 세상을 믿음으로 담대히 살게 하옵소서.

말씀을 전하시는 주의 종에게 복에 복을 더하셔서 영과 육이 강건하게 하옵소서. 하나님의 말씀을 준비할 때 지혜를 주시고, 말씀을 대언할 때 능력을 덧입혀 주옵소서. 말씀이 우리의 심령과 골수를 쪼개어 주 안에서 새사람으로 변화되게 하시고, 항상 새로운 용기와 희망으로 주를 섬기며 살아가게 하옵소서.

말씀으로 마귀의 시험을 이기신 주님을 본받아 우리도 주의 말씀으로 승리하게 하옵소서. 마귀가 주는 불안과 염려와 공포의 마음이 모두 물러가게 하시고, 하나님이 주시는 믿음과 소망과 사랑으로 가득하게 하옵소서. 세상의 환난과 풍파가 없을 수는 없으나 오직 하나님만을 바라보게 하시고, 시험당할 즈음에도 피할 길을 주시는 그 은혜를 힘입어 살게 하여 주옵소서.

주여, 우리 교회가 세상의 불의를 용납하지 않게 하시고, 진리 되신 주님 편에 서게 하옵소서. 주님을 머리로 하여 세워진 공동체이오니, 주님의 생각과 말씀대로 움직이고 행동하는 교회가 되게 하옵소서. 교회를 위협하는 이단과 사이비 세력이 모두 궤멸되게 하시고, 진리만이 승리하게 하옵소서. 교회를 무너뜨리려는 사악한 세상의 집단들이 사라지게 하시고, 주님의 능력으로 든든히 서서 사명을 감당하는 교회가 되게 하옵소서.

주 앞에 깨끗한 그릇이 되어 교회 일에 충성하는 종들을 기억하시고, 영육 간에 복을 주옵소서. 예배를 돕는 성가대(찬양대)의 성가를 주님이 받아 주시고, 그 찬양이 우리 모두의 고백으로 하나님께 드려지게 하옵소서.

알파와 오메가 되시는 예수 그리스도의 이름으로 기도합니다. 아멘.

우리의 빛이요 생명이 되시는 하나님 아버지!

죄와 허물로 죽었던 우리를 예수 그리스도의 십자가와 부활로 구원해 주시고, 오늘에 이르기까지 눈동자와 같이 보호하시고 인도하신 놀라운 사랑을 찬양합니다. 오늘도 주님의 거룩한 주일에 우리를 강권하사 주의 전에 나와 예배드리게 하심을 진심으로 감사합니다. 우리가 영과 진리로 존귀와 영광을 주님께 드리오니 이 예배를 받아 주옵소서. 이 시간 사람을 만나러 오지 않고 주님과의 만남을 기대하고 나왔사오니, 주께서 개별적으로 만나 주시고, 엠마오의 제자들처럼 주의 말씀 가운데 뜨거운 성령 체험을 경험하는 시간이 되게 하여 주옵소서.

이 예배 시간을 통하여 하나님을 아버지로 만나게 하시고, 십자가로 보여 주신 사랑을 깊이 깨닫게 하옵소서. 예배를 통하여 우리의 불신앙이 회복되게 하시고, 하나님을 믿음으로 마음에 평안과 위로가 깃들게 하옵소서. 예배 시간에 우리의 마음을 오로지 하나님 아버지께 집중하게 하시고, 말씀 가운데서 아버지의 뜻을 발견할 수 있는 은혜를 허락하여 주옵소서. 예배를 통하여 우리의 인격이 변화되어 바른 행동, 거룩한 생활, 순종의 삶을 살 수 있도록 도와주옵소서.

이 나라를 위하여 기도합니다. 다시는 이 땅에 6·25와 같은 전쟁이 없게 하시고, 이 나라가 평화와 번영의 길로 나아가게 하옵소서. 북한의 공산

주의 장막을 주께서 거두어 주시기를 간구합니다. 남과 북이 대립에서 화해의 길로 나아가게 하시고, 복음으로 하나가 되는 날을 속히 허락하여 주옵소서. 우리 교회가 바른 역사의식을 가지고 나라를 위하여 기도하는 공동체가 되게 하여 주옵소서. 하나님이 허락하신 이 나라가 얼마나 소중한지를 깨닫게 하옵소서. 국민들 마음에 분열과 미움이 잦아들게 하시고, 애국하는 마음으로 하나가 되게 하여 주옵소서.

매 주일 말씀을 듣고 단 위에서 하나님의 뜻을 전하시는 목사님을 주님의 강한 팔로 붙들어 주옵소서. 말씀을 잘 전할 수 있도록 준비하는 모든 과정에 지혜의 영과 지식의 능력을 더하여 주옵소서. 건강과 마음의 평안을 주셔서 말씀을 전할 때에 힘이 있게 하시고, 감동이 전달되게 하옵소서. 우리 모두가 하나님이 나에게 주시는 말씀으로 받게 하시고, 말씀의 씨앗이 잘 심겨질 수 있는 마음 밭을 허락하여 주옵소서. 들은 말씀대로 실천하게 하시고, 말씀이 우리 신앙 인격을 변화시켜서 하나님의 자녀답게 살아가게 하옵소서.

성가대(찬양대)가 회중을 대표하여 하나님께 찬양을 드립니다. 우리 모두가 마음으로 함께 찬양하게 하시고, '아멘'으로 응답하는 시간이 되게 하옵소서. 예배를 돕는 크고 작은 손길들을 기억하사 하늘의 복으로 채워 주시고 새 힘을 공급하여 주옵소서.

살아 계신 예수 그리스도의 이름으로 기도합니다. 아멘.

6월 주일 예배(4)

사랑이 많으신 하나님 아버지!

한 주간도 주의 날개 아래 품어 주시고, 우리 삶에 주인이 되사 평안으로 인도하신 놀라우신 사랑을 찬양합니다. 베풀어 주신 은혜를 생각하며 감사의 예배를 드리오니 하나님 홀로 영광 받아 주옵소서. 오늘도 저희가 성령의 능력을 힘입어 주님께 예배하기를 소원합니다. 예배를 통하여 우리의 심령이 감화를 받게 하시고, 오순절 마가의 다락방에 모였던 성도들처럼 성령 충만의 역사를 경험하게 하옵소서.

주님, 우리의 삶을 돌아보며 지은 죄를 회개합니다. 주님의 은혜로 지금까지 살아왔지만, 우리는 주님을 의지하기보다 세상의 물질에 기대고 사람을 의지하였습니다. 주님을 사랑하기보다는 세상 욕심에 집착하며 살았습니다. 우리의 죄를 용서하여 주옵소서. 예배를 통하여 주님의 사랑을 다시 한 번 강하게 느끼고, 그 사랑에 감격하여 믿음으로 주의 말씀을 따라 살게 하여 주옵소서.

하나님 아버지, 우리의 마음에 근심이 있고 미래적 불안이 있습니다. 주님 앞에 나온 심령들에게 위로와 평강을 더하여 주시고, 강하고 담대한 믿음을 주사 모든 것을 다스리시는 전능하신 하나님을 신뢰하며 살아가게 하옵소서. 무엇을 먹을까, 마실까, 입을까를 염려하지 말고 오직 주의 나라와 의를 구하라고 하셨사오니, 우리가 그 말씀대로 순종하여 진정

모든 예배 대표기도문

한 하나님의 자녀로 살게 하옵소서. 아버지 되신 하나님의 영광을 먼저 생각하게 하시고, 위로부터 내리시는 하늘의 만나로 영적인 풍족함을 누리게 하옵소서.

주님! 우리나라와 민족을 위해 기도드립니다. 6월이 되면, 이 민족의 쓰라린 아픔을 기억하지 않을 수 없습니다. 6·25전쟁의 상처가 아직도 아물지 않고 남북이 대치 상태에 있습니다. 이념으로 이 나라가 하나 되지 못하고 마음이 나뉘어 있습니다. 이 분단의 고통을 멈추어 주시고, 이 땅에서 전쟁과 분열의 그림자를 거두어 주옵소서.

이 민족의 살길은 하나님을 믿고 회개하고 예수 믿는 것밖에 없사오니, 교회가 먼저 각성하게 하시고 복음을 전하기에 합당한 도덕성을 회복하게 하옵소서. 복음으로 온 백성이 하나가 되게 하시고, 진리 안에서 자유의 소중함을 깨닫게 하옵소서. 우리 교회학교 학생들이 민족의식과 역사의식을 가진 사람으로 성장하게 하시고, 자유 대한민국을 건강하고 힘 있게 이끌어 나갈 지도자들이 이 교회에서 배출되게 하옵소서.

오늘도 주의 말씀을 전하시는 목사님을 성령의 능력으로 붙들어 주옵소서. 우리의 귀를 열어 주사 주님의 세미한 음성을 들을 수 있게 하옵소서. 성가대(찬양대)의 찬양이 우리 모든 교우들의 찬양이 되게 하시고, 홀로 하나님만이 영광을 받으시는 시간이 되게 하옵소서.

우리를 죄에서 구원해 주신 예수님의 이름으로 기도합니다. 아멘.

7월 주일 예배(1)

사랑의 하나님 아버지!

귀하고 복된 날 주의 전에 모여 경배와 찬양을 올려 드리오니 영광 받아 주옵소서. 한 해의 시작이 엊그제 같은데 벌써 반년의 시간이 지나갔습니다. 지난 상반기의 삶을 돌이켜 보면서 하나님 아버지께 감사를 드립니다. 어려움이 많고 근심 걱정의 연속이었지만, 지금까지 건강하게 몸과 마음을 다스려 주셔서 여기까지 살게 하신 은혜를 감사드립니다. 우리 교회가 해야 할 과제를 하나씩 실행에 옮기며 풀어 가게 하신 것을 감사드립니다. 이나라에 많은 문제들이 있지만 여기까지 인도하신 사랑에 감사를 드립니다.

주님, 지난 반년을 뒤돌아보면 무엇 하나 하나님의 은혜가 아닌 것이 없음을 고백합니다. 모든 것이 감사한 것뿐인데, 작은 일에도 불평과 원망의 입술을 달고 살아온 믿음 없는 우리를 용서하여 주옵소서. 이 시간 예배를 통하여 우리의 불신앙이 사라지고 믿음과 소망과 사랑이 회복되게 하옵소서.

주여, 이 민족을 불쌍히 여겨 주시고, 주의 강한 손으로 지켜 주시기를 간구합니다. 사회적 분열과 갈등을 사람이 해결할 수 없사오니, 하나님의 능력으로 풀어 주시기를 원합니다. 하나님을 두려워하는 민족이 되게 하여 주시고, 하나님의 진리와 정의 위에 바로 서는 나라가 될 수 있도록 은총을 내려 주옵소서.

모든 예배 대표기도문

하나님 아버지, 우리 교회를 특별히 사랑하여 주옵소서. 교회학교를 축복하시고, 자라나는 어린이와 청소년들이 복음 안에서 성장할 수 있도록 은총을 베풀어 주옵소서. 준비한 여름성경학교와 수련회가 성공적으로 마치게 하시고, 모두가 은혜 받는 시간이 되게 하여 주옵소서. 담당 교역자들과 교사들에게 하나님의 위로가 넘치기를 기도합니다.

무더위가 기승을 부리는 날씨 가운데 연로한 교우들의 건강을 지켜 주시고, 우리 모두가 영육 간에 지치지 않도록 구름 기둥으로 보호하여 주옵소서. 뜨거운 사막 같은 삶 속에서도 언제나 목자 되신 주님을 따르며 푸른 초장과 맑은 시냇물 가로 인도함을 받게 하옵소서.

단 위에 세우신 목사님에게 말씀의 지혜와 능력을 더하여 주옵소서. 괴롭고 힘든 일이 많은 목회 일선에서 주님의 넘치는 위로를 받게 하시고, 하나님만 바라보며 사명을 잘 감당하게 하옵소서. 모두가 한마음으로 주의 종을 잘 보필하게 하시고, 이 교회를 향하신 주님의 뜻을 이루어 드리는 주의 백성들이 되게 하옵소서.

성가대(찬양대)의 찬양이 우리 모두의 신앙 고백이 되게 하시고, 목사님이 말씀을 선포하실 때 오늘 우리에게 주시는 하나님의 말씀으로 들을 수 있는 은혜를 허락하여 주옵소서.

감사드리며 예수님의 이름으로 기도합니다. 아멘.

7월 주일 예배(2)

우리를 사랑하시고 복 주시기를 좋아하시는 하나님 아버지!
지난 한 주간도 무더위 속에서 우리의 건강을 지켜 주시고, 주의 날 예배
당에 나올 수 있도록 믿음을 주시니 감사합니다. 주 앞에 예배드리는 이
시간 우리 모두가 하나님을 만나게 하시고, 주의 말씀에 은혜 받는 축복
을 허락하여 주옵소서. 기쁨으로 예배하게 하시고, 감사의 마음이 모아
져서 하나님의 은혜를 높이 찬양하는 시간이 되게 하여 주옵소서. 이 예
배를 통하여 주의 뜻이 우리 안에 이루어지게 하시고, 주의 나라가 우리
의 삶에 확장되게 하옵소서.

우리의 육신적인 모든 욕심을 다 내려놓고 온전히 주님만 바라보며 예
배하오니 주여, 하늘의 신령한 만나로 주린 영혼이 배부르게 하시고, 생
명수로 갈급한 심령의 목마름을 해결하여 주시기를 간구합니다. 주님의
위로가 우리 마음에 넘치게 하시고, 답답했던 마음이 기쁨을 안고 이 전
을 나가게 하여 주옵소서. 주님의 평강이 우리의 생각을 지배함으로 근
심 염려가 변하여 찬송과 기도가 되게 하옵소서.

주님, 식물은 이 무더위를 이기고 성장하며 비바람과 폭우 속에서도 꽃
을 피우고 열매를 맺어 가는 것을 바라봅니다. 우리의 삶에도 시련과 역
경이 이어지고 근심과 걱정이 끊이지 않지만, 그 속에서도 낙심하지 않
고 해야 할 일을 감당하게 하시고, 주 앞에 드릴 열매를 키우며 앞으로

나아가게 하옵소서. 하나님은 시험당할 즈음에 반드시 피할 길을 내시며, 모든 것을 합력하여 선을 이루시는 분임을 확신하면서 소망 가운데 기도하게 하옵소서.

우리의 몸과 마음을 성전 삼아 계신다 하셨사오니, 우리가 주님을 모시고 드리는 예배가 삶에서도 계속되게 하옵소서. 예배가 생활이 되고, 삶이 예배가 되는 진정한 그리스도인으로 살아가게 하옵소서. 예배 중에 들은 말씀대로 생활 속에서 실천하며 살게 하여 주옵소서. 우리 삶의 자리가 주님을 모신 예배 처소가 되게 하시고, 우리의 인격이 주님을 닮아가는 생활이 되게 하여 주옵소서.

주님이 세우신 종을 통하여 하나님의 말씀을 듣기 원합니다. 말씀을 전하시는 목사님에게 강건함을 더하셔서 하나님의 뜻을 바르게 전하게 하시고, 목양하는 데 지치지 않도록 보호하여 주옵소서. 저희들의 마음이 성령으로 충만하여 주의 말씀 앞에 열려 있게 하옵소서.

하나님께 영광의 찬양을 드리는 성가대(찬양대)의 노래를 받아 주시고, 우리 모두의 찬양으로 주 앞에 드려지게 하옵소서. 교회를 위해 보이지 않는 곳에서 묵묵히 최선을 다하는 주의 종들을 기억하여 주옵소서. 주일학교 교사, 식당 봉사 위원, 차량 봉사 위원, 헌금 위원, 안내 위원 등으로 섬기는 종들에게 하늘의 복으로 채워 주옵소서.

언제나 저희를 사랑하시는 예수님의 이름으로 기도합니다. 아멘.

7월 주일 예배(3)

은혜로우신 하나님 아버지!

오늘도 주의 복된 날을 우리에게 허락하시고 성도들이 함께 모여 하나님을 경배하고 찬양하게 하시니 감사를 드립니다. 우리가 마음과 정성을 다해 드리는 이 예배를 통하여 홀로 영광을 받으시고, 우리에게 큰 은혜를 내려 주옵소서.

주님, 지난 한 주간을 돌이켜 볼 때 감사한 것뿐임을 고백합니다. 우리의 생명을 연장해 주시고, 가정과 일터를 주셔서 살아가게 하신 것을 감사드립니다. 우리에게 일용할 양식을 주시고 편안한 잠자리를 주신 것을 감사합니다. 활동할 수 있도록 건강을 주시고, 주님 앞에 나와 경배할 수 있는 믿음 주신 것을 감사합니다. 우리의 남은 삶을 계속 인도하여 주시고, 하늘나라 갈 때까지 이 믿음 지키며 살아가게 하옵소서.

주님, 저희가 부족하여 하나님의 말씀대로 살지 못한 것을 회개합니다. 주님의 뜻대로 살지는 못하면서도, 주님을 향해서는 육신의 정욕과 욕심을 따라 기도하는 어리석음을 용서하여 주옵소서. 그 옛날 광야의 이스라엘 백성들처럼, 주신 복을 생각지 못하고 없는 것에 대한 불평과 불만을 쏟아 내며 사는 우리를 불쌍히 여겨 주옵소서. 이제는 주신 복을 세어 보게 하시고, 있는 것에 감사하며 살아가게 하옵소서.

우리 모두가 스승 되신 주님의 가르침을 잘 받고, 그 말씀대로 살아가는 참 제자가 되기를 소원합니다. 주님이 이 교회의 목회자로 세워 주신 담임 목사님의 목회 방침을 잘 따르고 협력하게 하옵소서. 부교역자님들에게도 건강과 믿음과 성령의 충만함을 주사 맡겨진 사역을 감당하고도 남을 만한 능력 있는 종들이 되게 하여 주옵소서. 당회를 비롯한 모든 교회 기관들의 모임에 언제나 주의 평화가 깃들게 하시고, 주 앞에서 겸손한 자세로 모든 회의와 결정을 은혜롭게 진행할 수 있는 믿음을 허락하여 주옵소서.

주여, 말씀을 통하여 우리의 마음을 짓누르는 근심이 회복되고, 상처가 치유되는 기적을 허락하여 주옵소서. 힘들고 지친 영혼에게 위로와 안식의 복을 내려 주옵소서. 말씀으로 변화를 받아 우리가 서로 사랑하게 하시고, 평안과 위로의 언어로 사람을 대하게 하옵소서. 우리에게 담대한 믿음을 허락하사, 사방으로 욱여쌈을 당하여도 싸이지 아니하며 답답한 일을 당하여도 낙심하지 아니하고, 고난 속에서도 승리하게 하옵소서.

오늘도 목사님이 하나님의 뜻을 선포하실 때 듣는 우리 모두가 하나님의 말씀으로 받게 하시고, 그 말씀으로 우리의 모든 문제가 해결되는 축복의 시간이 되게 하여 주옵소서. 준비한 성가대(찬양대)의 찬양을 우리 모두의 신앙 고백으로 드릴 때, 주님 홀로 영광 받아 주옵소서.

살아 계신 예수 그리스도의 이름으로 기도합니다. 아멘.

7월 주일 예배(4)

사랑과 은혜가 충만하신 하나님 아버지!

주 앞에 모여 영과 진리로 예배를 드리오니 영광을 받아 주옵소서. 허물과 죄로 죽었던 죄인들을 구원하여 주시고 자녀 삼아 주셔서, 주의 사랑 안에 살게 하신 은혜를 감사합니다. 우리의 모습과 성품은 다르지만, 한마음과 정성으로 주님을 사랑하고 경배하오니, 우리 예배를 받아 주옵소서. 예배 중에 생명의 떡으로 저희를 배불리 먹여 주시고, 하나님의 말씀으로 무장하여 세상을 힘 있게 살아갈 동력을 얻게 하여 주옵소서.

7월의 무더위가 우리의 몸과 마음을 지치게 하고 있습니다. 심신의 건강을 허락하시고 무엇보다도 영적으로 나태해지지 않도록 성령께서 붙들어 주시기를 간구합니다. 여름 비바람과 태풍 가운데서도 산과 들을 가득 채운 푸른 나무의 생명력을 닮게 하셔서, 우리의 믿음도 시들지 않고 항상 생기가 넘치는 삶을 살게 하여 주옵소서. 고난 속에서도 긍정의 믿음을 잃지 않게 하시고, 질병 가운데서도 희망을 가지고 기도하게 하옵소서.

여름 휴가를 떠나는 가정들의 발걸음에 동행하여 주셔서, 가고 오는 모든 길을 안전하게 지켜 주시고, 온 가족이 건강하게 지낼 수 있도록 도와주옵소서. 어느 곳에 있든지 예배의 자리를 지키게 하시고, 기도의 끈을 놓지 않는 주의 자녀로서의 본분을 다하게 하옵소서. 휴가가 재충전의 기회가 되게 하시고, 가족 간에 사랑이 넘치게 하여 주옵소서.

모든 예배 대표기도문

우리 교회의 여름 행사를 주께서 순조롭게 하시고, 무더위의 계절에 구름 기둥으로 보호하셔서, 성령의 은사를 체험하는 시간이 되게 하신 것을 감사합니다. 우리 교회가 해야 할 하반기의 모든 예배와 행사를 기도로 잘 준비하게 하시고, 기대 이상의 많은 열매를 하나님께 드리는 축복이 있게 하여 주옵소서. 모든 일을 할 때 사랑으로 마음을 합하게 하시고, 다른 사람을 세워 주면서 일하게 하옵소서. 일보다 사람이 더 소중함을 깨닫게 하시고, 일의 성과보다는 사람을 사랑하고 서로 화목함이 더 귀한 가치임을 알게 하옵소서.

오늘도 주의 종을 통하여 귀한 생명의 말씀을 받습니다. 성령의 역사로 우리의 귀가 열리게 하시고, 우리의 마음이 옥토가 되어 받은 말씀이 열매를 맺게 하옵소서. 목사님의 입과 마음을 주장하셔서 복음을 힘 있게 전하게 하옵소서. 말씀을 통하여 우리의 모든 문제가 풀리게 하시고, 건강이 회복되게 하시고, 사랑이 넘치게 하옵소서.

교회를 위하여 몸 바쳐 일하는 일꾼들의 수고에 하늘의 위로를 내려 주옵소서. 여러 기관과 처소에서 예배를 돕는 손길들을 기억하시고 만복으로 채워 주옵소서. 정성껏 준비한 성가대(찬양대)의 찬양을 통하여 주님 홀로 영광을 받아 주옵소서. 그 찬양이 우리 모두의 간증이 되게 하시고, '아멘'으로 화답하는 은혜의 시간이 되게 하옵소서.

예수 그리스도의 이름으로 기도합니다. 아멘.

8월 주일 예배(1)

사랑의 하나님 아버지!

오늘 귀하고 복된 날 우리를 예배의 자리로 인도해 주시니 감사드립니다. 허물과 죄로 죽었던 죄인들이었지만, 특별하신 은총으로 죄 사함 받고 구원받아 하나님을 아버지라 부를 수 있는 자녀가 되게 하셨으니 무한 감사를 드립니다. 그 사랑과 은혜에 감사하는 마음으로 주 앞에 나와 예배를 드리오니 우리의 찬양과 경배를 받아 주옵소서.

주님, 이 시간 예배를 통하여 우리가 깨끗하고 순결한 하나님의 자녀로 회복되기를 원합니다. 예배 가운데 주님을 만나는 새로운 은혜를 주셔서, 성령의 감화로 우리의 신앙 인격이 변화되게 하옵소서. 우리의 기도가 주님이 가르쳐 주신 기도를 따라 하나님의 뜻을 먼저 구하게 하시고, 우리의 모든 소원이 주의 나라와 권능과 영광을 추구하게 하옵소서.

주님, 8월의 무더위와 뜨거운 열기 속에서 주의 은혜를 생각해 봅니다. 온 나라가 여름 폭염에 시달리는 가운데서도 우리의 건강을 지켜 주시니 감사를 드립니다. 우리의 마음만은 항상 성령의 단비로 시원하게 하시고, 역경의 순간도 연단의 시간으로 이해되는 축복을 허락하여 주옵소서. 이 무더위 속에서도 계절은 입추를 선언하며 가을이 왔음을 알리는 것처럼, 우리의 믿음도 고난 속에서 하나님의 응답을 확신하며 희망을 잃지 않게 하옵소서.

주님, 이 계절에 악인과 의인에게 동일한 햇빛과 비를 주시는 하나님의 은혜와 사랑을 봅니다. 우리는 주님을 닮지 못하여 나에게 유익이 되는 사람만 사랑하고, 해를 끼치는 사람은 원수처럼 대하였습니다. 원수까지도 사랑하라고 하신 주님의 말씀을 알면서도 애써 외면하였습니다. 우리의 잘못을 용서하여 주옵소서. 교회 안에서도 우리 모두가 사랑으로 하나 되지 못한 것을 부끄럽게 생각하며 회개합니다. 하나님께 받은 사랑으로 모든 사람을 사랑하기를 원합니다. 우리를 변화시켜 주옵소서.

이 나라에 평화를 주옵소서. 이 민족의 분열과 갈등을 거두어 주시기를 간구합니다. 한반도를 둘러싼 긴장이 해소되게 하시고, 경제적인 문제가 해결되어 복지 국가로 발전하게 하옵소서. 오직 하나님의 능력으로만 가능하오니, 이 나라 백성들을 불쌍히 보사 복음 앞에 무릎 꿇게 하옵소서.

오늘도 담임 목사님의 영력을 강하게 하사 하나님의 뜻을 잘 대언하게 하시고, 우리의 마음 밭을 옥토로 만드사 말씀이 잘 심겨지고 열매 맺는 축복을 허락하여 주옵소서. 성가대(찬양대)의 찬양 가운데 우리 모든 성도들의 신앙 고백이 하나님 앞에 올려지게 하시고, '아멘'으로 응답할 때 주님 홀로 영광 받아 주옵소서. 예배를 돕는 작은 손길까지도 주님이 기억하여 주시고 하늘의 위로와 복을 내려 주옵소서.

우리 주 예수님의 이름으로 기도합니다. 아멘.

8월 주일 예배(2)

은혜와 자비가 풍성하신 하나님 아버지!

주님의 크신 이름에 존귀와 영광을 돌리며 예배를 드립니다. 우리의 아버지 되신 하나님의 권능과 능력이 주의 전에 가득하게 하시고, 하나님께 예배함으로 우리의 마음에 의심과 두려움이 물러가고, 새로운 믿음과 희망이 솟아나게 하옵소서. 오늘도 부족하고 허물 많은 우리를 불러 주신 하나님의 사랑에 감격하게 하시고, 은혜 충만한 예배로 인도하여 주옵소서. 우리의 예배가 주님을 향한 감사와 찬양의 제사가 되게 하옵소서.

8월의 무더위가 아직도 기승을 부리는 계절에 우리의 믿음을 점검하는 지혜를 허락하여 주시기를 기도합니다. 식었던 믿음에 뜨거운 태양의 열기와 같은 성령의 불을 붙여 주시기를 간구합니다. 차지도 않고 덥지도 않은 미지근한 신앙생활에 이 여름 계절을 닮은 불같은 성령의 바람이 불게 하여 주옵소서. 나태했던 신앙의 자세가 가다듬어지는 축복이 있게 하시고, 더위를 이기며 성장하는 산천초목의 기운처럼, 영원한 생명을 얻은 우리의 신앙이 성장하여 열매를 맺게 하옵소서.

이 광복의 계절에 우리 민족이 하나님의 은혜를 잊지 않게 하옵소서. 광복의 기쁨은 하나님이 허락하신 것임을 기억하게 하시고, 하나님께 감사하는 민족이 되게 하여 주옵소서. 하나님이 미워하시는 이념과 사상이 뿌리째 뽑히게 하시고, 하나님의 말씀에 도전하는 신학과 철학이 추방되게 하옵소서. 하나님의 말씀을 왜곡하고 변절시키는 이 땅의 이단들을 무너뜨려 주시고, 온전히 주님의 뜻이 이 땅에 이루어지게 하옵소서.

여름 무더위에 심신이 허약한 성도들이 많이 있습니다. 저들의 건강을 지켜 주시고, 연약한 육신을 강건하게 회복시켜 주시기를 기도합니다. 마음에 근심과 염려의 무거운 짐을 지고 나온 성도들을 주께서 말씀으로 치유해 주셔서 평안과 위로를 얻게 하여 주옵소서. 우리 교우들의 일터와 사업장을 축복하시고 형통한 길을 열어 주시기를 기도합니다. 어떠한 환난을 당하든지 낙심하지 않게 하시고, 우리의 모든 것을 아시는 하나님께 맡기며 기도하게 하옵소서.

오늘도 목사님이 말씀을 전하실 때, 영과 육을 강건하게 하셔서 주의 말씀을 힘 있게 잘 대언하게 하옵소서. 우리 모두에게 베드로 앞에 선 고넬료의 마음을 주사, 들려지는 말씀을 하나님의 말씀으로 받게 하옵소서.

오늘도 예배를 위해 헌신하는 주의 종들을 기억하시고 하늘의 복으로 채워 주옵소서. 온 회중을 대표하여 성가대(찬양대)가 찬양을 할 때, 우리 모두가 마음으로 함께 주님을 찬양하게 하옵소서.

우리의 구원자이신 예수 그리스도의 이름으로 기도합니다. 아멘.

사랑과 은혜가 풍성하신 하나님 아버지!

오늘도 우리에게 무한한 자비와 은총을 베푸사 바쁜 한 주간의 삶을 잠시 멈추고 예배의 자리에 나오게 하시니 감사를 드립니다. 주님을 모시고 우리가 영과 진리로 예배할 때 주의 영광이 가득하게 하시고, 성령으로 충만한 시간이 되게 하여 주옵소서. 예배를 통하여 몸과 마음이 안식을 얻게 하시고, 죄 사함의 확신을 얻게 하시고, 새로운 신앙적 결단이 서게 하여 주옵소서.

주여, 우리에게 은혜를 베푸사 문제를 바라보며 절망하지 않게 하시고, 하나님을 주목하며 새 희망을 얻게 하여 주옵소서. 세상을 바라보며 근심에 휩싸이지 않게 하시고, 십자가 사랑을 기억하며 평안하게 하옵소서. 마귀의 세력을 두려워 않게 하시고, 하나님의 전신 갑주로 무장하여 승리하게 하옵소서. 우리를 영원히 자녀 삼아 주신 하나님의 은혜 안에서 삶의 모든 역경을 이겨 내고 찬송할 수 있는 믿음을 허락하여 주옵소서.

이 예배 시간에 주님과 만나기를 소원합니다. 주님의 말씀을 듣기 원합니다. 우리를 향하신 주님의 뜻을 깨닫기를 원합니다. 주의 말씀대로 살아갈 능력을 공급받기를 원합니다. 주여, 우리에게 성령으로 충만하게 하사 하나님의 자비와 은총을 힘입게 하시고, 예배를 통하여 강한 믿음을 소유하게 하옵소서. 발걸음만 왔다 가는 예배가 아니라, 우리의 인격이 주의 말씀으로 변화되기를 원합니다. 우리의 언어가 주님을 닮기 원합니다. 우리의 생각과 인생관이 말씀으로 변화되게 하시고, 진정한 주의 자녀로 살게 하여 주옵소서.

여름의 무더위가 아직도 있지만 곧 물러갈 것을 믿는 것처럼, 우리의 삶에 고난과 시련도 끝날 때가 있고 기도의 응답이 이루어질 것을 믿게 하여 주옵소서. 우리의 가정과 일터를 지켜 주옵소서. 많은 기도의 제목들이 하나님의 시간표에 따라 해결될 줄로 믿습니다. 우리 가정의 자녀들을 하나님께서 책임져 주시고 앞길을 열어 주옵소서. 믿음의 유업을 잘 이어받게 하시고, 믿음 안에서 형통한 인생을 살게 하여 주옵소서.

우리 교회를 하나님이 여기까지 인도해 주신 것을 감사합니다. 어려운 일도 많았고 위기의 순간도 있었지만, 하나님의 손길이 언제나 교회를 붙들어 주셔서 오늘까지 역사를 이어 오게 하심을 감사드립니다. 앞으로도 이 교회를 사랑하여 주시고 인도하셔서 하나님의 나라를 위해 쓰임 받게 하시고, 주의 복음을 세상에 널리 전하는 공동체가 되게 하여 주옵소서.

오늘 말씀을 증언하시는 목사님에게 강건함을 더해 주시고, 말씀으로 우리 모두가 한 주간 은혜 가운데 힘차게 살아가게 하옵소서. 성가대(찬양대)가 하나님께 온전한 예물로서의 성가를 드릴 때, 우리 모두가 '아멘'으로 화답하게 하옵소서.

살아 계신 주 예수 그리스도의 이름으로 기도합니다. 아멘.

8월 주일 예배(4)

사랑과 자비가 풍성하신 하나님 아버지!

오늘도 복된 주일을 허락하시고, 우리에게 주님을 사모하는 마음을 주사 예배의 자리에 있게 하심을 감사드립니다. 세상의 모든 일을 멈추고, 세상살이의 근심 염려도 다 내려놓고, 주님의 사랑 안에서 찬송하고 기도하고 말씀 듣는 행복한 시간이 되기를 원합니다. 사람을 만나기 전에 주님의 얼굴을 보게 하옵소서. 일하기 전에 예배하게 하시고, 일꾼이 아닌 하나님의 자녀로 주 앞에 나오게 하옵소서. 사랑을 나누어 주기 전에 하나님의 사랑을 먼저 공급받게 하시고, 위로할 자를 찾기 전에 주님의 위로로 마음에 평화가 깃들게 하옵소서.

주님, 올 한 해가 벌써 8월이 끝나 가며 3분의 2가 지나가고 있습니다. 세월을 아끼라는 주님의 말씀을 기억하게 하시고, 연초부터 지금까지의 우리 삶을 돌아보게 하옵소서. 세상의 향락과 소일거리로 귀중한 시간을 낭비한 것을 뉘우치게 하시고, 주님을 위해 더욱 분발하게 하옵소서. 여름 더위에 나태해진 채 신앙생활을 한 우리 마음을 다시 가다듬고 새로운 결단으로 나아가게 하옵소서. 올 한 해 주님을 위해 계획하고 설계하였던 목표를 점검하고, 주의 일에 더욱 열심을 품게 하옵소서.

하나님 아버지, 이 나라 이 민족을 불쌍히 여겨 주옵소서. 분단되고 휴전선에 가로막히어 냉전 체제가 굳어진 채로 오랜 세월이 지났습니다. 이 민족에게 평화 통일을 허락하여 주옵소서. 대한민국이 정치 선진국이 되게 하시고, 경제가 다시 살아나 모든 국민이 행복한 나라가 되게 하여 주옵소서. 지도자들에게 지혜를 주사 당면 과제들을 지혜롭게 풀어 나가며, 국민의 뜻을 받들어 국론을 하나로 모으는 덕장들이 되게 하옵소서. 무엇보다도 하나님의 복음이 세력을 얻게 하시고, 주님을 믿는 국민이 많아지게 하옵소서. 하나님이 다스리시는 나라가 건설되게 하시고, 하나님의 법으로 통치하는 국가가 되게 하여 주옵소서.

사랑의 주님, 저희 교회를 붙들어 주시고 올 한 해 계획한 모든 일들이 잘 진행되어 하나님께 영광 돌리게 하옵소서. 인간들만의 잔치가 아니라, 하나님의 영광을 위한 사업이 되게 하여 주옵소서. 우리 교회가 성령 충만하여 하나님의 뜻을 받들고 주님의 일을 잘 감당하는 능력 있는 교회가 되게 하여 주옵소서. 우리 모두가 하나님의 뜻대로 주신 달란트를 열심히 남겨 드리는 착하고 충성된 종들로 살게 하옵소서.

오늘 목사님이 하나님의 말씀을 증언하실 때, 그 말씀에 능력을 주시고 저희들의 마음 밭을 옥토와 같게 하사 '아멘'으로 화답하게 하옵소서. 항상 은혜로운 찬양으로 하나님께 영광을 돌리는 성가대(찬양대)의 찬양을 받아 주옵소서. 예배를 돕는 많은 사역자들에게 하늘의 복으로 채워 주옵소서.

우리 주 예수 그리스도의 이름으로 기도합니다. 아멘.

9월 주일 예배(1)

사랑의 하나님 아버지!

오늘도 거룩한 주님의 날 저희들의 마음을 주의 전으로 향하게 하시고, 함께 모여 하나님을 경배하고 찬양하게 하심을 감사드립니다. 우리를 자녀 삼아 주신 하나님의 놀라우신 은혜와 사랑에 감사하며 드리는 예배를 받아 주옵소서. 오직 예배 가운데 하나님의 영광과 능력과 자비와 은총이 드러나게 하옵소서. 우리가 구원받아 하나님의 자녀 된 것이 얼마나 크고 놀라운 축복인지를 깨닫고, 새 힘을 얻는 시간이 되게 하옵소서.

무더위 가운데서도 가을의 희망을 주시고, 9월의 새로운 출발점을 주신 하나님께 감사를 드립니다. 새로운 신앙적 다짐으로 주님과 더욱 밀착하여 살게 하시고, 교인으로서의 마땅한 본분에 충실하여 기도와 말씀을 더 가까이하는 계절이 되게 하여 주옵소서.

우리가 예배를 드리는 동기가 율법이 아닌 은혜에 대한 감사에 있게 하옵소서. 우리가 전도하는 이유가 의무가 아닌 자발적인 기쁨이 되게 하옵소서. 우리의 교회를 위한 섬김과 봉사의 동기가 하나님을 사랑하기 때문에 행해지는 헌신이 되게 하여 주옵소서.

이 가을의 문을 기도로 열게 하옵소서. 기도의 기회가 주어질 때 빠지지 않고 참석하게 하시고, 기도의 힘으로 세상의 험한 풍파를 이기게 하옵

모든 예배 대표기도문

소서. 우리가 마땅히 기도해 주어야 할 사람들이 많이 있습니다. 우리에게 기도를 부탁한 사람들을 기억하게 하시고, 그들의 삶에 하나님의 은혜와 평강이 임하기를 간구하는 계절이 되게 하옵소서. 연약한 심령이 우리의 기도로 믿음을 회복하게 하옵소서. 질병에 시달리는 사람들이 우리의 기도로 강건함을 회복하게 하옵소서. 절망과 좌절 가운데 있는 이웃들이 우리의 기도로 믿음 안에서 새 희망을 발견하게 하옵소서.

태풍과 폭우와 폭염 속에서도 식물들이 열매를 맺기 위해 희망을 잃지 않고 성장하고 있는 모습을 봅니다. 우리도 삶의 어려움을 극복하고 승리하여 하나님께 많은 열매를 드리는 올해가 되게 하여 주옵소서. 욥과 같이, 하나님이 단련하신 후에는 정금과 같은 믿음의 사람으로 세워 주실 것을 믿는 신앙을 허락하여 주옵소서.

오늘도 말씀을 전하시는 목사님을 영육 간에 강건하게 하옵소서. 증언하는 말씀을 통해 저희들이 새 힘을 얻고 승리하는 삶으로 이어지게 하옵소서. 육신의 양식뿐만 아니라 생명의 양식을 먹고 매일매일 건강하게 살아가는 저희들 되게 하여 주옵소서.

주님의 교회를 위해 묵묵히 봉사하는 신실한 일꾼들을 기억하옵소서. 성가대(찬양대)의 찬양 가운데 우리 모든 교우의 신앙 고백이 함께 하나님 앞에 드려지는 시간이 되게 하여 주옵소서.

우리를 구원하신 예수님의 이름으로 기도합니다. 아멘.

9월 주일 예배(2)

생명의 근원 되시는 하나님 아버지!

우리를 만세전부터 사랑하시고 생명을 주신 하나님을 찬양합니다. 만입이 있어도 다 찬송할 수 없는 크고 놀라운 은혜를 받고 사는 우리가 오늘도 예배당에 모여 주님의 이름을 높이며 거룩하신 하나님의 권능과 능력을 찬송합니다. 우리의 예배를 받아 주시고 하늘의 복과 평안으로 우리 마음을 채워 주옵소서.

우리에게 아름다운 결실의 계절인 9월을 허락하신 하나님께 감사를 드립니다. 더위를 물리친 가을의 선선한 바람처럼 우리의 마음에도 근심 염려가 물러가고 위로와 평강의 바람이 불기를 원합니다. 폭염과 비바람을 이긴 가을 들녘의 곡식들처럼, 우리 삶의 풍파와 고난을 믿음으로 이기게 하시고, 기쁨과 감사의 열매를 맺게 하여 주옵소서. 태풍이 몰고 왔던 먹구름이 사라지고 청명하고 푸른 가을 하늘을 보는 것처럼, 우리의 가정과 교회와 이 민족의 먹구름을 몰아내 주시고, 푸른 희망과 기쁨으로 가득 채워 주시기를 간구합니다.

주님, 가을에는 기도하기를 원합니다. 삶의 고단함을 핑계로 세상 중심으로 살아왔던 우리를 강권하셔서 기도의 자리를 지키게 하여 주옵소서. 새벽 미명에 눈물로 기도하셨던 주님을 생각하며 새벽 제단을 쌓게 하시고, 저녁 어두움을 헤치고 감람산을 찾으셨던 주님의 기도 모범을 따라

모든 예배 대표기도문

정해진 기도회의 시간을 지키게 하옵소서. 오병이어의 기적을 베풀면서도 기도하시고, 밤이슬을 맞으면서도 기도하셨던 주님을 본받아, 일하면서도 기도하고 잠들면서도 기도하는 주의 백성이 되기를 소원합니다.

우리의 기도가 나를 위한 기도와 우리 가정을 위한 기도로부터 시작하여, 이웃을 위한 기도로 확대되게 하시고, 교회와 나라와 민족을 위해 기도하는 우리가 되게 하여 주옵소서. 우리가 기도함으로 자녀들이 복을 받게 하시고, 우리 교회가 복을 누리게 하옵소서. 우리가 기도함으로 기도를 부탁한 모든 사람들이 응답을 경험하게 하시고, 하나님을 믿고 구원받게 하옵소서. 우리가 기도함으로 교우들의 가정과 사업과 일터가 복을 받게 하옵소서. 또한 교회의 모든 문제들이 해결되고 하나님의 뜻이 이루어지게 하옵소서.

이제 말씀을 대언하실 목사님을 강건하게 붙잡아 주시고, 성령의 충만함을 입히시어 말씀을 통해 하나님의 크고 놀라운 권세와 능력이 선포되게 하옵소서. 듣는 우리의 귀를 열어 주사 하나님의 말씀이 깨달아지게 하시고, 오늘 내게 주시는 말씀으로 받게 하여 주옵소서.

예배를 돕는 많은 사역자들에게 하늘의 위로와 평강으로 채워 주시기를 간구합니다. 성가대(찬양대)의 찬양과 함께 온 성도가 마음으로 하나님의 거룩하심을 높이 찬양하게 하옵소서.

우리를 사랑하시는 예수님의 이름으로 기도합니다. 아멘.

9월 주일 예배(3)

은혜와 사랑이 풍성하신 하나님 아버지!

오늘도 우리에게 귀하고 복된 주일을 허락하시고, 믿음 주셔서 하나님 앞에 나와 예배하며 찬양하게 하심을 감사합니다. 풍성한 가을의 계절에 우리가 하나님의 한량없으신 은혜를 하나하나 기억하게 하시고, 우리의 머리털까지도 세고 계시는 하나님의 사랑과 관심을 깨닫고 감사하는 예배가 되게 하여 주옵소서. 하나님은 영이시니 우리가 영으로 예배하게 하옵소서. 하나님은 진리이시니 우리가 진리 안에서 경배하며 주의 권능과 능력을 찬양하게 하옵소서.

주님, 소원을 이루기 위하여 예배에 나온 것이 아니라, 베푸신 은혜에 감사하며 드리는 예배가 되게 하옵소서. 또 다른 위로와 사랑을 채우기 위한 예배가 아니라, 이미 받은 사랑에 감격한 마음으로 예배하는 시간이 되게 하여 주옵소서. 이 귀한 예배 시간에 하나님의 말씀을 통하여 하늘을 바라보는 축복을 누리게 하옵소서. 찬송 소리 가운데서 하늘 문이 열리고 천군 천사가 왕래하는 것을 보게 하옵소서. 기도 가운데서 고독과 불안에 싸인 야곱을 바라보시던 하나님의 눈빛이 우리를 향하고 있음을 알게 하옵소서.

모든 것이 무르익어 가는 이 계절에 우리의 신앙 인격도 성숙해지기를 원합니다. 어린아이와 같은 신앙에서 벗어나 그리스도의 장성한 분량에까지 이르는 신앙인이 되기를 소원합니다. 내 소원을 이루기 위하여 기도하기보다는 예수님처럼 "내 원대로 마시옵고 아버지의 원대로 되기를 원하나이다"라는 고백으로 주님을 따라 기도하기를 원합니다. 소원 성취와 만사형통의 기복적인 신앙에서 벗어나, 욥과 같이 고난 속에서도 원망하지 않고, 다니엘의 세 친구처럼 "그리 아니하실지라도" 하나님께 경배하기를 멈추지 않는 믿음을 갖게 하여 주옵소서.

하나님의 뜻을 이루기 위해 빌라도 앞에 침묵하셨던 주님, 우리의 입술의 언어를 줄이고 침묵 가운데서 하나님의 뜻을 헤아리는 지혜를 주옵소서. 고개를 숙여 가는 가을 들녘의 곡식처럼 우리의 교만이 하나님 앞에서 꺾이게 하시고, 겸손으로 머리 숙이고 자신을 돌아보며 알곡처럼 익어 가게 하옵소서. 이 마지막 때에 주님이 찾으시는 신실한 알곡 신자들이 되기를 원합니다. "나는 날마다 죽노라"라고 고백했던 사도 바울의 훈련을 따라 살게 하시고, 하나님을 두려워하고 사람에게 교만하지 않은 주의 제자가 되게 하옵소서.

오늘도 목사님을 통하여 귀한 하나님의 말씀이 선포될 때 겸손히 내게 주시는 말씀으로 받게 하시고, 한 말씀이라도 생활 속에서 실천하여 변화된 삶을 살게 하옵소서. 예배를 위해 수고하는 종들을 기억하여 주시고 복을 내려 주옵소서. 성가대(찬양대)의 찬양이 하나님께 드려질 때 홀로 영광 받아 주옵소서.

우리의 목자가 되시는 예수님의 이름으로 기도합니다. 아멘.

은혜와 사랑이 많으신 하나님 아버지!

오늘도 한없는 주님의 사랑과 은총 속에서 주의 날을 구별하여 지키게 하시고, 하나님 아버지께 예배하게 하시니 감사를 드립니다. 한 주간 일상의 삶 속에서 받은 주님의 사랑과 은총을 기억하게 하시고, 영과 진리로 예배하며 마음껏 주님의 이름을 높이고 찬양하게 하옵소서.

오곡백과가 무르익어 가는 이 가을에 우리에게도 감사의 열매가 풍성하게 하옵소서. 건강을 주심도 감사의 조건이 되게 하시고, 아픔과 질병 속에서도 감사의 의미를 발견하게 하옵소서. 햇빛을 주신 것도 감사의 조건이지만, 비바람과 궂은 날씨 가운데도 하나님의 뜻이 있음을 헤아리며 감사하게 하옵소서. 낮에 열심히 활동하고 일하면서 감사하게 하시고, 저녁에 쉼을 주시는 주님께도 감사하게 하옵소서. 물질적인 넉넉함 속에서 교만하지 않고 감사하게 하시고, 가난과 궁핍 가운데서도 일용할 양식과 누울 곳이 있음을 감사하게 하옵소서.

주님, 이 풍성한 가을의 계절에 꽃들이 간직하고 있던 향기를 선물하고 나무가 정성 들여 키운 열매를 내어 주듯이, 우리도 소외되고 고독한 이웃에게 나눔의 손길을 펼칠 수 있도록 믿음을 주옵소서. 하나님을 사랑한다는 고백이 이웃 사랑으로 실천되게 하시고, 우리에게 강도 만난 이웃이 누구인가를 돌아보고 다가가게 하옵소서. 깊어 가는 가을에 우리의 신앙적 깊이도 더해지기를 소원합니다. 이 독서의 계절에 하나님의 말씀을 더 가까이 곁에 두고 묵상하며 살게 하옵소서. 이 좋은 날씨에 하나님께 기도하는 시간이 많아지게 하시고, 주님과 늘 동행하며 기쁨으로 살아가게 하옵소서.

우리 교회 주변과 이 사회에 도움이 필요한 곳을 살피게 하시고, 우리의 나눔을 통하여 그리스도의 복음이 전파되게 하옵소서. 주여, 우리 기도의 지경이 이 나라와 민족에까지 넓혀지게 하옵소서. 우리가 기도함으로 이 나라의 평화가 유지되게 하시고, 정치 선진국이 되게 하시고, 경제적인 위기가 극복되게 하옵소서. 우리의 기도에 주께서 응답하시고 복을 주셔서, 모든 국민이 하나님께로 돌아와 예수를 믿고 구원받게 하옵소서.

우리 교회가 오직 주님께 기쁨이 되는 교회, 빛과 소금의 사명을 감당하는 교회, 이 지역의 뭇 영혼을 구원하는 교회로 쓰임 받기를 원합니다. 이러한 사명을 위해 밤낮없이 수고하시는 목사님과 부교역자님들에게 성령 충만을 허락하여 주시고, 피곤하지 않게 하시고, 영육이 항상 강건하게 하옵소서.

오늘도 목사님이 주의 말씀을 전하실 때 함께하셔서, 말씀을 힘 있게 전하게 하시고, 그 말씀이 우리에게 생명의 양식이 되게 하옵소서. 성가대(찬양대)의 찬양 가운데 하나님 영광을 받으시고, 우리 모두의 신앙 고백으로 드려지게 하옵소서.

우리를 사랑하시는 예수님의 이름으로 기도합니다. 아멘.

10월 주일 예배(1)

우리의 소망이 되시는 하나님 아버지!

오늘도 주의 전에 모여 예배를 드립니다. 이 예배를 통하여 하나님의 이름이 거룩히 여김을 받으시고, 아버지의 뜻이 우리 모두의 가슴속에 새겨지기를 소원합니다. 죄와 허물로 죽었던 우리를 특별한 사랑으로 구원해 주시고 자녀 삼아 주신 것을 감사합니다. 베풀어 주신 은혜와 사랑을 힘입어 예배의 자리에 나왔사오니, 우리의 몸과 마음을 다하여 영과 진리로 예배할 때 영광을 받아 주옵소서.

청명하고 맑은 10월의 하늘을 바라보게 하시니 감사합니다. 세상 욕심으로 흐리고 탁해진 우리의 마음도 깨끗하게 만들어 주시기를 기도합니다. 돈 때문에 죄짓지 않게 하시고, 명예 때문에 신앙적인 지조를 굽히지 않게 하여 주옵소서. 자리다툼의 분쟁에 휩쓸리지 않게 하시고, 있는 그대로 감사하며 참된 그리스도인으로 살아가게 하옵소서. 선명한 복음의 진리를 위협하는 이단적인 신학과 철학과 사상에 오염되지 않게 하시고, 언제나 순수한 십자가의 복음으로 무장하여 하나님을 섬기게 하옵소서.

교회가 세상을 향해 정직과 정의를 가르치게 하시고, 불의와 불법에 대하여 회개하라고 외치는 예언자적 사명을 다하게 하옵소서. 교회 스스로가 주님의 몸 된 정결한 모습을 보이게 하옵소서. 교회 안에 하나님이 미워하시는 모든 요소가 사라지게 하시고, 예수 그리스도의 가르침과 말씀이 살아서 역사하는 공동체가 되게 하여 주옵소서.

10월의 선선한 아침 공기를 마시며 감사를 드립니다. 성령의 위로와 평강의 기운이 우리의 마음과 영혼에 불어오기를 소원합니다. 매일 아침마다 감사의 찬송이 우리 입에서 흘러나오게 하시고, 매일 새벽마다 기도 소리가 끊이지 않는 계절이 되게 하여 주옵소서.

삼라만상이 주님의 높고 위대하심을 찬양하는 이 계절에, 우리의 모든 삶과 일상이 하나님의 은총으로 여겨지게 하시고, 우리 마음이 넘치는 주의 은혜에 대한 감사로 풍성하게 하옵소서. 풍성한 오곡백과의 열매를 보면서 우리 신앙생활을 돌아보는 시간도 허락하여 주옵소서. 올 한 해 주님께 남겨 드릴 열매가 얼마나 있는지 살피게 하시고, 남은 날 동안 더욱 분발하여 열심을 내게 하옵소서.

이 시간 목사님을 통하여 말씀을 듣습니다. 목사님을 강건하게 하시고, 말씀을 듣는 중에 우리의 귀가 열리고 신령한 눈이 떠져서 하나님의 말씀을 깨닫고 은혜 받게 하옵소서. 말씀 가운데 성령의 역사가 강하게 나타나, 육신의 병이 치유되고 마음의 문제가 해결되게 하옵소서. 예배를 위해 섬기는 종들을 기억하시고, 성가대(찬양대)의 찬양을 받아 주옵소서.

주 예수 그리스도의 이름으로 기도합니다. 아멘.

10월 주일 예배(2)

사랑과 은혜가 풍성하신 하나님 아버지!

이 시간 주의 자녀들이 모여 아버지 앞에 찬양과 예배를 드리오니 영광 받아 주옵소서. 부족하고 온전하지 못한 우리를 자녀 삼아 주시고, 하나님 나라의 백성이 되게 하시고, 교회의 일꾼으로 섬기게 하심을 감사드립니다.

자연의 모든 초목들이 아름다운 열매를 맺어 가는 이 계절에, 우리가 연초에 계획하고 결심한 것을 얼마나 실천하며 살았는지 반성하게 하옵소서. 열매가 없어서 책망받은 무화과나무처럼 우리 손에 아무런 열매가 없다면, 남은 시간이라도 더욱 분발하여 주님을 기쁘시게 하는 자녀들이 되기를 원합니다. 주님이 주신 달란트를 가지고 열심히 일하게 하시고, 많은 것을 남겨 드릴 수 있는 신실한 종들이 되게 하옵소서.

주님, 시간이 정말 빠르게 흘러가고 있음을 실감하는 계절입니다. 세월을 아끼라는 주님의 말씀을 마음에 새기며 살게 하여 주옵소서. 우리의 생활 속에서 나를 위한 시간과 주님을 위한 시간을 계산하게 하시고, 나를 위한 기도와 이웃을 위한 기도의 시간을 비교하게 하옵소서. 그리하여 얼마 남지 않은 올 한 해의 시간 속에서 주님이 원하시는 삶을 살게 하시고, 우리의 생활 속에서 주님의 나라가 확장되는 역사가 있게 하여 주옵소서.

우리의 예배가 영적인 예배가 되게 하시고, 하나님을 모시고 드려지는

모든 예배 대표기도문

예배가 되기를 소원합니다. 우리 교회의 모든 행사에 주님의 영광이 드러나게 하시고, 인간의 모습은 감추어지게 하옵소서. 이 가을에 우리의 교회 생활을 점검하게 하옵소서. 우리 교회의 모든 예배와 행사가 오직 하나님의 영광을 위해 행해지게 하시고, 우리의 신앙생활이 말씀 위에 기초하게 하옵소서.

한국의 모든 교회를 건강하게 하시고, 교파를 초월하여 한마음으로 주의 복음을 힘 있게 전파하는 교회들이 되게 하여 주옵소서. 어려운 농어촌 교회와 도시의 작은 교회들을 돌보아 주셔서 용기를 잃지 않게 하시고, 그곳에서의 사명을 잘 감당하도록 도와주시기를 간구합니다.

우리나라를 위하여 기도합니다. 대한민국을 긍휼히 여겨 주옵소서. 하나님의 보호와 인도하심으로 여기까지 역사를 이어 왔습니다. 이 민족의 살길은 하나님께로 돌아오는 것밖에 없사오니, 니느웨성 백성들처럼 회개하게 하시고, 하나님으로부터의 구원의 은총을 입어 다시 한 번 세계 선진국으로 도약하게 하옵소서.

오늘도 주의 종을 통하여 말씀을 듣습니다. 은혜를 더하사 성령의 능력으로 진리의 말씀이 선포되게 하옵소서. 듣는 저희의 마음이 열리고 귀가 열려, 은혜 받는 시간이 되게 하옵소서. 주 앞에 정성을 다해 준비한 찬양을 드리는 성가대(찬양대)의 찬양을 받아 주옵소서.

살아 계신 우리 주 예수님의 이름으로 기도합니다. 아멘.

10월 주일 예배(3)

사랑과 은혜가 많으신 하나님 아버지!

이 아름다운 계절에 주님의 사랑을 받고 살던 저희들이 함께 모여 경배와 찬양을 드립니다. 이 예배가 하나님께 영광을 돌리고, 우리에게 은혜의 시간이 되게 하옵소서. 우리의 예배가 영과 진리로 드려질 때, 하나님의 살아 계심과 능력이 우리 가운데 나타나게 하시고, 그것을 보며 기뻐하고 찬송하는 시간이 되게 하옵소서. 건강과 여러 사정으로 이 예배의 자리에 함께하지 못한 우리 교우들에게도, 있는 처소에서 예배할 수 있는 은총을 허락하여 주옵소서.

주님, 단풍으로 물들어 가는 이 가을날 자연의 아름다움을 봅니다. 우리의 인생도 하나님과 사람 앞에 아름답게 하시고, 많은 사람에게 하나님의 은혜를 간증하며 주의 영광을 드러내게 하옵소서. 가을의 푸르고 맑은 하늘빛처럼 우리의 마음이 항상 기쁨과 감사로 넘치게 하시고, 세상의 시련과 고통의 먹구름 때문에 믿음이 흐려지지 않게 하옵소서.

혼란한 세상 속에서 전통적인 신앙의 가치관을 훼손하려는 잘못된 신학과 철학과 사상들이 난무하는 시대를 살아가고 있습니다. 주님, 이러한 때일수록 우리 교회가 더욱 선명한 복음을 전하게 하시고, 말씀을 가까이 함으로 오직 성경, 오직 믿음, 오직 은총이라는 종교개혁자들의 신앙을 따르게 하옵소서.

한 주간 세상에 살면서 여러 가지 일로 상처받고 낙심한 심령들이 주 앞에 나와 엎드렸습니다. 주님께서 어루만져 주시고 위로하여 주시기를 간구합니다. 슬프고 괴로운 삶의 문제로 우는 자들의 눈물을 닦아 주시고, 마음에 평안과 희망을 허락하여 주시기를 간구합니다. 억울한 일로 분노하는 자들을 품어 주시고, 죄 없이 고난을 당하신 주님을 생각하며 위로받게 하옵소서. 육신의 질병과 마음의 아픔이 있는 성도들에게 권능의 손으로 안수하셔서, 모든 병이 치유되고 회복되는 역사가 있게 하옵소서.

우리를 홀로 두지 않으시고 언제나 동행하시는 하나님 아버지, 불투명한 미래의 시간 앞에서 두려워하지 않게 하시고, 보혜사 성령의 손을 잡고 한 걸음씩 나아가게 하옵소서. 태산을 넘어 험한 골짜기를 걸어갈 때도 빛 되신 주님의 인도를 받게 하옵소서.

이 시간 단 위에 세우신 목사님을 강건하게 하셔서 말씀을 선포하실 때 힘 있게 하시고, 우리에게 놀라운 깨달음이 있게 하옵소서. 우리가 세미한 주님의 음성에 귀를 기울이게 하시고, 주의 말씀을 따라 실천할 믿음을 주옵소서. 준비된 찬양을 드리는 성가대(찬양대)와 함께하셔서, 하나님의 영광이 찬양 가운데 드러나게 하옵소서. 묵묵히 예배를 위해 섬기는 손길들을 주님이 아시오니, 모든 종들에게 은혜를 내려 주옵소서.

우리를 구원해 주신 예수 그리스도의 이름으로 기도합니다. 아멘.

10월 주일 예배(4)

자비하신 하나님 아버지!

베푸신 은혜와 사랑에 감사하는 마음으로 주 앞에 나와 예배를 드립니다. 이 거룩하고 복된 날 주님께 나온 백성들을 개별적으로 만나 주시고, 안수하여 주시고, 은혜를 내려 주시기를 기도합니다. 우리를 눈동자와 같이 돌보시고 보호하시는 주의 사랑을 기억하며 예배를 드리오니 주님 홀로 영광을 받아 주옵소서.

주님, 세상은 점점 어두워져 가고 흑암의 세력이 득세하는 시대입니다. 정의가 설 자리를 잃고 불의가 만연된 세상이 되어 가고 있습니다. 교회 마저도 순결성을 잃고 세속화되고 있으며, 하나님의 말씀을 거역하는 부정과 불의가 독버섯처럼 교회의 정체성을 위협하고 있습니다. 교회 안에 기복신앙과 물량주의가 주인 행세를 하고 있습니다. 진리를 왜곡 하는 이단들이 기승을 부리고 교인들을 현혹하고 있습니다. 주여, 이 영적인 혼란에서 한국 교회를 보호하여 주시기를 기도합니다.

그 옛날 종교개혁의 시대처럼 한국 교회가 회복할 기회를 허락하여 주옵소서. 중세 교회가 타락했을 때, 마틴 루터와 같은 교회 지도자들을 세워 개혁의 횃불을 들게 하셨던 주님의 역사가 한국 교회에 재현되기를 기도합니다. 그리하여 교회가 다시 한 번 영적인 힘을 얻게 하시고, 세상을 향하여 정의를 외치고 복음을 선포하는 하나님의 도구로 쓰임 받게 하옵소서. 진리 되신 예수 그리스도의 정신으로 세상을 개혁하고, 미움이 있는 곳에 사랑을 전하며, 어둠을 몰아내고 빛을 밝히게 하옵소서.

이 자리에 모인 주의 백성들을 불쌍히 여기사 각 가정마다 주 앞에 부르짖는 기도 제목에 응답하여 주시기를 원합니다. 자녀들의 문제, 부부 사이의 문제, 직장의 문제, 건강의 문제, 정신적인 갈등의 문제들이 주의 선한 뜻 안에서 해결되게 하여 주옵소서. 상한 갈대를 꺾지 않으시고 꺼져 가는 등불도 살려 내시는 하나님의 사랑과 자비를 모든 가정에 베풀어 주시기를 소원합니다.

이 시간 목사님을 강건하게 하시고, 주의 말씀을 잘 전하게 도와주옵소서. 목사님이 하나님의 말씀을 전할 때, 그 말씀을 통하여 문제가 해결되게 하시고, 주의 뜻을 분별하게 하시고, 하나님의 사랑을 깊이 깨닫는 축복을 허락하여 주옵소서. 주시는 말씀으로 새 힘을 얻고 능력 있게 세상을 살며, 하나님의 뜻을 실천하는 우리 모두가 되게 하여 주옵소서.

성가대(찬양대)의 찬양을 기쁘게 받으시고, 우리 모두의 신앙 고백으로 하나님께 드려지는 찬양이 되게 하옵소서. 예배를 위하여 맡은 직책을 묵묵히 감당하며 수고하는 여러 종들에게 하늘의 위로와 평강으로 채워 주옵소서.

교회의 머리가 되신 예수 그리스도의 이름으로 기도합니다. 아멘.

11월 주일 예배(1)

말씀으로 만물을 창조하시고 다스리시는 하나님 아버지!
한 주간 세상에서 살다가 거룩한 주일에 주의 사랑과 은혜를 감사하며
예배를 드리오니 주님 홀로 영광을 받아 주옵소서. 우리의 예배를 기뻐
하시는 주님, 이 시간 죄 사함의 은혜와 구원의 은총을 높이 찬양하며 드
리는 예배 가운데 임하셔서, 십자가를 통하여 주신 하나님의 사랑을 되
새기게 하옵소서. 예배를 드림으로 새로운 영적 힘과 능력을 공급받게
하옵소서.

주님, 벌써 11월입니다. 잎이 낙엽이 되고 찬바람이 부는 계절을 맞아,
우리의 삶을 정리할 수 있는 기회를 주시니 감사합니다. 우리 인생도 자
연의 섭리처럼 유한한 존재임을 깨닫게 하시니 감사합니다. 지금까지
살아온 것이 하나님의 은혜와 돌보심이 있기에 가능했음을 알게 하시니
감사를 드립니다. 세상의 계절은 변하지만, 하나님의 사랑은 영원히 변
하지 않음을 믿게 하시니 감사를 드립니다.

자비하신 하나님 아버지, 깊어 가는 가을에 주님을 향한 우리의 사랑도
깊어지게 하옵소서. 어지러운 세상 가운데서 주님의 말씀을 더욱 가까
이하게 하시고, 항상 기뻐하고 쉬지 않고 기도하고 범사에 감사하는 생
활을 이어 가게 하옵소서. 바쁜 일상의 삶 속에서도 주님을 믿고 의지하
면서 위안을 얻게 하옵소서.

모든 예배 대표기도문

하나님을 가까이함과 동시에 이웃과의 거리도 좁혀 가는 생활을 하게 하옵소서. 그리스도의 사랑으로 원수 맺었던 관계가 회복되는 축복을 허락하여 주옵소서. 평소에 무관심하게 대했던 사람들에게 주님의 심정을 가지고 먼저 손을 내밀고, 사랑의 언어를 건네게 하옵소서. 나와 우리 가족만을 위한 기도에서, 이웃과 민족을 향한 기도로 지경을 넓히게 하옵소서.

어린이와 청소년으로부터 청장년과 중년과 노년에 이르기까지 교회 모든 식구들이 서로 한 가족처럼 아끼고 사랑하고 돌보며 관심을 가지는 주님의 공동체가 되게 하여 주옵소서. 하나님을 아버지로 하여 모두 하나가 되게 하시고, 아픔과 영광을 서로 공유하고, 슬픔과 기쁨을 함께하는 아름다운 미덕을 쌓아 가게 하옵소서. 상처받은 사람들이 교회에 와서 치유되고 회복되는 기적이 매일 일어나게 하옵소서. 교회 안에 빈부와 지식과 세상의 명예로 인한 차별이 없게 하시고, 모두 하나님 앞에서 겸손한 자세로 서로에게 섬김의 본을 보이며 살게 하옵소서.

사랑의 주님, 이 시간 사모하는 마음으로 말씀을 기다립니다. 주의 종을 통하여 주시는 말씀 가운데 주님의 세미한 음성을 들려주옵소서. 우리에게 새로운 결단과 용기가 생겨나는 축복의 시간이 되게 하옵소서. 성가대(찬양대)의 찬양 가운데 우리 모든 성도가 마음으로 동참하게 하시고, '아멘'으로 화답하여 하나님께 영광 돌리게 하옵소서.

우리의 기도를 들으시는 예수님의 이름으로 기도합니다. 아멘.

11월 주일 예배(2)

사랑의 하나님 아버지!

언제나 동행하시고 사랑으로 우리의 출입을 지켜 주시는 하나님께 감사와 영광을 돌려 드립니다. 오늘 거룩한 주일에 주님 앞에 모인 우리에게 복을 주셔서, 하나님의 사랑과 은혜를 되새기고 감사하게 하옵소서. 예배 중에 하나님을 만나게 하시고, 찬양과 기도 가운데 하나님의 영광을 보게 하옵소서. 이 예배 시간이 우리 생애 최고의 순간이 되게 하시고, 잊을 수 없는 은혜를 체험하는 시간이 되기를 소원합니다.

주님, 추위가 다가오는 계절에 소외된 이웃들을 생각하며 기도하게 하옵소서. 경제적인 문제로 힘든 생활을 하고 있는 교우들은 없는지 부지런히 살피고 나누게 하옵소서. 홀로 사는 사람들의 벗이 되고, 외롭고 고독한 사람들에게 주의 사랑을 전하는 교회가 되게 하옵소서. 우리 교우들의 가정마다 필요한 모든 것을 채워 주시고 부족함이 없게 하여 주옵소서. 더 가진 자가 덜 가진 자의 필요를 채워 주었던 초대 교회의 모습이 재현되게 하옵소서.

이 사회에 경제 정의가 실현되어 빈부의 격차가 해소되게 하시고, 국가 경제가 위기를 극복하고 도약하여 모두가 잘사는 나라가 되게 하옵소서. 국민 모두가 각자 맡은 일에 충실하게 하시고, 온 백성이 예수 믿고 하나님의 자녀가 되어 하늘의 복을 누리며 살게 하여 주옵소서. 믿는 자들이 물질의 노예가 되어 죄짓지 않고 물질을 다스리며 살게 하시고, 세상 사람들의 본이 되게 하여 주옵소서.

주님, 전능하신 오른손으로 우리 성도들의 아픈 곳과 상처 난 곳을 어루만져 주시기를 기도합니다. 기도할 때 고난이 변하여 복이 되게 하시고, 문제가 변하여 간증거리가 되는 은혜를 허락하여 주옵소서. 사슴이 시냇물을 찾듯이 사모하는 마음으로 주를 찾아 부르짖는 우리의 기도를 들으시고 응답하여 주옵소서.

올 한 해의 끝자락을 향하여 가는 이 계절에 저희들의 게으름과 연약함을 돌아보게 하옵소서. 무능하고 게을러서 연초에 주 앞에 결단했던 것을 실천하지 못했다면, 남은 시간만이라도 분발하여 착하고 충성된 종의 모습으로 살아가게 하옵소서. 하루하루 시간을 아껴 주님을 위해 살게 하시고, 주의 말씀을 생활 속에서 실천하게 하옵소서.

말씀을 전하시는 목사님을 영육 간에 강건하게 하시고, 능력 있는 말씀에 우리 모두가 은혜 받는 시간이 되게 하옵소서. 목사님과 온 성도들이 한마음이 되어 아름답고 좋은 열매를 주 앞에 드리는 축복이 있게 하옵소서. 성가대(찬양대)의 정성 어린 찬양을 받아 주시고, 오늘도 교회를 위하여 맡은 사명에 충성을 다하는 모든 종들에게 하늘의 복을 내려 주옵소서.

예수 그리스도의 이름으로 기도합니다. 아멘.

말씀으로 만물을 창조하시고 운행하시는 창조주 하나님 아버지!
오늘 복되고 귀한 주의 날, 우리가 함께 모여 주님의 은혜와 사랑에 감사하며 예배를 드립니다. 허물과 죄로 죽었던 우리를 위하여 대신 십자가를 지시고 구원해 주심을 기억하며 감사드립니다. 죄인이 은혜를 입어 하나님의 자녀가 되었사오니 무한 감사를 드립니다. 오늘도 예배의 자리에 나온 주의 백성들을 사랑해 주시고, 우리가 드리는 예배를 통하여 주님 홀로 영광을 받아 주옵소서.

알곡들이 추수할 때를 기다리며 고개를 숙이고 있듯이, 이 추수의 계절에 우리의 신앙 인격이 무르익게 하시고, 묵상과 기도의 시간이 늘어나게 하옵소서. 지난 시간들을 돌아보는 삶의 여유를 주시고, 하나님의 인도와 보호하심으로 여기까지 살아온 것을 감사하게 하옵소서. 주님 앞에 고개 숙인 채 살아가게 하시고, 이웃에게 교만하지 않도록 우리의 마음을 주장하여 주옵소서.

험한 여름의 폭우와 태풍과 비바람 속에서도 열매를 맺은 자연의 섭리를 봅니다. 풍성한 오곡백과의 열매를 거둔 대자연의 모습을 보면서 우리가 주님께 드릴 열매는 무엇인가를 생각하게 하옵소서. 우리도 기쁠 때나 슬플 때나 감사하게 하시고, 행복할 때나 불행할 때나 주님의 뜻에 순종하며 믿음의 열매를 거두게 하옵소서. 건강해도 감사하게 하시고, 질병 속에서도 감사의 조건을 찾게 하여 주옵소서. 기도의 응답 속에서도 감사하게 하시고, 응답이 막힌 환경 속에서도 사도 바울처럼 은혜로 고난을 재해석할 수 있는 신앙을 허락하여 주옵소서. 역사의 주인이신 하나님께서 우리의 남은 삶도 인도하시고 보호하여 주시기를 간구합니다.

우리 교회를 사랑하시는 하나님 아버지, 서로 다른 곡식과 과일과 채소들이 조화를 이루며 하나님을 찬양하듯이, 서로 다른 우리 교우들이 함께 손을 잡고 한마음으로 사랑하고 예배하는 교회가 되게 하여 주옵소서. 나와 같지 않은 사람을 불편해하지 않게 하시고, 서로 다름을 용납하며 다양성 속에서 하모니를 이루게 하옵소서. 서로의 의견을 교환하되 다투지 않고 경청하는 자세로 배우게 하시고, 낮은 자세와 섬기는 마음으로 주님의 뜻을 이루게 하옵소서.

말씀을 전하시는 목사님을 강건하게 하시고, 하나님의 뜻을 잘 대언할 수 있도록 성령의 지혜와 능력을 공급하여 주옵소서. 우리에게 말씀을 사모하는 마음을 주시고, 들을 수 있는 귀를 열어 주시기를 기도합니다.

성가대(찬양대)의 찬양을 받아 주옵소서. 우리가 함께 마음으로 찬양하며 주께 영광 돌리고 은혜 받는 시간이 되게 하옵소서. 교회를 위해 섬기는 크고 작은 종들의 수고를 기억하시고 영육 간에 하늘의 복으로 채워 주옵소서.

우리 주 예수 그리스도의 이름으로 기도합니다. 아멘.

우리를 언제나 사랑하시고 복 주시는 하나님 아버지!
오늘도 거룩한 주의 날 우리가 성전에 모여 찬송과 기도와 예물을 드리며 예배하오니 주님 홀로 영광을 받아 주옵소서. 한 주간도 저희의 생명을 연장시켜 주시고, 오늘 주의 전에서 하나님을 사모하는 마음으로 기뻐하며 예배하게 하시니 감사를 드립니다.

주님께서 올 한 해도 풍성한 은혜로 채워 주셔서 우리를 영육 간에 강건하게 하신 것을 감사합니다. 하나님의 사랑을 받을 만한 선함이 없음에도 무한한 사랑을 공급하여 주시고 여기까지 인도하신 은혜를 감사드립니다. 우리의 머리로 하나님의 은혜를 다 측량할 수 없고, 우리의 가슴으로 하나님의 사랑을 다 담을 수 없지만, 작은 입술을 열어 감사의 기도와 찬양을 드리오니 주여, 우리 예배를 받아 주옵소서.

우리를 위해 높은 보좌를 버리시고 낮고 천한 인간의 몸을 입고 구유에 나신 주님께 경배와 찬양을 드립니다. 주님의 탄생을 기다리는 마음으로 대림절(대강절)을 보내게 하옵소서. 오늘 어둡고 죄악이 많은 이 세상에 주님이 오셔서 진리의 빛을 비추어 주시고, 모든 부조리와 사악함을 몰아내 주시기를 간구합니다.

하나님 아버지, 올 한 해 우리 교회를 인도하시고 보호해 주셔서 감사합니다. 이곳에 주님께서 교회를 세우신 목적을 이루어 드리는 교회가 되기를 기도합니다. 어둡고 험한 세상에 복음의 기쁜 소식을 전하고, 참 생명의 말씀으로 영혼을 구원하는 건강한 교회가 되게 하여 주옵소서. 상처받은 사람들이 교회에 와서 치유되는 은혜를 입게 하여 주옵소서. 절망과 낙심 가운데 있는 영혼들이 주의 전에 나와 새로운 비전과 희망을 얻게 하옵소서. 육신의 질병과 정신적인 건강의 문제로 기도하는 연약한 자들이 주님의 손길로 회복되는 기적을 경험하는 교회가 되게 하옵소서.

올 연말에 우리 교회가 계획하고 있는 모든 예배와 회의와 행사를 주님께서 친히 주관하여 주셔서 한 해를 잘 마무리할 수 있도록 인도하여 주옵소서. 항상 주님을 모시고 예배하고 회의하게 하시고, 모든 일을 통하여 주의 뜻을 이루는 교회가 되게 하여 주옵소서.

말씀이 선포되는 시간에 목사님을 강한 팔로 붙들어 주사 피곤하지 않게 하시고, 말씀의 지혜와 능력을 허락하사 하나님의 뜻을 잘 전하게 하옵소서. 오늘의 말씀을 통하여 우리 성도들의 삶의 문제가 해결되고 마음에 평안이 깃들게 하옵소서.

오늘도 찬양으로 영광 돌리는 성가대(찬양대)의 찬양을 받아 주시고, 하늘의 신령한 복으로 채워 주옵소서. 예배를 돕는 많은 주의 종들에게 동일한 복을 허락하여 주옵소서.

주 예수 그리스도의 이름으로 기도합니다. 아멘.

우리 삶의 주관자이신 하나님 아버지!

우리를 구원하기 위하여 독생자를 세상에 보내 주신 은혜와 사랑을 감사하며 예배를 드립니다. 많고 많은 사람들 중에서 우리를 택하여 구원하시고 자녀 삼아 주신 하나님의 놀라우신 은총을 감사하며 예배를 드립니다. 영과 진리로 드리는 예배를 받아 주시고 하늘의 복으로 채워 주사, 예배를 통하여 새 힘을 얻게 하시고 희망과 기쁨이 샘솟게 하여 주옵소서.

주님, 벌써 12월이 되었습니다. 지금까지 지내 온 것 하나님의 크신 은혜임을 고백합니다. 자나 깨나 주님이 인도하시고, 시련과 고통 가운데서도 말씀을 붙들고 살게 하신 은혜를 감사드립니다. 고독하고 쓸쓸할 때 주님이 눈물을 닦아 주시고 자비하신 음성으로 위로해 주셔서, 새 힘을 얻게 하신 은혜를 감사드립니다. 우리 삶의 모든 사건 속에 주의 사랑의 흔적이 있고, 지나온 과거의 모든 순간마다 주님의 손길이 함께하였음을 깨달으며 찬양을 드립니다.

주여, 추워지는 계절이지만 우리의 마음은 하나님의 사랑을 느끼며 따뜻하게 하시고, 그 사랑의 온기를 이웃에게 나누며 살아가기를 소원합니다. 우리의 이웃들을 주님의 심정으로 부지런히 살피게 하여 주옵소서. 그늘지고 소외된 곳에서 사랑의 손길을 기다리는 사람들을 위하여 기도하고 관심을 가지는 교회가 되게 하여 주옵소서. 특별히 연로한 교우들과 혼자 사는 우리의 이웃들이 외롭지 않도록 선한 사마리아인의 역할을 잘 감당하는 성도들이 되게 하옵소서. 돌봄과 섬김을 통하여 그리스도의 복음이 전파되게 하시고, 믿지 않는 영혼이 구원 얻는 역사가 있게 하옵소서.

이 연말에 세상의 향락보다는 영적인 묵상의 시간을 더 확보하며 경건하게 살기를 소망합니다. 아기 예수 오심의 의미를 깊이 깨닫게 하시고, 주님의 탄생을 기다리는 신앙적 분위기가 나로부터 우리 가정과 교회에 확장되기를 원합니다. 가정의 여러 가지 문제를 안고 주 앞에 나와 기도하는 성도들의 기도를 들어 주옵소서. 특별히 자녀들을 위해 기도하는 소리를 들어 주옵소서. 우리 자녀들이 예수 잘 믿고 영육 간에 복을 받아 앞길이 열리고, 주의 인도하심을 받아 살게 하옵소서. 수능 시험을 마친 수험생들의 진로를 하나님께서 주관하시고, 믿음 안에서 새로운 삶의 단계에 잘 적응할 수 있도록 도와주옵소서.

오늘도 말씀을 전하시는 목사님의 영과 육을 강건하게 하시고, 생명의 말씀을 가감 없이 선포하게 하옵소서. 듣는 우리의 귀를 열어 주시고 말씀을 '아멘'으로 받아 우리 삶이 변화되게 하옵소서. 이 시간 정성껏 준비한 성가대(찬양대)의 찬양을 기쁘게 받으시고, 예배를 돕는 모든 일꾼들에게 하늘의 복으로 충만히 채워 주옵소서.

우리를 위해 세상에 오신 예수님의 이름으로 기도합니다. 아멘.

12월 주일 예배(2)

사랑과 은혜가 풍성하신 하나님 아버지!

저희 삶을 인도하여 주시고 지켜 주셨다가 주의 전에서 예배드릴 수 있도록 허락하신 은혜를 감사드립니다. 주님의 은혜와 사랑을 감사하면서 정성을 다해 드리는 우리 예배를 받아 주옵소서. 오직 하나님의 이름이 거룩히 여김을 받게 하시고, 주의 영광이 가득한 예배가 되게 하옵소서. 하나님 없는 인간들의 잔치가 되지 않게 하시고, 이 전에서 하나님을 만나고 하나님의 음성을 듣는 복된 시간이 되게 하옵소서.

주님, 새해를 맞아 벅찬 가슴으로 시작한 지가 엊그제 같은데 벌써 12월이 되었습니다. 저물어 가는 올 한 해의 삶을 돌이켜 봅니다. 우리의 이익과 욕구를 채우기에 급급하고 분주했지만, 하나님을 위해서는 마음과 정성을 다하지 못했음을 고백합니다. 올해가 가기 전에 우리의 지난날을 돌아보게 하시고, 하나님과 약속하고 지키지 못한 것들이 있다면, 남은 얼마간의 시간이라도 최선을 다해 실천하게 하옵소서.

아기 예수로 오시는 예수님을 맞이할 마음의 준비를 하는 대림절(대강절) 기간에 우리의 관심이 주님을 향하게 하옵소서. 주님과 언제나 가까이 살게 하시고 주님을 모시고 생활하게 하옵소서. 이 땅에 인간의 몸을 입고 오셔서, 우리의 죄를 사하시려고 십자가의 고난을 당하신 주의 은혜와 사랑을 깊이 묵상하며 새로운 감격이 솟아나게 하옵소서.

이 시간 가난한 마음으로 주 앞에 나온 백성들에게 은혜와 긍휼을 베풀어 주시기를 간구합니다. 건강의 문제로 기도하는 성도들에게 질병과 아픈 곳이 치유되는 기적을 허락하여 주옵소서. 경제적인 문제로 주님께 호소하는 성도들에게 형통한 길을 열어 주시고 응답하여 주시기를 기도합니다. 자녀의 문제, 부부 사이의 문제, 부모와의 문제를 놓고 기도하는 성도들에게 합력하여 선을 이루시는 하나님의 방법으로 모든 문제가 해결되게 하옵소서. 고독과 절망과 낙심 속에서 번민하는 교우들의 마음을 주께서 어루만져 주시고, 시험당할 즈음에 피할 길을 주시는 하나님의 놀라운 은총을 경험하게 하옵소서.

연말에 있을 성탄과 송년의 모든 예배와 행사를 주 앞에 경배하는 마음으로 잘 준비하게 하옵소서. 온 성도들이 훈훈한 사랑의 불꽃으로 추위를 이기게 하시고, 따뜻한 관심과 배려의 온기 속에서 겨울의 매서운 바람을 물리치게 하옵소서. 주의 사랑으로 얼어붙은 마음이 녹아내리고 웃음꽃으로 피어나게 하옵소서.

오늘도 생명의 말씀을 듣게 하시니 감사를 드립니다. 주의 종이 말씀을 전할 때 우리가 하나님의 말씀으로 받게 하옵소서. 주님께 드리는 성가대(찬양대)의 찬양이 하나님께는 영광이 되고 땅에는 평화를 이루는 천사들의 찬양이 되게 하옵소서.

주 예수 그리스도의 이름으로 기도합니다. 아멘.

12월 주일 예배(3)

우리를 사랑하시고 돌보시는 하나님 아버지!

아기 예수를 이 땅에 보내사 우리를 구원하시고 자녀 삼아 주신 놀라운 사랑과 은혜를 찬양하며 예배를 드립니다. 목자들이 아기 예수를 경배하는 심정으로 주의 전에 나와 예배를 드리오니, 이 예배를 통하여 주님을 만나는 기쁨이 충만하게 하옵소서. 사람을 만나기 전에 주님을 만나는 시간이 되게 하시고, 사람과 인사를 나누기 전에 주님께 나아가 엎드리는 진정한 예배가 되게 하옵소서. 아기 예수께 경배하며 근심이 해소되고 고독이 사라졌던 목자들의 변화가 우리의 예배를 통하여 재현되게 하옵소서.

예수님이 나실 때처럼 요란하고 흉악하고 어둠이 짙게 드리워진 세상을 살아가고 있습니다. 세계 곳곳에서 죄악과 부조리와 고통 속에 울부짖는 인간의 신음 소리가 들리고 있습니다. 사랑이 메마른 세상에서 전쟁이 그치지 않고, 탐욕으로 인한 범죄가 기승을 부리는 시대를 맞이하고 있습니다. 하나님이 창조하신 아름다운 세계가 인간들에 의하여 파괴되고 있습니다.

오늘도 주님만이 이 세상을 구원하실 유일한 구세주이심을 믿습니다. 주님이 오셔서 어두운 세상에 진리의 빛을 비추시고, 도탄에 빠진 인간을 구원해 주시기를 기도합니다. 우리의 어두운 마음에 주님께서 아기로 탄생하신 성탄의 기쁨과 기적을 허락하여 주옵소서. 우리 가정에 주님이 오셔서 모든 근심을 몰아내시고 평안으로 인도해 주시기를 기도합니다. 우리 교회에 주님이 오셔서 진리의 빛을 비추어 주시기를 원합니다. 예수 그리스도밖에는 구원이 전혀 없음을 알게 하시고, 온 세상이 어둠 속에서 빛 되신 주님 앞으로 돌아와 구원받는 역사가 있게 하옵소서.

주님, 이 성탄의 계절에 우리의 마음이 가난해지기를 원합니다. 아기 예수로 오신 주님이 누워 계신 초라한 구유처럼, 소박한 마음으로 주님을 환영하게 하옵소서. 심령이 가난한 자가 복이 있다고 하셨사오니, 동방박사들처럼 세상의 잘난 것을 모두 내려놓고 주 앞에 무릎 꿇게 하시고, 정성을 다해 우리의 마음을 바쳐 예배하게 하옵소서. 아기 예수님의 탄생을 경배하는 주의 자녀들에게 복을 주시고, 하늘의 기쁨과 위로를 넘치도록 부어 주시기를 기도합니다.

오늘도 목사님을 통하여 하나님의 말씀을 듣습니다. 목사님이 말씀을 대언하실 때 우리의 마음이 열리게 하시고, 성령의 감화로 깨달음이 있게 하시고, 주의 은혜가 충만한 시간이 되게 하여 주옵소서.

오늘도 주의 전에서 이름 없이 빛도 없이 수고하는 많은 주의 종들을 기억하시고, 하늘의 복으로 영육 간에 채워 주옵소서. 찬양으로 영광 돌리는 성가대(찬양대) 대원들을 위로하시고, 그들의 삶이 감사의 조건으로 넘치게 하옵소서.

우리를 위해 세상에 오신 예수님의 이름으로 기도합니다. 아멘.

12월 주일 예배(4)

사랑이 많으신 하나님 아버지!

오늘 거룩한 주일을 저희에게 허락하사 주의 전에 나오게 하심을 감사드립니다. 어느덧 올해 마지막 주일이 되었습니다. 하나님의 은혜로 한 해를 잘 마무리할 수 있게 된 것을 감사하며 예배를 드리오니 주님 홀로 영광을 받아 주옵소서. 지나간 한 해 동안 주님께서 세상의 환난과 역경 속에서도 우리를 굳건히 지켜 주시고 믿음 생활을 잘할 수 있도록 은혜 주신 것을 감사드립니다. 우리를 향한 사랑과 은혜를 마음에 새기고 감사하면서 한 해를 마무리하고 새해를 맞게 하여 주옵소서.

이제는 다사다난했던 묵은 달력을 떼어 내고 새 달력을 준비하는 계절입니다. "지금까지 지내 온 것 주의 크신 은혜라"라고 찬송을 부르며 감사를 드립니다. 우리에게 건강을 주셔서 예배의 자리를 지키게 하신 것을 감사드립니다. 질병 속에서 몸이 불편할 때도 주님을 사모하며 기도하게 하신 것을 감사드립니다. 경제적으로 넉넉하지 못했지만, 일용할 양식으로 먹여 주신 것을 감사드립니다. 여러 가지 문제와 갈등 속에서도 우리의 자녀들을 잘 길러 주시고 키워 주셔서 감사합니다. 우리 교회가 안고 있는 많은 과제들을 주님께서 하나하나 풀어 주신 것을 감사드립니다. 이 나라와 민족이 위태한 가운데서도, 하나님이 안보하시고 지켜 주셔서 여기까지 역사를 이어 오게 된 것을 감사드립니다.

모든 예배 대표기도문

주님, 지난 모든 시간들이 은혜로 이어져 왔음을 고백합니다. 우리에게 감사의 입술이 마르지 않도록 믿음을 더하여 주시고, 오늘도 변함없이 우리를 사랑하시는 주의 은혜 안에 살게 하여 주옵소서. 혹 시련과 고난이 있다고 할지라도 욥과 같은 믿음을 주셔서 인내하고 복을 받게 하옵소서. 하나님이 단련을 통하여 우리를 정금같이 만드시는 과정을 묵묵히 참고 기다리며 소망을 품고 살아가게 하옵소서. "나의 지금까지의 삶은 하나님의 은혜"라는 사도 바울의 고백이 연말을 맞는 우리의 신앙 고백이 되게 하여 주옵소서.

오늘도 말씀을 전하시는 목사님을 주님의 강한 손으로 붙잡아 주시고 음성을 주장하셔서 하나님의 말씀을 분명하고 힘 있게 선포하게 하옵소서. 말씀을 전하고 목양하는 모든 활동에 형통함을 주셔서 항상 주의 능력으로 새 힘을 얻게 하시고, 성도들의 존경과 사랑을 받는 목회자가 되게 하옵소서. 함께 섬기시는 부교역자님들에게 동일한 은혜로 함께하사 가정과 목회와 사역 위에 기쁨과 위로와 감사의 조건을 넘치도록 부어 주옵소서.

우리 모든 성도들이 주의 말씀을 통하여 새롭게 변화되고, 영적인 교제 안에서 주님을 닮아 가게 하옵소서. 교회를 섬기는 일꾼들을 위로하시고, 믿음 안에서 기쁨과 감사로 주의 일에 헌신하며 교회를 섬기게 하옵소서. 일 년 동안 찬양으로 영광 돌린 성가대(찬양대) 지휘자와 반주자와 대원들에게 복에 복을 더하여 주시고, 생활 속에서 찬송의 조건이 넘쳐 나게 하옵소서.

복의 근원 되시는 예수 그리스도의 이름으로 기도합니다. 아멘.

신년 주일 예배 [1월]

설 명절 주일 예배 [1월, 2월]

삼일절 기념 주일 예배 [2월, 3월]

사순절 기간 주일 예배 (1) [2월, 3월, 4월]

사순절 기간 주일 예배 (2) [2월, 3월, 4월]

사순절 기간 주일 예배 (3) [2월, 3월, 4월]

종려주일 예배 [3월, 4월]

고난주간 성수요일 예배(주중)

고난주간 성목요일 예배(주중)

고난주간 성금요일 예배(주중)

부활주일 예배 [3월, 4월]

어린이주일 예배 [5월]

어버이주일 예배 [5월]

가정주일 예배 [5월]

성령강림주일 예배 [5월, 6월]

6·25전쟁 기념 주일 예배 [6월]

맥추감사주일 예배 [7월]

광복절 기념 주일 예배 [8월]

추석 명절 주일 예배 [9월, 10월]

종교개혁 기념 주일 예배 [10월]

추수감사주일 예배 [10월, 11월]

대림절(대강절) 주일 예배 (1) [11월, 12월]

대림절(대강절) 주일 예배 (2) [11월, 12월]

대림절(대강절) 주일 예배 (3) [11월, 12월]

대림절(대강절) 주일 예배 (4) [11월, 12월]

성탄절 주일 예배 [12월]

성탄축하 예배(25일)

송구영신 예배 [12월]

* 5주가 있는 달은 해당 월의 '절기와 교회력에 따른 예배' 대표기도문과 순서를 바꾸어서 사용할 수 있다.

CHAPTER

주일 예배 대표기도문(2)
[절기와 교회력에 따른 예배]

신년 주일 예배

역사를 주관하시고 인도하시는 하나님 아버지!

저희에게 새해의 기쁨을 주시고 새로운 마음으로 주 앞에 나와 예배드리게 하심을 감사합니다. 새해의 첫 시간에 주님 앞에서 말씀 듣고 찬송하고 기도하게 하시니 감사를 드립니다. 새해의 밝은 빛처럼 주님의 영광이 이 전에 가득하게 하시고, 주의 은혜와 평강이 흐르는 강물처럼 우리 마음에 넘치게 하옵소서.

새해에는 우리의 입술에 하나님의 은혜에 대한 감사와 간증이 넘쳐 나게 하시고, 불평과 원망과 비난과 험담이 메마르게 하옵소서. 새해에는 우리의 손과 발이 주님의 일에 부지런하게 하시고, 게으름과 나태함이 사라지게 하옵소서. 새해에는 우리의 가슴이 뜨거운 성령의 기운으로 가득하게 하시고, 의심의 먹구름은 자취를 감추게 하옵소서. 새해에는 우리의 생각이 하나님의 말씀으로 채워지게 하시고, 험한 세상에서 마귀의 시험을 넉넉히 이기며 살아가게 하옵소서.

새해에 주 앞에서 결단하고 결심한 일들이 끝까지 지켜지게 하시고, 하나님께 드릴 열매가 풍성한 해가 되게 하옵소서. 무엇보다도 믿음 위에 믿음을 더하사 항상 기뻐하고 쉬지 않고 기도하고 범사에 감사하는 그리스도인이 되게 하여 주옵소서. 어려운 일을 만나도 소망 중에 즐거워하게 하시고, 환난 중에도 기도와 인내로 승리하게 하옵소서.

124

주님, 새해에 우리 교회를 더욱 사랑하여 주옵소서. 교회의 중직자들과 제직들의 마음에 주님을 향한 헌신이 더하여져서, 착하고 충성된 종으로 한 해의 맡겨진 일들을 잘 감당하게 하옵소서. 모든 교우들이 담임 목사님의 목회 방침을 따라 힘을 모으게 하시고, 지혜와 명철을 주셔서 주님의 몸 된 교회를 아름답게 세워 가는 한 해가 되게 하옵소서.

주님, 새해를 맞이하여 교회의 각 기관과 부서마다 새롭게 사업 계획을 세웠습니다. 서로 사랑으로 연합하여 주님의 뜻을 이루게 하시고, 선한 열매를 풍성히 맺을 수 있게 하여 주옵소서. 특별히 주님의 몸 된 교회를 위하여 새로 세움을 받은 일꾼들에게 복을 주셔서 어떤 직분이든지 '아멘'으로 받아 충성하게 하옵소서.

교회를 섬기도록 세우신 목회자 분들에게 복을 내려 주옵소서. 말씀의 샘이 마르지 않게 하시고 늘 풍성한 꼴을 먹이도록 성령의 충만함을 부어 주옵소서. 건강을 지켜 주셔서 피곤치 않게 하시고, 날마다 새 힘을 공급받아 사역하게 하옵소서.

우리가 새해에 올린 기도 제목을 주께서 기억하여 주시고, 주님의 방법대로 응답하여 주옵소서. 오늘도 목사님을 통하여 주시는 말씀에 힘을 얻게 하시고, 성가대(찬양대)의 찬양으로 우리 모두가 하나님께 영광을 돌리게 하옵소서.

새해 새 마음을 주신 예수 그리스도의 이름으로 기도합니다. 아멘.

설 명절 주일 예배

사랑의 하나님 아버지!

새해를 새로운 믿음으로 출발하게 하시고, 또 민족의 명절 설날을 맞이하며 우리의 각오와 결심을 새롭게 하시니 감사를 드립니다. 다시 시작하는 기분으로 주 앞에 새로운 결단을 가지고 예배하오니 주님 홀로 영광 받아 주옵소서. 설 명절을 통하여 우리 민족을 여기까지 인도하신 하나님의 은혜를 감사하게 하옵소서. 오늘까지 우리 민족을 보호하시고 구원해 주신 하나님의 사랑을 잊지 않게 하옵소서.

설 명절에 사랑하는 가족과 친척들이 기쁨으로 만나고 전화와 문자로 축복할 때, 믿음의 안부가 함께 전해지게 하시고, 하나님의 은혜와 사랑을 간증하는 기회가 되게 하옵소서. 부모님을 만나기 위해 고향을 찾는 교우들이나, 자식들을 찾아 집을 떠나는 부모님들의 가고 오는 교통편을 안전하게 지켜 주시고, 나누는 이야기 속에서 가족을 더욱 귀하게 생각하는 기회가 되게 하여 주옵소서.

이 명절의 분위기 속에서 홀로 있어야 하는 사람들을 주께서 위로하여 주옵소서. 여러 사정으로 부모와 형제를 찾아갈 수 없는 사람들에게 특별한 은총으로 외롭지 않도록 보살펴 주시기를 기도합니다. 홀로 사는 노인들과 병상에서 외롭게 치료를 받는 사람들의 자리에 주님 함께하시고, 치유의 은총을 허락하여 주옵소서. 직장 일 때문에 명절을 명절답게 쉬지 못하는 사람들의 마음을 주께서 위로하시고, 주의 사랑 안에서 평안하게 하옵소서.

명절 선물이 오가는 계절에 우리의 마음을 넓혀서 필요한 사람들에게 가진 것을 나누는 미덕이 있게 하옵소서. 기뻐하고 웃을 환경에 있을 때에도, 주님의 심정으로 우리 마음이 소외되고 그늘진 곳을 향하게 하옵소서. 작은 자에게 냉수 한 그릇 주는 것이 주님에게 한 것이라고 말씀하셨사오니, 우리의 손길이 필요한 사람들에게 주님을 섬기는 마음으로 관심을 갖게 하옵소서.

설 명절에 새 옷을 입듯이 우리의 신앙적 결단도 새로워지게 하시고, 연초에 세웠던 계획이 잘 실행되고 있는지 점검하게 하옵소서. 설 명절에 덕담을 주고받듯이 우리의 입술에 축복과 격려의 언어가 많아지게 하옵소서. 그리하여 우리가 만나는 사람들이 새로운 용기와 힘을 얻게 하옵소서.

이제 주님의 복된 말씀을 듣고 단에 서시는 목사님을 성령의 능력으로 붙들어 주옵소서. 생명의 말씀이 선포될 때 우리가 마음을 열어 '아멘'으로 받게 하여 주옵소서. 성가대(찬양대)의 찬양 속에 우리 모두가 함께 드리는 신앙 고백을 주님 받아 주옵소서.

사랑으로 우리를 돌보시는 예수님의 이름으로 기도합니다. 아멘.

삼일절 기념 주일 예배

역사의 주인 되시는 존귀하신 하나님 아버지!
오늘도 이 아름다운 성전에서 하나님을 경배하고 찬양하게 하시니 감사를 드립니다. 오늘 삼일절을 기념하는 예배를 온 성도가 마음과 정성을 다해 드립니다. 예배를 통하여 우리 민족을 지켜 주신 하나님의 은혜를 감사하게 하시고, 민족 사랑의 정신이 새로워지게 하옵소서.

대한민국을 일제의 압박에서 구원하시고 공산주의의 침략에서도 지켜 주신 하나님, 이 나라의 미래도 인도하여 주시기를 기도합니다. 100년 전에는 국민이 존경하고 의지할 국가적 지도자가 있었지만, 지금은 국민의 신뢰를 받는 지도자를 찾아보기 힘든 절망적인 시대가 되었습니다. 삼일 운동 당시에 교회를 이끌고 민족의 독립을 위해 앞장섰던 성직자의 모습이 지금은 보이지 않습니다. 주여, 이 나라의 목자가 되어 주시고, 이 민족을 인도하여 주시기를 기도합니다.

교회가 민족 지도자들을 배출했던 삼일 운동 당시의 모습을 회복시켜 주시고, 교회에서 모세와 다윗 같은 지도자들이 나오게 하여 주옵소서. 오늘 한국 교회에서 길선주 같은 목사가 배출되게 하시고, 조만식 같은 장로가 나오게 하시고, 안창호 같은 평신도가 배출되게 하옵소서. 이승훈과 같은 교육자가 나오게 하시고, 유관순 같은 여성 지도자가 세워지게 하시고, 이상재와 같은 평화주의자가 길러지게 하옵소서.

삼일 운동을 주도했던 우리 믿음의 선배들처럼 교회를 바로 세워 나가기를 소원합니다. 교회가 세상의 경영 논리에 물들지 않게 하시고, 양적 성장이 자랑거리가 되지 않게 하옵소서. 커지는 것보다 정직해지는 법을 가르치는 교회가 되게 하여 주옵소서. 화려한 결과보다는 깨끗한 과정을 중시하는 교회의 모습이 살아나게 하옵소서. 물량주의적 자랑보다는 진실성을 더 소중히 여기는 아름다운 교회로 만들어 주옵소서. 많은 것과 참된 것은 다르다는 교훈을 배우고 가르치는 교회가 되게 하시고, 이것을 실천하며 살아가는 그리스도인들이 되게 하여 주옵소서.

주님께서 이 나라에 독립을 주시고 경제 발전을 이루게 하셨지만, 이 민족이 하나님의 은혜를 망각하고 다시 죄를 지었습니다. 불쌍히 여기시고 용서해 주옵소서. 이 나라에 부정과 부패가 사라지게 하시고, 음지에서 독버섯처럼 자라나는 음란하고 퇴폐한 문화가 무너지게 하옵소서. 이단 세력이 이 땅에서 사라지게 하시고, 그 속에서 빠져나오지 못하는 불쌍한 심령들이 이제는 깨닫고 돌아오게 하옵소서.

오늘도 주의 종을 통하여 주시는 말씀에 은혜 받게 하시고, 역사를 주관하시는 하나님의 사랑을 경험하는 예배가 되게 하옵소서.

우리 주 예수 그리스도의 이름으로 기도합니다. 아멘.

사순절 기간 주일 예배(1)

사랑과 은혜가 풍성하신 하나님 아버지!

복된 주의 날 우리를 불러 주셔서 세상 가운데 있지 아니하고 하나님을 예배하는 자리에 나오게 하시니 감사와 찬양을 드립니다. 주님의 고난을 묵상하는 사순절을 맞이하여 드리는 예배 가운데 살아 계신 주님을 만나게 하시고, 십자가의 은혜에 감격하며 찬송하게 하옵소서. 우리를 위하여 이 땅에 오시고 정죄받으시고 고난을 당하신 주님의 사랑을 깊이 묵상하는 예배가 되게 하옵소서.

사순절 기간 동안 우리의 신앙생활이 주님과 밀착되기를 원합니다. 우리의 삶 속에서 주님을 가까이 모시고 동행하며, 기도가 삶에서 끊어지지 않게 하옵소서. 오락과 유흥과 쾌락의 시간이 멀어지게 하시고, 말씀과 기도와 예배의 시간이 늘어나게 하옵소서. 육신을 입고 오신 주님의 사역을 하나하나 되짚어 보며 생각하는 기간이 되게 하여 주옵소서.

사순절 기간에 교회가 기도하는 집이 되기를 원합니다. 사순절 기간만이라도 매일 말씀을 읽고 은혜 안에 살아가기를 원합니다. 형식적이고 구태의연한 신앙생활에서 벗어나 진실한 믿음으로 주님을 따라 살게 하옵소서. 이 사순절 기간을 통하여 우리가 변화되게 하시고, 주님의 제자로서의 자세가 분명해지게 하옵소서.

사순절에 무관심한 한국 교회 성도들을 일깨워 주셔서 언행에 절제를 주시고, 주님의 고난에 동참하는 자세로 살게 하옵소서. 주님을 모시고 예배드리게 하시고, 주님을 생각하며 교회의 사역에 동참하게 하옵소서. 사순절 기간만이라도 교회의 회의 시간이 줄어들고, 기도 시간은 늘어나게 하옵소서.

사순절을 통하여 교회가 교회다워지기를 원합니다. 교회가 세상의 경영 논리에 물들지 않게 하시고, 물질만능주의로 오염되지 않게 하여 주옵소서. 교회에서 추방되어야 할 관습이 사라지게 하시고, 말씀만이 교회의 기준이 되게 하옵소서. 교회가 율법주의에 빠지지 않게 하시고, 권위주의에 몰입되지 않게 하옵소서. 율법의 정신인 사랑을 실천하는 교회가 되게 하여 주시고, 예수님처럼 빈부와 지식과 출신의 차이를 넘어서서 모든 사람을 사랑하게 하옵소서.

오늘도 귀한 주님의 말씀을 들고 단 위에 서시는 목사님에게 성령 충만을 허락하시고, 진리의 말씀을 힘 있게 선포하도록 도와주옵소서. 우리에게 하나님의 말씀을 들을 수 있는 귀를 열어 주시고, 말씀 가운데서 기도의 응답을 받는 시간이 되게 하여 주옵소서.

늘 기쁨으로 봉사하는 성도들의 헌신을 주께서 귀하게 보시고, 목소리로 하나님께 찬양하는 성가대(찬양대)의 성가를 받아 주옵소서.

우리를 구원해 주신 예수님의 이름으로 기도합니다. 아멘.

사순절 기간 주일 예배(2)

하늘을 보좌 삼으시고, 온 우주에 충만하신 하나님 아버지!

은혜와 사랑을 감사하며 예배를 드립니다. 이 시간 아버지의 이름이 거룩히 높임을 받는 예배가 되게 하시고, 아버지의 뜻이 선포되는 시간이 되게 하시고, 아버지의 나라가 우리 마음에 임하는 예배가 되게 하옵소서. 예배를 통하여 죽어 있던 영혼이 소생함을 얻게 하시고, 슬픔에 잠겨 있던 마음에 평안이 깃들게 하옵소서. 예배를 통하여 하나님을 만나게 하시고, 말씀을 통하여 기쁨이 회복되고, 마음의 상처가 치유되는 역사가 있게 하여 주옵소서.

지금은 사순절 기간을 지내고 있습니다. 예수 그리스도를 통하여 인류를 구원하시고 죄를 사해 주신 하나님 아버지를 찬양하며 감사를 드립니다. 우리가 성령님의 인도를 따라 하나님의 자녀답게 살게 하시고, 우리의 삶을 통하여 하나님의 뜻이 이 땅에 이루어지게 하옵소서. 땅끝까지 모든 사람들이 생명의 말씀을 듣게 하시고 구원에 이르게 하옵소서.

사순절의 경건 생활이 교회에서뿐만 아니라 가정에서도, 직장에서도, 사회생활에서도 지속되게 하옵소서. 예수의 흔적을 몸에 지니고 살았던 사도 바울처럼 우리의 삶이 그리스도의 고난에 밀착하여 사순절을 보내게 하옵소서. 세상일에 힘들고 바쁜 나날이지만, 우리를 위해 피 흘리신 주님의 사랑 안에서 감사와 찬송의 입술이 마르지 않게 하옵소서. 괴롭

모든 예배 대표기도문

고 답답한 상황 속에서도 십자가로 보증하신 하나님의 사랑을 믿게 하시고, 마음에 평안과 위로가 가득하게 하옵소서.

사순절에 말씀을 더욱 가까이하며 살게 하시고, 주님이 우리를 위하여 고난당하시고 죽으시고 부활하신 모든 행적을 더듬어 읽고 묵상하는 기회가 되게 하옵소서. 사순절에 있는 기도회와 예배의 자리에 중직자들부터 모든 교인들이 빠짐없이 참석하게 하시고, 경건의 모양과 경건의 능력을 함께 실천하는 기간이 되게 하여 주옵소서. 우리를 위해 죽으신 주님의 은혜에 조금이라도 보답하는 마음으로 고난에 동참하는 그리스도인으로 살아가게 하옵소서.

오늘도 예배를 통하여 하나님의 말씀을 듣게 하시니 감사를 드립니다. 말씀을 증언하시는 목사님을 강건하게 하여 주옵소서. 성령이 충만하여 선포하는 말씀이 우리의 심령과 골수를 쪼개고 변화시키는 하나님의 능력 있는 말씀으로 들려지게 하옵소서. 말씀 앞에 겸손하게 하시고, 말씀을 경청하게 하시고, 하나님이 내게 주시는 말씀으로 받게 하여 주옵소서.

오늘도 교회를 위하여 주의 전에서 봉사하고 헌신하는 모든 종들을 기억하여 주시고, 마음에 기쁨과 감사가 넘치게 하옵소서. 준비한 성가대(찬양대)의 찬양을 통하여 영광 받아 주옵소서.

사랑이 많으신 예수님의 이름으로 기도합니다. 아멘.

사순절 기간 주일 예배(3)

우리를 위하여 독생자를 아끼지 않으신 하나님 아버지!

그 크신 사랑에 감격하며 오늘도 예배를 드립니다. 구원의 하나님을 높이며 거룩하신 이름을 찬양하오니 이 예배를 받아 주옵소서. 특별히 사순절 기간 가운데 있사오니 우리의 신앙이 주님의 고난에 가까이 다가가는 생활이 되게 하옵소서.

주님, 사순절이 '경건의 능력'뿐만 아니라 '경건의 모양'도 없는 퇴색된 절기임을 반성하고 회개합니다. 사순절 기간만이라도 예배와 기도로 경건의 모양을 갖추게 하시고, 주님의 십자가 은혜를 감사하면서 경건을 생활 속에서 실천하며 살아가게 하옵소서. 경건의 탈을 쓴 위선이 사라지게 하시고, 주 앞에 참되고 진실한 자세로 생활하게 하옵소서. 사순절 기간만이라도 각종 회의 시간에 다투고 언성을 높이는 일이 없게 하여 주옵소서. 교인들끼리 미움과 갈등이 없게 하시고, 충혈된 눈과 교만한 입술과 격앙된 목소리가 자취를 감추게 하옵소서.

사순절 기간에 우리가 축복의 통로가 되어 살게 하옵소서. 우리를 통하여 세상 사람들이 하나님을 알게 되고 구원의 기쁜 소식을 듣게 되기를 소원합니다. 우리의 입술 위에 성령의 기름을 부어 주셔서 사람을 살리는 입술이 되게 하시고, 사람을 사랑하는 언행으로 복음을 전하게 하옵소서. 살든지 죽든지 그리스도만을 존귀하게 여기는 주님의 참된 제자가 되게 하시고, 주님 때문에 웃고, 주님 생각하며 행복하게 하옵소서.

오늘날 자신들의 정치적, 사상적 목적을 위해 예수의 말씀을 왜곡하고 있는 무리들을 봅니다. 주님의 말씀을 팔아 교주를 신격화하고 사람들을 미혹하는 이단들의 세력을 궤멸시켜 주옵소서. 하나님의 말씀을 인간의 지식으로 난도질하고 해석하여 예수 그리스도로 인한 구원의 교리를 흔들어 놓는 잘못된 신학 사상이 추방되게 하옵소서. 하나님의 이름을 모독하고 예수의 신성을 부정하며 경멸하는 반기독교적 철학 사상이 무너지게 하옵소서.

오늘 주의 종 목사님을 통하여 말씀을 듣습니다. 우리 모두가 겸손하여서 말씀을 경청하게 하시고, 하나님이 나에게 주시는 말씀으로 받게 하옵소서. 주신 말씀대로 실천하게 하시고, 말씀을 따라 그리스도인으로 살아가게 하옵소서.

오늘도 주의 전에서 봉사하는 많은 일꾼들을 기억하시고 그들의 수고에 주님이 위로하여 주옵소서. 성가대(찬양대)의 찬양 가운데 하나님 영광 받아 주옵소서.

우리를 구원하신 예수 그리스도의 이름으로 기도합니다. 아멘.

종려주일 예배

사랑과 은혜가 풍성하신 하나님 아버지!

오늘 종려주일 예배로 드리게 하심을 감사합니다. 주님의 마지막 한 주간이 시작되는 첫날, 우리도 예배를 통하여 주님이 가신 고난의 길을 따라가게 하옵소서. 대속의 피를 흘림으로 우리의 죄를 사해 주시고 하나님과 화목을 이루신 예수님을 찬양합니다.

예루살렘에 입성하시는 주님을 향해 "호산나 다윗의 자손이여"라고 외쳤지만, 나중에는 "예수를 십자가에 못 박으라"고 고함을 쳤던 유대인들을 기억합니다. 자신들의 소원을 이루는 수단으로 예수를 이용하려 했던 그들의 교만과 위선이 우리에게는 없는지 반성하게 하여 주옵소서. 우리가 주님을 믿고 따를 때 오직 우리 신앙의 목적이 예수 그리스도가 되게 하시고, 주님의 뜻 앞에 우리의 소원을 복종시키는 믿음을 갖게 하여 주옵소서.

예수께서 우리의 유일하신 구주가 되심을 자신 있게 고백하게 하시고, 우리의 믿음이 반석 위에 굳게 서서 흔들림이 없게 하여 주옵소서. 주님이 우리 삶의 주인이시고, 주님이 우리 인생의 목적이 되게 하옵소서. 주님이 가시는 길을 우리도 따르고 주님과 함께 고난의 자리에도 나아가게 하옵소서.

겸손히 나귀를 타고 예루살렘으로 입성하시는 주님을 그려 봅니다. 우리도 나귀가 되어 주님을 주인으로 모시고 살아가게 하옵소서. 박수 소리와 축복의 함성은 모두 주님께 돌리게 하시고, 힘들고 어려운 고난의 길을 묵묵히 한 걸음씩 주님을 모시고 걸어가게 하옵소서. 행여 주님이 받으셔야 할 영광을 가로채는 일이 없게 하시고, 예수를 팔아 돈을 벌고 명예를 얻고 칭찬을 받으려는 유혹에 빠지지 않게 하옵소서.

주님, 이번 주에는 고난주간을 맞이하여 여러 예배와 기도회가 있습니다. 우리 모든 교우들이 합심하여 참여하고 주님의 고난에 동참하여서, 우리를 향하신 주님의 은혜와 사랑을 묵상하며 지내게 하여 주옵소서. 십자가의 고난이 없이는 부활의 영광도 없음을 알게 하시고, 고난과 희생을 외면한 채 영광과 축복을 추구하는 기복신앙에 빠지지 않게 하옵소서. 교회의 추구하는 가치가 성공에 있지 않게 하시고, 우리의 기도하는 소원이 축복과 물질에 머물지 않도록 도와주옵소서.

이 시간 말씀을 전하시는 목사님과 함께하셔서 소망의 말씀을 허락해 주시고, 그 말씀을 통하여 절망과 슬픔이 가득한 마음에 기쁨이 넘치게 하옵소서. 육신이 연약하여 예배에 참석하지 못한 사랑하는 성도들을 기억하시고 동일한 위로를 내려 주옵소서. 성가대(찬양대)가 찬양을 하나님께 드릴 때, 우리가 마음으로 함께 찬양하게 하옵소서.

우리를 위하여 고난당하신 예수님의 이름으로 기도합니다. 아멘.

고난주간 성수요일 예배(주중)

우리를 위하여 고난당하신 예수님!
언제나 저희와 함께하시는 은혜에 감사와 찬송을 드립니다. 이 시간 주님 앞에 나와 말씀과 찬양과 기도로 고난주간을 지내게 하심을 감사드립니다. 특별히 고난주간에 주님과 동행하며 고난에 동참하는 한 주가 되게 하옵소서.

고난주간에 예수님의 행적을 따라 말씀을 묵상하며 은혜 받게 하옵소서. 예수님께 향유를 부은 여인의 믿음과 헌신으로 주님을 따르게 하옵소서. 주님의 마지막 성만찬의 자리에 우리도 동참하게 하시고, 함께 믿음의 식탁에 둘러앉은 형제자매들을 사랑하게 하옵소서. 주의 만찬을 위해 다락방을 서슴없이 내어 준 이름 없는 주인의 헌신을 본받아, 우리도 이름 없이 주를 위해 몸 바쳐 일하게 하옵소서.

주님이 회개할 기회를 주시려고 "너희 중에 나를 팔 자가 있다"라고 말씀하실 때 회개하지 않고 예수를 팔아 버린 가룟 유다를 생각합니다. 주님이 우리에게 회개하라고 하실 때 즉시 주님께 용서를 구하게 하시고, 유다처럼 예수를 배반하는 일이 결코 없게 하여 주옵소서. 예수를 거짓 입맞춤으로 팔아넘긴 가룟 유다의 위선적 죄를 우리가 범하지 않도록 도와주시고, 언제나 주님을 향하여 진실하고 충성된 마음으로 섬기게 하옵소서.

주님, 베드로가 자신을 믿고 주님의 말씀을 외면하다가 예수를 부인하고 부끄러움을 당한 일을 생각합니다. 우리도 자신을 과신하지 않게 하시고, 약하고 부족한 존재임을 인정하게 하옵소서. 베드로가 주님이 기도하라고 명령하실 때 기도하지 않다가 시험에 든 것을 생각합니다. 우리도 기도의 자리를 소홀히 할 때 언제든지 시험에 빠질 수밖에 없음을 알게 하시고, 항상 주님을 본받아 기도하는 일에 열심을 내게 하옵소서.

겟세마네 동산에서 "내 원대로 마시옵고 아버지의 원대로 되기를 원하나이다"라고 기도하셨던 주님의 기도를 우리도 본받게 하옵소서. 나의 소원과 주님의 소원이 충돌하는 일이 없게 하시고, 언제나 주님의 뜻에 따르고 복종하는 자세로 살게 하여 주옵소서. 주님이 잡히시고 고난당하시면서도 침묵하셨던 침묵의 의미를 깨닫게 하시고, 우리도 고난과 모함을 받을 때 주님을 생각하며 악한 자를 위해 기도하게 하옵소서.

오늘 이 고난주간 성수요일 예배와 기도회에 모인 주님의 백성들에게 은혜와 평강의 복을 내려 주시고, 주의 고난에 동참하는 것이 기쁨이요 감사가 되게 하옵소서.

우리 주 예수 그리스도의 이름으로 기도합니다. 아멘.

*성수요일 예배가 없을 경우 집에서 기도하며 묵상한다.

고난주간 성목요일 예배(주중)

구원의 주님!

오늘 고난주간 성목요일 예배로 모여 주님의 발자취를 따라 말씀을 묵상하고 기도하려고 합니다. 이 시간을 복되게 하시고, 은혜와 성령이 충만한 시간이 되게 하옵소서. 주님의 고난을 생각하며 감사의 마음으로 찬송하고 기도하는 시간이 되게 하여 주옵소서.

고난주간 목요일에 있었던 주님의 행적을 묵상하며, 대제사장들과 장로들과 서기관들이 주님을 핍박한 것을 기억합니다. 오늘 우리의 신앙적 오류로 예수님을 핍박하는 일이 없는지 살펴보게 하옵소서. 교회 지도자들이 정치꾼이 되어 예수를 박해하였습니다. 한국 교회 지도자들에게 순수한 신앙을 회복시켜 주시고, 교회를 정치판으로 만들고 죄를 짓는 행위를 주께서 멈추어 주옵소서.

빌라도의 법정에서 심문을 받으시던 주님을 기억합니다. 주님께서 "네가 유대인의 왕이냐"라고 묻는 빌라도의 질문에 "네 말이 옳도다"라고 답변하신 말씀을 우리 삶에 적용하게 하시고, 예수께서 우리의 왕 되심을 인정하고 주님께 순종하는 자세로 살아가게 하옵소서. 예수께서 우리 가정의 왕이시고, 우리 교회의 왕이시고, 이 민족의 왕이심을 믿고 모든 것을 주님께 맡기며 살게 하옵소서. 빌라도가 예수님이 죄 없음을 알고도 백성의 고함 소리가 두려워서 십자가에 내어 준 것을 생각합니다.

우리가 진실 앞에 비겁하지 않게 하시고, 거짓과 타협하는 일이 없게 하여 주옵소서. 언제나 주님 편에 서서 살아가게 하시고, 하나님의 정의가 우리를 통하여 세상에 펼쳐지게 하옵소서.

고난주간에 십자가의 은혜를 새록새록 가슴에 새기며 기도하게 하옵소서. 고난의 주님을 생각하며 그 사랑에 눈물 흘리게 하옵소서. 우리를 위해 십자가의 쓴잔을 마셔야 했던 주님의 희생이 우리의 가슴을 울리게 하시고, 그 떨림으로 주 앞에 결단하고 충성을 맹세하는 시간이 되게 하여 주옵소서. 십자가를 지고 골고다 언덕을 오르신 주님을 생각하며 우리도 자기 몫의 십자가를 지고 잠잠히 주님의 뒤를 따라 살게 하옵소서. 고난을 받으신 주님을 바라보며, 사도 바울처럼 그 고난의 흔적을 육체에 채우기 위하여 헌신하는 신실한 일꾼이 되게 하옵소서.

예루살렘을 보며 통곡하시던 주님을 생각합니다. 우리에게도 나라와 민족을 위하여 통곡하는 기도가 있게 하시고, 민족의 죄악을 가슴 아파하며 부르짖는 믿음을 허락하여 주옵소서. 주님께서 사랑하여 죽으신 사람들을 우리도 사랑하게 하시고, 원수를 위해서도 기도하셨던 주님의 마음으로 죄인들을 위해 기도하게 하옵소서. 오늘 십자가의 복음을 목사님으로부터 들을 때 우리에게 큰 위로와 감동이 임하게 하옵소서.

주 예수 그리스도의 이름으로 기도합니다. 아멘.

＊성목요일 예배가 없을 경우 집에서 기도하며 묵상한다.

고난주간 성금요일 예배(주중)

우리를 위하여 십자가를 지신 주님!

은혜와 사랑을 마음에 기리며 성금요일 예배를 드립니다. 이 기도와 묵상의 자리에 우리 가슴이 뜨거워지게 하시고, 주님을 향한 사랑이 불일듯 일어나게 하옵소서. 죄 없으신 주님께서 우리의 죄를 대신하여 고난받고 십자가를 지신 일을 기억합니다. 내가 받아야 할 모욕과 조롱을 주님이 대신 받으시고 참으신 그 사랑에 감사를 드립니다.

골고다 언덕길에서 연약한 육신으로 십자가를 다 지지 못하고 쓰러지신 예수님, 억지로 십자가를 진 구레네 시몬의 집안에도 구원의 복을 주시고 은혜를 내리셨던 주님, 그 사랑에 감격하며 눈물 흘려 회개합니다. 우리도 억지로 주님을 따랐습니다. 억지로 주님의 일을 하며 불평하였습니다. 억지로 예배의 자리를 채웠고, 억지로 말씀을 부담스러워하며 살았습니다. 그럼에도 불구하고 사랑해 주시고 복을 주시고 은혜를 내려주신 주님, 우리의 불순종을 용서하여 주옵소서.

죄인들 틈에서 십자가에 못 박히신 주님, 십자가 위에서도 일곱 말씀을 남기시며 우리를 사랑하셨던 주님, 그 말씀을 마음속에 새겨 봅니다. 주님을 십자가에 못 박는 자들을 용서하며 기도하시던 주님, "아버지 저들을 사하여 주옵소서 자기들이 하는 것을 알지 못함이니이다"라고 하신 말씀이 우리 가슴을 울립니다. 주님을 매일 십자가에 못 박으며 사는 우리를 향한 주님의 음성이었습니다. 주여, 우리를 용서하여 주옵소서.

회개하고 주님을 영접한 강도에게 구원을 약속하신 주님의 말씀을 새겨
봅니다. "오늘 네가 나와 함께 낙원에 있으리라"는 약속의 말씀을 우리
에게도 하셨사오니, 그 말씀을 믿고 천국 백성으로 살아가게 하옵소서.
사랑하는 어머니를 제자에게 부탁하시며 "네 어머니다"라고 말씀하신
주님, 우리도 주님의 모범을 따라 육신의 부모와 가족에게 사랑과 책임
을 다하며 살게 하여 주옵소서. 마리아처럼 눈물 흘리는 이웃을 우리가
보살피고 기도하게 하옵소서.

"엘리 엘리 라마 사박다니"라고 외치시던 주님을 기억합니다. 우리가 하
나님께 버림받아야 할 자리에 주님이 대신 버림을 받으셨습니다. 그 놀
라운 사랑을 생각하며 감사를 드립니다. 주님이 징계를 받으심으로 우
리가 하나님과 평화를 누리게 되었습니다. 성소의 휘장을 찢으시고 하
나님과의 막힌 담을 헐어 버리신 주님의 사랑을 감사드립니다.

"내가 목마르다" 하신 주님, 주님의 목마름으로 우리의 목마름이 해소되
고 생명수가 강같이 흐르는 축복을 받게 된 것을 감사드립니다. "다 이
루었다" 말씀하신 주님, 인류를 위한 구원의 사역을 완수하시고, "내 영
혼을 아버지 손에 부탁하나이다"라고 하시며 숨을 거두신 주님, 우리의
구세주 그리스도 예수님을 영원히 찬양하고 감사를 드립니다.

구원의 주 예수 그리스도의 이름으로 기도합니다. 아멘.

부활주일 예배

우리에게 부활의 소망을 주신 하나님 아버지!

주님이 부활하신 복된 날 주의 전에 모여 예배하게 하신 은혜를 감사합니다. 우리를 사랑하사 예수 그리스도를 이 땅에 보내시어 십자가의 고난과 부활을 통해 구원을 이루신 하나님의 사랑에 감사하며 예배를 드립니다. 주님의 부활이 우리의 소망이 되게 하시니 감사합니다. 다시 오신다는 약속을 굳게 잡고 흔들림 없는 믿음 가운데 살아가게 하옵소서.

우리에게 부활이 없으면 세상에서 가장 불쌍한 자라고 하셨사오니, 부활의 소망으로 세상의 환난과 풍파를 이기며 살아가게 하옵소서. 부활 신앙 안에서 우리 인생관이 달라지게 하시고, 물질에 대한 생각도 변화되게 하옵소서. 이 땅의 삶이 영원한 것이 아니라 돌아갈 본향이 있음을 생각하게 하옵소서. 언젠가는 무너질 육신의 장막 집에 살면서도 항상 하늘에 있는 영원한 집을 사모하며 소망 가운데 살게 하옵소서.

부활 신앙 속에서 죽음은 끝이 아니라 새로운 삶의 시작임을 깨닫게 하옵소서. 앞서간 우리의 사랑하는 가족들과 교우들이 천국에서 하나님과 함께 영원한 복락을 누리며 살고 있는 것을 믿음의 눈으로 바라보게 하시고, 그들을 다시 만나는 그날까지 세상에서 예수 잘 믿고 말씀대로 살면서 하나님의 뜻을 이루게 하옵소서. 부활하신 주님을 만나고 기쁨이 충만하여 사람들에게 증언하고 살았던 제자들의 모습을 말씀 가운데서

봅니다. 우리도 그 제자들의 무리 속에 있게 하시고, 부활의 기쁨을 사람들에게 전하며 살게 하옵소서. 부활하신 주님을 맨 처음 보았던 막달라 마리아처럼, 예수님 때문에 오늘 우리의 눈물이 기쁨으로 변하게 하시고, 절망적인 인생이 부활의 희망으로 전환되는 기적을 맛보게 하옵소서. 부활의 예수를 핍박하던 바울이 주님을 만난 후에 완전히 새사람이 되어 최고의 증인으로 살았던 것처럼, 주님을 부정하는 모든 사람들이 예수를 만나게 하시고 믿게 하시고 예수의 증인으로 변화된 삶을 살게 되기를 기도합니다.

오늘 이 부활의 아침에 주의 이름으로 모여 예배드리는 모든 교회를 복 주시고, 성도들의 마음에 기쁨이 넘치게 하옵소서. 부활로 증명된 영원한 하나님의 사랑으로 어려운 세상살이 가운데서도 소망을 품고 살아가게 하옵소서. 여러 사정으로 홀로 예배를 드리는 사람들에게도 주님 찾아가 주셔서 부활의 기쁨을 나누어 주시기를 기도합니다.

부활의 기쁜 소식을 전하는 목사님의 말씀이 능력 있게 전달되어서, 우리의 심령이 변화되고 부활의 믿음이 더욱 확고해지게 하옵소서. 예배와 행사를 위해 수고를 아끼지 않는 일꾼들의 마음을 기쁨으로 채워 주시고 하늘의 복을 덧입혀 주옵소서. 주님의 부활을 찬양하는 성가대(찬양대)의 찬송 가운데 우리 모두의 신앙 고백이 담기게 하시고, 주님 홀로 영광을 받아 주옵소서.

부활하시고 살아 계신 예수 그리스도의 이름으로 기도합니다. 아멘.

어린이주일 예배

사랑과 은혜가 풍성하신 하나님 아버지!

신록이 우거진 이 좋은 계절에 주의 전에서 예배하게 하시니 감사를 드립니다. 우리의 피난처가 되시고 위로와 소망이 되신 주님께 감사와 찬송을 드립니다. 예배를 통하여 우리의 연약한 믿음이 견고히 세워지게 하시고, 주님 때문에 행복한 그리스도인으로 살아가게 하옵소서.

주님, 5월 첫 주일을 어린이주일로 지키게 하시니 감사합니다. 어린이를 가까이 오라 하시고 축복하시며, 어린이와 같은 믿음을 가져야 한다고 가르쳐 주신 주님의 말씀을 생각합니다. 어린이주일 예배를 통하여 우리의 믿음이 깨끗하게 정화되는 기회가 되기를 소원합니다. 어린이를 부르신 주님의 뜻을 헤아리게 하시고, 우리도 어린아이와 같은 순수한 믿음으로 주님을 신뢰하며 살아가게 하옵소서.

어린아이처럼 티 없이 맑고 밝은 마음이 우리 믿음의 고향이 되게 하시고, 주 앞에서 항상 어린아이의 심정으로 살게 하옵소서. 어린아이가 부모에게 전적으로 의지하며 살아가듯이, 우리도 삶을 주님께 완전히 의탁하고 그 안에서 평안하게 하옵소서. 우리 인생의 주인도 주님이시고, 우리 가정의 주인도 주님이심을 고백합니다. 우리 교회의 주인이 주님이시고, 우리나라의 주인도 주님이심을 믿습니다. 우리를 목자와 같이 인도해 주시고, 탕자를 맞이하는 아버지의 심정으로 품어 주시기를 원합니다.

주님, 우리 가정에 맡겨 주신 어린아이들을 믿음으로 잘 양육하게 하옵소서. 우리 아이들이 하나님의 사람으로 성장하여 주님께 영광 돌리는 인물이 되게 하여 주옵소서. 우리 교회학교 아이들 중에 이 나라를 이끌어 갈 지도자들이 나오게 하시고, 주의 복음을 땅끝까지 전하는 성직자가 배출되게 하옵소서. 모든 아이들이 각자 받은 달란트를 잘 활용하여서 이 사회에 꼭 필요한 인물이 되게 하여 주옵소서.

어린이들의 교육을 위해 수고하는 교회학교 교사들에게 하늘의 복과 위로가 넘치게 하옵소서. 어린이집과 유치원과 초등학교 선생님들에게 복을 주시고, 우리나라 교육 시스템이 선진화되어서 가르치는 자나 배우는 자가 모두 행복한 나라가 되게 하여 주옵소서. 우리나라의 출산율이 높아지게 하시고, 아이들이 많아지는 축복을 허락하여 주옵소서.

오늘도 말씀을 전하시는 담임 목사님에게 영적 능력을 더하셔서 우리 모두가 설교 가운데 하나님의 음성을 듣게 하시고, 저마다 귀한 깨달음을 얻는 은혜의 시간이 되게 하여 주옵소서. 성가대(찬양대)의 찬양을 귀하게 보시고 영광 받아 주옵소서.

우리 주 예수 그리스도의 이름으로 기도합니다. 아멘.

어버이주일 예배

사랑으로 우리를 돌보시는 하나님 아버지!

오늘도 복된 주일을 허락하시고 우리를 주님 전으로 불러 예배하게 하시니 감사합니다. 영과 진리로 아버지 되신 하나님을 찬송하고 예배할 때 주님 홀로 영광을 받아 주옵소서. 성령께서 예배하는 저희 각 사람의 마음에 임재하셔서 기쁨과 감사가 넘치게 하옵소서.

오늘은 어버이주일로 지키며 하나님의 사랑을 생각하게 하시니 감사를 드립니다. 우리를 부모의 품 안에서 자라게 하시고, 그 사랑과 희생을 통하여 하나님의 사랑을 조금이나마 깨닫게 하시니 감사합니다. 육신의 부모가 무한한 사랑으로 희생하며 우리를 키우셨듯이, 하나님 아버지께서 독생자도 아끼지 않으시는 사랑과 희생으로 우리를 구원하시고 여기까지 인도해 주신 것을 생각하며 감사를 드립니다.

또한 우리에게 가정을 주시고 자식들을 허락하신 것을 감사합니다. 부모가 되어 자식을 기르면서 아버지 되신 하나님의 사랑을 더 구체적으로 느낄 수 있게 하시니 감사를 드립니다. 우리가 자녀들을 끝없는 사랑과 인내로 양육하듯이, 주님께서 탕자와 같은 우리를 포기하지 않으시고 참고 기다려 주셨사오니 그 사랑을 감사드립니다. 우리도 한 영혼을 천하보다 귀하게 여기는 마음으로 받은 사랑을 나누며 살게 하옵소서. 하늘 아버지의 사랑을 가지고 자녀를 양육하고 이웃을 사랑하게 하옵소서. 주님의 사랑에 보답하는 마음으로 주의 사역에 동참하게 하시고, 받은 바 사랑의 빚을 생각하며 주 앞에 충성하게 하옵소서.

육신의 부모를 공경하라 하시고 복을 주신다고 약속하신 주님, 그 말씀을 따라서 부모에게 효도하고 그 사랑에 보답하며 살게 하옵소서. 부모님의 말씀을 순종하고 연로하신 부모님을 잘 모시면서 화목한 가정을 이루게 하옵소서. 부모님을 먼저 하늘나라에 보낸 교우들의 가정을 위로하시고 부활의 소망 가운데 살게 하옵소서. 교회의 어른들을 내 부모처럼 공경하고 사랑하며 살게 하옵소서.

오늘도 주의 종 목사님을 통하여 말씀을 들을 때 우리의 신령한 귀가 열리게 하시고, 옥토 같은 마음 밭에 말씀이 잘 심겨지게 하옵소서. 여러 사정으로 예배에 나오지 못한 성도들과 병중에서 기도하는 성도들과 홀로 사는 교우들을 주님이 친히 찾아 주시고 외롭지 않게 돌보아 주옵소서.

주 앞에 성가대(찬양대)가 찬양을 올릴 때, 우리 모든 회중이 마음으로 함께 찬양하게 하시고 주님 홀로 영광 받아 주옵소서. 어버이주일 행사를 위해 수고하는 모든 일꾼들의 마음에 주의 위로가 넘치기를 원합니다.

우리를 사랑하시는 예수 그리스도의 이름으로 기도합니다. 아멘.

가정주일 예배

사랑의 하나님 아버지!

아름다운 5월에 주님 앞에 모여 예배하며 찬송하고 기도하게 하시니 감사를 드립니다. 예배하는 우리의 마음이 5월의 자연처럼 푸르르게 하시고, 희망과 기쁨이 넘치게 하옵소서. 하나님께서 공급하시는 햇빛과 비를 맞으며 성장하는 식물들처럼, 주님의 은혜 안에서 믿음이 자라고 세상을 푸르게 하는 성도들이 되게 하옵소서.

우리에게 가정을 주시고, 가정 안에서 하나님의 사랑을 느끼고 배우게 하시니 감사를 드립니다. 우리의 가정이 작은 천국이 되기를 원합니다. 가정의 소중함을 우리에게 일깨워 주시고, 가정을 지켜 살게 하신 하나님 아버지 감사합니다. 하나님이 허락하신 가정이오니 우리가 잘 가꾸어 나가게 하시고, 세상의 비바람과 풍파 속에서도 흔들리지 않도록 도와주옵소서. 아담과 하와가 범죄하고 타락했을 때도 그들의 가정만은 굳게 지켜 주셨던 주님, 우리 가정을 마귀의 유혹으로부터 보호하시고 안전하게 품어 주옵소서.

가나 혼인 잔치에 오셔서 한 가정의 결핍과 곤란을 해결하시고 기쁨을 회복시켜 주신 주님, 우리 가정의 문제를 해결해 주시고, 기도 제목에 응답해 주시기를 원합니다. 삶의 문제 앞에 걱정하지 않게 하시고, 살아 계신 주님 앞에 기도하며 응답을 구하는 믿음을 갖게 하여 주옵소서.

모든 예배 대표기도문

마가의 다락방에 임재하신 성령 하나님, 우리 가정에도 임하셔서 가족 모두가 성령의 체험을 하게 하시고 충만한 성령의 은혜 안에서 살게 하옵소서. 방언이 터진 것처럼 서로의 언어가 통하게 하시고, 마음이 소통하여 화목하고 웃음이 넘치게 하옵소서.

주님, 오늘 가정 주일에 결핍된 가정으로 인하여 홀로 사는 사람들을 기억합니다. 그들의 삶에도 주님이 가장이 되어 주시고 부모가 되어 주셔서, 외롭지 않도록 함께하여 주옵소서. 육신의 부모와 소원한 관계에 있는 교우들에게 하나님이 아버지가 되어 주시고, 그 마음에 위로와 평강을 허락하여 주시기를 기도합니다.

주님께서 세상을 온통 푸르름으로 가득 채우신 것처럼, 우리 가정의 기업도 번창하게 하시고, 우리의 직장과 일터에 형통함을 허락하여 주옵소서. 요셉처럼 우리 자녀들의 가지가 세상으로 뻗어 나가게 하시고, 우리 가정이 생육하고 번성하는 복을 누리게 하여 주옵소서. 우리 가정으로 인하여 메마른 사회와 소외된 이웃이 유익을 얻게 하옵소서.

오늘도 목사님을 통하여 하나님 아버지의 말씀을 들을 때, 겸손히 순종하여 복을 받게 하옵소서. 성가대(찬양대)의 찬양 속에 하나님 영광 받아 주옵소서.

우리 가정의 주인 되신 예수님의 이름으로 기도합니다. 아멘.

성령강림주일 예배

사랑과 은혜가 충만하신 하나님 아버지!
태초부터 성삼위 하나님으로 계시고 만물을 창조하신 그 권능을 찬양하며 예배를 드립니다. 이 자리에 오셔서 우리의 마음을 다스려 주시고, 택하신 백성들에게 복을 내려 주옵소서. 성삼위 하나님께 예배하는 우리 모두의 마음에 하늘의 위로를 내려 주시고, 기쁨과 평강으로 채워 주옵소서.

오늘은 성령강림주일로 예배드리게 하심을 감사합니다. 보혜사 성령 하나님의 인도와 보호하심을 다시 한 번 감사하는 시간이 되게 하여 주옵소서. 오순절에 마가의 다락방에 임하셨던 성령 하나님이 오늘 우리 가정과 교회에도 임하셔서 항상 성령으로 충만한 가정과 교회가 되게 하여 주옵소서. 성령이 임하셔서 각 나라의 서로 다른 인종끼리도 언어가 통했던 것처럼, 우리 교회의 모든 교우들이 언어가 통하게 하시고, 성령 안에서 한 가족이 되게 하여 주옵소서.

성령의 역사가 이 나라와 민족에게 임하여 사상과 이념으로 분열되고 반목하는 사회에 소통의 축복을 허락하시고, 한마음이 되게 하옵소서. 정치하는 사람들이 하나가 되어 애국의 마음으로 나라를 다스리게 하시고, 사회적 갈등과 이념적 분열이 하나 되어 언어로 소통하며 문제를 풀어 나가게 하옵소서. 성령의 역사로 세상의 전쟁이 그치게 하시고, 세계 모든 나라들이 통일된 언어로 평화를 되찾게 하옵소서.

성령의 불길로 우리의 죄악을 태워 주시고, 두려움과 근심을 녹여 주옵소서. 성령의 불길로 우리의 질병과 약함을 치료하여 주옵소서. 성령의 불길로 절망이 물러가고 하늘의 소망 가운데 살아가게 하옵소서. 성령의 불길로 기도가 응답되는 축복을 누리게 하시고, 우리의 마음에 항상 기쁨과 감사가 넘치게 하옵소서.

성령 하나님을 의지하여 살게 하시고, 성령께서 주신 은사대로 교회와 세상에서 맡겨진 사명을 잘 감당하게 하옵소서. 가장 귀한 성령의 은사가 사랑임을 잊지 않게 하시고, 사랑이 모든 은사보다 더 소중한 가치가 있음을 기억하게 하옵소서. 사랑이 없으면 믿음도 방언도 지식도 구제도 의미가 없다고 하셨사오니, 우리가 성령 충만하여서 사랑을 실천하며 살게 하여 주옵소서.

오늘도 주님의 말씀을 듣고 단 위에 서시는 목사님을 성령 하나님이 강하게 붙들어 주셔서 말씀을 힘 있게 전하게 하옵소서. 성령께서 우리 각자의 마음을 열어 주시고, 말씀을 깨닫게 하셔서 생명의 양식이 되게 하옵소서. 성가대(찬양대)의 찬양 가운데 함께하시고 하나님 영광 받아 주옵소서.

예수 그리스도의 이름으로 기도합니다. 아멘.

6·25전쟁 기념 주일 예배

사랑이 많으시고 자비로우신 하나님 아버지!

한 주간도 지켜 주시고 돌보아 주신 은혜에 감사드리며 예배를 드리오니 홀로 영광 받아 주옵소서. 예배를 통하여 하나님의 무한하신 사랑과 자비와 은총을 다시 확인하고, 기쁨과 감사가 넘치게 하옵소서. 오늘은 6·25전쟁 기념 주일로 예배를 드리게 하시니 감사합니다. 예배를 통하여 민족 사랑이 더해지고 신앙과 애국이 하나인 것을 깨닫게 하옵소서.

주님, 6·25전쟁의 참혹함 속에서 우리 민족을 구원해 주신 것을 감사합니다. 잔혹한 무신론자들의 만행 속에서 교회가 무참히 유린되고 많은 성직자와 교인들이 순교를 당하였으나, 주의 능력의 손으로 이 민족과 교회를 보전해 주신 것을 감사합니다. 하나님의 도우심으로 기적과 같은 유엔군 파병이 결정되고, 자유 대한민국의 역사를 이어 가게 하셨으니 감사합니다.

하나님 아버지, 이 민족이 하나님의 은혜로 구원을 얻었고 경제적 번영과 풍요로움을 누리고 있으나, 주님의 은혜를 망각하고 다시 우상 숭배와 타락의 길로 치닫고 있습니다. 하나님의 말씀을 조롱하는 사상과 이념에 이 나라 백성들이 감염되어 가고 있습니다. 이스라엘 민족이 출애굽을 하였지만 하나님께 우상 숭배하며 범죄했듯이, 이 나라가 우상을 숭배하고, 그 옛날 소돔성처럼 사회 윤리가 타락하고 있습니다. 이 민족이 하나님께서 허락하신 자유를 소중하게 간직하지 못한 채 하나님을 무시하고, 서로 물고 뜯는 싸움을 벌이고 있습니다.

주님, 교회마저도 하나 되지 못하고 분열되어 하나님의 노여움을 사고 있습니다. 교단끼리 싸우고, 교회가 나뉘어 다투고, 진보와 보수의 신학 논쟁이 교회를 찢어 놓았습니다. 하나님 없는 예배가 형식적으로 드려지고 있으며, 가증스런 헛된 제물과 인간의 귀를 즐겁게 하는 음악과 위선적 종교 행위가 예수의 이름으로 행해지고 있습니다. 이 민족과 교회를 불쌍히 보시고 바른길로 인도하여 주옵소서.

주여, 남과 북이 갈라져 전쟁을 겪었지만, 아직도 우리나라는 분단국가로 휴전 상태에 있습니다. 평화의 길은 험난하고 통일의 희망은 요원한 상태에 있습니다. 주여, 한반도에 평화를 주옵소서. 남한의 부정부패가 청산되게 하시고, 북한의 핵무기가 사라지게 하옵소서. 어떤 독재 정권도 한반도에 발붙이지 못하게 막아 주셔서, 세계에서 제일가는 민주적인 나라, 평화로운 나라, 자유가 보장된 나라가 되게 하여 주옵소서.

오늘 주의 종을 통하여 하나님의 말씀을 듣습니다. 그 말씀이 우리를 향한 주의 말씀으로 들려지게 하시고, 말씀대로 실천하는 우리가 되게 하여 주옵소서. 말씀 속에서 우리 교회가 나라와 민족을 위해 해야 할 일을 깨닫게 하여 주옵소서. 오늘 성가대(찬양대)의 찬양을 받으시고 예배를 돕는 모든 일꾼들에게 복을 내려 주옵소서.

평화의 왕이신 예수 그리스도의 이름으로 기도합니다. 아멘.

맥추감사주일 예배

우리에게 좋은 것을 주시는 하나님 아버지!

감사와 찬송과 영광을 주님께 올려 드립니다. 죄로 인해 영원히 죽을 수밖에 없는 우리를 특별한 사랑으로 불러 주시어, 하나님의 자녀가 되는 특권을 허락하여 주셔서 감사합니다. 오늘 복되고 거룩한 날, 지난 반년 동안 베풀어 주신 은혜와 사랑을 기억하며 맥추감사주일 예배를 드리오니 우리의 예배를 받아 주옵소서.

지난 상반기 동안 우리의 건강을 지켜 주신 것을 감사드립니다. 우리의 삶에 어려운 문제들도 많이 있었지만, 언제나 피할 길을 주시고 잘 해결될 수 있게 해 주신 것을 감사합니다. 지난 상반기 동안 우리 가정을 지켜 주시고, 가족이 화목하게 살게 해 주셔서 감사합니다. 가정에서 가족 간에 문제도 많이 있었지만, 기도하며 풀어 가게 하신 은혜를 감사합니다.

이 땅 위에 교회를 세워 주신 하나님 아버지, 교회다운 교회를 찾아볼 수 없다는 이 시대에, 우리 교회가 주님을 기쁘시게 해 드리는 교회 되기를 원합니다. 주님이 머리 되시는 교회, 진리의 말씀만이 선포되는 교회, 사랑이 넘치는 가정 같은 교회로 만들어 주시기를 기도합니다. 항상 은혜가 충만한 가운데 사람을 살리고 격려하는 언어가 오가게 하시고, 서로 반목하거나 경쟁하지 않고 힘을 모아 주의 뜻을 이루는 교회가 되게 하여 주옵소서.

주님, 하반기에도 목사님을 영육 간에 건강하게 지켜 주시고, 부교역자님들에게 새 힘과 지혜를 허락하여 주옵소서. 당회가 평안하게 하시고, 교인들끼리 사랑하여서 주의 몸 된 교회가 더 부흥하고 발전하는 공동체가 되게 하옵소서.

주님, 이 맥추감사주일에, 익은 곡식처럼 우리도 알곡으로 천국 창고에 들어가게 하시고, 하나님께 풍성한 열매를 바치면서 살아가는 성도들이 되게 하옵소서. 맡겨진 일에 충성하여 더 많은 것을 남기게 하시고, 주신 은사를 활용하여 하나님의 복음을 전하며 살게 하옵소서.

교회를 위해 보이지 않는 곳에서 묵묵히 최선을 다하는 종들을 기억하여 주옵소서. 주일학교 교사, 식당 봉사, 차량 봉사, 안내, 헌금, 방송, 찬양 등으로 섬기는 일꾼들에게 하늘의 복으로 채워 주시고, 그들의 헌신이 하늘나라의 보화로 쌓이게 하옵소서. 이 시간 여러 가지 사정으로 예배에 참석하지 못한 성도들도 주님 일일이 기억하여 주시고 같은 은혜를 내려 주옵소서.

오늘도 말씀을 전하시는 목사님을 강건하게 하시고, 하나님의 뜻을 잘 대언하게 도와주옵소서. 우리에게 듣는 귀를 주사 하나님의 말씀으로 받게 하시고, 주신 말씀대로 살게 하옵소서. 성가대(찬양대)의 찬양 가운데 주님 영광을 받아 주옵소서.

우리의 구세주 예수 그리스도의 이름으로 기도합니다. 아멘.

광복절 기념 주일 예배

역사의 주인 되시는 존귀하신 하나님 아버지!

오늘 저희들이 이 아름다운 성전에서 하나님을 찬양하며 광복절 기념 예배를 드리게 하심을 감사합니다. 이 예배를 통하여 나라 사랑의 마음이 고양되게 하시고, 그 옛날 선지자들이 애국하는 마음으로 하나님의 복음을 전한 정신이 한국 교회에 계승되게 하옵소서.

인간의 힘으로 할 수 없었고, 우리나라의 국력으로 이룰 수 없었고, 세계 열강들의 이해관계 속에서도 불가능했던 이 나라의 해방이 전적인 하나님의 권능으로 이루어진 것을 고백하며 감사를 드립니다. 해방 후에는 교회마다 구국의 기도 소리가 들렸고, 부흥회와 사경회로 모여서 나라를 위해 기도하였던 우리 선배들의 신앙을 본받기를 원합니다. 일제의 압제로부터 해방을 맞은 후, 대한민국의 초대 국회를 기도로 시작한 것이 모두 하나님의 은혜였음을 알고 감사를 드립니다.

그러나 주님, 해방 후에 우리가 주님의 뜻을 따르지 못하였습니다. 이념으로 남북을 가르고 지역주의와 파벌주의로 남남을 찢었습니다. 교회마저도 지도자들의 이해관계로 인하여 갈가리 사분오열되었습니다. 해방의 감격도 잊은 채 먹을 것과 입을 것에 대한 불평을 계속하면서 감사하지 못하였습니다. 재물로 우상을 삼고 하나님께 온 마음을 다 드리지 못하였습니다. 잘살게 된 것을 하나님의 은혜로 생각지 못하고, 오히려 불신의 사회를 만들어 버렸습니다.

그럼에도 불구하고 주님께서 이 나라를 불 기둥과 구름 기둥으로 인도하신 그 사랑을 힘입어 여기까지 왔습니다. 어리석게 살아온 과거를 생각하며 주님 앞에 무릎 꿇고 참회의 기도를 드립니다. 이제 주님의 한없는 은총을 힘입어 다시 한 번 주의 뜻을 실천하려고 합니다. 미움을 사랑으로, 불신을 믿음으로, 분열을 일치로 변화시켜서 하나님의 뜻을 이루게 하옵소서. 은혜를 회복하게 하시고 감사의 샘이 솟아나게 하옵소서. 이 땅의 우상과 잘못된 사상들이 모두 파괴되게 하시고, 온전히 하나님만을 섬기는 민족이 되게 하옵소서.

주여, 남과 북이 갈라진 채로 여전히 휴전 상태에 있습니다. 아직도 불신의 뿌리가 깊고, 서로를 향한 비수를 감추고 있습니다. 주여, 한반도에 평화를 주옵소서. 지도자로부터 온 백성이 무릎 꿇고 참회하는 심정으로 민족을 섬기게 하시고, 민족 앞에 스스로를 희생하여 통일의 그날이 앞당겨지게 하옵소서. 한국 교회가 통일의 주역이 되게 하시고, 구국 종교로서의 권위와 영향력을 회복하게 하옵소서.

오늘 주의 종을 통하여 주시는 말씀에 은혜 받게 하시고, 나라를 위해 기도하는 우리의 신앙적 자세가 새로워지게 하옵소서. 성가대(찬양대)의 찬양 속에서 하나님 영광 받아 주옵소서.

우리에게 해방을 주신 예수 그리스도의 이름으로 기도합니다. 아멘.

추석 명절 주일 예배

은혜와 사랑이 풍성하신 하나님 아버지!
여름의 폭염 속에서도 가을의 희망을 갖게 하시고, 푸른 하늘과 오곡백과가 무르익는 계절에 민족의 명절 추석을 맞아 예배하게 하시니 감사를 드립니다. 우리의 마음 그릇에 감사의 열매를 가득 담아 주께 드리오니 받아 주옵소서.

우리를 여기까지 인도하신 주님의 사랑을 찬양합니다. 험한 바다와 같은 인생길에서 보호하시고 인도하신 주의 은혜를 기억하며 감사의 제사를 드립니다. 우리의 가정을 지켜 주셔서 어려운 문제 가운데서도 기도하게 하시고, 주님을 의지할 믿음 주신 것을 감사합니다. 우리 교회를 붙들어 주셔서 주의 뜻을 펼치게 하시고, 하나님의 나라 확장을 위한 도구로 쓰임 받게 하신 것을 감사드립니다.

이 추석 명절에 사랑하는 가족과 형제자매를 만날 때, 하나님으로부터 받은 사랑을 나누고 간증하게 하옵소서. 전화나 문자로 축복하고 안부를 물을 때 믿음의 인사가 함께 전해지게 하시고 모든 언어와 만남 속에 하나님의 평화가 임하는 축복이 있게 하옵소서. 추석 명절에 가고 오는 모든 교통편을 안전하게 지켜 주시고, 가족 간의 사랑이 더욱 풍성해지는 은혜를 내려 주옵소서.

추석 명절에 홀로 지내야 하는 사람들을 위하여 기도합니다. 직장이나 건강의 문제나 가족 간의 갈등 때문에 혼자 명절을 맞는 우리의 이웃을 주께서 위로하여 주옵소서. 그 마음에 하늘의 평안을 채워 주셔서 주님이 함께하심을 알게 하시고 웃음을 잃지 않게 하옵소서. 특별히 이 명절에 병상에서 지내야 하는 환우들을 주께서 돌보아 주시고 속히 자리에서 일어나 건강을 회복할 수 있는 은총도 허락하여 주옵소서. 직장과 사업의 문제로 명절이 더 힘들고 쉬지 못하는 사람들의 마음을 주님이 어루만져 주시고, 믿음으로 용기를 잃지 않게 도와주옵소서.

한가위 큰 명절을 맞아 우리의 마음도 이웃을 향하여 크게 열리게 하옵소서. 우리 교우들 중에 소외되고 외로운 자들을 주님의 심정으로 찾아 돌보게 하시고, 우리의 손길이 필요한 사람들에게 자비와 긍휼을 베풀게 하옵소서.

오늘도 하나님의 말씀을 전하시는 목사님에게 성령 충만을 허락하시어 주께 받은 말씀을 잘 대언하게 하옵소서. 우리가 마음을 열고 하나님의 말씀에 '아멘'으로 화답하게 하옵소서. 성가대(찬양대)의 찬양을 통하여 주님 영광 받아 주옵소서.

영원한 복의 근원이 되시는 예수님의 이름으로 기도합니다. 아멘.

종교개혁 기념 주일 예배

성부와 성자와 성령으로 하나이신 창조주 하나님 아버지!

오늘도 주님의 사랑과 은혜를 감사하는 마음으로 주의 자녀들이 함께 모여 예배하게 하시니 감사를 드립니다. 특별히 종교개혁을 기념하는 주일로 지키게 하심을 감사드립니다. 그 옛날 종교개혁자들을 통하여 부패하고 타락한 교회를 바로잡고 새로운 시대를 열었던 하나님의 놀라우신 역사를 회상하며, 우리 한국 교회가 새로워지는 계기가 되게 하옵소서.

주님, 먼저 우리의 예배가 개혁되기를 원합니다. 예배에 위선과 교만을 제거하셔서 영과 진리로 예배하게 하옵소서. 하나님께 엎드린 자세로 예배하게 하시고, 예배를 통하여 정의를 실현하고 불의를 멀리하게 하옵소서. 우리 안의 우상들이 파괴되게 하시고, 하나님을 왕으로 모시는 개혁이 있게 하옵소서.

성전을 기도하는 집이라고 하신 주님, 기도가 사라진 성전에서 장사하고 부정한 돈으로 자기 배를 채웠던 종교 지도자들을 책망하셨던 주님, 이런 성전은 허물어 버리라고 하시며 자신을 성전이라고 하셨던 주님, 한국 교회를 꾸짖으시고 책망하여 주옵소서. 기도와 예배가 목적이 아닌, 성전 생활 속에서 점점 죄에 대한 감각이 무뎌져 가는 한국 교회를 채찍으로 개혁시켜 주시기를 기도합니다. 인간적인 욕심을 채우는 도구로 교회를 이용한 죄를 책망하여 주옵소서. 예수님을 머리로 하는 참된 성전이 우리 안에 세워지게 하옵소서.

주님, 종교개혁자들처럼 경건하게 살기를 원합니다. '오직 하나님께 영광'이라는 목표 아래 경건 생활에 충실하다 건강을 해치기도 하고, 명예를 잃어버리기도 하고, 원수들의 모함으로 추방당하기도 하고, 죽을 고비를 넘기기도 하였던 개혁자들의 삶을 기억합니다. 우리도 삶에서 예배의 정신을 실천하고, 예배를 목숨처럼 귀하게 여기고, 기도 생활에 모범을 보이며 살게 하여 주옵소서.

우리를 성전이라고 하셨사오니, 먼저 나의 신앙생활이 개혁되게 하시고, 내가 개혁됨으로 우리 교회가 개혁되게 하시고, 한국 교회가 말씀에 기초하여 개혁되게 하옵소서. 한국 교회가 진정한 개혁 교회가 되어서 이 사회를 개혁할 수 있는 영적 능력을 갖추게 하시고, 교회가 개혁자의 목소리를 낼 때, 이 나라가 개혁되어서 하나님이 다스리시는 신정 국가가 되게 하여 주옵소서.

오늘도 주님의 복된 말씀을 듣고 단 위에 서시는 목사님을 붙들어 주시고 생명의 말씀을 전하기에 조금도 부족함이 없도록 인도하여 주옵소서. 우리가 하나님의 말씀 앞에 겸손하게 하시고, 순종할 마음을 허락하여 주옵소서. 오늘도 예배를 돕는 모든 종들의 수고에 복을 주시고, 성가대(찬양대)의 찬양 가운데 영광 받아 주옵소서.

교회의 머리가 되시는 예수 그리스도의 이름으로 기도합니다. 아멘.

추수감사주일 예배

은혜와 사랑이 풍성하신 하나님 아버지!

이 감사의 계절에 저희 온 교회 식구들이 모여 일 년 동안 베풀어 주신 하나님의 은혜와 사랑을 돌아보며 예배하게 하시니 감사합니다. 오늘 우리의 정성과 마음을 모아 찬양하는 이 예배를 받아 주시고 우리 마음에 더욱 많은 감사가 넘치게 하옵소서.

주님, 일 년 동안 논과 밭에서 땀 흘려 일하고 농장물을 수확한 우리 농민들의 마음에 기쁨을 주시고, 여러 불순한 일기 때문에 감사의 조건을 잃어버린 농어촌의 사람들에게 하늘의 위로와 새로운 용기를 주옵소서. 무더위와 장마와 태풍으로 인하여 삶의 터전을 잃어버리고 실의에 빠진 이웃들에게 다시 한 번 기쁨의 미소를 허락하여 주옵소서.

이 감사의 계절에 소외되고 그늘진 곳에 있는 이웃들에게 관심을 보이게 하옵소서. 우리의 감사가 이기적인 자기중심적 감사가 되지 않게 하옵소서. 이웃과 함께 감사의 조건을 찾게 하시고, 교회 공동체에 덕을 세우는 감사가 되게 하시고, 이 사회에 따뜻한 온기를 주는 감사가 되게 하옵소서. 나의 감사가 이웃에게 오히려 상처가 되지 않게 하옵소서. 나의 웃음이 슬픔을 당한 이웃의 눈물을 자극하지 않게 하옵소서. 우는 자들과 함께 울고 감사하는 자들과 함께 감사하는 축복의 계절이 되기를 소원합니다.

주님, 각종 사고와 부패로 얼룩진 이 사회 속에서도 우리에게 정직하게 살고 성실하게 일하려는 마음을 주신 것을 감사드립니다. 하나님의 말씀 위에 굳게 서서 이 어두워 가는 사회에 빛을 발하며 부패한 곳에 소금의 역할을 감당하게 하옵소서. 이 사회에서 정직함으로 손해를 보는 사람이 없게 하옵소서. 정의가 강물처럼 흐르는 나라가 되게 하옵소서. 사악함과 부정과 부패가 발붙일 곳이 없는 사회가 되게 하시고, 하나님의 법으로 다스려지는 나라가 되게 하옵소서.

지금까지 우리 민족과 교회와 가정과 일터를 눈동자처럼 지켜 주신 하나님을 찬양합니다. 주신 은혜와 사랑을 잊지 않게 하시고, 우리의 소유가 하나님의 선물임을 깨닫게 하옵소서. "주신 이도 여호와시요 거두신 이도 여호와시오니"라는 욥의 감사를 배우게 하옵소서. "비록 무화과나무가 무성하지 못하며 외양간에 소가 없을지라도 여호와로 말미암아 즐거워하며 구원의 하나님으로 말미암아 기뻐하리로다"라고 고백했던 하박국 선지자의 감사를 배우게 하옵소서.

오늘도 목사님을 통하여 주시는 하나님의 말씀을 '아멘'으로 받게 하시고, 말씀이 우리를 변화시키는 놀라운 체험으로 새로운 영적 기쁨을 누리게 하옵소서. 성가대(찬양대)의 찬양 가운데 하나님 영광을 받아 주옵소서. 오늘의 예배와 행사를 위하여 수고한 모든 종들에게 주의 크신 복을 내려 주옵소서.

우리의 감사를 받으시는 예수님의 이름으로 기도합니다. 아멘..

대림절(대강절) 주일 예배(1)

자비하신 하나님 아버지!

은혜와 사랑을 감사하며 예배를 드리오니 주님 홀로 영광을 받아 주옵소서. 올 한 해의 끝자락에 와 있는 우리의 마음속에 지난날을 돌아보며 하나님 아버지에 대한 감사가 풍성하게 하옵소서. 우리 가정과 교회가 받은 하나님의 은혜를 기억하고 감사하며, 주님을 더욱 잘 섬기는 저희들이 되게 하여 주옵소서.

주님이 아기로 오신 성탄을 기다리는 대림절(대강절)을 맞이하여 예배를 드립니다. 경건한 묵상과 기도 가운데서 주님의 탄생이 나를 위한 희생이고 사랑이었음을 생각하고 감사하는 계절이 되게 하여 주옵소서. 우리의 마음 가운데 아기 예수를 맞이할 준비를 하게 하시고, 우리의 생활이 주님을 모시고 살아가는 축복을 누리게 하여 주옵소서.

이 대림절(대강절) 기간에 드리는 예배를 통하여 주님의 위로와 평강이 우리에게 가득하기를 원합니다. 상처 난 마음을 가지고 주님 앞에 나온 심령들이 위로를 받고 참된 평안을 얻게 하여 주옵소서. 평화를 간절히 원하는 심령에게 평화의 왕으로 오셔서 갈등을 잠재워 주옵소서. 이 예배 가운데 주님을 만나는 축복이 있게 하시고, 슬픈 마음이 변하여 기쁨이 회복되게 하시고, 낙심한 마음에 희망과 용기가 싹트는 시간이 되게 하여 주옵소서.

아기 예수께서 탄생하셨을 때처럼 오늘날도 세상은 어둡고 절망적이고 죄악이 가득한 상태입니다. 주여, 이 자리에 오시옵소서. 불쌍하고 누추한 우리 마음에 오셔서 우리를 구원해 주옵소서. 우리 가정을 구원해 주시고, 우리 교회를 구원해 주시고, 이 나라를 구원해 주시기를 기도합니다.

탄생하시는 아기 예수와 함께 하늘의 빛을 보게 하여 주옵소서. 주님의 빛으로 우리 마음에 어둠이 물러가게 하시고, 우리 가정의 문제가 해결되게 하시고, 우리 교회가 새 힘을 얻게 하시고, 우리나라가 건강한 복지국가가 되게 하여 주옵소서. 우리가 예수께 받은 진리의 빛을 세상에 밝히며 살게 하시고, 그 빛으로 밝고 아름답고 행복한 사회를 만들게 하옵소서.

오늘도 목사님을 통하여 하나님의 말씀을 듣게 하시니 감사를 드립니다. 주의 종을 늘 건강하게 지켜 주시고 피곤치 않게 새 힘을 공급하여 주시기를 원합니다. 우리에게 주시는 주의 말씀을 잘 듣고 실천하게 하옵소서. 모든 성도들이 목사님의 목회 방침에 잘 협력하게 하시고, 우리 교회가 화목한 가운데 더욱 성장하고 발전하여 하나님의 뜻을 이루게 하옵소서. 성가대(찬양대)의 찬양이 하나님께는 영광이 되고 땅에는 평화를 선물하는 노래가 되게 하여 주옵소서.

주 예수 그리스도의 이름으로 기도합니다. 아멘.

대림절(대강절) 주일 예배(2)

은혜와 평강의 하나님 아버지!

우리를 부르시고 예배하게 하신 은혜를 감사드립니다. 이 시간 주의 자녀들이 함께 모여 영광과 존귀와 찬양을 하나님께 올려 드립니다. 대림절(대강절) 기간을 지내며 드리는 예배를 통하여 아기 예수 탄생의 의미를 깊이 깨닫고 감사하는 시간이 되게 하여 주옵소서.

성탄을 준비하는 우리의 마음이 성탄의 주인공이신 예수님께 향하게 하옵소서. 요란한 장식과 음악보다는 소박하고 진실한 신앙적 결단을 주님 앞에 드리게 하옵소서. 아기 예수께 무릎 꿇고 경배했던 목자들과 동방 박사들의 심정으로 겸손의 미덕을 갖추게 하옵소서.

아기 예수님이 탄생하실 때처럼 하늘의 위로를 기다리는 많은 사람들이 있습니다. 이 시간 천사의 음성을 들은 목자들의 축복을 우리에게 허락하여 주시기를 기도합니다. 진리의 말씀 안에서 눌린 자가 해방되고, 약한 자가 새 힘을 얻게 하여 주옵소서. 병든 자가 치료되게 하시고, 낙심한 자가 소망을 갖게 하여 주옵소서. 삶의 고통 가운데 있는 자들이 기쁨을 회복하게 하시고, 절망적 상황에 있는 자들이 하나님을 바라보고 다시 일어서게 하옵소서. 요동치던 세상이 주님의 탄생으로 고요한 밤을 맞이했듯이, 답답하고 불안한 마음에 평온함을 허락하여 주옵소서. 어지러운 세상 속에서도 아기 예수님이 곤히 잠들어 있듯이, 우리의 평안

모든 예배 대표기도문

을 위협하는 모든 환경 가운데서도 단잠을 자게 하옵소서.

대림절(대강절) 기간에 희생적 사랑으로 세상을 구원하신 주님을 바라보게 하옵소서. 주의 크신 사랑을 받고도 그 사랑을 실천하지 못하는 우리를 긍휼히 여겨 주시고, 우리가 예수 그리스도의 마음을 품고 살아가게 하옵소서. 근본 하나님의 본체시나 종의 형체를 가지시고 사람의 몸을 입으신 주님을 생각하며, 하나님께 감사하고 이웃에게 겸손히 사랑을 베풀게 하옵소서.

하나님 아버지, 이 시간에 말씀을 선포하시는 목사님을 붙들어 주옵소서. 성도들에게 귀한 꼴을 먹이려고 기도하고 묵상하며 준비한 말씀 위에 성령으로 기름 부어 주시고, 우리의 심령을 새롭게 변화시키는 생명의 말씀이 되게 하여 주옵소서. 우리 성도들의 마음에 아기 예수께 경배하던 목자들의 겸손을 허락하사, 귀가 열리게 하시고 마음이 옥토가 되어서 심겨진 말씀의 씨앗이 잘 자라고 열매 맺게 하옵소서.

성탄의 준비로 헌신하는 많은 종들의 마음에 하늘의 기쁨과 위로의 복을 내려 주옵소서. 은혜로운 예배를 위해 성가대(찬양대)로 섬기는 종들에게 믿음을 주사 신앙 고백적인 찬양이 하나님 앞에 올려지게 하옵소서. 우리 모두가 마음속으로 찬양을 함께 드리며 하나님께 영광 돌리는 시간이 되게 하옵소서.

복의 근원이 되시는 예수 그리스도의 이름으로 기도합니다. 아멘.

대림절(대강절) 주일 예배(3)

사랑으로 우리를 인도하시는 하나님 아버지!

오늘도 우리를 예배의 자리에 부르시고 하나님의 거룩하신 이름을 찬양하게 하시니 감사합니다. 하늘의 신령한 말씀과 기도 가운데 주님의 살아 계심을 체험하게 하시니 감사를 드립니다. 아기 예수 탄생을 기다리며 주님께 드리는 이 예배를 받아 주옵소서.

주님이 우리에게 주신 시간이 어느덧 빠르게 흘러 벌써 한 해의 마지막이 되었습니다. 날아가는 화살처럼 빠르게 흐르는 시간 속에서 우리는 올해도 빈손으로 아기 예수님을 맞이하고 있습니다. 주님의 사랑에 보답하지 못하고 충성하지 못한 게으른 종들을 용서하시고, 다시 한 번 사용하여 주실 것을 기도합니다. 아기 예수로 우리를 위해 오신 주님을 생각하며, 열심과 충성이 되살아나게 하옵소서. 기도에 열심을 내게 하시고, 예배의 자리를 소중히 여기는 마음을 허락하옵소서.

저물어 가는 이 한 해의 삶을 돌이켜 볼 때, 우리 자신의 이익과 욕구를 채우기에 급급하고 분주했지만, 하나님을 위해서는 마음과 정성을 다하지 못했음을 고백합니다. 우리의 연약함을 용서하시고 주님의 보혈로 새롭게 하여 주시기를 기도합니다. 죄 많은 우리 인간을 위해 오시는 아기 예수의 정신을 본받아, 우리도 주님께 헌신하는 마음을 주시고 이웃에게 사랑을 베푸는 계절이 되게 하여 주옵소서.

지금까지 지내 온 것 주님의 은혜였습니다. 그러나 아직도 물질에 대한 욕심으로 죄를 짓고 세상 것과 짝하여 살고 있는 저희를 용서하여 주옵소서. 이 시간 회개하오니 주의 말씀으로 새롭게 하여 주옵소서. 우리를 위해 이 땅에 오신 아기 예수님을 우리 마음의 구유에 모시게 하옵소서. 우리의 인생관이 예수로 말미암아 변화되게 하옵소서. 우리 교회가 아기 예수님의 탄생과 더불어 새로운 출발을 하게 하옵소서.

이 악한 시대에 저희 교회가 교회다운 사명을 잘 감당하게 하시고, 믿는 자들이 세상의 본이 되어 선으로 악을 이기며 살아가게 하옵소서. 이 나라와 민족을 사랑하여 주셔서 경제가 안정되게 하시며, 모든 이들이 행복하고 건강한 삶을 살아갈 수 있도록 은혜를 베풀어 주옵소서.

오늘도 주님께서 세우신 종 목사님을 통하여 말씀을 듣게 하시니 감사합니다. 능력 있는 말씀을 선포하게 하시고, 하나님의 뜻을 잘 전달할 수 있도록 건강과 성령의 감화를 더하여 주옵소서. 우리가 겸손히 말씀을 잘 받고 순종하여 참된 그리스도인으로 살아가게 하옵소서. 성가대(찬양대)의 찬양을 통하여 하나님 영광 받아 주옵소서.

아기로 오시는 예수님의 이름으로 기도합니다. 아멘.

대림절(대강절) 주일 예배(4)

사랑으로 언제나 우리를 위로하시는 하나님 아버지!
주님의 이름을 찬양하며 예배합니다. 이 귀한 자리에 주님의 부르심을
받고 왔사오니 우리의 예배 가운데 하나님의 영광이 나타나게 하시고,
하나님의 뜻이 선포되게 하옵소서. 대림절(대강절)을 맞아 하나님의 사
랑을 깊이 체험하는 예배가 되게 하여 주옵소서.

아기 예수를 맞이하는 마음에 더 이상 고독이 없게 하시고, 슬픔도 사라
지게 하옵소서. 우리의 머리카락 하나라도 다 세고 계시는 하늘 아버지
의 사랑을 믿게 하옵소서. 우리의 앉고 일어서고 들어가고 나가는 모든
것을 아시고, 어미가 젖먹이를 돌보는 것 이상으로 우리를 지키시는 하
나님의 은혜를 기억하게 하옵소서.

"너희가 가서 아기를 보리라"라는 천사의 음성에 새로운 사명감으로 아
기 예수를 보러 달려갔던 목자들처럼, 예수를 통하여 우리 삶도 의미 있
는 삶으로 변하게 하여 주옵소서. 주님을 경배하러 가는 마음이 기쁘게
하시고, 주님을 위해 섬기는 봉사의 손이 부지런하게 하옵소서. 동방 박
사들이 먼 길을 달려와 아기 예수께 경배하고 예물을 드렸듯이, 주님을
위한 우리의 발걸음이 가볍게 하시고, 주님께 드릴 예물이 풍성하게 하
옵소서.

모든 예배 대표기도문

주님께 경배하는 것보다 더 귀한 가치가 없는 것을 깨닫게 하시고, 예배하는 마음에 기쁨이 충만하게 하옵소서. 예수를 믿음으로 세상에 대한 가치관이 달라지게 하옵소서. 다른 사람의 평가에 관심을 두기보다는, 하나님이 나를 아들과 딸로 인정하시고 사랑하시는 것에 만족하게 하옵소서. 세상일이 내 뜻대로 안 되고, 인생이 내 의지대로 풀리지 않더라도, 주님 안에서 구원받은 우리 삶에 아무런 후회가 없게 하여 주옵소서. 만사가 형통하여 예수가 필요 없다고 교만해하는 사람들보다는, 고난과 역경 때문에 하나님의 자녀가 된 것을 귀하게 여기는 믿음을 주옵소서.

세상의 빛으로 오신 예수님의 은혜가 이 사회의 어두움을 몰아내고 죄악을 물리치는 치료와 회복의 광선이 되기를 기도합니다. 무고하게 억울함을 당하고 고통 중에 있는 사람들에게 구원의 빛이 비치게 하시고, 전쟁과 테러로 죽음의 공포 속에 있는 사람들에게는 평화의 빛이 비치게 하옵소서. 기근과 자연재해로 어려움을 겪는 사람들에게는 소망의 빛이 임하게 하시고, 고독과 절망 속에서 눈물짓는 자들에게 희망의 빛이 임하게 하옵소서.

오늘 주님이 세우신 목사님을 통하여 말씀을 듣게 하시니 감사합니다. 능력과 권세 있는 말씀을 선포하게 하옵소서. 우리가 마음 문을 열어 하나님의 말씀을 받고 순종하게 하옵소서. 성가대(찬양대)의 찬양 가운데 하나님의 영광이 나타나게 하옵소서.

이 땅에 구원자로 오신 예수님의 이름으로 기도합니다. 아멘.

성탄절 주일 예배

우리를 위하여 독생자를 보내 주신 사랑의 하나님 아버지!
예수님이 탄생하신 성탄을 기념하고 감사하며 예배하러 모였습니다. 세상을 구원하기 위하여 하늘 영광을 버리시고 인간의 몸으로 오신 주님을 환영하고 경배합니다. 주님의 크신 사랑을 입은 자들이 감사와 찬송으로 하나님께 예배하오니, 우리 예배를 기뻐 받아 주시고 성탄의 기쁨이 마음에 가득하게 하옵소서. 성탄을 기념하는 예배를 드리는 이 전에 하나님의 영광이 가득하고, 우리 마음에 평화가 넘치게 하옵소서.

온 세상이 잠든 고요한 밤에 평화의 왕 예수께서 탄생하신 성탄의 의미를 다시 한 번 되새기며 감사와 찬송을 드립니다. 성경의 예언대로 베들레헴에서 만민의 구세주로 탄생하신 주님을 경배하며, 성탄의 기쁨과 평화를 모두 함께 누리는 시간이 되게 하여 주옵소서. 허무와 고독과 절망 속에서 살아가던 목자들이 성탄의 밤에 하늘의 음성을 들었던 것처럼, 오늘 우리도 주님 탄생의 소식으로 희망을 얻고 기쁨이 회복되게 하옵소서.

밤을 새우며 똑같은 일을 반복해야 했던 목자들이 예수님의 탄생 소식을 듣고 삶의 의미를 발견한 것처럼, 우리도 아기 예수님을 경배하며 우리 삶의 의미를 발견하는 축복이 있게 하여 주옵소서. "너희를 위하여 구주가 나셨다"라는 하늘의 음성을 듣게 하시고, 나를 향한 하나님의 관심과 사랑이 얼마나 큰지를 깨닫게 하옵소서. "하나님이 세상을 이처럼 사랑하사 독생자를 주셨다"라는 말씀을 다시 되새기며 감사하게 하옵소서. 이 성탄절에 우리 모두가 진정으로 주님을 만나고 변화되기를 원합니다. 사마리아 여인이 물동이를 버려두고 사명을 향하여 달려가고, 베드로가 예수를 만남으로 모든 것을 버리고 제자가 되어 따랐던 것처럼, 오늘 우리 삶에 주께서 오셔서, 살아야 할 목적을 분명히 발견하게 하시고, 주님을 따르기 위하여 버려야 할 것들을 정리하는 시간이 되게 하옵소서.

아기 예수의 오심이 우리의 희망임을 고백합니다. 세상에서 가장 불쌍하고 고독하고 절망적인 삶을 살다가, 맨 먼저 아기 예수를 품에 안고 감격의 눈물을 흘렸던 시므온과 안나의 믿음을 우리에게도 허락하여 주옵소서. 비록 고난과 질병과 실패가 있었을지라도, 이를 통하여 예수 믿고 신앙 안에서 살고 있음을 귀한 복으로 알고 감사하게 하옵소서. 우리 삶에 주 예수보다 더 귀한 것이 없음을 고백합니다. 이제 그 사랑을 간증하고 전하며 살게 하여 주옵소서.

성탄의 귀한 말씀을 선포하시는 목사님과 함께하여 주시고, 성탄의 메시지가 모든 사람에게 평화를 전하는 말씀이 되게 하여 주옵소서. 우리 모두 말씀에 은혜 받게 하시고, 하나님의 사랑을 확인하는 시간이 되게 하여 주옵소서. 오늘도 예배를 섬기는 손길들을 기억하여 주시고, "하늘에는 영광, 땅에는 평화"를 노래하는 성가대(찬양대)의 찬양 가운데 영광 받아 주옵소서.

평화의 왕 예수 그리스도의 이름으로 기도합니다. 아멘.

성탄 축하 예배(25일)

사랑의 하나님 아버지!

우리에게 성탄의 기쁨을 주시고 아기 예수님께 경배하는 마음으로 성탄절을 맞이하게 해 주신 은혜를 감사합니다. 죄와 허물로 죽었던 우리를 구원하기 위하여, 독생자 예수를 이 땅에 보내 주신 하나님 아버지의 놀라우신 은총을 감사하며, 마음과 정성과 뜻을 다해 예배를 드립니다. 오늘의 예배가 구원받은 감격과 하나님의 자녀 된 축복을 감사하는 시간이 되게 하여 주옵소서.

주님께서 이 세상에 계실 때 섬김의 삶, 나눔의 삶, 겸손의 삶을 사시며 인간을 사랑하신 것을 기억합니다. 그러나 구원받아 주님의 제자가 된 우리는 너무 이기적이고 교만한 생활을 하였습니다. 오늘 아기 예수님께 경배하는 목자와 동방 박사의 심정이 되어, 주 앞에 회개하고 새로운 결단이 서게 하여 주옵소서. 주님이 용서하신 사람을 우리도 용서하게 하시고, 주님이 사랑하신 자를 우리도 사랑하게 도와주옵소서.

세상은 요란하지만, 아기 예수를 경배하는 목자들의 마음에는 평안이 깃들었던 것처럼, 험하고 악한 세상에서 오늘 주 앞에 나와 경배하는 우리의 마음에 평안을 내려 주옵소서. 물질과 명예와 권력이 유혹하는 세상에서, 오직 하늘의 별을 바라보고 인도함을 받아 아기 예수께 경배했던 동방 박사들의 헌신이 오늘 이 예배를 통하여 우리 마음에 생겨나게 하옵소서.

176

평생을 청상과부로 고독 속에서 눈물로 살아왔지만, 아기 예수를 안고 그동안의 삶에 대한 모든 보상을 받은 것처럼 기뻐하고 감사했던 안나 할머니의 믿음을 오늘 우리에게 허락하여 주옵소서. 우리도 예수님 한 분만으로 지나온 삶의 상처가 치유되게 하시고, 과거의 어두운 그림자가 사라지게 하시고, 기쁨과 감사가 충만한 성탄절이 되게 하옵소서. 역경과 시련이 있었기에 예수 믿고 구원받고 믿음 안에서 살게 된 것을 감사로 여기게 하옵소서.

오직 메시아가 오시기를 고대하며 평생을 보내다가, 마지막 순간에 아기 예수를 만나고 눈물 흘리며 "주님, 이제는 평안히 죽을 수 있게 되었습니다"라고 감사의 기도를 올렸던 시므온 할아버지를 기억합니다. 시므온보다 젊은 나이에 벌써 주님을 만난 우리에게 더 이상 다른 소원이 없게 하시고, 불평과 원망의 입술이 사라지게 하옵소서. 시므온처럼 우리도 주님을 만나고 구원받고 살았으니, 하늘 아버지의 사랑에 눈물 흘리며 감사의 마음으로 살아가게 하옵소서.

오늘 성탄의 의미를 선포하시는 목사님을 강건하게 붙들어 주시고, 능력 있는 말씀으로 하나님의 뜻을 잘 전달하게 하옵소서. 우리가 말씀 앞에 겸손히 무릎 꿇게 하시고, 그 말씀을 받아 순종하고 실천하며 살아가게 하옵소서. 오늘 주님의 나심을 찬양하는 성가대(찬양대)와 예배를 위해 헌신하는 모든 일꾼들에게 하늘의 위로가 넘치게 하옵소서.

우리의 구세주 예수 그리스도의 이름으로 기도합니다. 아멘.

송구영신 예배

인간의 생사화복을 주관하시는 하나님 아버지!

사랑하는 주의 자녀들이 한 해의 마지막 시간에 주의 전에 모여 예배를 드립니다. 다사다난했던 올 한 해였지만, 주님의 은혜로 잘 마무리하게 된 것을 감사드립니다. 세상의 환난과 역경 속에서도 주님이 도와주셔서 건강하게 하시고, 믿음 생활 잘하게 하신 은혜를 감사드립니다. 연약함과 질병과 실패와 고난이 있었지만, 그 속에서도 믿음을 잃지 않고 기도와 말씀 가운데서 응답을 받으며 영적 건강을 잘 유지하게 하신 은혜를 감사드립니다.

주님, 연초에 주님께 서약한 것들이 많지만, 게으름과 연약함으로 충실히 행하지 못했음을 회개합니다. 주님의 마음을 아프게 한 우리를 용서하시고 품으셔서 한 해를 정리하게 하시고, 다시 한 번 새해의 삶을 위한 희망과 용기를 허락하여 주옵소서. 그 옛날 아버지 앞에 다시 선 탕자처럼, 눈물 흘리며 회개하는 우리를 받으시고 위로해 주시기를 원합니다.

주님, 지난 한 해 동안 질병과 천재지변으로 고통당하고 죽어 간 사람들을 기억하시고 가족들을 위로하여 주옵소서. 한 해 동안 각종 범죄의 사슬에서 희생당한 영혼들과 전쟁으로 죽어 간 사람들의 원통함에 귀를 기울여 주시기를 기도합니다. 한 해 동안 종교와 정치와 사악한 이념과 잘못된 법에 의해 희생된 순진하고 힘없는 사람들의 생명을 주의 보혈

모든 예배 대표기도문

의 옷자락으로 덮어 주옵소서. 한 해 동안 환경오염으로 멸종된 피조물의 눈물을 주님이 기억하시고 자비를 베풀어 주옵소서.

모든 만물을 새롭게 하시며, 우리 마음에 희망과 용기로 새해를 맞게 하시는 하나님 아버지, 그 은혜와 사랑을 감사드립니다. 묵은해를 보내고 새해를 맞이하는 송구영신의 시간에 주님께 기도합니다. 새로운 결단으로 새해를 맞게 하여 주시고, 새해를 맞이하기에 합당한 새 마음을 허락하여 주옵소서. 묵은 달력을 떼어 내고 새 달력을 붙일 때, 우리의 묵은 습관과 생각이 떨어져 나가고, 새로운 소망과 꿈이 눈앞에 펼쳐지게 하옵소서.

새로운 한 해를 살아가는 동안 우리의 가정과 일터를 지켜 주시고, 가족의 건강을 지켜 주시고, 우리 교회가 하나님의 뜻대로 부흥 성장하게 하시며, 이 나라와 민족이 하나님을 섬기며 복을 받게 하옵소서. 세계 도처의 전쟁과 기근과 질병과 죄악의 소식들이 평화와 행복과 기쁨의 소리로 바뀌게 하옵소서. 한반도에 핵무기가 사라지게 하시고 평화 통일이 앞당겨지는 한 해가 되게 하옵소서.

오늘 주의 종 목사님을 통하여 주시는 말씀으로 은혜 받게 하시고, 새해를 여시는 하나님의 음성으로 들려지게 하옵소서. 성가대(찬양대)의 찬양을 주님이 기쁘게 받아 주옵소서.

어제나 오늘이나 변함없으신 예수님의 이름으로 기도합니다. 아멘.

당회원 헌신 예배

제직 헌신 예배

구역(속회, 목장, 셀, 순)장 헌신 예배

남전도회 헌신 예배

여전도회 헌신 예배

안수집사회 헌신 예배

권사회 헌신 예배

예배부 헌신 예배

성가대(찬양대) 헌신 예배

문화부 헌신 예배

교육부 헌신 예배

교사 헌신 예배

청년(대학)부 헌신 예배

전도부 헌신 예배

장애인부 헌신 예배

사회봉사부 헌신 예배

해외선교부 헌신 예배

재정부(재무부) 헌신 예배

관리부 헌신 예배

차량봉사부 헌신 예배

경조부 헌신 예배

CHAPTER

헌신 예배 대표기도문
[주일 오후 및 저녁 예배]

당회원 헌신 예배

교회의 머리가 되시는 주님!

이 시간 우리의 마음과 뜻과 정성을 다하여 예배를 드립니다. 우리 교회를 사랑하시고 여기까지 인도해 주신 하나님 아버지의 놀라우신 사랑을 감사드립니다. 시험과 풍파가 많았지만, 하나님의 도우심으로 우리 교회가 오늘까지 주의 뜻을 이루며 건강하게 성장하도록 은혜 베풀어 주신 것을 감사드립니다. 주님이 이 교회의 주인이 되어 주시고, 이 예배를 받아 주옵소서.

오늘 주님의 몸 된 교회를 위해 당회원으로 세움을 받은 목사와 장로들이 주님 앞에 헌신을 다짐하며 예배를 드립니다. 우리 교회 당회를 주님이 친히 주관하여 주시기를 기도합니다. 인간의 지혜나 지식이나 경험에 의지하지 않게 하시고, 오직 주님께 지혜를 구하며 말씀에 기초하여 당회가 운영되고 결의되기를 소원합니다. 우리 당회원들이 마음속에 항상 주님을 모시고 회의할 수 있도록 믿음을 주옵소서.

올 한 해 당회원들의 건강을 지켜 주시고 사업과 직장에 평안을 주셔서, 교회의 막중한 일을 감당하는 데 지장이 없도록 도와주시기를 기도합니다. 당회원 가정마다 복을 주시고, 사업장과 일터에 형통함을 더하여 주옵소서. 당회원들이 교회의 어려운 일을 감당할 때 온 성도들이 기도로 돕게 하시고, 지치지 않도록 주님께서 항상 새 힘을 공급하여 주시기를 기도합니다.

특별히 담임 목사님에게 힘과 능력을 주시기를 원합니다. 이 교회의 목회를 위해 주님이 세워 주신 종이오니, 목사님을 중심으로 모든 당회원이 일치단결하게 하시고, 분열과 갈등이 없게 하여 주옵소서. 목사님의 마음에 항상 평안이 가득하게 하시고, 어려운 목회 생활 속에서도 돕는 위로의 손길이 끊이지 않도록 도와주옵소서. 함께 동역하시는 부교역자님들에게 은총을 더하사, 맡은 일에 충성할 때 기쁨과 보람이 있게 하시고, 하늘의 위로가 가득하게 하옵소서.

주님이 제자들을 섬기며 본을 보이셨듯이, 우리 당회원들이 교회를 섬기고 교인들을 섬기는 자세로 일하게 하옵소서. 당회원들의 신앙과 삶이 주님을 닮게 하시고, 교인들의 모범이 되게 하옵소서. 당회원들이 솔선수범하여 예배의 자리를 지키게 하시고 기도에 앞장서게 하옵소서. 당회원들의 헌신을 통하여 올 한 해 교인들이 평안한 가운데 신앙생활 하게 하시고, 우리 교회가 계획한 모든 예배와 행사들이 은혜롭게 진행되어 하나님께 영광을 돌리게 하옵소서. 우리 교회 당회원들이 받을 칭찬과 박수는 주님께 돌리게 하시고, 주님을 위해 낮은 자세로 일하게 하옵소서.

오늘 이 헌신 예배를 위하여 단 위에서 말씀을 전하시는 목사님에게 능력으로 함께하셔서, 우리 당회원들에게 꼭 필요한 교훈의 말씀을 선포하게 하옵소서. 우리 모두가 경청하여 주신 말씀을 마음에 새기고 주님의 몸 된 교회를 섬기게 하옵소서.

주 예수 그리스도의 이름으로 기도합니다. 아멘.

제직 헌신 예배

교회를 세우시고 일꾼을 세우시는 하나님 아버지!
새해에 교회 직분을 맡은 제직들이 주님 앞에 헌신을 다짐하며 예배를 드리게 하시니 감사합니다. 온 마음을 다해 맡은 일에 최선을 다할 것을 다짐하고 헌신하는 이 예배를 받아 주옵소서. 제직들의 결단이 하나님 앞에서 진실하게 하시고, 주님의 몸 된 교회를 건강하게 부흥시키는 밑거름이 되게 하옵소서.

교회의 주인 되시는 주님께서 우리를 제직으로 지명하시고 일꾼으로 사용하신 은혜를 감사합니다. 허물과 죄로 죽었던 죄인들이었지만, 하나님의 은혜로 예수 믿고 구원받고 교회의 제직이 되어 주님을 섬기게 하심을 감사합니다. 그 은혜에 감격하며 주님이 주신 사역을 감당하게 하옵소서. 제직은 교회를 섬기는 직분이오니, 낮은 자세로 묵묵히 각자의 사명을 잘 감당하도록 믿음을 더하여 주옵소서. 일을 다 마친 후에 "무익한 종입니다. 해야 할 일을 한 것뿐입니다"라는 종의 고백으로 주님께만 영광을 돌리게 하옵소서. 보상 심리에 매이지 않게 하시고, 주님의 사랑에 감사하는 마음으로 맡겨진 일에 충성하게 하옵소서.

주님, 달란트를 맡은 종처럼 열심히 일하여서 주님께 드릴 열매가 많은 한 해가 되기를 소원합니다. 주님께 "잘하였다. 착하고 충성된 종아"라는 칭찬을 듣는 우리 제직들이 되기를 원합니다. 우리가 주의 일을 할 때 홀

모든 예배 대표기도문

로 두지 마시고 도와주셔서, 어려운 문제를 놓고 기도할 때 주께서 해결해 주시기를 원합니다. 주의 일을 하다가 지치지 않게 하시고, 힘에 겨워 쓰러지는 일이 없게 하여 주옵소서. 항상 독수리가 날개 치며 올라가듯이 새 힘을 공급하여 주시고, 말씀으로 격려하여 주시기를 기도합니다.

주님, 제직의 직분을 잘 감당하도록 건강을 허락하여 주시기를 원합니다. 올 한 해 건강하여서 마음껏 충성하며 주의 일을 할 수 있게 하옵소서. 우리 제직들의 가정이 항상 평안하여서 주님의 일에 집중할 수 있는 은총을 내려 주옵소서. 제직들의 직장과 일터에 형통함을 주시고, 주의 일을 할수록 더 많은 복을 받게 하옵소서. 자녀들에게 잘되는 복을 허락하시고, 그들의 앞길을 인도하여 주옵소서.

우리 제직들이 올 한 해 목사님의 목회 방침을 잘 따르고 협력하여서, 교회를 세워 나가는 일에 한마음이 되게 하여 주옵소서. 제직들의 입에서 부정적인 말이 사라지게 하시고, 항상 긍정과 축복과 사랑의 언어로 교회의 화평을 도모하게 하옵소서.

오늘도 세우신 주의 종을 통하여 말씀을 듣습니다. 우리 제직들에게 꼭 필요한 교훈의 말씀을 들려주시기를 기도합니다. 우리의 마음을 열어 말씀을 받게 하시고, 하나님의 사랑과 은혜가 충만한 시간이 되게 하여 주옵소서.

우리 주 예수 그리스도의 이름으로 기도합니다. 아멘.

구역(속회, 목장, 셀, 순)장 헌신 예배

사랑과 자비가 충만하신 주님!

올 한 해 우리 교회를 사랑하여 주셔서 구역에서 섬길 일꾼들을 세워 주심에 감사를 드립니다. 주님이 세우신 구역장들이오니 능력을 주시고, 모든 여건을 형통하게 하셔서 맡은 일을 잘 감당할 수 있도록 은혜를 내려 주옵소서.

인간의 의지와 재능으로는 주님의 일을 할 수 없음을 고백합니다. 우리 구역장들이 구역 식구들을 위해 기도할 때 응답하여 주셔서 가정마다 어려운 문제들이 풀리는 축복을 허락하여 주옵소서. 우리 구역장들이 주 앞에 충성하며 부지런히 구역 식구들을 돌아볼 때 마음에 기쁨과 감사가 충만하게 하시고, 주님이 주시는 위로와 평안으로 넉넉하게 감당할 힘을 얻게 하여 주옵소서.

성령께서 함께하셔서 구역 예배로 정한 시간에 모이기를 힘쓰게 하시고, 구역장들이 모임을 기도로 잘 준비하게 하옵소서. 구역 식구들이 기도 제목을 나눌 때, 주님 안에서 한 형제요 자매라는 의식으로 서로의 약함과 아픔을 공감하며 합심하여 기도하게 하옵소서. 구역에서 낙심한 영혼이 회복되는 치유의 역사가 일어나게 하시고, 슬픔에 잠긴 영혼이 말씀으로 희망을 얻는 기적을 맛보게 하여 주옵소서.

구역 식구들이 모여 대화할 때 건강하고 아름다운 말이 오가게 하시고, 부정적이거나 불평의 언어는 자취를 감추게 하옵소서. 살면서 받은 은혜를 나누는 시간이 되게 하시고, 하나님의 사랑을 간증하는 기회가 되게 하옵소서. 구역에서의 화평이 교회의 평화로 이어지게 하시고, 구역에서 시작된 사랑의 분위기가 교회 전체를 사랑의 공동체로 만들어 나가게 하옵소서.

구역은 교회의 세포 조직이오니 구역이 활성화되게 하시고, 교회 부흥의 기초가 되게 하여 주옵소서. 구역의 성장이 양적인 것과 더불어 질적인 성장으로 나아가게 하옵소서. 그리스도인으로 구원의 확신을 경험하는 구역 모임이 되게 하여 주옵소서. 주님을 믿는 자가 어떻게 살아야 하는 것인가를 배우고 나누는 모임이 되게 하여 주옵소서. 사랑의 언어를 배우게 하시고, 진실하게 사는 훈련을 하게 하셔서, 참된 그리스도인으로 성장하는 모임이 되게 하여 주옵소서.

오늘 귀한 말씀을 전하실 목사님을 주님께서 강한 팔로 붙들어 주시고, 생명의 말씀을 잘 전달할 수 있도록 함께하여 주옵소서. 우리의 귀를 열어 말씀을 잘 새겨듣게 하시고, 말씀을 통하여 하나님의 뜻을 헤아리고 그 뜻을 실천할 수 있는 지혜와 능력을 공급받게 하옵소서.

우리를 사랑하시고 복을 주시는 예수님의 이름으로 기도합니다. 아멘.

＊'구역'이라는 말을 교회의 상황에 맞게 속회, 목장, 셀, 순 등으로 바꾸어 기도한다.

남전도회 헌신 예배

우리의 삶을 주관하시는 하나님 아버지!

오늘 남전도회 회원들이 헌신하는 마음으로 예배를 드립니다. "너희 몸을 살아 있는 제물로 드리라"는 말씀대로 우리 남전도회 회원들의 삶과 인격이 주 앞에 제물로 바쳐지는 헌신 예배가 되기를 소원합니다. "마음을 새롭게 하여 변화를 받으라"는 말씀대로 주님 앞에 새로운 결단과 다짐을 하는 예배가 되게 하옵소서.

주님이 우리 삶의 주인이심을 고백하며 주를 기쁘시게 하는 우리 남전도회 회원들이 되게 하여 주옵소서. 우리의 입술이 주님의 의지대로 말하게 하시고, 우리의 생각이 주의 생각을 따르게 하옵소서. 우리의 건강도 주의 것이고, 우리의 물질과 시간도 주의 것임을 깨닫고 주님 제일주의로 살아가게 하옵소서.

주여, 우리가 집사로 또는 장로로 직분을 받았지만, 직분에 합당한 헌신을 하지 못하고 살아온 것을 용서하여 주옵소서. 주님이 주신 직분을 명예로만 생각하여 신앙생활에 교인들의 모범이 되지 못하였습니다. 이 헌신 예배를 통하여 우리 남전도회가 심기일전하게 하시고, 새롭게 출발하는 계기가 되게 하여 주옵소서.

섬김을 받기보다는 섬기는 자세로 교회 일을 감당하게 하옵소서. 사람을 바라보거나 사람의 평가에 집착하지 않게 하옵소서. 오직 주님만을 바라보게 하시고, 주님이 나를 어떻게 보실까를 먼저 생각하며 일하게 하옵소서. 칭찬과 박수 받는 자리에 관심을 두지 않게 하시고, 교회의 그늘지고 보이지 않는 자리를 찾아 봉사하게 하옵소서.

주님, 우리 남전도회 회원들의 모든 가정이 하나님이 주시는 복으로 넘치게 하옵소서. 건강의 복을 주시고 가정의 평안을 주셔서, 주의 일을 감당하기에 부족함이 없도록 도와주시기를 원합니다. 가족 간에 화목하게 하시고, 자녀들의 앞길에 형통함을 허락하여 주옵소서. 경제적으로 어려운 이때 남전도회 회원들의 직장과 사업장을 지켜 주시고, 올 한 해 계획하는 일들이 잘 이루어지게 하옵소서.

교회의 중추적인 역할을 감당할 때 하나님이 공급하시는 능력으로 교회에 유익을 주는 남전도회가 되게 하옵소서. 올해 세움을 받은 임원들에게 하늘의 능력과 지혜를 덧입혀 주셔서, 남전도회를 이끌고 나갈 때 항상 기쁨과 감사가 충만하게 하옵소서. 남전도회가 목사님의 목회에 도움을 주고 협력하는 기관이 되게 하옵소서.

오늘 이 헌신 예배에 귀한 주님의 말씀을 선포하실 목사님에게 강건함을 주셔서 하나님의 뜻을 잘 전하게 하옵소서. 말씀으로 큰 은혜를 받고 깨달음을 얻는 시간이 되게 하여 주옵소서.

우리 남전도회를 사랑하시는 예수님의 이름으로 기도합니다. 아멘.

여전도회 헌신 예배

언제나 우리를 사랑하시는 하나님 아버지!

오늘 저희 여전도회 회원들이 함께 모여 헌신을 다짐하는 예배를 드리오니 주님 홀로 영광을 받아 주옵소서. 허물과 죄로 죽었던 우리를 십자가의 보혈로 사해 주시고 구원의 기쁨을 주신 주님을 찬양합니다. 구원받은 일도 감사한데 주님의 몸 된 교회를 위해 여전도회로 섬기고 봉사하게 하시니 무한 감사를 드립니다. 이 헌신 예배를 통하여 주님을 향한 결단이 새롭게 되기를 원합니다.

그동안 교회를 위하여 열심을 내었지만, 부족한 것밖에 없었음을 고백합니다. 최선을 다하지도 못하였고, 여러 가지 핑계를 앞세워 충성하지 못한 것을 용서하여 주옵소서. 조용한 헌신의 자세보다는 박수 받고 인정받고 사람들의 칭찬을 기대하며 일한 위선도 있었음을 고백하며 회개합니다. 서로 사랑하라 하셨지만, 사랑 없는 비판과 미워하는 마음으로 사람에게 상처를 주고 아프게 한 일도 있었음을 용서하여 주옵소서.

주님, 이 헌신 예배를 통하여 우리의 잘못된 자세가 바로잡히게 하옵소서. 오직 주님만 바라보며 주님이 세우신 교회를 위해 일하게 하옵소서. 먼저 기도하는 우리 여전도회가 되게 하여 주옵소서. 언제나 일하기 전 기도하시던 주님의 모습을 본받게 하시고, 모든 일의 시작과 끝에 주 앞에 엎드려 기도하는 모임이 되게 하옵소서. 또한 마리아처럼 일보다 말씀 듣는 자리를 먼저 사랑하게 하옵소서.

우리 여전도회가 주님의 몸 된 교회의 어머니와 같은 역할을 잘 감당하게 도와주옵소서. 어려운 성도들을 잘 살피고 소외된 사람들의 손을 잡아 주어 교제하고 위로하는 우리 회원들이 되게 하여 주옵소서. 여전도회를 통하여 우리 교우들이 행복하고 평안하게 신앙생활을 할 수 있도록 도와주옵소서. 교회에 유익을 주고 목사님의 목회에 큰 힘이 되는 여전도회가 되기를 소원합니다.

올 한 해 마음과 정성과 힘을 다해 주님의 일에 충성하고 싶습니다. 주님의 일을 하는 데 지장이 없도록 우리의 건강을 지켜 주시기를 기도합니다. 항상 새 힘을 공급하여 주시고, 피곤하여 지치지 않도록 위로하여 주시기를 원합니다. 사람의 말에 마음이 흔들리지 않게 하시고, 주의 말씀을 붙잡고 주님이 기뻐하시는 일에 최선을 다하게 하옵소서. 주님께서 맡겨 주신 사역을 잘 감당하도록 우리 회원들의 가정을 지켜 주시기를 원합니다. 우리 가정에 평안을 주시고, 직장과 사업에 형통함을 주시고, 우리 자녀들의 앞길을 인도하여 주옵소서.

오늘 헌신 예배를 위하여 말씀을 전하시는 목사님에게 영력을 더하사, 힘 있게 하나님의 말씀을 선포하게 하옵소서. 우리 모두가 말씀에 은혜받고 삶이 변화되는 축복을 누리게 하옵소서.

우리 여전도회를 사랑하시는 예수님의 이름으로 기도합니다. 아멘.

안수집사회 헌신 예배

우리를 구원하시고 복 주시기를 원하시는 하나님 아버지!

은혜와 사랑을 감사하며 오늘 안수집사회 헌신 예배로 드리오니 홀로 영광 받아 주옵소서. 이 시간 예배를 통하여 우리 안수집사회를 향하신 주님의 뜻을 발견하게 하시고, 우리 안수집사회 회원들에게 부어 주신 하나님의 놀라우신 사랑과 은총을 깨닫는 시간이 되게 하여 주옵소서.

주님, 우리 안수집사회가 교회의 중추적인 기관이지만, 약하고 부족한 점이 많음을 고백합니다. 여러 가지 바쁘다는 핑계로 교회 일에 열심을 내지 못한 과거의 시간들을 생각하며 회개합니다. 우리에게 이 헌신 예배가 심기일전할 수 있는 기회가 되게 하시고, 새로운 각오로 합심하여 맡겨 주신 사명을 잘 감당하는 출발점이 되게 하옵소서.

우리 안수집사회 회원들은 사회적으로도 많은 일에 시달리고, 가정적으로도 해결해야 할 여러 문제를 안고 사는 세대입니다. 주님의 일도 열심히 충성하고 싶습니다. 주여, 우리를 도와주옵소서. 직장이나 사업장에서 만나는 많은 문제들 가운데 함께하셔서, 사람의 생각 밖에 놀라운 형통함을 허락해 주시기를 기도합니다. 경제적으로 어려운 상황 속에서 우리 안수집사회 회원들의 일터를 지켜 주시고, 주님의 일을 하는 데 지장이 없도록 도와주옵소서.

모든 예배 대표기도문

주님, 우리 안수집사들의 건강을 지켜 주시기를 원합니다. 과중한 업무에 시달리는 회원들에게 마음의 평안과 육신의 회복을 주시고, 말씀으로 항상 새 힘을 공급하여 주옵소서. 피곤한 가운데서도 하늘의 위로가 마음에 가득하여서 찬송과 감사가 끊이지 않게 하옵소서. 우리가 지켜야 할 가정이 평안하게 하시고, 자녀들이 잘 되는 축복을 허락하여 주옵소서. 우리의 마음에 항상 긍정의 말씀을 심고, 그 말씀 안에서 믿음으로 승리하며 살게 하옵소서.

주님, 우리 안수집사회가 교회에 유익을 주고 목사님에게 힘을 실어 주는 기관이 되기를 원합니다. 교인들을 섬기는 마음으로 궂은일을 맡아 일할 때, 항상 겸손하게 하시고 주님만 바라보며 사명을 감당하게 하옵소서. 항상 나보다 남을 더 낫게 여기는 마음으로 안수집사 간에 화목하게 하시고, 서로를 세워 주고 축복하는 언행으로 아름다운 모임이 되게 하옵소서. 모세를 도왔던 아론과 훌처럼, 목사님을 위해 기도하며 손을 잡아 주고 마음을 위로하는 동역자로 일하게 하옵소서.

오늘 저희에게 귀한 말씀을 전하시는 목사님의 입술을 주장하사 하나님의 말씀을 힘 있게 전하게 하옵소서. 우리가 그 말씀을 들을 때 하나님의 말씀으로 듣게 하시고, 주님이 우리에게 원하시는 뜻을 밝히 깨닫는 축복을 허락하여 주옵소서.

우리 안수집사회를 사랑하시는 예수님의 이름으로 기도합니다. 아멘.

권사회 헌신 예배

사랑과 자비가 충만하신 하나님 아버지!

우리 교회를 사랑하시어 권사회를 조직하게 하시고, 오늘 헌신 예배로 주님께 영광 돌리게 하시니 감사를 드립니다. 예배를 통하여 권사회 회원들이 새로운 결단으로 사명을 잘 감당하게 하옵소서.

주님, 지난날 우리 권사회가 예배와 전도와 봉사와 교제에 앞장서지 못한 것을 용서하여 주옵소서. 여러 가지 이유로 맡겨 주신 사명에 충실하지 못한 것들도 주님 앞에 회개하오니, 이 헌신 예배를 통하여 새 마음으로 무장하고 새출발하게 하옵소서. 우리 권사회 회원들이 먼저 화목하게 하셔서 성도들의 본이 되게 하옵소서. 항상 겸손한 자세로 교회를 섬기게 하시고, "무익한 종입니다. 하여야 할 일을 한 것밖에 없습니다"라는 종의 고백으로 주님께 영광 돌리고 주님을 위해 일하게 하옵소서.

주님, 권사들이 충성하며 일할 수 있도록 건강의 복을 허락해 주시기를 기도합니다. 연로한 종들에게 하늘의 능력을 덧입혀 주셔서 피곤치 않도록 도와주시고, 아픈 곳이나 불편한 육신의 질병을 치료하여 주시기를 원합니다. 젊은 종들에게 성령으로 충만하게 하셔서 교회를 섬기고 교인을 돌보는 일에 기쁨과 보람을 느끼게 하옵소서. 우리의 헌신을 통하여 교회 분위기가 밝아지게 하시고, 교인들이 행복하게 교회 생활을 할 수 있도록 도와주옵소서.

주님, 우리 권사회 회원들이 믿는 자의 본이 되는 신앙생활을 하기 원합니다. 예배의 자리를 지키는 권사들이 되게 하시고, 말씀 듣는 자리에 소홀함이 없도록 도와주시기를 원합니다. 우리 권사회 회원들이 교인들을 위하여 기도하기를 쉬는 죄를 범치 않게 하옵소서. 우리 권사들의 가정에 복을 주셔서 주님의 일에 마음 놓고 충성할 수 있도록 은혜를 베풀어 주옵소서. 자녀들의 앞길을 형통하게 하시고, 믿음 생활 잘할 수 있도록 도와주옵소서. 가정의 경제도 주님이 책임져 주셔서 전도와 구제와 봉사하는 일에 부족함이 없도록 도와주시기를 원합니다.

무엇보다도 목양하시는 목사님에게 힘을 실어 주는 권사회가 되기를 원합니다. 어려운 환경 속에서 목회하시는 목사님을 기도로 후원하게 하시고, 위로의 언어로 축복하며 나아가게 하옵소서. 목사님의 목회 방침을 적극 협력하고 도와서 교회에 유익을 주는 권사회가 되게 하여 주옵소서.

오늘 헌신 예배에 말씀을 전하시는 목사님에게 능력을 더하여 주셔서 하나님의 말씀을 잘 대언하게 하옵소서. 우리에게 꼭 필요한 말씀이 선포될 때 마음을 열어 듣고 새기고 실천하게 하옵소서.

우리 권사회를 사랑하시는 예수님의 이름으로 기도합니다. 아멘.

예배부 헌신 예배

사랑이 많으신 하나님 아버지!

오늘 우리 예배부원들이 영과 진리로 주님께 헌신 예배를 드리게 하시니 감사합니다. 올 한 해 하나님께서 맡겨 주신 일을 잘 감당하도록 도와주시고 주님께 칭찬받는 일꾼으로 살아가게 하옵소서. 교회의 생활 중 예배보다 더 중요한 것은 없사오니, 우리의 헌신을 통하여 우리 교회의 예배가 은혜 충만, 성령 충만한 예배가 되기를 원합니다. 아름다운 예배를 위해서 예배부에 속한 일꾼들이 충성하게 하시고, 예배를 통하여 하나님의 영광이 드러나게 하옵소서.

주님, 우리 교회 예배가 하나님의 사랑과 은혜를 찬양하고 감사하는 축제가 되기를 원합니다. 구원받은 주의 자녀들이 모여 예배할 때마다, 하나님의 이름이 거룩히 여김을 받으며, 하나님의 뜻이 우리의 마음에 전달되고 삶에서 이루어지게 하옵소서. 하나님과의 만남과 화해가 이루어지는 기쁨의 시간이 되게 하여 주옵소서. 예배를 통하여 하늘의 신령한 복음의 말씀을 듣게 하옵소서. 예배 가운데 아버지 되신 하나님께 사랑을 배우고, 그 사랑을 실천하여 그리스도의 몸 된 공동체를 세워 나가게 하옵소서.

안내 위원으로 섬기는 예배부원들에게 은혜를 내려 주셔서, 찾아오는 교인들을 잘 영접하게 하옵소서. 주님께 충성하는 마음으로, 예배하러 오는 교인들을 가족처럼 반기며 봉사하게 하옵소서. 우리의 친절한 언어를 통하여 피곤하고 지친 영혼이 평안을 얻고 행복하게 예배할 수 있도록 하옵소서. 우리가 밝은 얼굴로 교인들을 맞이할 때 근심 걱정이 있는 교인들의 표정에 웃음꽃이 피게 하시고, 마음에 위로가 깃들게 하옵소서.

헌금 위원으로 섬기는 일꾼들에게 믿음을 주시고, 교인들이 봉헌한 귀한 예물을 소중하게 수합하여 강단에 올려 드릴 때, 하나님 앞에 드리는 마음으로 정성을 다하게 하옵소서. 헌금 위원들의 표정과 발걸음 하나하나를 성령께서 주관하셔서, 교인들의 본이 되게 하시고 하나님이 받으시는 예물이 되게 하여 주옵소서.

방송실에서 보이지 않게 예배를 위해 수고하는 일꾼들에게 복을 주옵소서. 사람이 아닌 하나님을 바라보고 충성하며, 감사와 기쁨으로 일하게 하옵소서. 성가대(찬양대)와 찬양팀에게 함께하셔서 하나님 앞에 드리는 찬양을 잘 준비하게 하시고, 찬양과 성가를 통하여 하나님의 영광을 높이 드러내게 하옵소서.

오늘 말씀을 전하시는 목사님에게 영적 능력을 더하셔서, 우리 모두가 설교 가운데 하나님의 음성을 듣게 하시고, 저마다 귀한 깨달음을 얻는 은혜의 시간이 되게 하여 주옵소서.

우리 예배부를 사랑하시는 예수님의 이름으로 기도합니다. 아멘.

성가대(찬양대) 헌신 예배

찬양 받으시기에 합당하신 하나님 아버지!

오늘 저희 성가대(찬양대)가 함께 모여 헌신을 다짐하는 예배를 드리게 하시니 감사합니다. 오늘의 예배를 통하여 하나님을 향한 헌신의 마음이 새로워지게 하시고, 성가대원(찬양대원)으로서의 사명이 확고해지는 계기가 되게 하여 주옵소서. 많고 많은 사람 중에 우리를 성가대원(찬양대원)으로 세워 주신 은혜를 감사합니다. 이 은혜가 귀한 줄 알게 하시고 하나님이 허락하시는 그날까지 맡은 일에 충성하게 하옵소서. 우리의 재능과 목소리는 부족하지만, 주님을 향한 열정은 최고가 되기를 원합니다.

찬양은 받은 은혜와 사랑에 대한 응답이오니, 먼저 우리 성가대원(찬양대원)들이 구원의 확신을 가지고 찬양하기를 원합니다. 믿음으로부터 우러나오는 진실한 찬양이 되게 하시고, 하나님의 사랑과 은혜에 감사하는 찬양이 되게 하여 주옵소서.

우리 성가대원(찬양대원)들이 신앙생활에 본을 보이기를 원합니다. 예배의 자리를 지키게 하시고, 사모하는 마음으로 말씀을 듣게 하옵소서. 찬양할 때 주님을 향하여 예물을 드린다는 마음으로 최선을 다해 연습하고, 하나님이 받으실 만한 최고의 찬양을 하게 하옵소서. 결코 사람을 향한 찬양이 되지 않게 하시고, 사람의 박수를 기대하지 않게 하옵소서.

모든 예배 대표기도문

겸손한 마음으로 하나님께 찬양을 드리며, 주님만을 높이게 하옵소서.

성가대(찬양대)를 이끄는 지휘자와 반주자, 그리고 모든 대원들을 건강하게 지켜 주시기를 원합니다. 항상 몸과 마음이 건강하여서 최고의 컨디션으로 주님께 찬양하게 하옵소서. 또한 신앙적인 성숙함을 허락해 주셔서 연습하는 과정이 은혜롭게 하시고, 대원들 간에 서로 사랑하고 협력하여 최고의 하모니를 이루게 하옵소서.

우리의 삶이 성가를 준비하는 생활이 되기를 원합니다. 성가대원(찬양대원)으로서 생활 속에서 하나님께 영광을 돌리게 하시고, 그리스도의 향기를 이웃에게 전하는 삶을 살게 하여 주옵소서. 작은 일에서도 하나님의 사랑을 느끼게 하시고, 고난 속에서도 하나님께 기도하고 기적을 체험하는 신앙인으로 살게 하옵소서. 우리 삶에서 경험한 하나님의 사랑이 찬양의 제목이 되게 하시고, 우리가 받은 하나님의 은혜가 찬양의 이유가 되게 하여 주옵소서.

오늘 우리에게 귀한 말씀을 전해 주실 목사님에게 성령의 능력과 말씀의 지혜를 더하여 주시기를 원합니다. 우리 성가대(찬양대)를 위하여 꼭 필요한 말씀이 선포되게 하시고, 우리가 귀를 열어 그 말씀을 경청하게 하옵소서. 말씀을 통하여 우리 자신의 잘못을 돌아보고, 해야 할 사명을 확인하고, 주 앞에 충성하는 마음이 더해지게 하옵소서.

영원히 찬양 받으실 예수님의 이름으로 기도합니다. 아멘.

문화부 헌신 예배

말씀으로 세상을 창조하신 하나님 아버지!
우리 교회를 사랑하셔서 문화부를 조직하게 하시고, 오늘 헌신을 다짐하며 예배할 수 있게 하신 은혜를 감사합니다. 우리 문화부에 속한 모든 회원들의 헌신을 받아 주시고, 오늘 예배를 통하여 새로운 비전과 열심을 갖게 하여 주옵소서.

주님, 사회적으로 문화에 대한 관심이 높아지고 있는 이 시대에, 교회가 문화를 선교의 도구로 활용할 줄 아는 안목과 지혜를 갖도록 은총을 베풀어 주시옵소서. 음악과 미술, 문학, 춤, 그리고 스포츠 등의 문화 매체를 통하여 복음을 전하게 하시고, 불신자들이 교회와 가까워질 기회를 얻게 하여 주옵소서.

옛날 성경을 들고 우리나라에 들어온 선교사들이 복음과 문화를 병행하며 전도하였던 것을 기억합니다. 예배당을 짓고 설교를 통해 복음을 전했지만, 또 한편으로는 교육과 의료 분야를 통해 복음을 전했고, 성경을 번역하고 찬송가를 만들면서 하나님의 나라를 확장시켰던 선교사들의 정신을 한국 교회가 이어받기를 원합니다.

주님, 오늘 한국 교회가 문화에 대한 관심이 없는 것을 용서하여 주옵소서. 이제부터라도 문화의 소중함을 알게 하시고, 사람을 길러 내고 문화를 선교의 도구로 활용할 정책을 펼쳐 나가게 하옵소서. 교회에서 도덕성 회복 운동, 삶의 갱신 운동, 질적 성장 운동이 일어나게 하옵소서. '어떻게 믿을 것인가'의 문제와 함께 '어떻게 살 것인가'의 문제가 교회의 관심거리가 되게 하시고, 화려한 결과보다 깨끗한 과정을 소중히 여기는 교회 문화가 살아나게 하옵소서.

우리 문화부에 속한 분과들을 붙들어 주셔서 올 한 해 해야 할 사명을 잘 완수하게 하옵소서. 우리 교회에서 진행되는 여러 문화 행사들이 복음을 전하는 도구로 쓰임 받게 하옵소서. 문화부의 행사들을 통하여 교인 간에 사랑하는 마음이 더해지고, 서로 교제하고 떡을 나누는 친교가 활성화되게 하옵소서. 또한 교회 안의 행사에서 발전하여, 지역 주민에게 감동을 주고 사회적인 영향력을 끼칠 수 있는 문화 콘텐츠를 개발하는 교회가 되게 하여 주옵소서. 옛날 이스라엘 회당이 예배를 드리고, 성경 사본을 만들고, 민족 문화를 보존했던 문화의 산실이었음을 한국 교회가 배우게 하시고, 민족 종교로서의 선한 영향력을 발휘하게 하옵소서.

오늘 단 위에 서시는 목사님에게 말씀의 능력을 더하여 주사 우리에게 하나님의 말씀을 잘 전하게 하시고, 우리가 그 말씀을 깨닫고 순종할 수 있는 믿음을 허락하여 주옵소서.

우리 문화부를 사랑하시는 예수님의 이름으로 기도합니다. 아멘.

교육부 헌신 예배

사랑으로 우리를 돌보시는 하나님 아버지!

오늘 교육부 헌신 예배로 드리며 주님께 영광 돌리게 하시니 감사를 드립니다. 이 헌신 예배를 통하여 우리에게 맡겨 주신 사명에 대한 각오를 새롭게 다지는 시간이 되게 하여 주옵소서. 우리에게 사람을 가르치고 길러 내는 교육의 귀한 사명을 주신 하나님께 감사를 드립니다. 또한 교회의 사명 중에서, 사람을 키우고 믿음으로 양육하는 교육이야말로 전도의 지름길임을 깨달으며 감사를 드립니다. 이 헌신 예배를 통하여 우리의 사명감이 더욱 선명해지게 하시고, 새로운 결단으로 주 앞에 충성하는 기회가 되게 하여 주옵소서.

일선에서 교회학교 학생들을 가르치는 교사들에게 하늘의 복으로 충만히 채워 주시기를 기도합니다. 어려운 환경 속에서도 믿음으로 맡겨진 생명들에게 복음을 전하고 돌볼 때, 성령께서 위로하시고 새로운 힘을 공급하여 주시기를 원합니다. 한 생명을 천하보다 귀하게 여기시는 주님의 심정으로 학생들과 아이들을 보살피게 하시고, 사랑으로 양육하게 도와주옵소서.

우리 교회가 주일학교 교육을 위하여 필요한 행정적, 물질적 지원을 아끼지 않게 하시고, 교회학교를 위하여 기도로 후원하는 성도들이 많아지게 하옵소서. 우리 교회가 올 한 해 계획하고 실천하려는 모든 교육 프

모든 예배 대표기도문

로그램이 잘 진행되게 하시고, 어린이로부터 장년에 이르기까지 큰 유익을 얻는 기회가 되게 하여 주옵소서.

주님, 우리 교회의 영아부로부터 유아부, 아동부, 중등부, 고등부, 청년(대학)부, 장년부, 노년부에 이르기까지, 소속된 모든 영혼들이 건강하게 믿음 생활을 잘하며, 그리스도의 제자로 양육받게 하옵소서. 일평생 배우는 자세로 말씀을 듣고 실천하며 살아가는 주의 백성들이 되게 하옵소서.

특별히 우리 교회의 목회자로 세워 주신 담임 목사님에게 지혜와 능력을 더하여 주시기를 원합니다. 투철한 목양 정신으로 선한 목자 되신 주님을 닮게 하시고, 말씀으로 잘 양육하고 교육할 수 있게 하여 주옵소서. 목사님이 말씀을 가르치실 때 우리 교우들이 배우는 자세로 받아들이게 하시고, 신앙적으로 성장하여 주의 백성으로 건강하게 살아가도록 은총을 베풀어 주시기를 원합니다. 우리가 말씀을 잘 배우고 진리로 무장하여서 거짓 교리를 퍼트리는 이단들의 유혹에 넘어가지 않게 하시고, 교회를 무너뜨리려는 잘못된 신학과 사상들을 단호히 배척할 수 있게 하옵소서.

오늘 우리에게 말씀을 전하시는 목사님을 붙들어 주사 진리의 말씀을 잘 선포하게 하시고, 우리가 그 말씀을 새겨듣고 삶에 적용하여 참된 그리스도인으로 살아가게 하옵소서.

우리 교육부를 사랑하시는 예수님의 이름으로 기도합니다. 아멘.

교사 헌신 예배

선한 목자가 되셔서 우리를 양육하시는 주님!

오늘 주일학교 교사들이 한자리에 모여 헌신을 다짐하며 예배하게 하시니 감사를 드립니다. 예배를 통하여 우리의 사명감이 새로워지게 하시고, 주님을 본받아 선한 목자의 심정으로 맡겨 주신 어린 영혼들을 돌보게 하여 주옵소서.

주님, 교인들의 눈이 닿지 않는 곳에서, 지금까지 아이들과 학생들을 지도하고 양육하며 혼신의 힘을 기울이는 교사들을 위로하여 주시고, 하늘의 기쁨으로 채워 주시기를 기도합니다.

그러나 돌이켜 보면 부족한 점도 많이 있었음을 고백합니다. 세상일에 바쁘다는 핑계로 맡겨 주신 영혼들을 위해 열심히 기도하지도 못했고, 최선을 다해 돌보지도 않았음을 부끄럽게 생각하며 회개합니다. 학생들에게 본이 되는 신앙생활도 하지 못하였고, 생활 속에서 교사로서의 모범을 보이지도 못했음을 인정하며 주님께 용서를 구합니다. 우리의 잘못을 사하시고 이 헌신 예배를 통하여 새로운 결단으로 나아가게 하옵소서.

주님, 진심으로 교사의 직분을 잘 감당하고 하나님께 영광 돌리기를 원합니다. 주의 일에 충성할 수 있도록 우리 교사들의 가정을 평안하게 하시고, 자녀들이 축복 속에서 성장하게 하시고, 경제적으로도 넉넉함을 허락하셔서 주일학교 아이들을 돌보는 데 아무 지장이 없게 하여 주옵소서. 우리 교사들의 건강도 주님이 책임져 주셔서 영육 간에 강건함을 허락하시고, 밝은 표정과 활력 있는 얼굴로 아이들을 대하고 맡겨진 사명을 잘 감당하게 하옵소서.

우리 교회학교가 올해 계획하고 실천하려는 많은 예배와 행사들이 있습니다. 여름성경학교와 수련회를 주님이 인도하셔서 성황리에 잘 마치게 하시고, 믿음의 반석 위에 굳건히 서는 영적 성장의 기회가 되게 하여 주옵소서. 여러 교회학교 행사와 프로그램 가운데서도 주님의 영광을 드러내며, 학생들의 삶에 영원히 기억될 믿음의 전환점이 되게 하여 주옵소서.

우리 교사들 간에 서로 화목하게 하시고, 손잡고 기도하며 주님의 동역자로서 서로의 약함을 도와주는 아름다운 교제가 있게 하여 주옵소서. 각 부서의 담당 목사님, 전도사님, 부장님들에게 영적 능력을 더하셔서 맡은 부서를 잘 지도하고 이끌어 가게 하옵소서.

오늘 말씀을 전하시는 목사님에게 권능으로 함께하셔서 우리에게 필요한 복음의 말씀이 선포되게 하시고, 우리가 경청할 수 있도록 믿음을 더하여 주옵소서.

우리의 영원한 스승이신 예수님의 이름으로 기도합니다. 아멘.

청년(대학)부 헌신 예배

사랑으로 우리를 돌보시는 하나님 아버지!

오늘 청년(대학)부 회원들이 주님 앞에 헌신을 다짐하며 예배할 수 있게 해 주신 은혜를 감사합니다. 이 예배를 통하여 우리 청년들의 신앙적인 각오가 새로워지게 하시고, 주님을 위해 어떻게 살아야 할 것인가를 확실히 깨닫는 귀한 시간이 되기를 원합니다.

젊은 시절부터 주님을 알게 하시고, 교회를 통하여 신앙을 갖게 하신 것을 감사드립니다. 우리의 삶을 온전히 주님께 맡기며 일평생 주님을 의지하고 살아가기를 소원하오니, 우리 청년들의 앞길을 친히 인도하여 주옵소서. 주님, 우리 청년들이 교회에서 교사로, 또 성가대원(찬양대원)으로, 그리고 찬양팀과 영상팀과 차량 관리 위원 등으로 많은 일을 감당하고 있습니다. 일하기 전에 먼저 예배와 말씀을 통하여 은혜 받게 하옵소서. 주님이 주시는 능력으로 지치지 않고 교회 일을 감당할 수 있도록 위로해 주시고 사랑하여 주시기를 원합니다.

주님, 신앙생활을 잘하고 교회에 유익이 되는 청년들이 되고 싶습니다. 우리 청년들 때문에 교회가 젊어지고 분위기가 밝아지고 활력이 넘치기를 원합니다. 우리 청년들이 교회의 정책과 방향에 협력하고, 목사님의 목회를 돕는 성도가 되기를 원합니다. 청년(대학)부 회원들끼리 먼저 주 안에서 화목하게 하시고, 한마음이 되어 주님의 몸 된 교회를 섬기게 하옵소서.

주님, 우리가 청년의 시기에 만나야 하는 삶의 문제들이 많이 있습니다. 청년들이 각자의 문제를 안고 기도하는 것을 아시오니, 주께서 응답하여 주셔서 기쁨과 감사의 마음으로 주님을 더욱 잘 섬기게 하옵소서. 학업 중에 있는 사람들과 함께하셔서 모든 과정을 잘 마칠 수 있게 건강과 지혜와 믿음을 더하여 주시기를 기도합니다. 직장 생활을 하는 사람들에게 복을 내려 주셔서 모든 환경이 평화롭게 하시고, 하루하루가 보람 있게 하여 주옵소서. 군에 입대해 있는 우리 청년들과 동행하시고 보호하여 주옵소서.

주님, 결혼을 위하여 기도하는 청년들에게 좋은 배필을 만나 행복한 가정을 꾸릴 수 있는 은혜를 허락하여 주시기를 기도합니다. 직장의 문제로 고민하고 기도하는 청년들이 있습니다. 합당한 좋은 일터를 주시고, 사회인으로 열심히 살아갈 수 있도록 도와주시기를 원합니다. 가족 간의 문제와 친구 사이의 문제로 갈등하는 청년들의 기도를 들어 주시고, 모든 것을 합력하여 선을 이루시는 하나님의 방법으로 해결하여 주옵소서. 건강의 문제로 기도하는 청년들에게 회복의 은총을 내려 주시기를 기도합니다.

청년의 때에 더욱 주님을 사모하는 마음으로 말씀을 듣습니다. 오늘 말씀을 전하시는 목사님의 설교가 우리에게 꼭 필요한 하나님의 말씀으로 들려지게 하시고, 큰 은혜의 시간이 되게 하옵소서.

우리 청년들을 사랑하시는 예수님의 이름으로 기도합니다. 아멘.

전도부 헌신 예배

우리를 구원하시고 사랑하시는 하나님 아버지!

오늘 전도부원들이 헌신 예배를 드리며 새로운 각오와 결단으로 나아가게 하심을 감사합니다. 먼저 우리 전도부원들이 구원받고 하나님의 자녀가 된 것을 감사하며, 하나님의 사랑과 은총을 찬양하는 시간이 되게 하옵소서. 우리가 몸과 마음을 다하여 주 앞에 진정한 헌신을 다짐하는 예배가 되게 하시고, 성령의 능력을 체험하는 시간이 되게 하여 주시옵소서.

우리의 힘으로는 전도할 수 없음을 고백하며 주님의 능력을 구합니다. 땅끝까지 복음을 전하라고 하셨지만, 우리는 복음을 전할 믿음도 부족하고 용기도 없고 물질도 풍족하지 못합니다. 주여, 이 시간 우리의 마음에 성령의 능력을 부어 주시기를 원합니다. 주님이 제자들을 보내시면서 예수의 이름으로 복음을 전하고 귀신을 쫓아내고 병든 자를 고치라고 하셨사오니, 우리에게 예수 이름의 권세를 덧입혀 주시고, 복음을 전할 때에 성령께서 친히 말씀하여 주시기를 기도합니다.

이 헌신 예배를 통하여 우리의 나약한 믿음이 강건하여지기를 원합니다. 주님이 세상 끝 날까지 함께하겠다고 약속하신 말씀을 믿으며, 바울과 스데반처럼 용감하게 세상을 향해 복음을 전하게 하옵소서. 주님, 우리가 기도하며 마음에 품고 있는 전도 대상자들의 영혼을 구원하여 주시기를 원합니다. 저들에게 복음을 받아들일 기회를 주시기를 기도합니다. 하나님의 강권적인 역사로 마음 문이 열려 복음을 듣게 하시고, 교회에 나와 주님을 영접하는 전도의 열매가 있게 하여 주옵소서.

주님 오시는 날까지 우리 교회 모든 성도들이 전도 요원이 되게 하시고, 모여서 예배하고 흩어져서 전도하는 것이 거룩한 습관이 되게 하옵소서. 우리의 언어가 전도의 수단이오니 그리스도인답게 말하게 하시고, 따뜻하게 건네는 말 한마디에 불신자의 마음이 열리는 축복을 허락하여 주옵소서. 우리의 행동이 주님의 모습을 닮게 하시고, 세상적인 손해를 감수하면서도 천하보다 귀한 영혼을 구원하려는 열정과 충성이 있게 하옵소서.

우리 전도부원들이 주님의 일에 최선을 다하도록 우리 가정을 지켜 주시기를 원합니다. 가족 간에 평안을 주시고, 자녀들이 잘 되게 하시고, 건강의 복을 주시고, 사업과 직장에 형통함을 허락하여 주옵소서. 우리 교회가 더욱 성장하고 성숙하여서 도와야 할 연약한 교회와 기관을 후원하게 하시고, 교회 주변의 이웃들에게도 부지런히 베풀고 도울 수 있게 하옵소서.

오늘 말씀을 전하시는 목사님의 설교를 통하여 은혜 받기를 원합니다. 말씀이 선포될 때 마음을 열고 순종하는 자세로 하나님의 말씀을 받게 하옵소서.

우리 전도부를 사랑하시는 예수님의 이름으로 기도합니다. 아멘.

장애인부 헌신 예배

사랑과 자비가 한량없으신 하나님 아버지!
우리 교회에 장애인부를 만드시고 오늘 헌신하는 마음으로 예배하며 은혜 받게 하시니 감사를 드립니다. 우리 모두가 하나님의 사랑을 더 많이 느끼고 깊이 감사하는 시간이 되게 하여 주옵소서.

주님께서 세상에 계실 때 병든 자를 사랑하시고, 고아와 과부를 귀하게 보시며 고치시고 은혜를 베풀어 주신 것을 기억합니다. 저희 장애인부 회원들이 비록 몸에는 장애가 있을지라도, 마음은 주님이 주시는 사랑과 은혜로 충만하여 부족함이 없음을 고백합니다. 오늘 이 헌신 예배를 통하여 더욱 기쁨이 넘치게 하시고, 주의 위로를 영육 간에 누리게 하옵소서.

주님, 우리 장애인부 회원들이 교회를 통하여 하나님의 사랑을 공급받았사오니, 우리도 교회를 위하여 항상 기도하게 하시고, 우리의 해야 할 일을 찾아서 봉사할 수 있도록 은혜를 내려 주시옵소서. 찬양할 수 있는 입을 가진 자에게 찬양의 은혜를 허락하시고, 간증할 수 있는 자에게 간증의 능력을 주시고, 손과 발로 섬길 수 있는 자에게 섬김의 미덕을 통하여 교인들에게 행복을 선물하게 하옵소서.

주님, 몸은 불편하지만, 우리에게 영적 장애가 없기를 원합니다. 주님을 믿는 믿음이 온전하게 하시고, 믿음이 연약한 성도들이 우리를 통해 하나님의 살아 계심을 확실하게 믿는 축복을 허락하여 주옵소서. 우리의 연약한 몸을 말씀으로 극복하게 하시고, 항상 소망으로 천국을 바라보고 찬송하며 살게 하여 주옵소서.

주님, 우리 장애인부 회원들의 가정을 위하여 기도합니다. 부모와 형제자매들의 간절한 기도를 들어 주시고, 그 마음에 하늘의 평안과 위로가 넘치게 하여 주옵소서. 믿음으로 우리 장애인부 회원들을 보살필 때 피곤하지 않게 주님이 늘 동행해 주시고, 낙심하지 않도록 말씀으로 용기를 허락하여 주시옵소서. 가정의 모든 식구들이 화목하게 하시고, 경제적으로도 필요한 모든 것을 채워 주시기를 기도합니다.

이 시간 세워 주신 목사님을 통하여 말씀을 들을 때, 우리의 마음에 뜨거운 감격이 있게 하옵소서. 말씀을 통하여 위로받게 하시고, 말씀 속에 담겨 있는 하나님의 사랑을 체험하는 시간이 되게 하여 주옵소서. 우리의 영적인 귀를 열어 주시고, 정신을 맑게 하사 하나님의 말씀을 오늘 내게 주시는 말씀으로 받게 하여 주옵소서.

수어통역사에게 은혜를 베푸시고, 이 헌신 예배를 위하여 물심으로 협력한 성도들에게 하늘의 넘치는 복으로 채워 주옵소서.

장애인을 사랑하시는 예수님의 이름으로 기도합니다. 아멘.

사회봉사부 헌신 예배

사랑과 자비가 풍성하신 하나님 아버지!
우리에게 하나님을 아버지로 경배할 수 있는 믿음을 주시고, 받은 사랑을 나눌 수 있는 이웃을 주신 것을 감사드립니다. 오늘 사회봉사부 헌신 예배로 드리며 우리의 사명을 다시 한 번 확인하고 맡은 일에 충성할 기회를 주신 것을 감사드립니다.

먼저 사회봉사부에 속한 부원들에게 믿음을 주셔서, 하나님의 자녀가 되고 주님의 일꾼이 된 것을 감사하는 마음으로 헌신하게 하여 주옵소서. 병든 자와 소외된 자를 찾으시고, 잃어버린 한 마리의 양을 귀하게 보시는 주님의 정신을 우리 사회봉사부가 실천하기를 원합니다. 우리를 필요로 하는 사회의 그늘진 곳을 찾을 때, 성령님이 함께하셔서 그리스도의 사랑을 전하는 도구가 되게 하여 주옵소서.

피곤을 모르고 쉴 틈 없이 가난한 자, 귀신 들린 자, 병들고 소외당한 자를 돌보시던 주님을 본받아 우리도 최선을 다해 일하게 하시고, 하늘의 위로와 평안으로 새 힘을 공급받게 하옵소서. 낮에는 복음을 전하시고 밤에는 기도하셨던 주님을 생각합니다. 우리도 일하기 전에 먼저 기도하게 하옵소서. 일보다 기도가 앞서게 하시고, 기도로 능력 받아 일하게 하옵소서. 마르다처럼 일에만 골몰하지 않게 하시고, 마리아처럼 말씀 듣는 자리를 소중히 여기는 우리 부원들이 되게 하여 주옵소서.

모든 예배 대표기도문

주님, 우리가 주님의 일을 효과적으로 감당할 수 있도록 우리 가정을 지켜 주시기를 원합니다. 건강을 주시옵소서. 자녀들을 주님께서 책임져 주시기를 기도합니다. 주님의 일을 하기 위하여 필요한 물질의 복도 허락하여 주시기를 원합니다.

주님, 우리 사회봉사부가 해야 할 일이 많이 있습니다. 가난한 이웃에게 식사나 구제비를 지원할 때, 주의 사랑이 함께 전달되게 하옵소서. 지역의 경로 시설과 교도소, 다문화 가정 등을 찾아가고, 독거노인이나 불우 어린이와 청소년 등을 돌볼 때, 주님의 심정으로 다가가게 하옵소서.

우리 교회가 목사님을 중심으로 온 성도의 마음을 모아, 구제와 사회봉사에 더욱 관심을 가지고 기도할 수 있게 하옵소서. 사회봉사부의 활동을 통하여 우리 교회가 영적으로 더욱 풍성한 열매를 거두게 하옵소서.

오늘 말씀을 전하시는 목사님에게 영력을 더하시고, 전하시는 말씀이 우리에게 꼭 필요한 말씀으로 들려지게 하옵소서. 말씀을 통하여 하나님의 뜻을 깨닫고 실천하는 우리 모두가 되게 하여 주옵소서.

우리 사회봉사부를 사랑하시는 예수님의 이름으로 기도합니다. 아멘.

해외선교부 헌신 예배

언제나 우리를 사랑하시는 하나님 아버지!

오늘 해외선교부 헌신 예배로 드리며 우리의 선교 열정을 새롭게 다짐할 수 있는 기회를 주셔서 감사합니다. 오늘의 예배를 통하여 우리가 구원받은 것이 얼마나 귀한 하나님의 은혜인가를 깨닫고, 선교 열정이 불타오르는 시간이 되게 하여 주옵소서.

이 나라가 복음을 모르고 어둠의 역사가 가득할 때, 우리 민족을 불쌍히 여기사 훌륭한 선교사들을 보내 주시고 복음의 빛을 비추게 하신 은혜에 감사드립니다. 가난하고 희망이 없는 이 땅에 성경을 들고 들어와 하나님의 사랑을 전하던 선교사들의 고귀한 정신을 오늘 한국 교회가 잊지 않게 하옵소서. 그 후손의 후손에 이르기까지 이 나라에 살면서, 학교를 세우고, 병원을 개원하고, 불쌍한 백성을 가족처럼 돌보며 살다 죽어간, 주님의 신실한 종들의 선교 정신이 이 시대에 계승되게 하옵소서.

주님, 한국 교회를 부흥시켜 주시고, 수많은 선교사를 파송하게 하신 은혜를 감사드립니다. 세계 곳곳에서 지금도 복음을 전하고 있는 주의 종들을 기억하시고, 저들의 선교가 어려움이 없도록 도와주옵소서. 세계 도처에 복음에 대한 박해가 있고 선교사들을 위협하는 험악한 일들이 있습니다. 주의 종들을 지켜 주시고, 세계의 모든 백성들이 구원받는 역사가 지속되도록 도와주옵소서. 아시아는 지금 공산주의와 이슬람과 힌

모든 예배 대표기도문

두고와 불교 국가로 가득 차 있습니다. 마음 놓고 예배드리고 찬송하고 기도할 수 있는 대한민국을 주셔서 감사합니다. 한국 교회의 사명이 더 막중함을 느끼며, 선교의 열정이 불타오르게 하옵소서.

우리 교회가 돕고 있는 해외 선교지와 선교사를 주님이 보호하시고, 그 노고에 하늘의 위로로 갚아 주시기를 기도합니다. 우리가 선교비를 보내고 선교 현장을 돌아볼 기회를 얻을 때, 적극적으로 동참하게 하옵소서. 주님의 제자들은 선교하다가 순교를 당하였고, 어떤 이는 화형으로, 어떤 이는 사자의 밥으로, 또 어떤 이는 돌에 맞아 죽은 역사를 기억합니다. 우리도 땅끝까지 복음을 전하라는 주님의 마지막 명령을 순교할 각오로 받들게 하시고, 선교를 후원하는 일에 최선을 다하게 하옵소서.

교회의 생명은 선교하는 데 있사오니, 우리 교회 모든 성도들이 선교사의 마음으로 하나님의 귀한 사역에 동참하게 하시고, 선교를 지원하는 일에 부족함이 없도록 재정적인 넉넉함도 허락하여 주옵소서. 우리가 마음 놓고 선교에 동참할 수 있도록 우리 가정을 지켜 주시고, 자녀들이 복을 받게 하시고, 우리 일터와 사업이 형통하도록 인도하여 주시옵소서.

오늘 우리를 위하여 말씀을 전하시는 목사님을 주님이 강하게 붙들어 주셔서 생명의 말씀을 전하게 하시고, 우리에게 듣는 귀를 허락하셔서 하나님의 말씀으로 받아 순종하게 하옵소서.

우리에게 선교를 명령하신 예수님의 이름으로 기도합니다. 아멘.

재정부(재무부) 헌신 예배

사랑과 은혜가 충만하신 하나님 아버지!

우리에게 아름다운 교회를 주시고 오늘 재정부(재무부) 헌신 예배로 드리게 하심을 감사합니다. 이 예배를 통하여 우리 재정부(재무부)원 모두가 은혜 받고 사명을 더 굳게 다지는 귀한 기회가 되게 하여 주옵소서.

주님, 우리 교회를 지금까지 인도하시고 역사를 이어 오게 하신 은혜를 감사합니다. 살기가 점점 힘들어지는 세상에서 주님의 몸 된 교회를 위하여 헌신하는 마음으로 헌금하는 신실한 성도들에게 하늘의 복으로 채워 주시기를 원합니다. 우리가 헌금할 때 하나님의 은혜와 사랑에 감사하는 마음으로 바치는 예물이 되게 하여 주옵소서. 결코 사람의 눈을 의식하는 위선적인 마음으로 헌금하지 않게 하시고, 받은 바 은혜에 보답하는 심정으로 우리 삶에 가장 귀한 물질을 하나님 앞에 드리는 성도들이 되게 하여 주옵소서. 교만한 바리새인처럼 우리의 예물 드림이 자랑거리가 되지 않게 하옵소서.

동방 박사들처럼 예물을 드리기에 앞서 경배하는 자세가 있게 하여 주옵소서. 영과 진리로 예배하게 하시고, 살아 계셔서 우리의 가정과 일터에 복을 주시는 하나님의 능력을 찬양하는 마음이 먼저 있게 하옵소서. 주님께 바치고도 남을 만한 물질의 복을 주시고, 바침으로 감사의 조건이 더 많아지는 축복도 허락하여 주옵소서. 다윗처럼 "여호와께서 내게

216

모든 예배 대표기도문

주신 은혜를 무엇으로 보답할까"라는 감사의 마음으로 예물을 드리게 하옵소서.

우리 재정부(재무부)원들에게 성령의 충만함을 허락하여 주시기를 기도합니다. 헌금을 관리하고 집계하고 정리하는 일을 두렵고 떨림으로 하나님 앞에서 바르게 행하기를 원합니다. 하나님께 바친 교인들의 귀한 헌금을 차질 없이 잘 관리하고, 재정을 바르게 집행할 수 있도록 믿음을 주시고 맡은 사명을 잘 감당할 수 있게 도와주시기를 원합니다. 예배 후에 늦게까지 남아 일하는 재정부(재무부)원들의 건강을 지켜 주시고, 생업에 복을 주시고, 자녀들이 잘 되는 축복을 허락하여 주옵소서.

우리 교우들의 직장과 사업장에 형통함을 허락하여 주옵소서. 영혼이 잘되고 범사가 잘되고 강건한 복을 내려 주옵소서. 모든 소유가 하나님이 주신 선물임을 인정하고, 예물 드리는 마음에 감사가 넘치게 하옵소서. 복의 근원 되시는 하나님을 잘 믿음으로, 아브라함처럼 어디에서 무엇을 하든지 복을 받는 성도들이 되게 하여 주옵소서.

오늘 말씀을 듣고 단 위에 서시는 목사님을 주님이 붙들어 주시고 힘 있게 하나님의 말씀을 대언하게 하옵소서. 주시는 말씀에 우리가 은혜 받게 하시고, 맡겨 주신 사명에 더욱 충성하며 일할 수 있는 동력을 얻게 하여 주옵소서.

우리 재정부를 사랑하시는 예수님의 이름으로 기도합니다. 아멘.

관리부 헌신 예배

은혜로우신 하나님 아버지!

오늘 귀하고 복된 주일을 허락하시고, 이른 아침부터 이 시간까지 아름다운 성전에 머물며 예배와 찬양으로 영광을 돌리게 하시니 감사합니다. 특별히 관리부 헌신 예배로 모여 은혜 받고 우리의 각오를 새롭게 다질 수 있는 기회를 주시니 감사를 드립니다.

주님께서 이 성전의 주인이 되시고 교회의 머리가 되시오니, 주님 섬기듯 성전을 관리하고 주님께만 영광을 돌리는 관리부원들이 되게 하여 주옵소서. 예배당과 부속 건물의 시설 구석구석을 살피고 돌보는 일은 아무도 알아주지 않는 숨은 봉사이오니, 오직 주님만을 바라보며 일할 수 있는 헌신의 마음을 주시기 원합니다.

주님께 나귀를 내어 드리고도 이름이 기록되지 않은 나귀 주인을 기억합니다. 오병이어의 기적을 일으킨 이름 없는 어린아이의 헌신을 기억합니다. "주가 쓰시겠다"는 말씀에 무조건 순종하고 헌신한 그 믿음을 본받기를 원합니다. 우리 관리부의 일을 주님이 아시오니, 이름 없이 수고하는 종들을 위로하시고 넘치는 하늘의 복으로 채워 주시옵소서. 정해진 근무 시간 외에도 밤낮으로 건물과 차량을 관리하고 시설물을 점검하는 관리부의 종들에게 건강의 복을 주시고, 가정의 평안을 주시고, 자녀들이 잘 되는 복을 허락하여 주시기를 기도합니다.

주님, 구약 시대의 성전 관리는 제사장과 레위인의 몫이었던 것을 기억합니다. 주님께서 베드로 사도를 통하여 지금은 우리가 왕 같은 제사장이라고 하셨사오니, 우리 교회 모든 성도들에게 예배당을 하나님의 집으로 여기고 관리하며, 내 집처럼 아끼고 돌보는 마음을 주시기를 원합니다. 그리하여 관리부원뿐만 아니라 모든 성도들의 손으로 하나님께 예배하는 건물이 깨끗하고 온전하게 유지되고 정리되게 하옵소서.

주님께서 사도 바울을 통하여 우리의 몸이 하나님의 성전이요, 성령께서 계신 집이라고 말씀하신 것을 기억합니다. 우리가 예배당의 외형과 내부의 기물을 관리하는 것에서 그치지 않게 하시고, 우리의 생활과 성품과 언어를 잘 관리하며 하나님께 영광 돌리는 삶을 살게 하여 주옵소서. 하나님을 모시고 사는 성전으로서의 생활이 되게 하여 주시고, 그리스도인으로서의 언어와 행동이 아름다운 성전의 모습처럼 빛나게 하여 주옵소서. 우리의 마음과 생활을 먼저 관리하고, 기도하는 마음으로 주님의 성전을 돌아보는 귀한 헌신이 있게 하여 주옵소서. 그리하여 건물과 더불어 우리 성도들의 생활이 아름다워지게 하시고, 교회 안에 화평과 사랑이 넘치게 하여 주옵소서.

이 시간 단 위에 세우신 귀한 목사님을 영육 간에 강건케 하여 주시고, 성령 충만함을 더하셔서 우리에게 필요한 생명의 말씀을 잘 전하게 하옵소서. 우리가 말씀을 잘 받고 실천하여 하나님의 자녀로 살게 하여 주옵소서.

우리 관리부를 사랑하시는 예수님의 이름으로 기도합니다. 아멘.

차량봉사부 헌신 예배

사랑과 은혜가 풍성하신 하나님 아버지!

허물과 죄로 죽었던 저희를 그리스도의 십자가와 부활을 통하여 구원하시고 자녀 삼아 주신 은혜를 감사합니다. 또 이렇게 아름다운 예배당을 주시고 좋은 교인들과 함께 예배하게 하신 은총을 감사드립니다. 오늘 차량봉사부 헌신 예배를 드리오니 주님께서 이 시간을 통하여 우리에게 새로운 사명과 결단을 허락하여 주시기를 기도합니다.

부족한 우리를 주님께서 일꾼으로 불러 주시고, 예배하러 오는 성도들을 위하여 차량 운전과 주차 관리에 사용하여 주시니 감사를 드립니다. 교회에 오는 데 불편한 성도들이 우리의 헌신을 통하여, 마음 놓고 예배에 참석하며 은혜 받고 돌아가게 하옵소서. 우리 차량봉사부원들의 마음에 오직 하나님만 바라보고 일할 수 있도록 성령 충만을 허락하여 주시기를 원합니다.

주님, 연로한 교우들을 위하여 기도합니다. 거동이 불편함에도 불구하고 예배에 참석하려고 나서는 그 아름다운 마음에 하늘의 복으로 채워 주시기를 원합니다. 노년이 외롭지 않게 하시고, 교회의 출입에 안전사고 없도록 지켜 주시기를 기도합니다. 또 몸이 불편하지만, 예배의 자리를 지키려는 교인들의 믿음에 은혜를 내리시고 위로하여 주시기를 원합니다.

모든 예배 대표기도문

주님, 차량 봉사는 박수 받는 자리도 아니고 얼굴을 드러내는 위치에 있지도 않습니다. 또 여러 가지 차량 운전과 주차 관리에 위험과 분쟁의 요소들이 많이 있습니다. 주님께서 우리 차량봉사부원들의 안전을 지켜 주시기를 원합니다. 부원들의 가정에 건강의 복을 주시고, 생업에 형통함을 주시고, 자녀들이 잘 되는 복을 허락하여 주셔서, 마음껏 주의 일에 충성하게 하옵소서.

주님께서 제자들의 발을 씻어 주는 본을 보이셨듯이, 우리 차량봉사부의 일꾼들이 교인들을 섬기는 마음으로 일하게 하시고, 성도들도 우리 부원들을 주의 사랑으로 격려하고 축복하는 아름다운 교회 생활이 되게 하여 주옵소서. 우리의 수고를 주님이 아시오니, 일하기 전에 주님께 엎드려 기도하고 말씀 듣고 성령의 힘을 공급받아 기쁜 마음으로 섬기게 하옵소서.

교회 차량이 도로를 달릴 때, 교회 이름과 더불어 선교하는 도구가 되게 하옵소서. 교회 주차가 믿지 않는 동네 이웃에게 불편을 끼치지 않도록 질서를 잘 지키고 덕을 세우는 성도들이 되게 하여 주옵소서.

오늘 차량봉사부 헌신 예배를 위하여 말씀을 전하시는 목사님과 함께하여 주셔서 생명의 말씀을 잘 전할 수 있게 힘과 지혜와 능력을 허락하여 주옵소서. 우리가 귀를 열어 그 말씀을 듣게 하시고, 마음에 새기고 생활에 적용하여 주님의 참된 일꾼으로 성장하게 하옵소서.

우리 차량봉사부를 사랑하시는 예수님의 이름으로 기도합니다. 아멘.

경조부 헌신 예배

인간의 생사화복을 주관하시는 하나님 아버지!

그 은혜와 사랑을 감사드립니다. 오늘 우리 경조부가 주님께 헌신을 다짐하며 예배를 드리오니, 주님 영광 받으시고 우리에게 큰 은혜와 결단의 시간이 되게 하여 주옵소서. 예배를 통하여 우리의 부족함을 회개하고, 주님의 능력을 공급받아 맡겨 주신 사명을 잘 감당하게 하옵소서.

우리 삶의 주인 되시는 하나님, 우리의 생명도 주님의 것이고, 우리의 물질도 주님의 것임을 믿습니다. 우리의 건강도 주님의 것이요, 우리의 시간도 주님의 것임을 고백합니다. 우리의 삶에 기쁜 일도 있고 눈물 나는 일도 많지만, 그 모든 것이 하나님의 손에 있음을 믿습니다. 합력하여 선을 이루시는 하나님을 믿으며, 교인들의 애경사에 동참하는 저희 경조부원들이 되게 하여 주옵소서.

"즐거워하는 자들과 함께 즐거워하고 우는 자들과 함께 울라"고 하신 말씀을 기억합니다. 우리 경조부원들이 교인들의 경사에 기쁨을 함께 나누며 섬기게 하여 주옵소서. 결혼식에 참석할 때 내 자식이 결혼하는 것처럼 축복하며 사랑을 전하게 하옵소서. 회갑과 칠순, 미수를 맞이한 교우들의 생일 잔치나 입학과 졸업, 취업과 개업, 그리고 승진과 수상을 위한 축하의 자리에서 진심으로 기뻐하며 함께 즐거움을 나누게 하옵소서.

모든 예배 대표기도문

주님, 지혜자의 마음은 초상집에 있다고 하신 말씀을 마음에 새기게 하옵소서. 살면서 슬픈 일을 당한 성도들을 찾아가 위로하고 기도하는 일에 정성을 다하는 우리 경조부가 되게 하여 주옵소서. 특별히 상을 당한 교우들의 가정을 위해 기도하게 하시고, 장례 절차의 모든 과정에 애정을 가지고 동참하게 하옵소서. 우리 경조부가 최선을 다해 섬김으로 유족들 중에 불신자들이 감동을 받아 예수 믿고 교회에 나오는 축복도 허락하여 주옵소서. 믿음을 가진 자들이 부활의 소망으로 무장하여, 더 굳센 믿음으로 신앙생활을 할 수 있게 도와주옵소서.

몸이 아프고 사고를 당하여 병원에 입원한 성도들을 찾아가 기도할 때, 우리의 기도에 응답하여 주옵소서. 우리의 따뜻한 전화 목소리가 위로의 메시지가 되게 하시고, 우리의 마음을 담은 행동 하나로 치유의 역사가 일어나는 기적도 허락하여 주옵소서. 주님, 우리 경조부원들이 일하기 전에 먼저 기도하기를 원합니다. 분주하게 움직이기 전에 먼저 예배의 자리를 지키게 도와주옵소서. 우리의 사역이 예배로부터 시작하게 하시고, 우리의 행동에 앞서 기도로 무장하게 하옵소서.

오늘 우리에게 말씀을 전하시는 목사님에게 하늘의 지혜와 권능으로 함께하사 준비한 말씀을 잘 전할 수 있도록 은혜 내려 주옵소서. 우리가 주시는 말씀을 잘 받고 실천하여 하나님의 뜻을 이루는 일꾼으로 살게 하옵소서.

우리 경조부를 사랑하시는 예수님의 이름으로 기도합니다. 아멘.

성찬식이 있는 예배

유아 세례식이 있는 예배

입교식이 있는 예배

성인 세례식이 있는 예배

임직 예배(장로, 안수집사, 권사)

장로 임직(장립) 예배

안수집사, 권사 임직(취임) 예배

직분자(장로, 안수집사, 권사) 은퇴 감사 예배

장로 은퇴 및 원로 장로 추대 예배

명예 안수집사, 명예 권사 추대 예배

담임 목사 취임 예배

담임 목사 퇴임 예배

원로 목사 추대 및 담임 목사 취임 예배

CHAPTER

교회 예식을 포함한 예배 대표기도문
[주일 오전, 오후 및 저녁 예배]

성찬식이 있는 예배

우리를 구원하시고 자녀 삼아 주신 하나님 아버지!
주님의 은혜에 감사하는 마음으로 이 시간 예배를 드립니다. 죄 없으신 주님이 우리의 죄를 대신하여 고난을 당하시고 피를 흘리신 사랑을 찬양하며 영광을 돌립니다. 주님의 은혜로 죽을 죄인이 용서함을 받고 하나님의 자녀가 되었사오니, 그 감격으로 세상을 살게 하시고 어떤 일을 만나도 하나님의 사랑으로 승리하게 하옵소서. 독생자도 아끼지 않으시고 우리를 위해 내어 주신 하늘 아버지의 사랑 안에서 마귀의 시험을 이기게 하시고, 환난과 풍파를 극복하게 하옵소서.

오늘은 주님이 제정하시고 기념하라고 명령하신 성만찬 예식을 거행하려고 합니다. 십자가를 지시기 전 제자들과 함께 마지막 만찬을 하신 주님을 기억하며 성만찬 예식에 참여하게 하옵소서. 떡을 떼시면서 "이것은 내 몸이다"라고 하신 주님, 잔을 나누어 주시면서 "이것은 내 피다"라고 하신 주님, 우리가 주님의 살과 피를 먹고 마실 때마다 주님과 한 몸 된 의식이 살아나게 하옵소서.

주여, 우리의 신앙이 세상의 삶에도 변함없이 적용되게 하옵소서. 성만찬에 참여한 그 감격이 사회에 나가서도 식지 않고 지속되게 하옵소서. 그리하여 성찬식에 참여할 때마다 우리 신앙 인격이 성숙하게 하시고, 우리의 성품이 주님을 닮아 가게 하옵소서.

모든 예배 대표기도문

주님께서 성만찬을 마치시고 제자들의 발을 씻어 주신 일을 기억합니다. 주님의 성만찬에 참여한 우리도 겸손히 이웃의 발을 씻어 주는 자세로 살아가기를 원합니다. 주님의 제자라고 입으로는 말하면서도, 실제 행동은 바리새인의 제자처럼 사는 우리의 모습을 회개합니다. 잔치 자리의 상석을 탐하고, 높은 자로 대접받기를 좋아하는 우리의 교만을 용서하여 주옵소서. 주님을 따르는 제자로서 겸손을 배우게 하시고, 자세를 낮추어 섬김의 본을 보이신 주님을 따르게 하옵소서.

성만찬을 통하여 이웃 사랑을 가르쳐 주신 주님, 자기를 배신할 제자들과 음식을 나누시며 마지막까지 사랑으로 품으시던 주님을 생각합니다. 성만찬을 통하여 주님과 더불어 이웃이 보이게 하시고, 주를 사랑하는 마음과 함께 이웃에 대한 사랑이 확장되게 하옵소서. 성만찬을 마치고 찬미하며 감람산으로 가신 주님, 우리도 주님을 따라 찬송하며 살게 하시고, 고난 속에서도 기쁨을 잃지 않게 하옵소서.

오늘 말씀을 전하시는 목사님의 입술을 주장하사, 능력 있는 말씀으로 하나님의 뜻을 증언하게 하옵소서. 우리가 마음 문을 열고 경청하여, 들은 말씀을 삶에 적용하게 하옵소서.

우리 주 예수 그리스도의 이름으로 기도합니다. 아멘.

유아 세례식이 있는 예배

은혜로우신 하나님 아버지!
오늘도 우리를 사랑하셔서 아름답고 귀한 성전에 모여 하나님께 예배하게 하시는 은혜를 감사드립니다. 오늘 예배를 통하여 하나님의 능력과 영광을 높이 찬송하게 하시고, 내려 주시는 은혜와 사랑을 공급받아 새 힘을 얻게 하여 주옵소서.

우리를 택하시고 십자가의 보혈로 속죄하사 하나님의 자녀로 삼아 주셨사오니, 매일의 삶 속에서 주님을 찬양하게 하옵소서. 이제 우리가 사는 것은 주께서 우리 안에 사시는 것이요, 우리의 생명은 주의 것임을 고백합니다. 주님의 사람으로 살아가게 하시고, 주의 성품을 닮아 우리의 언행에서 예수 그리스도의 향기가 나게 하옵소서.

우리에게 가정을 허락하시고 자녀를 통하여 기쁨을 주시는 주님, 감사합니다. 하나님의 선물로 받은 아이를 주님께 맡깁니다. 말씀 안에서 잘 성장하도록 인도하여 주시기를 원합니다. 우리 아이들이 장성하여 하나님의 사역과 이 민족을 위해 크게 쓰임 받는 인물이 되게 하여 주옵소서.

오늘은 유아 세례식이 있는 날입니다. 부모와 함께 예배당에 나와 세례를 기다리는 아이들에게 복을 내려 주옵소서. 아빠와 엄마가 믿음으로 기도하며 지금까지 키웠습니다. 부모의 믿음에 근거하여 이 아이가 세

모든 예배 대표기도문

례를 받을 때, 하늘 문을 여시고 큰 복을 내려 주시기를 원합니다.

부모의 서약이 장성한 후에 아이의 서약으로 이어지게 하옵소서. 지금까지도 부모가 믿음으로 길렀지만, 앞으로 평생 아이를 위하여 기도하며 믿음의 훈계를 그치지 않도록 도와주옵소서. 청소년이 되어 입교식에서 아이가 자기 신앙 고백을 하는 날까지, 부모의 돌봄 속에서 지혜와 키가 자라고 하나님과 사람 앞에 인정받고 칭찬받는 사람으로 성장하게 하옵소서.

주님, 세례를 받는 아이의 가정에 복을 주시고, 아이가 자라는 데 필요한 모든 것을 영육 간에 공급하여 주시기를 기도합니다. 가정에 건강의 복을 내려 주옵소서. 부모와 아이가 모두 강건하게 하시고, 커 가는 아이의 예쁜 모습을 보며 우리 모두가 기쁨을 얻게 하옵소서. 아이의 성장에 필요한 물질의 복도 허락하여 주시고, 훌륭한 선생님과 좋은 친구들도 만나게 하여 주옵소서.

오늘 말씀을 전하시는 목사님과 함께하셔서 강건하게 하시고, 생명의 말씀을 전할 때 능력을 더하여 주옵소서. 세례식을 집례할 때, 주께서 아이에게 안수하시고 복을 내려 주옵소서. 아이의 부모가 은혜 받게 하시고, 새로운 마음으로 아이를 양육할 결단이 서게 하여 주옵소서.

주 예수 그리스도의 이름으로 기도합니다. 아멘.

입교식이 있는 예배

은혜와 사랑이 충만하신 하나님 아버지!

오늘도 우리를 사랑하셔서 주의 전에 불러 주시고, 예배하며 하나님께 영광 돌리게 하시니 감사합니다. 천사도 부러워하는 하나님의 아들과 딸이 되게 하시고, 하나님을 아버지라고 부를 수 있는 특권을 주셨사오니 무한 감사를 드립니다. 일평생 하나님을 예배하고 찬송하며 구원받은 기쁨 안에 살게 하시니 감사합니다.

우리가 구원받고 하나님의 자녀가 되었지만, 천국 백성답게 살지 못한 허물과 죄가 있습니다. 이 시간 주님의 보혈로 깨끗하게 씻어 주시고 용서하여 주시기를 원합니다. 예배를 평생 드렸지만, 변화 없는 삶을 사는 우리를 불쌍히 여겨 주옵소서.

예배드릴 때마다 하나님의 살아 계심을 확인하고, 근심과 염려를 물리치게 하옵소서. 하나님의 말씀을 들을 때마다 우리 심령이 변화되게 하시고, 우리 인격이 주님을 닮아 가게 하옵소서. 십자가를 볼 때마다 죽을 죄에서 살려 주신 하나님의 은혜가 생각나게 하시고, 기도할 때마다 모든 것을 합력하여 선을 이루시는 하나님의 손길을 느끼게 하옵소서.

주님, 오늘 예배 시간에 입교식을 거행하게 하시니 감사를 드립니다. 부모의 신앙 고백으로 유아세례를 받아 믿음 안에서 성장하고, 이제 자기 입으로 신앙을 고백하며 입교식에 참여하는 젊은이들에게 하늘의 복을 허락하여 주옵소서. 입교식을 통하여 우리 교회의 교인이 되고 하나님의 자녀로 살아갈 때, 이들의 앞길을 인도하시고 동행하여 주시기를 원합니다.

공부하는 학생들에게 지혜와 명철을 주사 하나님께 영광을 돌리고 부모의 자랑이 되는 자녀들로 살아가게 하옵소서. 앞으로의 진로 문제도 주님께 기도하게 하시고, 원하는 방향으로 길이 열리는 형통함을 허락하여 주시기를 기도합니다. 영육 간에 건강의 복을 주시고, 키가 자라고 마음이 성숙해지면서 믿음의 성장도 함께 이루어 나가는 주님의 자녀가 되게 하옵소서.

이들을 믿음으로 기른 부모들에게 하늘의 위로와 평안을 내려 주옵소서. 자식을 위한 간절한 기도를 들어 주시고, 가정에 평안을 주시며 물질의 축복도 허락하여 주옵소서. 입교하는 자식들이 더 성장하여 독립하는 그날까지, 가정에 필요한 모든 것을 채워 주시고 믿음을 더하여 주옵소서.

오늘 말씀을 선포하시고 입교식을 집례하는 목사님에게 성령 충만을 허락하시고, 하나님의 뜻을 잘 대언할 수 있도록 붙잡아 주옵소서. 우리가 하나님의 말씀을 순종함으로 받아 삶에서 실천하게 하옵소서. 모든 예식이 은혜롭게 진행되어 하나님께 영광을 돌리고 교회의 기쁨이 되게 하옵소서.

우리를 언제나 사랑하시는 예수님의 이름으로 기도합니다. 아멘.

성인 세례식이 있는 예배

우리를 구원하시고 복 주시는 하나님 아버지!

오늘도 예배하고 찬송하고 기도하며 주님 앞에 영광 돌리게 하심을 감사 드립니다. 주 앞에 나와 예배할 때마다 기쁨이 넘치게 하시고, 마음에 평안이 가득하게 하옵소서. 하나님의 말씀을 듣는 것이 행복이고 축복임을 깨닫게 하옵소서. 예배를 통하여 기도의 응답을 이미 받은 것처럼 위로가 넘치게 하시고, 하나님에 대한 신뢰와 확신이 충만하게 하옵소서.

세상의 많은 사람들 중에 우리를 택하시고 구원하여 주신 은혜에 감사드립니다. 예수 믿고 구원받고 하나님의 자녀가 된 것보다 더 큰 복이 없는 것을 고백하며, 주님의 사랑에 감사를 드립니다. 주 안에서 항상 기뻐하고 쉬지 않고 기도하고 범사에 감사함으로 하나님의 뜻을 이루면서 자녀 된 권세를 누리게 하여 주옵소서. 세상에 살면서 힘들고 지칠 때 십자가를 바라보며, 하나님의 사랑을 다시 한 번 기억하게 하옵소서. 십자가로 보증하신 하나님의 사랑을 확인하면서 새 힘을 얻게 하여 주옵소서.

오늘 특별히 세례식을 허락하신 주님께 감사드립니다. 우리에게 모범을 보이시려고 죄 없으신 주님도 세례를 받으신 것을 기억합니다. 오늘 세례를 받기로 작정하고 이 자리에 있는 주의 자녀들에게 복 주시고 기쁨이 넘치게 하옵소서. 이제 예수 믿는다는 것을 하나님과 여러 사람 앞에 고백하고 세례를 받을 때, 그리스도의 옷을 입고 성령으로 새사람이 되

모든 예배 대표기도문

게 하여 주옵소서.

유대인이나 헬라인이나 종이나 자유인이나 다 한 성령으로 세례를 받아 한 몸이 되었고, 모두 한 성령을 마시게 하셨다는 말씀을 기억합니다. 이제 세례를 받는 사람이 우리 교회의 한 식구가 되고 형제와 자매가 되었사오니, 모든 성도들이 환영하고 축복하고 사랑하여 하나님께 영광을 돌리게 하옵소서.

세례받는 성도들에게 건강의 복을 주시고 가정에 평안을 허락하여 주시기를 원합니다. 세례받은 기쁨이 온 가정에 감사가 되게 하시고, 영혼이 잘됨같이 하는 모든 일이 잘되고 강건한 복을 누리며 살게 하여 주옵소서.

우리가 주의 죽으심과 합하여 세례를 받고 주와 함께 장사되고 아버지의 영광 안에서 새 생명을 얻었사오니, 이제 일평생 생명의 근원 되시는 하나님을 경배하고 찬양하며 능력 있게 살아가는 성도가 되게 하여 주옵소서.

말씀을 전하시고 세례식을 집례하는 목사님과 함께하셔서, 온 성도가 말씀으로 은혜 받게 하시고 모든 예식이 하나님께 영광이 되고 우리에게 기쁨이 되게 하옵소서.

우리를 구원하신 예수 그리스도의 이름으로 기도합니다. 아멘.

임직 예배(장로, 안수집사, 권사)

교회의 주인 되시는 하나님 아버지!

하나님의 뜻이 계셔서 우리 교회를 세워 주시고, 오늘까지 역사를 이어 오게 하신 은혜에 감사드립니다. 우리 교회가 지금까지 어려운 일 가운데서도 흔들림 없이 성장하고, 복음을 전하며 이 시대의 구원의 방주로 역할을 하게 하심을 감사합니다.

오늘 교회의 일꾼을 세우는 임직식을 거행하게 하시니 감사를 드립니다. 일평생 교회를 위하여 주님을 섬기듯 헌신한 자들을 장로와 안수집사와 권사로 임직하게 하시는 주님을 찬양합니다. 각 사람의 믿음의 분량대로 주신 직분을 충성하는 마음으로 받게 하시고, 이들을 통하여 주님의 몸 된 교회가 더욱 활력을 얻고 부흥 성장하게 도와주옵소서.

교회의 직분은 계급도 아니고 명예도 아님을 기억하고, 오직 주님을 위하여 헌신하는 종들이 되게 하여 주옵소서. 섬김을 받기보다는 교인들을 섬기는 자세로 일하게 하옵소서. 칭찬과 박수를 위해 일하지 않게 하시고, 주님만이 아시는 숨은 봉사의 자리에서 하늘나라에 상급을 쌓는 일꾼들이 되게 하옵소서.

주님께서 이 교회를 위해 세우신 목사님의 목회를 잘 보필하고 돕는 협력자로 일하게 하시고, 성도들에게 신앙과 생활에 본이 되는 신실한 종들로 살게 하여 주옵소서. 예배의 자리에 앞장서서 본이 되게 하시고, 헌금과 전도와 친교와 봉사의 모든 면에서 교인들에게 모범을 보이는 직분자들이 되게 하여 주옵소서.

교회의 중책을 잘 감당할 수 있도록 임직받는 자들에게 건강의 복을 주시고, 물질의 복을 주시고, 자녀들의 형통함을 허락하여 주시기를 기도합니다. 오늘 장로와 안수집사와 권사로 취임하는 감격을 일평생 마음에 담고 주님 앞에 일하며, 착하고 충성된 종에게 주시는 하늘의 복을 누리게 하여 주옵소서.

오늘 이 예배를 위하여 세우신 목사님을 통하여 말씀을 듣습니다. 주의 종을 강건하게 붙들어 주시고 임직받는 자들이나 축하하는 성도들이 함께 은혜 받는 말씀이 되게 하옵소서.

교회의 머리가 되시는 예수 그리스도의 이름으로 기도합니다. 아멘.

장로 임직(장립) 예배

교회의 주인 되시는 하나님 아버지!

죄로 말미암아 영원히 죽어 마땅할 저희를 사랑하사, 예수 그리스도의 보혈로 구원받게 하시고, 하나님의 자녀로 삼아 주신 은혜를 생각하며 감사를 드립니다. 오늘도 그 은혜와 사랑에 감사하며 예배를 드리오니 주님 홀로 영광을 받아 주옵소서.

교회의 머리가 되시는 주님, 오늘 우리 교회에 신실한 일꾼들이 장로로 임직받게 하시니 감사합니다. 하나님의 특별한 은총을 입고 교인들의 선택을 받아 장로로 세움을 입은 사람들에게 하늘의 신령한 복으로 채워 주시고, 이 예식이 일평생 잊지 못할 감격의 시간이 되게 하여 주옵소서.

장로의 직분은 교회의 중책이오니 잘 감당할 수 있도록 성령의 능력을 더하여 주시기를 원합니다. 어려운 교회의 행정과 살림을 이끌고 나갈 때, 먼저 하나님께 엎드려 지혜를 구하게 하시고 주님의 뜻을 헤아리며 일하게 하옵소서.

장로의 직분은 목사를 도와 교회를 세워 나가는 직책이오니, 주님이 세우신 종 목사님을 잘 돕고 협력하여 목회에 힘을 실어 주는 장로가 되게 하여 주옵소서. 이들이 장로의 직분을 받음으로 교회가 든든히 서 가게 하시고, 교인들이 평안한 가운데 신앙생활을 할 수 있게 하옵소서.

장로의 직분은 교인의 본이 되는 자리이오니, 임직받는 자들이 예배하고 헌금하고 전도하고 교제하고 봉사하는 일에 모범을 보이게 하옵소서. 하나님께는 착하고 충성된 종이라는 칭찬을 듣게 하시고, 교인들에게는 존경받고 사랑받는 교회의 리더가 되게 하옵소서. 교회 직분은 섬기는 종의 직분이오니 믿음으로 최선을 다해 일하게 하시고, 마친 후에는 겸손히 "무익한 종입니다. 하여야 할 일을 한 것밖에 없습니다"라는 고백으로 주님께 영광 돌리게 하옵소서.

임직자들이 장로의 직분을 잘 감당하도록 건강과 물질의 복을 주시고 지력과 영력을 더하여 주시기를 원합니다. 가정에 평안을 주시고, 자녀들이 잘 되게 하시고, 생업에 형통함을 허락하여 주옵소서.

오늘 말씀을 전하시고 집례하는 목사님에게 지혜와 능력으로 함께하셔서 하나님의 뜻이 선포되게 하시고, 임직받는 자들과 모든 교인들이 은혜 받게 하옵소서. 모든 순서마다 하나님을 높이며 영광을 돌리는 시간이 되게 하옵소서.

우리 주 예수 그리스도의 이름으로 기도합니다. 아멘.

안수집사, 권사 임직(취임) 예배

영광 받기에 합당하신 하나님 아버지!

오늘도 우리의 예배를 받으시고 복을 주시는 하나님께 감사를 드립니다. 우리를 택하사 구원하여 주시고, 이 아름다운 교회에 속하여 신앙생활을 하게 하신 놀라운 은혜를 찬양합니다. 오늘 우리 교회가 안수집사, 권사 임직식(취임식)을 거행하게 하시니 감사합니다. 그동안 교회에 충성하며 신앙에 모범을 보이다가 하나님의 뜻대로 안수집사와 권사로 임직받는(취임하는) 일꾼들에게 한량없는 하늘의 복으로 채워 주시기를 원합니다.

하나님의 뜻이 계셔서 교회의 일꾼으로 택함 받은 안수집사와 권사들을 주님께서 친히 안수하시고 하늘의 복을 내려 주옵소서. 이들의 임직(취임)을 통하여 교회가 더욱 안정되게 하시고, 평안한 가운데 성장하게 하옵소서. 임직자들이 하나님께 영광을 돌리고, 교인들에게 기쁨이 되는 일꾼들이 되게 하옵소서.

교회 직분은 섬기는 자리이오니 주님의 본을 따라 낮은 자세로 교회를 섬기고 성도들을 보살피게 하옵소서. 임직자들에게 큰 믿음을 허락하여 주시기를 원합니다. 믿음으로 세상의 모든 시험을 능히 이기고 승리하게 하옵소서. 십자가를 붙들고 복음을 전할 때에 스데반과 같은 성령 충만을 허락하여 주옵소서.

안수집사와 권사의 직무를 잘 감당하도록 임직자들의 가정에 평안을 주시고, 건강의 복을 허락하여 주시기를 기도합니다. 자녀들이 잘 되는 은혜를 주시고, 생업을 형통하게 하사 물질의 복도 누리게 하여 주옵소서.

어렵고 힘든 교회 일을 감당할 때 주님만 바라보게 하시고, 주님의 위로와 사랑으로 새 힘을 공급받게 하옵소서. 기도의 자리에 앞장서게 하시고, 예배를 소중히 여기며, 섬김과 봉사의 자리에 솔선수범하여 착하고 충성된 종들로 살아가게 하옵소서. 저들로 말미암아 교회가 활기를 얻게 하시고, 목사님의 목회가 힘을 얻게 하옵소서.

말씀을 전하시는 목사님과 함께하셔서, 오늘 우리에게 주시는 하나님의 말씀을 잘 대언할 수 있도록 능력을 더하여 주옵소서. 우리 모두에게 필요한 하나님의 말씀이 선포되게 하시고 큰 은혜 받는 시간이 되게 하옵소서. 주의 종을 통하여 주시는 말씀을 임직자들이 순종하며 받게 하시고, 말씀대로 살아가는 일꾼들이 되게 하옵소서.

우리 주 예수 그리스도의 이름으로 기도합니다. 아멘.

직분자(장로, 안수집사, 권사) 은퇴 감사 예배

언제나 우리를 사랑하시는 하나님 아버지!
오늘도 주님의 은혜로 온 성도가 주의 전에 나와 예배하고 찬양하게 하시니 감사를 드립니다. 예배를 통하여 얻은 영적 능력으로 한 주간 험한 세상에서 승리하며 살게 하여 주옵소서.

오늘 저희에게 직분자 은퇴 감사 예배를 거행하게 하신 은혜를 감사드립니다. 일평생 예수 믿고 구원받은 은혜에 보답하는 심정으로, 주의 몸 된 교회를 위하여 헌신하며 섬긴 종들이 이제 정한 나이가 되어 은퇴를 합니다. 이들의 노고에 주님이 위로하여 주시고, 앞으로의 삶에 복을 주사 감사의 조건이 날마다 더해지는 생활이 되게 하여 주옵소서.

그동안 교회를 위하여 (장로로, 안수집사로, 권사로) 충성을 다한 종들이오니, 자녀 손들이 이 믿음의 유산을 잘 전수하여 신앙의 대를 이어 가게 하시고, 주님의 복을 넘치게 받는 가정들이 되게 하여 주옵소서. 또한 수고한 종들의 남은 생애 동안에 건강의 복을 주시고 필요한 물질도 주셔서, 노년에도 교회를 위해 기도하고 섬기는 일에 지장이 없게 하여 주옵소서.

좋은 친구를 주시고, 원하는 대로 일할 수 있는 기회도 허락하여 주시기를 원합니다. 교회의 어른으로 존경받게 하시고, 교인들에게 믿음의 모범을 보이며, 주님 앞에 갈 때까지 아름다운 신앙의 전통을 물려주는 종들이 되게 하여 주옵소서.

교회가 어려울 때 앞장서서 희생하고 몸 바쳐 일한 신실한 일꾼들의 헌신을 주께서 기억하여 주시기를 원합니다. 교인들이 웃을 때 남모르게 눈물 흘리면서, 보이지 않는 그늘진 곳을 보살피며 살았던 종들의 수고에 주님의 위로가 넘치기를 기도합니다. 사람의 칭찬과 박수를 원하지 않고 오직 주님이 알아주시는 것으로 만족했던 종들이오니, 그 헌신의 열매가 하늘나라의 상급으로 쌓이게 하옵소서.

은퇴하는 종들의 빈 자리를 우리 후배들이 잘 물려받아 일하게 하시고, 주님의 몸 된 교회가 나날이 성장하게 하옵소서. 은퇴자들을 부모처럼 잘 받들게 하시고, 그 가르침을 새겨듣고 실천하는 우리가 되게 하여 주옵소서.

오늘 설교하시는 목사님의 입술을 통하여 하나님의 말씀이 선포될 때, 우리에게 주시는 말씀으로 듣게 하시고 은혜 받는 시간 되게 하옵소서. 예식을 집례하는 목사님에게 지혜와 능력을 더하여 주셔서 아름다운 예식으로 하나님께 영광 돌리게 하옵소서.

우리의 목자가 되시는 예수님의 이름으로 기도합니다. 아멘.

장로 은퇴 및 원로 장로 추대 예배

우리를 자녀 삼으시고 복 주시는 하나님 아버지!
죄에 빠져 죽었던 우리를 위해 독생자를 보내 주시고, 십자가의 대속의
죽음과 부활로 구원하신 은혜를 감사드립니다. 이 예배를 통하여 하나
님의 위대하신 사랑과 은총을 찬양하오니, 주님 홀로 영광을 받으시고
우리에게 축복의 시간이 되게 하옵소서.

오늘 우리 교회에 장로 은퇴식과 원로 장로 추대식을 거행하게 하심을
감사드립니다. 신실한 하나님의 종들이 주의 사랑으로 우리 교회 장로
의 직분을 받고 일평생 충성하게 하심을 감사드립니다. 교회가 어렵고
힘들 때, 앞장서서 문제를 해결하며 고통을 감내해 온 종들의 수고를 기
억하시고 위로하여 주시기를 원합니다. 이들의 손때가 묻고, 기도하며
흘린 땀방울이 배어 있는 우리 교회가 더욱 든든히 서 가며 성장하게 하
옵소서.

여기까지 인도해 주신 하나님의 은혜에 감사드립니다. 이제 정한 나이
가 되어 종들이 은퇴하고, 또 하나님의 허락과 교인들의 선택을 받아 원
로 장로로 추대됩니다. 주님, 이 예배를 복되게 하시고 은퇴하는 종들에
게 한없는 하늘의 위로를 내려 주시기를 기도합니다. 종들의 가정을 복
되게 하시고, 자녀 손들이 믿음의 유업을 이어받아 명문 신앙의 가정으
로 우뚝 서게 하옵소서.

노년에 건강의 복을 더하셔서서 교회의 출입과 활동에 어려움이 없게 하시고, 심신의 평안을 허락하여 주옵소서. 대화할 수 있는 친구도 허락하셔서 외롭지 않게 하시고, 삶의 활력이 지속되게 하옵소서.

교회의 어른으로 항상 기도하는 종들이 되게 하시고, 교인들에게 부모처럼 존경받는 사람으로 살아가게 하옵소서. 항상 감사의 조건을 채워주시고 기쁨의 근원이 마르지 않게 하옵소서. 종들의 삶이 교인들에게 믿음의 추억이 되게 하시고, 우리 교회의 아름다운 미덕으로 남게 하여 주옵소서.

오늘 예배를 위하여 말씀을 전하시는 목사님에게 함께하여 주셔서 힘 있게 하나님의 말씀을 선포하게 하옵소서. 우리에게 꼭 필요한 말씀이 선포될 때 귀를 열고 순종하는 자세로 받게 하옵소서. 오늘 말씀 가운데서 우리를 향하신 하나님의 뜻을 발견하게 하시고, 그 뜻을 받들어 주님께 영광 돌리는 삶을 살게 하여 주옵소서. 예배와 예식을 집례하는 목사님에게 지혜와 능력을 주시고 모든 순서마다 은혜와 기쁨이 넘치게 하옵소서.

교회의 주인 되시는 예수님의 이름으로 기도합니다. 아멘.

명예 안수집사, 명예 권사 추대 예배

우리의 삶을 주관하시고 인도하시는 하나님 아버지!
부족하고 죄 많은 저희를 십자가의 보혈로 사하시고 주의 자녀 삼아 주
신 은혜를 감사합니다. 오늘도 우리가 구원받은 감격을 가지고 살아 계
신 하나님을 찬양하며 예배를 드리오니 홀로 영광 받아 주옵소서.

오늘 예배 중에 명예 안수집사와 명예 권사 추대식을 거행하게 허락하
심을 감사드립니다. 여기까지 인도하신 하나님의 은혜를 찬양합니다.
구원받고 영생 얻은 것도 감사한데, 주님의 일꾼으로 세워 주시고 사용
하여 주신 것을 감사드립니다. 목자가 되신 주님의 인도하심을 따라 일
하고, 성령님의 능력을 받아 수고한 남종과 여종들의 충성을 귀하게 보
시고 하늘의 위로를 내려 주시기를 원합니다.

지금까지 교인들에게 신앙생활의 모범을 보인 종들을 주님이 귀하게 보
시고 사랑하여 주시기를 기도합니다. 예배의 자리를 지키는 데 앞장섰
고, 기도 시간에 솔선수범하여 하나님께 부르짖으며, 교회를 사랑하는
마음으로 궂은일을 마다하지 않았던 종들의 헌신을 후배 교인들이 본받
게 하시고, 아름다운 전통으로 남게 하여 주옵소서.

이제 교회의 뜻을 모아 명예 안수집사와 명예 권사로 추대받는 종들의
가정에 평안을 주시고, 자녀 손들이 믿음 생활 잘할 수 있도록 은혜를 내

　　　　　　　　　　　　　　　　　　모든 예배 대표기도문

려 주옵소서. 이후의 삶도 건강의 복을 주시고, 교회에 출입하고 생활하는 일에 불편이 없도록 함께하여 주옵소서. 마음에 항상 감사의 조건이 풍족하게 하시고, 주님이 주시는 말씀으로 위로가 넘치게 하옵소서.

교회의 어른으로서 조용히 기도하고 신앙의 모범을 보이며 살아갈 때, 주님이 항상 곁에 계셔서 외롭지 않게 하시고, 기도할 때마다 언제나 들으시고 응답하여 주옵소서. 언행과 삶이 하나님께 영광이 되고 교회에 유익이 되게 하옵소서. 천국을 바라보며 항상 기뻐하고 감사하며 살게 하옵소서. 더욱 예배의 자리를 사모하게 하시고, 목사님과 교회를 위하여 기도할 때 하늘 문을 여시고 응답하여 주옵소서.

오늘 예배를 위하여 세우신 목사님을 통하여 말씀을 듣습니다. 하나님의 뜻이 잘 전달되게 하시고, 우리 모두가 은혜 받게 하옵소서. 우리가 말씀을 들을 때 하나님의 말씀으로 받게 하시고, 말씀의 씨앗이 자라서 결실하여 주께 영광 돌리는 삶을 살게 하옵소서. 오늘 예배의 모든 순서와 진행을 주님께 맡깁니다. 은혜로운 예식이 되게 하시고, 우리 모두에게 축복의 시간이 되게 하여 주옵소서.

사랑 많으신 예수님의 이름으로 기도합니다. 아멘.

* 명예 안수집사와 명예 권사는 은퇴 나이가 되도록 안수집사나 권사로 임직받지 못한 성도 중 신앙의 모범이 되는 사람을 추대할 수 있다.

담임 목사 취임 예배

교회의 머리가 되시는 주님!

하나님의 뜻이 계셔서 이곳에 우리 교회를 세워 주시고 오늘까지 역사를 이어 오게 하신 은혜를 감사드립니다. 하나님께서 우리 교회에 새 담임 목사님을 보내 주시고 오늘 취임 예배로 영광을 돌리게 하심을 감사드립니다. 새로 부임하는 ○○○ 목사님을 중심으로 우리 온 교우들이 하나가 되어, 하나님의 나라를 확장시키며 복음을 전하는 교회가 되게하여 주옵소서.

우리 교회의 역사를 이어 가기 위하여 취임하는 ○○○ 목사님에게 모세와 같은 지도력을 주셔서 어려운 문제를 만날 때 기도로 풀어 가게 하시고, 교인들 모두가 공감하고 순종하는 영적 능력의 소유자로 세워 주시기를 원합니다. 우리 ○○○ 담임 목사님에게 말씀의 지혜와 능력을 더하사 하나님의 말씀을 전할 때마다 모든 성도가 은혜 받게 하시고, 베드로 사도처럼 회개하고 구원받는 사람이 많아지게 하옵소서. 우리 새담임 목사님에게 사도 바울과 같은 선교 열정을 허락하여 주셔서, 목사님의 발길이 닿는 곳마다 구원의 역사가 일어나게 하시고 복음의 열매가 맺히게 하옵소서.

주님, 목회는 혼자 감당할 수 없사오니, 우리 교회 온 성도가 합심하여 기도하고 목사님의 목회 방침에 힘을 다해 협력하게 하옵소서. 당회가 하나님의 뜻을 좇아 운영되게 하시고, 언제나 평화롭고 건설적인 분위기 속에서 교인들의 모범이 되게 하여 주옵소서. 교회 모든 제직들이 목사님을 중심으로 각자 맡은 일에 충성함으로 우리 교회가 건강하고 행복하게 성장하는 주님의 공동체가 되게 하옵소서.

목사님의 가정을 복되게 하사, 목회하는 동안 사모님과 자녀들의 삶에 기쁨과 감사가 넘치게 하시고, 주님의 위로와 평강이 충만하게 하옵소서. 우리 목사님이 어린아이로부터 어른에 이르기까지 모두에게 사랑과 존경을 받는 목회자가 되게 하옵소서. 목사님이 기도와 사랑과 섬김으로 모든 교인을 품게 하시고, 목사님의 관심과 사랑에서 소외된 사람이 하나도 없게 하옵소서.

오늘 단 위에 세우신 주님의 종 목사님을 통하여 주시는 말씀을 우리 모두가 은혜로 받고 새로운 각오와 결단으로 나아가게 하옵소서.

교회의 머리가 되시는 예수 그리스도의 이름으로 기도합니다. 아멘.

담임(위임) 목사 퇴임 예배

교회의 역사를 주관하시고 인도하시는 하나님 아버지!

우리 교회를 사랑하셔서 어려운 풍파 속에서도 지켜 주시고 여기까지 인도해 주신 은혜를 감사드립니다. 오늘은 그동안 우리 교회를 위해 담임(위임) 목사로 수고하셨던 ○○○ 목사님의 은퇴 예배로 모여 하나님께 영광을 돌리게 하시니 감사합니다. 그동안 우리 ○○○ 목사님이 보여 주셨던 교회를 위한 헌신과 교인들에게 베푼 사랑을 주님이 아시오니, 그 모든 수고가 하늘나라의 보화로 남게 하여 주옵소서. 이제 은퇴하시는 우리 목사님의 마음에 주님의 위로와 평강이 충만하게 하시고, 감사의 조건이 넘치게 하옵소서.

어려운 교회를 맡아 목회하면서 열정을 다해 섬기셨던 목사님의 남은 삶을 더욱 복되게 하사 매일매일의 삶이 하늘의 축복으로 채워지게 하시고, 가는 발걸음마다 하나님의 영광을 드러내며 사는 종이 되게 하여 주옵소서. 목사님과 사모님에게 건강의 복을 주셔서 은퇴 후에 계획한 것들을 이루게 하시고, 만나는 사람들과의 교제 속에서 웃음과 기쁨이 충만하게 하옵소서. 목사님의 자녀들을 복되게 하사 가정마다 형통하게 하시고, 자자손손 믿음의 유업을 잘 이어 가는 축복을 누리게 하옵소서.

우리 목사님과 함께한 지난날을 돌이켜 볼 때 모든 것이 하나님의 은혜였음을 고백합니다. 목사님을 모시고 우리 성도들이 웃고 울고 기도하고 찬송하고 예배한 모든 것들이 아름다운 추억으로 영원히 기억되게 하옵소서. 비록 몸은 떨어져서 살지만, 주 안에서 사랑의 교제가 이어지게 하시고 오고 가는 소식들이 아름답게 하옵소서.

세상이 점점 어두워지고 진리를 거스르는 풍조가 만연되어 교회가 힘을 잃어 가고 있는 이 시대에, 우리 목사님을 기도의 아버지(어머니)로 세워 주시기를 원합니다. 목사님이 우리 교회를 위해 기도할 때에 주님께서 응답하여 주셔서 성령의 도우심으로 건강하고 아름다운 교회로 성장하게 하옵소서. 우리 목사님이 위기에 빠진 한국 교회를 위해 기도할 때 그 기도를 들으시고, 다시 한 번 한국의 모든 교회들이 개혁되어 새롭게 부흥하게 하옵소서.

오늘 우리에게 말씀을 전하기 위하여 단 위에 서시는 ○○○ 목사님에게 능력 있는 말씀을 허락하사, 우리 모두가 은혜 받고 감사하는 시간이 되게 하여 주옵소서.

예배와 예식의 모든 순서를 주님께 맡기며, 예수 그리스도의 이름으로 기도합니다. 아멘.

원로 목사 추대 및 담임 목사 취임 예배

사랑과 은혜가 충만하신 하나님 아버지!

우리 교회의 역사를 주님이 주관하시고 오늘까지 인도하신 사랑에 감사를 드립니다. 부족하고 허물 많은 저희들이지만, 일꾼으로 사용하시고 교회를 위해 봉사하게 하신 은혜를 생각할 때 무한 감사를 드립니다.

오늘은 그동안 우리 교회를 목회하면서 헌신하신 충성된 종 ○○○ 목사님을 원로 목사로 추대하는 예배를 드리게 하시니 감사합니다. 또한 새 담임 목사로 ○○○ 목사님을 세워 주시고 취임 예배를 거행하게 하시니 감사를 드립니다. 이 예배를 통하여 하나님 영광 받으시고, 우리 교회가 새롭게 도약하고 성장하는 계기가 되게 하여 주옵소서.

그동안 교인들을 위해 아낌없이 사랑을 베풀고 생명의 말씀을 전하셨던 우리 ○○○ 목사님의 수고를 주님이 기억해 주시고, 하늘의 위로와 은혜로 그 마음을 채워 주시기를 원합니다. 그 모든 수고가 하늘나라의 상급으로 쌓이게 하시고, 성도들의 가슴에 아름다운 추억으로 남게 하여 주옵소서. 이제 원로 목사가 된 후에도 사무엘처럼 교회를 위하여 기도하는 종으로 남게 하여 주시고, 앞으로 목사님이 계획하시는 모든 사역에 복을 주사, 하나님의 뜻을 이루고 한국 교회와 세계 교회에 유익을 주는 목사님으로 살아가게 하옵소서. 아브라함처럼 만나는 사람마다 복을 나누어 주는 교계의 어른으로 세워 주시기를 기도합니다. 목사님과 사모님에게 건강의 복을 주시고, 자녀 손들을 모두 형통하게 하옵소서.

새로 취임하는 ○○○ 담임 목사님에게 여호수아에게 허락하셨던 강하고 담대한 믿음을 주시기를 원합니다. 이 시대에 하나님이 원하시는 방향으로 우리 교회를 이끌어 가게 하시고, 하나님의 나라가 목사님을 통하여 확장되는 역사가 일어나게 하옵소서. 말씀에 은사를 더하사 설교하실 때마다 모든 성도가 은혜 받게 하시고, 하나님께서 맡겨 주신 양 무리를 충성된 마음으로 목양할 수 있도록 건강의 복도 허락하여 주옵소서. 담임 목사님의 가정에 복을 주사 사모님과 자녀들이 교회에 잘 적응하여 행복하고 감사가 넘치는 생활을 하게 하옵소서.

우리 교회의 리더십이 바뀌는 모든 과정 가운데 함께하신 하나님께 감사를 드립니다. 어려운 고비마다 주님께서 개입하여 주시고 문제를 해결해 주셔서 새 목사님을 모시게 되었사오니, 원로 목사님이 남기신 목회 유산 중에 좋은 점들이 잘 계승되게 하시고, 또한 담임 목사님을 통해 새롭게 펼쳐지는 목회 사역을 통해 우리 교회가 세상을 구원하는 등대로 하나님의 뜻을 이루게 하옵소서.

오늘 이 예배에 말씀을 전하러 오신 ○○○ 목사님을 통하여 생명의 말씀을 들을 때에 우리 마음에 기쁨과 감사가 충만하게 하시고, 큰 은혜 받는 시간이 되게 하여 주옵소서.

교회의 머리가 되시는 예수님의 이름으로 기도합니다. 아멘.

CHAPTER

특별 행사 예배 대표기도문
[주일 오전, 오후 및 저녁 예배]

교회 창립 주일 예배

교회를 눈동자와 같이 보호하시는 하나님 아버지!
주님의 뜻대로 우리 교회를 세워 주시고 지금까지 역사를 이어 오며 하나님께 영광 돌리게 하심을 감사드립니다. 주님의 은혜로 여기까지 왔사오니, 이 교회의 미래도 주님이 이끌어 주시고 인도해 주시기를 원합니다.

오늘은 교회 창립 주일을 맞아 감사하는 마음으로 예배를 드리오니, 주님 홀로 영광 받으시옵소서. 우리 교회가 "주는 그리스도요 살아 계신 하나님의 아들"이라는 반석 같은 신앙 고백 위에서 시작하였사오니, 이 선명한 복음 전파의 사명을 주님 오시는 날까지 잘 감당할 수 있도록 성령의 능력을 더하여 주시기를 기도합니다. 우리 교회를 통하여 믿지 않는 영혼들이 예수를 그리스도로 믿고 구원받는 역사가 이어지게 하옵소서. 믿음이 연약한 성도들이 예배와 말씀을 통하여 신앙이 회복되고, 육신의 약함과 질병이 예수 그리스도의 이름으로 치유되는 역사가 있게 하옵소서.

오늘 이 기쁜 날에 예배를 통하여 하나님의 말씀 가운데서 우리 교회가 해야 할 사명을 다시 한 번 깨닫게 하옵소서. 이 지역에 우리 교회를 세우신 주님의 뜻을 헤아리게 하시고, 지역과 사회를 위해 기도하며 해야 할 일을 감당하게 하옵소서. 세상의 빛이 되고 소금이 되는 교회가 되게 하시고, 예루살렘 교회처럼 믿지 않는 자들에게 좋은 소문이 나는 교회가 되게 하옵소서.

주님께서 우리 교회의 머리이시고 주인 되심을 고백합니다. 우리 모두가 주님 앞에 섬기는 종의 자리에서 맡겨진 일에 충성하게 하옵소서. 이 교회가 어려울 때 주님을 사랑하는 마음으로 몸과 시간과 물질을 바쳐 헌신한 많은 일꾼들을 기억하여 주시고, 저들의 수고가 하늘의 상급으로 쌓이게 하옵소서. 교회를 위해 충성하였지만, 드러내지 않고 숨은 봉사로 주의 일을 감당한 성도들의 겸손이 우리 교회의 아름다운 전통으로 이어지게 하여 주옵소서.

오늘 주님이 세우신 목사님을 통하여 말씀을 듣습니다. 영육을 강건하게 하시고 하나님의 뜻을 잘 대언하게 도와주옵소서. 우리의 귀를 열어 하나님의 말씀을 듣게 하시고, 말씀에 순종하여 살아갈 수 있도록 새로운 결단을 허락하여 주옵소서.

성가대(찬양대)의 찬양 속에 우리 온 회중의 신앙 고백이 함께 올려지게 하시고, 주님 영광 받아 주옵소서. 오늘 예배와 행사를 위해 수고한 종들을 위로하시고 기쁨이 넘치게 하옵소서.

교회의 머리가 되시는 예수 그리스도의 이름으로 기도합니다. 아멘.

성전 기공 예배

거룩하시고 자비로우신 하나님 아버지!

우리 교회를 세워 주시고 지금까지 역사를 이어 오게 하신 은혜를 감사 드립니다. 여기까지 인도해 주신 하나님의 사랑을 감사하며 예배 드립니다. 오늘은 특별히 예배당을 새로 건축하며 성전 기공 예배로 하나님께 영광을 돌리게 하시니 감사합니다.

하나님께서 새 예배당을 건축할 수 있도록 우리에게 믿음을 주시고 열심도 주신 것을 감사드립니다. 하나님의 뜻을 받들어 이곳에 성전 건축을 시작하오니 주님께서 모든 공사 과정을 일일이 간섭하시고 지켜 주셔서, 완공되는 그날까지 좋은 소식만 있게 하여 주옵소서.

우리 교회 모든 성도들이 하나님께서 주신 은혜와 사랑에 보답하는 심정으로 성전 건축을 결의하고, 기도하면서 물질을 바쳐 건축을 위해 헌신하였사오니, 주께서 모든 종들에게 복에 복을 더하여 주시고, 마음속에 기쁨과 감사가 충만하게 하옵소서. 건축을 위하여 조직된 건축위원회와 위원장에게 은혜를 덧입혀 주시고, 해야 할 몫을 주님 앞에서 성실하게 감당할 수 있도록 믿음과 건강을 허락하여 주시옵소서.

"내 집은 만민이 기도하는 집"이라고 하신 주님의 말씀대로 이 성전 공사가 우리의 기도에 따라 진척되게 하시고, 만민이 기도하는 집으로 세워지게 하여 주옵소서. 건축을 위해 앞장서시고 온 성도를 이끌어 가시는 목사님에게 용기와 믿음과 성령 충만을 허락하여 주옵소서. 모든 성도가 주의 종을 중심으로 하나가 되어서, 건축이 끝나는 그날까지 기도하고 하나님을 의지하며 나아가게 하옵소서.

이 성전 공사를 통하여 우리 모든 성도가 하나님의 큰 기적을 보게 하시고, "구하라 주실 것이요"라고 하신 말씀이 응답되는 믿음의 현장을 목격하게 하옵소서. 다윗에게도 허락하지 아니하신 성전 건축을 우리에게 허락하셨사오니, 더욱 주님 앞에 두렵고 떨림으로 이 사명을 완수하게 하옵소서. 하나님께 예배드리는 성전이오니 최선을 다하게 하시고, 주님의 은혜로 완공하는 그날까지 안전사고 없도록 지켜 주시기를 원합니다.

레바논의 백향목을 넘치도록 공급하셨던 하나님께서 우리 예배당 건축에도 부족함이 없는 물질과 지혜와 경험이 모이게 하시고, 수많은 간증거리가 생겨나게 하여 주옵소서. 설계사와 시공사, 그리고 감독관에게 복을 주시고, 건강과 믿음과 성실함을 더하여 주옵소서. 공사하는 모든 과정이 하나님의 방법대로 이루어지기를 원합니다.

오늘 하나님의 말씀을 전하시는 목사님에게 복을 주시고 하나님의 뜻을 잘 대언하게 도와주옵소서. 우리가 선포되는 말씀을 하나님의 말씀으로 경청하게 하시고, 그 말씀에 순종하며 생활에 실천하게 하옵소서.

우리 교회를 사랑하시는 예수님의 이름으로 기도합니다. 아멘.

성전 입당 예배

우리를 사랑하시는 하나님 아버지!

오늘 우리에게 성전을 건축하고 입당 예배를 드릴 수 있게 허락하신 은혜를 감사드립니다. 이 모든 것이 하나님의 은혜임을 고백하며 찬양을 드립니다. 하나님의 능력으로 모든 공사가 순조롭게 진행되게 하시고, 우리에게 완공의 기쁨을 주신 것을 감사드립니다.

이 예배당을 기도로 시작하게 하시고 주님의 응답으로 완공하였사오니, 하나님께서 이 교회의 주인이 되어 주시고 예배할 때마다 이 전에 주의 영광이 가득하게 하옵소서. 이 성전에서 하나님의 말씀이 선포될 때, 그 말씀이 우리에게 영의 양식이 되어 배부르게 하시고 만족하게 하옵소서. 이 예배당에서 우리가 찬송을 부를 때, 천군 천사가 화답하는 찬양이 되게 하옵소서.

이 성전에 출입할 때 주님이 머리 되심을 기억하게 하시고, 모든 교인이 주님을 섬기는 마음으로 교회를 받들어 섬기게 하여 주옵소서. 어떤 사람도 주인 의식을 가지되 주인 노릇 하지 않게 하시고, 죽도록 충성하되 주 앞에 교만하거나 자랑하지 않게 하옵소서. 예배를 드리거나, 회의를 하거나, 봉사를 하는 모든 자리에 주님을 주인으로 모시게 하옵소서.

성전이 완공되기까지 수고한 종들의 노고를 주님이 아시오니, 위로하여

모든 예배 대표기도문

주시고 눈물을 닦아 주시고, 넘치는 감사로 충만하게 하옵소서. 저들의 충성이 하늘 창고의 보화로 쌓이게 하시고, "잘하였도다 착하고 충성된 종아 네가 적은 일에 충성하였으매 내가 많은 것을 네게 맡기리니 네 주인의 즐거움에 참여할지어다"라는 주님의 음성을 듣게 하여 주옵소서.

우리 교회가 새 성전을 구원의 방주로 삼아 복음을 전하게 하시고, 많은 영혼들이 주님 앞으로 돌아와 회개하고 예수 믿는 역사가 이어지게 하옵소서. 우리 모두의 정성과 기도로 지어진 성전이오니, 이 예배당에 출입할 때마다 기쁨이 가득하게 하시고, 영적인 자랑거리가 늘어나게 하옵소서. 새 예배당에서 새 마음으로 주님을 섬기고 성도들을 만날 때, 평화롭고 행복한 교회 생활이 되게 하시고, 서로를 세워 주고 축복하는 언어로 충만하게 하옵소서.

오늘 하나님의 말씀을 듣고 단 위에 서는 주의 종을 붙들어 주시고, 힘 있게 말씀을 선포하게 하옵소서. 하나님의 뜻이 말씀 가운데 나타나게 하시고, 우리가 해야 할 일에 대한 새로운 결단이 서게 하여 주옵소서. 오늘 내게 주시는 말씀으로 받게 하시고, 말씀의 열매가 생활에서 나타나게 하옵소서. 오늘 이 예배를 위하여 봉사하는 모든 성도들에게 복을 주시고, 성가대(찬양대)의 찬양 속에서 하나님 홀로 영광 받아 주옵소서.

우리 주 예수 그리스도의 이름으로 기도합니다. 아멘.

헌당 예배

우리의 예배를 받으시는 하나님 아버지!

오늘 주님 앞에 기쁜 마음으로 헌당할 수 있는 은혜를 주시니 감사드립니다. 이 전을 지은 것도 하나님의 은혜요, 오늘 헌당할 수 있게 된 것도 하나님의 은혜임을 고백하며 영광과 찬송을 드립니다.

"내 눈과 내 마음이 항상 여기에 있으리라" 말씀하신 하나님, 우리가 예배드리는 이 성전에서 하나님을 만나게 하시고, 하나님의 살아 계심을 체험하게 하옵소서. 이 성전에서 기도할 때 하나님이 들으시고 우리의 소원에 응답하여 주시기를 원합니다. 주님을 만나러 나오는 발걸음이 가볍게 하시고, 주님께 드리는 예배가 진실하게 하옵소서. 주님의 말씀이 이 전에서 선포될 때 하나님의 음성을 듣게 하시고, 주님을 모시고 회의할 때 하나님의 뜻이 나타나게 하옵소서. 주님의 손발이 되어 몸 된 교회를 섬길 때 보람과 감사가 넘치게 하시고, 주님의 사랑하는 자녀들이 교제할 때 평화와 위로가 충만하게 하옵소서.

주님, 이 전에서 눌린 자가 자유함을 얻게 하시고, 질병에 시달리는 자가 치유함을 얻게 하여 주옵소서. 절망 속에 있는 자가 주님 앞에 엎드릴 때 하늘의 밝은 빛을 보게 하시고, 주님이 품어 주심으로 근심과 걱정이 사라지고 믿음 안에서 평안을 회복하게 하옵소서. 죽은 자가 살아나게 하시고, 귀신 들린 자가 해방되게 하시고, 죄에 빠져 죽을 영혼이 구원받는 역사가 이어지게 하옵소서. 성령이 충만하여 초대 교회의 방언 받은 성도들처럼 서로의 언어가 통하고 마음이 통하고 뜻이 통하여 교회가 주님이 다스리시는 천국이 되게 하여 주옵소서.

주님, 이 예배당 건물이 헌당되듯이, 우리의 마음과 생각과 뜻이 하나님께 드려지게 하옵소서. 이 성전에서 예배할 때, 나는 죽고 주님이 내 안에 사시는 진정한 그리스도인으로 변화되게 하옵소서. 이 성전에서 기도할 때, "나의 원대로 마시옵고 아버지의 원대로 되기를 원하나이다"라는 주님의 기도가 우리의 기도가 되게 하시고, 우리 교회를 통하여 하나님의 나라가 확장되게 하옵소서.

헌당을 하기까지 기도하고 물질을 바치고 시간과 몸으로 수고를 아끼지 않은 성도들을 기억하시고 하늘의 충만한 복으로 채워 주옵소서. 우리의 수고를 세상의 자랑거리로 삼지 않게 하시고, 하늘의 보화로 저장하는 지혜를 허락하여 주옵소서.

오늘 하나님의 말씀을 전하시는 목사님을 붙들어 주시고, 하나님의 뜻을 잘 대언하게 하옵소서. 우리가 모두 고넬료처럼 하나님 앞에 엎드려서, 사람의 말이 아니라 하나님의 말씀으로 받게 하여 주옵소서. 이 예배를 위하여 여러 곳에서 수고하는 주의 자녀들에게 복 주시고, 성가대(찬양대)가 올리는 찬양 속에서 하나님 영광을 받아 주옵소서.

헌당의 기쁨을 주신 예수님의 이름으로 기도합니다. 아멘.

교회 개척(설립) 예배

교회를 사랑하시고 복 주시는 하나님 아버지!

이 땅에 교회를 세우시고 복음을 만민에게 전하게 하시는 주님을 찬양합니다. 이 시간 주님의 뜻을 받들어 복음의 전진 기지인 교회를 개척하고 설립 감사 예배를 드리게 하신 은혜를 감사드립니다. 하나님께서 세우시는 교회이오니 성령께서 주도적으로 이 교회를 이끌어 주시기를 원합니다. 초대 교회처럼 강한 성령의 역사가 나타나며 부흥하는 교회 되게 하여 주옵소서. 회개하고 예수 믿고 구원받는 사람들이 많아지게 하시고, 이 지역의 구원의 방주로 우뚝 서게 하옵소서.

주님, 이 교회를 설립하기까지 모든 과정에 복을 주셔서 여기까지 왔사오니, 이제 첫걸음을 떼고 사역을 시작할 때 세우신 목회자 ○○○ 목사님(전도사님)을 강한 능력의 팔로 붙들어 주시기를 기도합니다. 사람을 의지하지 않고 하나님만 바라보게 하옵소서. 무릎 꿇어 기도할 때 하늘 문을 여시고 응답을 폭포수처럼 내려 주셔서, 주의 종의 마음을 위로하시고 만족시켜 주옵소서. 주의 종을 홀로 있게 마시고 기도의 용사들을 붙여 주옵소서. 사탄 마귀의 세력이 조금도 해하지 못하도록 성령께서 강하게 역사하여 주시고, 반석 되신 주님의 터 위에 굳게 서서 어떤 풍파에도 흔들리지 않게 하옵소서.

주님, 이곳을 찾아 나오는 성도들이 하늘의 말씀으로 배부르게 하시고,

예배드릴 때 은혜가 충만하게 하옵소서. 하나님의 사랑을 강하게 느끼게 하시고, 감사의 마음으로 교회를 섬기게 하옵소서. 이 지역의 다른 교회와 잘 사귀고 연대하여 하나님의 나라를 확장해 나가게 하시고 주님의 뜻을 이루게 하옵소서. 세우신 교회가 이 지역에 도움을 주는 선교 기관이 되게 하여 주옵소서. 어두운 세상을 밝히는 빛이 되게 하시고, 부패한 곳을 정화시키는 소금의 사명을 잘 감당하게 하옵소서. 이 지역에서 좋은 소문이 나는 교회로 만들어 주시고, 믿지 않는 자들에게 칭찬을 받는 초대 교회의 역사가 나타나게 하옵소서.

주님의 명을 따라 우리 교회가 설립한 이 개척 교회를 앞으로도 잘 돌보게 하시고, 아름다운 관계 속에서 건강하게 성장하는 열매를 보게 하옵소서. 땅끝까지 복음을 전하라고 하신 주님의 말씀에 순종하여, 앞으로도 우리 교회가 많은 교회를 설립하고 하나님께 영광 돌리게 하옵소서. 오늘 이 예배를 위해 물심으로 수고를 아끼지 않은 성도들에게 주님의 크신 복과 위로가 넘치게 하여 주옵소서.

오늘 말씀을 전하시는 목사님과 함께하셔서서 준비한 말씀을 잘 대언하게 도와주옵소서. 그 말씀을 좌우명으로 삼아 이 교회가 하나님의 뜻을 펼쳐 나가게 하옵소서. 오늘 예배를 돕기 위해 여러 가지로 수고를 아끼지 않은 성도들의 마음에 기쁨을 주시고, 하늘의 복으로 채워 주옵소서.

교회의 머리가 되시는 주 예수님의 이름으로 기도합니다. 아멘.

교회학교 졸업 예배

은혜로우신 하나님 아버지!

이 시간 주일학교 어린이와 학생들이 온 성도와 함께 졸업 예배를 드리도록 은혜를 주셔서 감사합니다. 오늘 저희들이 드리는 이 예배를 통하여 하나님께서 영광 받으시고, 우리에게 한없는 축복의 시간이 되게 하옵소서.

주님, 뒤돌아보면 시간이 너무 빠르게 지나갔습니다. 초등학교, 중학교, 고등학교를 입학한 지가 엊그제 같은데 벌써 졸업 예배를 드리게 되었습니다. 그동안 수고를 아끼지 않고 교회학교 교육에 혼신의 힘을 기울인 교사들과 각 교회학교 담당 교역자와 부장님들의 기도와 헌신을 기억하여 주시옵소서. 이들에게 하늘의 복으로 가득 채워 주시고, 보람과 기쁨과 감사의 열매가 풍성하게 하옵소서.

주님, 한국 교회의 교회학교가 저출산 문제로 많이 약화되고 있습니다. 대한민국을 불쌍히 보시고 인구 문제를 해결할 수 있는 지혜를 허락하여 주시기를 원합니다. 또한 이 세상이 불신 사회가 되어 가고 있습니다. 어렸을 때부터 믿음을 가지고 성장하는 것이 얼마나 큰 축복인지 알게 하시고, 우리 주일학교 졸업생들이 일평생 믿음 생활을 잘할 수 있도록 지켜 주시기를 기도합니다.

영아부에서 중고등부에 이르기까지 자녀들이 상급 학년으로 올라가서도 공부를 잘하게 하시고, 좋은 친구를 많이 만나게 하시고, 좋은 선생님 밑에서 교육받게 하여 주옵소서. 소정의 과정을 마치고 상급 학교로 진학하는 학생들에게 복을 주시고 지혜와 명철을 허락하셔서, 주님의 영광을 드러내며 공부하게 하옵소서. 교회학교에서도 계속하여 더 좋은 신앙인으로 훈련받게 하시고, 예수님처럼 지혜와 키가 자라며 하나님과 사람에게 칭찬받고 인정받는 그리스도인으로 성장하게 하옵소서.

우리 학생들을 지금까지 길러 준 부모님들을 위로하시고 마음에 기쁨이 가득하기를 기도합니다. 자녀들이 잘 되는 축복을 허락하시고, 필요한 건강과 물질의 복도 공급하여 주시기를 원합니다.

오늘도 말씀으로 은혜를 주시는 목사님에게 영육 간에 강건함을 주셔서 우리에게 필요한 말씀을 전하실 때 우리가 '아멘'으로 받게 하여 주옵소서.

우리 주 예수 그리스도의 이름으로 기도합니다. 아멘.

선교사 파송 예배

만물의 창조주이신 하나님 아버지!

주님의 높고 위대하심을 찬양하며 예배를 드립니다. 영과 진리로 드리는 예배를 받아 주시고, 우리에게 무한한 감사와 기쁨의 시간이 되게 하여 주옵소서. 오늘은 특별히 선교사 파송 예배로 드리게 하시니 감사합니다. 땅 끝까지 복음을 전하라고 하신 명령을 따라, 우리 교회가 선교사를 파송할 수 있도록 허락하신 은혜를 감사드립니다.

"내가 누구를 보내며 누가 우리를 위하여 갈꼬"라는 주님의 부르심에 응답하며 선교지로 떠나는 주의 종에게 하늘의 복을 내려 주시고, 선교지로 출발하는 여정과 정착하는 모든 과정을 주관하여 주시기를 기도합니다.

○○○ 선교사님과 그의 가족을 주님이 보호하시고 인도하여 주셔서 기도하며 준비한 모든 비전이 다 이루어지는 복된 선교 생활이 되기를 원합니다. 낯설고 풍습이 다른 나라에서 잘 적응할 수 있는 축복을 주시고, 돕는 손길을 만나게 하셔서 초기 선교 생활에 어려움이 없게 하여 주시기를 기도합니다. 언어의 장벽을 넘어 지역 주민들과 소통하는 은사를 주옵소서. 아픈 자에게 손을 얹고 기도할 때, 귀신이 물러가고 질병이 치유되는 기적을 허락하여 주셔서 선교의 문이 열리게 하옵소서.

모든 예배 대표기도문

우리 한국 교회가 파송한 전 세계의 모든 선교사들과 함께하셔서 강건함의 복을 주시고, 선교에 필요한 물질적 도움도 마르지 않게 도와주시기를 원합니다. 지속적인 선교를 위하여 한국 교회가 더 강해지게 하시고, 부흥하게 하시고, 열심을 내게 하여 주옵소서.

오늘 파송 받는 ○○○ 선교사님을 통하여 하나님의 나라가 그 지역에 확장되게 하시고, 주님의 뜻이 하늘에서와 같이 그 땅에서도 이루어지는 놀라운 축복이 있게 하여 주옵소서. 사도 바울에게 함께하셨던 성령의 능력이, 파송 받는 주의 종에게 함께하사 어디를 가든지 사탄 마귀의 권세가 무너지게 하시고, 어둡고 죄악이 가득한 땅이 주의 복음과 함께 거룩하고 아름다운 낙원으로 변화되는 축복을 허락하여 주옵소서.

우리 교회가 선교지를 위하여 기도를 쉬지 않게 하시고, 필요한 것을 공급하여 후원하는 일을 기쁨으로 감당하게 하옵소서. 선교에 동참하는 성도들의 손길에 복을 주시고, 가정과 일터에 형통함을 허락하여 주옵소서.

오늘 예배를 위하여 말씀을 전하시는 목사님에게 성령의 능력이 함께하사 힘 있게 하나님의 뜻을 선포하게 하옵소서. 우리가 말씀을 통하여 선교의 소중함을 다시 한 번 깨닫는 시간이 되게 하여 주옵소서.

주 예수 그리스도의 이름으로 기도합니다. 아멘.

단기 선교팀 파송 예배

우리를 사랑하시는 자비의 하나님 아버지!

오늘도 주의 전에 불러 주시고 마음과 정성을 다해 예배하게 하심을 감사합니다. 하나님의 은혜를 생각하며 예배를 드리는 주의 백성들에게 하늘의 복으로 충만하게 채워 주시기를 원합니다. 예배의 감격을 가지고 삶에서 주님과 함께 동행할 때, 우리 삶의 현장이 찬송과 감사로 넘쳐나게 하옵소서.

오늘 우리 교회 단기 선교팀 파송 예배를 드릴 수 있도록 허락하신 은혜를 감사합니다. 선교지로 떠나는 주의 자녀들을 지켜 주시고, 성령의 충만함을 더하여 주시기를 기도합니다. 가고 오는 모든 여행길을 안전하게 보호하시고, 선교지에서 활동할 때 성령의 역사가 나타나게 하옵소서.

오랫동안 기도하고 준비하였사오니, 우리 선교팀원들에게 잊을 수 없는 귀한 영적 경험을 쌓는 기회가 되게 하여 주옵소서. 예수를 모르는 사람들에게 복음을 전파할 때 용기를 주시고, 입을 열어 전도할 때 성령께서 해야 할 말을 허락하여 주옵소서. 하나님께서 그 선교지를 크게 사랑하고 계신 것을 깨닫게 하시고, 뜨겁게 주의 복음을 위해 헌신하게 하옵소서.

선교지 탐방을 통하여 대한민국에 태어난 것이 얼마나 감사한 것임을 깨닫게 하시고, 신앙의 자유가 있는 우리나라를 위해 더욱 기도하는 선교 팀원들이 되게 하여 주옵소서. 단기 선교의 경험을 통하여 우리 교회를 더 사랑하게 하시고, 주님의 나라를 위한 삶의 목표를 확실하게 세우는 결단의 기회로 만들어 주옵소서.

선교지에 다녀오는 동안 남겨 둔 가정을 지켜 주시고, 일터를 안전하게 보호하여 주시기를 기도합니다. 단기 선교팀을 보내고 기도하는 우리 교회 성도들에게 기쁨과 감사가 넘치게 하여 주옵소서. 선교지로 가는 자와 보내는 자가 주님 안에서 한 가족처럼 사랑하고 위로하고 축복하게 하옵소서. 인솔하는 교역자와 교사들에게 함께하셔서, 안전사고 없게 하시고 많은 간증거리를 얻고 돌아오게 하옵소서.

오늘 목사님을 통하여 말씀을 들을 때, 말씀 속에서 주님의 뜻을 발견하고 은혜 받게 하옵소서. 말씀이 우리 마음에 잘 심겨지고 자라서 열매 맺게 하옵소서.

주 예수 그리스도의 이름으로 기도합니다. 아멘.

총동원 전도 주일 예배

사랑과 은혜가 충만하신 하나님 아버지!
오늘 거룩한 주님의 날을 주시고 주의 자녀들이 함께 모여 예배할 수 있도록 허락하신 은혜를 감사합니다. 예배를 통하여 하나님의 이름이 높임을 받고 그 뜻이 이 땅에 이루어지는 시간이 되게 하여 주옵소서.

영원히 지옥 불에 떨어져야 마땅할 우리를 예수님의 십자가 보혈로 구원하여 주신 은혜에 감사드립니다. 탕자와 같이 허물 많은 저희들이지만, 아버지의 사랑으로 용서하시고 아들과 딸로 삼아 주셨사오니 그 사랑에 감사를 드립니다.

우리가 받은 사랑에 감사하는 마음으로 주님을 섬기고, 한 생명이라도 더 구원하라는 주님의 명령을 따라 전도하였습니다. 오늘 총동원 전도 주일에 전도 대상자들을 초청하여 예배를 드립니다. 오늘 처음 우리 교회를 찾아 나온 분들에게 은혜를 베풀어 주시고, 이 예배가 삶에서 가장 귀하고 복된 시간이 되게 하여 주옵소서.

예수를 처음 믿기로 작정한 사람들에게 구원의 기쁨을 주시고, 우리 교회에 처음 등록하는 사람들에게 평안함을 허락하여 주옵소서. 우리 교인들이 정성을 다하여 새 가족을 사랑하고 섬기는 마음으로 서로 교제하며 사귀게 하여 주옵소서. 한 생명을 천하보다 귀하게 여기시는 예수님의 마음을 가지고 한 사람 한 사람을 축복하고 웃음으로 행복을 선물하게 하옵소서.

주님, 오늘 처음 우리 교회에서 예배드리는 새 가족들에게 건강의 복을 주시고, 자녀들이 잘 되게 하시고, 가정이 평안하게 하시고, 사업과 일터에 형통함을 허락하여 주시기를 기도합니다. 하나님을 믿고 구원받아 천국 백성으로 사는 것이 세상에서 가장 큰 복인 것을 깨닫게 하시고, 우리 교회에서의 신앙생활이 보람 있고 행복하게 하옵소서.

오늘 목사님을 통하여 말씀을 들을 때 은혜 받게 하시고, 그 말씀을 통하여 하나님의 사랑을 느낄 수 있게 도와주시기를 원합니다. 우리의 마음밭이 옥토같이 되어서 말씀을 잘 받게 하시고, 삶에 적용하여 하나님께 영광을 돌리게 하옵소서.

오늘 총동원 전도 주일을 위해 수고한 일꾼들의 헌신을 기억하여 주시고 위로하여 주옵소서. 성가대(찬양대)의 찬양이 주님께 드려질 때 영광 받아 주옵소서.

주 예수 그리스도의 이름으로 기도합니다. 아멘.

간증 집회

사랑과 자비가 풍성하신 하나님 아버지!

주의 이름을 높이며 우리를 구원하신 사랑에 감사드립니다. 그 사랑에 보답하는 심정으로 일평생 복음을 전하고 주님을 경배하며 살기를 원합니다.

오늘 귀한 간증 집회를 허락하여 주신 것을 감사드립니다. 은혜 받을 기회를 주셨사오니 주님이 예비하신 은혜를 모두 받게 하시고, 세우신 강사님을 통하여 주시는 간증의 내용 속에서 하나님의 큰 사랑을 깨닫게 하여 주옵소서.

간증자로 단 위에 서는 ○○○ (직분)님을 주님이 붙들어 주시고, 그 입술을 주관하여 주옵소서. 하나님께서 주신 은혜와 기적의 사건들을 진솔하게 간증할 때, 오직 하나님의 영광만이 드러나게 하옵소서. 강사님에게 허락하셨던 하나님의 기적이 듣는 우리 모두의 삶에도 나타나게 하시고, 우리도 간증자가 되어 하나님의 능력과 사랑을 전하며 살게 하여 주옵소서.

오늘 간증을 통하여 우리 삶의 모든 문제가 주님의 능력으로 해결되는 축복이 있게 하여 주옵소서. 삶에서 만나는 여러 걱정과 근심이 해소되게 하시고, 절망이 희망으로 바뀌게 하옵소서. 질병 중에 있는 자들의 영육이 강건하게 회복되는 역사가 있게 하시고, 가정의 여러 가지 문제들이 풀어지는 축복을 누리게 하옵소서.

인간의 생사화복을 주관하시는 분은 하나님이신 것을 다시 한 번 깨닫는 시간이 되게 하시고, 인생의 문제에 대한 해답은 예수 그리스도를 믿고 의지하는 것임을 확신하는 기회가 되게 하옵소서. 문제가 있어서 문제가 아니라, 믿음이 없는 것이 문제임을 알게 하시고, 더욱 주님을 신뢰하고 기도하는 우리 모든 성도들이 되게 하여 주옵소서.

오늘 처음으로 교회에 나와 말씀을 듣는 사람들의 마음을 성령께서 감화시켜 주시고, 간증 집회를 통하여 예수 믿고 구원받는 역사가 있게 하여 주옵소서. 사마리아 여인과 같이 말씀 가운데서 주님을 만나게 하시고, 기쁨이 회복되게 하시고, 믿음이 생겨서 예배를 사모하게 하옵소서.

우리 교회 목회자로 세워 주신 목사님의 기도를 들어 주시고, 이 간증 집회를 통하여 교회에 큰 유익이 되도록 역사하여 주옵소서. 마치는 시간까지 성령께서 분위기를 주관하여 주시고 모든 사람이 은혜 받는 시간이 되게 하여 주옵소서.

주 예수 그리스도의 이름으로 기도합니다. 아멘.

찬양 집회

우리 찬송의 제목이 되시는 하나님 아버지!

은혜와 사랑을 진심으로 감사드립니다. 우리를 죄에서 구원해 주시고, 예배하게 하시고, 주님의 높고 위대하심을 노래할 수 있게 하신 하나님께 감사를 드립니다.

오늘은 찬양 집회로 모였습니다. 찬송 속에 거하시고, 우리의 찬송을 즐겨 받으시는 하나님께 준비한 찬양을 올려 드립니다. 우리가 온전히 주님의 영광만을 드러내게 하시고, 주님의 이름을 높이며 찬양하기를 원합니다. 주여, 이곳에 오셔서 우리의 찬양을 받아 주시고, 찬양의 기쁨이 이 땅에 사는 동안 지속되게 하옵소서.

모든 찬양 사역자들에게 복을 주시고 믿음을 주시기 원합니다. 찬양하기 전에 먼저 말씀으로 무장하고 무릎 꿇어 기도하게 하옵소서. 주님을 태우고 예루살렘에 입성하는 나귀처럼 모든 박수와 환호는 주님께 돌리게 하옵소서. 세례 요한처럼 사람들의 마음에 주님이 오실 길을 예비하고 닦아 주는 겸손한 자세로 찬양하게 하옵소서.

오늘의 찬양을 통하여 낙심한 영혼이 새 힘을 얻게 하시고, 절망 속에 우는 자들이 기쁨을 회복하게 하옵소서. 찬양을 통하여 질병이 치유되게 하시고, 미움이 사랑으로 바뀌게 하옵소서. 찬양을 통하여 하나님의 놀

라운 권능과 능력을 체험하게 하시고, 찬양을 통하여 기도가 응답되게
하옵소서.

찬양 속에서 하나님이 우리의 아버지 되심을 더욱 확실하게 믿게 하시
고, 예수 그리스도의 십자가 보혈의 은혜를 깊이 감사하게 하옵소서. 찬
양하는 가운데 성령 충만을 경험하게 하시고, 우리 영이 기뻐서 춤을 추
고 노래하는 은혜가 일상의 삶에까지 이어지게 하옵소서.

오늘 찬양 집회를 위하여 수고한 일꾼들의 땀과 눈물을 기억하시고, 위
로와 평안의 복을 내려 주옵소서. 성령께서 모든 분위기를 지켜 주시고,
은혜 받지 못하는 사람이 한 사람도 없게 하여 주옵소서.

오늘 말씀을 전하시는 목사님에게 함께하여 주셔서, 하나님의 뜻을 잘
전달하게 하옵소서. 하나님의 말씀이 선포될 때, 우리가 마음을 겸손히
하고 귀를 열어 경청하게 하옵소서.

영원히 찬양 받으시기에 합당하신 예수님의 이름으로 기도합니다. 아멘.

전교인 수련회

우리를 인도하시는 능력의 하나님 아버지!

우리 교회를 사랑하여 주시고 지금까지 매 주일 세우신 종을 통하여 말씀을 듣고 은혜 받으며 신앙생활 하게 하심을 감사드립니다. 또한 믿음의 식구들과 함께 예배드리며 서로 격려하고 봉사하고 교제하며 살게 하신 은혜를 감사합니다.

오늘은 특별히 전교인 수련회로 모여 특별한 예배와 프로그램을 통하여 새로운 은혜를 체험하게 하시니 감사를 드립니다. 이 은혜의 동산에서 온 교우들이 함께 지낼 때 사랑의 마음으로 서로를 먼저 생각하게 하시고, 즐겁고 행복한 가운데서 수련회가 진행되게 하옵소서.

먼저 우리에게 영의 양식을 공급하시는 주의 종 ○○○ 목사님에게 영력을 칠 배나 더하사 준비한 말씀을 감동 있게 전하게 하시고, 하나님의 뜻을 바르고 확실하게 선포하게 하옵소서. 성령께서 우리의 마음에 은혜가 강물처럼 흘러넘치게 하시고, 성령 충만의 놀라운 체험 속에서 새로운 믿음의 경지를 경험하게 하옵소서.

이번 수련회를 통하여 메말랐던 우리 심령에 성령의 단비를 내려 주시고, 황무지와 같았던 우리 마음에 푸른 초장이 펼쳐지게 하옵소서. 길을 잃고 방황하던 우리가 참 목자 되신 주님의 인도함을 받는 축복이 있게 하시고, 빈 들에서 잠을 자던 야곱처럼 고독한 영혼에게 하늘이 열리고 하나님의 음성이 들려오는 위로의 시간이 되게 하옵소서.

이 수련회 기간에 우리 교인들의 사이가 가까워지기를 원합니다. 막힌 담이 무너지게 하시고, 사랑의 힘으로 모든 갈등이 해소되게 하옵소서. 하나님을 사랑하는 것과 사람을 사랑하는 것이 일치되게 하시고, 평화의 마음으로 모든 사람에게 먼저 손을 내밀고 축복하는 참된 주님의 제자가 되게 하옵소서.

수련회 기간에 우리가 주님께 엎드려 기도하는 모든 기도에 응답하여 주시기를 원합니다. 말씀을 듣고 기도하는 동안 우리 가정의 문제가 해결되게 하옵소서. 자녀의 문제가 풀리게 하옵소서. 사업과 직장에 형통함을 주시고 경제적인 문제에 길이 열리게 하옵소서. 기도할 때 육신의 약함이 치료되게 하시고, 마음의 병이 물러가게 하옵소서.

우리 주 예수님의 이름으로 기도합니다. 아멘.

부흥(사경)회 첫째 날 저녁 예배

복의 근원이 되시는 사랑의 하나님 아버지!

우리를 구원하신 그 사랑으로 지금까지 보호하시고 인도하신 은혜를 감사드립니다. 오늘은 우리에게 더 큰 은혜를 주시려고 부흥(사경)회를 허락하시니 감사합니다. 세우신 강사 목사님을 통하여 말씀이 선포될 때 우리의 심령이 뜨겁게 하시고 성령의 충만함을 경험하게 하옵소서. 은혜에 갈급한 영혼이 흡족한 하늘의 만나로 배부르게 하옵소서.

오랫동안 기도로 준비해 온 부흥(사경)회이오니, 하나님의 놀라운 계시의 말씀을 깨닫고 은혜 받는 시간이 되게 하여 주옵소서. 전에 알지 못하던 진리의 말씀이 새롭게 이해되는 축복을 허락하여 주시고, 말씀을 들을 때 우리 마음에 기쁨의 생수가 강물처럼 흘러넘치게 하옵소서.

말씀을 들은 것으로 끝나지 않게 하시고, 주신 말씀대로 살아서 하나님의 뜻을 이루어 드리는 우리가 되기를 소원합니다. 말씀을 통하여 우리의 생각을 변화시켜 주시기를 원합니다. 말씀으로 우리 미움의 언어가 사랑으로 바뀌게 하옵소서. 시기와 분쟁을 일으키는 입술이 할례를 받아 평화와 일치를 도모하게 하옵소서. 거짓과 타협하며 살던 생활이 변하여, 악은 어떤 모양이라도 버리라는 주의 말씀을 따르는 제자로 살게 하여 주옵소서.

모든 예배 대표기도문

말씀을 통하여 낙심한 영혼이 용기를 얻게 하시고 오래된 기도가 응답되게 하옵소서. 살아 계셔서 우리 삶의 모든 것을 주관하시는 하나님을 만나게 하시고, 합력하여 선을 이루시는 주님의 역사를 믿게 하옵소서.

부흥(사경)회를 위하여 수고한 주의 종들을 기억하여 주시기를 원합니다. 담임 목사님과 당회원과 성도들이 한마음으로 말씀 잔치를 위하여 준비하고 맡은 역할을 감당하였사오니, 하늘의 위로를 내려 주시고 은혜가 충만하게 하옵소서.

부흥(사경)회 강사로 말씀을 전하시는 ○○○ 목사님을 강건하게 하시고, 피곤치 않도록 도와주셔서 하나님이 예비하신 말씀을 남김없이 증언하고 선포하게 하옵소서. 목사님의 마음과 입술을 주장하셔서 하나님의 뜻을 온전히 전하게 하옵소서. 우리가 마음 문을 열고 말씀을 순종하며 받게 하시고, 옥토에 심겨진 씨앗처럼 우리 마음 밭에 떨어진 말씀의 씨앗이 잘 자라서 백 배의 열매를 맺을 수 있도록 도와주옵소서.

성가대(찬양대)의 찬양 속에 하나님 영광 받으시고, 주님의 이름이 높임 받기를 원합니다. 부흥(사경)회를 위하여 안내와 차량 봉사와 방송 위원으로 수고하는 종들과 그 밖의 모든 일꾼들에게 주님의 위로가 넘치기를 기도합니다.

생명의 말씀이신 예수 그리스도의 이름으로 기도합니다. 아멘.

부흥(사경)회 둘째 날 저녁 예배

은혜와 사랑이 충만하신 하나님 아버지!

주님의 이름을 높이며 찬양합니다. 우리의 목자 되신 영원하신 하나님의 사랑과 은혜 안에서 날마다 예배하고 찬송하며 살게 하시니 감사를 드립니다. 말씀 잔치 둘째 날 저녁 예배를 맞이하였습니다. 오늘도 주님이 예비하신 말씀을 내려 주시고, 큰 은혜를 받는 시간 되게 하여 주옵소서. 말씀과 함께 은혜의 강물이 폭포수처럼 흘러넘치게 하시고, 여기 모인 모든 심령이 흡족한 성령의 단비를 체험하게 하옵소서.

우리를 구원해 주신 이도 하나님이시고, 자녀 삼아 주신 이도 하나님이심을 믿습니다. 우리의 노력으로는 죄 사함 받을 길이 없고, 예수를 주로 고백할 수도 없음을 압니다. 주님, 이 시간도 우리가 사모하는 마음으로 나왔지만, 성령의 감동이 없이는 은혜 받을 수 없음을 고백합니다. 우리의 막혔던 귀를 열어 주사 진리의 말씀을 깨닫게 하시고, 하나님의 뜻을 발견하게 하옵소서. 성령님의 감화로 말씀을 들을 때 우리 마음이 엠마오로 가던 제자들처럼 뜨거워지게 하시고, 낙심하여 절망으로 향하던 발길을 멈추고 부활의 현장인 예루살렘으로 돌이키는 역사가 있게 하여 주옵소서. 말씀을 들음으로 새 희망을 얻게 하시고, 말씀을 믿음으로 질병이 치유되게 하시고, 말씀을 통하여 감사와 기쁨이 회복되게 하옵소서.

말씀을 받을 기회가 주어졌을 때 사모하는 마음으로 들어 복을 받게 하옵소서. 말씀을 통하여 인생의 가치관을 새로 세우게 하시고, 이 세상의 부귀영화보다 주 예수 그리스도가 가장 귀한 보화임을 깨닫게 하옵소서. 예수 안에서 참 평안을 누리게 하시고, 예수의 이름으로 사탄 마귀의 권세를 이기게 하옵소서.

이 시간 우리가 은혜 받음으로 가정이 복을 받게 하시고, 우리 교회가 유익을 얻게 하옵소서. 아브라함처럼 우리가 거하는 모든 곳에 하나님의 복이 임하게 하시고, 만나는 모든 사람이 예수를 믿는 축복을 누리게 하옵소서.

믿음이 연약한 심령들에게 복을 주사, 부흥(사경)회를 통하여 강한 믿음을 소유하게 하옵소서. 가정과 직장의 여러 사정으로 이 자리에 참석하지 못한 교우들에게 동일한 은혜를 주시고, 어디서든지 이 은혜의 자리를 사모하고 기도하게 하옵소서.

오늘도 예비하신 말씀을 사모하는 마음으로 기다립니다. 말씀을 듣고 단 위에 서시는 강사 목사님에게 성령 충만과 영력을 칠 배나 더하사, 능력 있는 말씀으로 갈급한 우리 심령에 생수 같은 은혜를 허락하여 주옵소서. 성가대(찬양대)의 찬양 속에 하나님 영광을 받아 주시고, 부흥(사경)회를 위하여 수고하는 종들에게 주의 크신 복으로 채워 주옵소서.

주 예수 그리스도의 이름으로 기도합니다. 아멘.

부흥(사경)회 셋째 날 저녁 예배

우리를 창조하시고 복 주시기를 좋아하시는 하나님 아버지!

변함없는 사랑에 감사드립니다. 오늘도 그 사랑에 힘입어 부흥(사경)회 셋째 날 저녁 예배 자리에 나오게 하심을 감사합니다. 주님의 신실하심을 믿고 말씀을 사모하오니, 오늘 우리를 위하여 예비하신 말씀을 남김없이 허락하여 주시기를 기도합니다. 우리를 사랑하사 이 아름다운 교회를 세워 주시고 예배하고 찬양하며 주시는 말씀으로 은혜 받게 하시니 감사합니다. 우리의 연약한 믿음을 강하게 하시려고 말씀 잔치를 열게 하셨사오니, 오늘도 성령께서 역사하셔서서 하나님의 뜻을 알도록 인도하여 주시기를 원합니다.

말씀이 들려올 때 맹인 바디매오처럼 일어나 주님께 달려가는 축복을 허락하여 주옵소서. 주의 말씀을 들을 때 우리의 죄악 된 습관의 자리에서 일어나 주 앞으로 나오게 하시고, 우리의 불신앙의 자리에서 일어서서 주 앞에 무릎 꿇게 하옵소서. 주의 말씀을 들을 때 우리의 의심과 불안과 절망의 자리를 털고 일어나 주님 품에 안기는 축복을 허락하여 주옵소서.

오늘 부흥(사경)회 말씀 잔치 마지막 날 밤에 하나님의 영광을 보게 하시고, 은혜의 생수가 터지게 하옵소서. 불같은 성령 체험을 하게 하시고, 질병이 치유되고 삶의 문제가 해결되는 축복이 있게 하여 주옵소서. 새로운 믿음으로 무장하게 하시고, 세상이 주는 근심과 염려가 사라지고

모든 예배 대표기도문

감사와 찬송이 가득하게 하옵소서.

강사 목사님을 주님의 강한 팔로 붙들어 주시기를 원합니다. 하나님의 말씀을 힘 있게 전하는 주의 도구로 사용하여 주셔서, 우리 모두에게 가장 필요한 말씀을 선포하게 하옵소서. 듣는 우리의 귀를 열어 주셔서 하나님의 말씀으로 받게 하시고, 받은 말씀을 잘 실천하여서 생활에 변화가 있게 하옵소서.

부흥(사경)회를 위해 지금까지 애쓰고 기도하신 담임 목사님과 여러 교역자님들과 성도들에게 하늘의 복으로 채우시고 위로하여 주시기를 원합니다. 이번 부흥(사경)회를 통하여 우리 교회가 한마음으로 주님의 뜻을 이루게 하시고, 신앙의 열정을 가지고 복음을 전하며 서로 사랑하는 공동체가 되게 하여 주옵소서.

주님, 부흥(사경)회를 통하여 교회의 고쳐야 할 습관들이 바로잡히게 하시고, 우리가 회개해야 할 것들이 주님의 능력으로 깨끗하게 정돈되게 하옵소서. 우리의 신앙 인격이 성숙되게 하시고, 우리의 언어와 행동이 주님을 닮는 변화가 있게 하여 주옵소서. 차지도 덥지도 않던 우리의 신앙생활이 주님의 사랑으로 뜨겁게 불타오르게 하옵소서. 오늘도 부흥(사경)회를 위하여 수고하는 종들의 헌신과 성가대(찬양대)의 찬양 속에 하나님 영광 받아 주옵소서.

우리를 사랑하시는 예수님의 이름으로 기도합니다. 아멘.

부흥(사경)회 둘째 날 새벽 예배

사랑과 은혜가 풍성하신 하나님 아버지!

주님께서 허락하신 말씀 잔치에 세우신 종을 통하여 큰 은혜 받게 하심을 감사드립니다. 어제에 이어 오늘 새벽 두 번째 말씀을 듣는 시간에 우리가 함께 모여 기도합니다. 주님의 말씀을 사모하여 나온 심령들을 사랑하사 이 시간에도 위로와 평강이 넘치는 말씀으로 우리의 마음을 채워 주시기를 원합니다.

이 새벽에 여러 어려움을 이기고 이 자리에 나온 주님의 백성들에게 하늘의 복을 충만히 내려 주사, 기도 중에 주님이 주시는 응답을 받게 하옵소서. 찬송 중에 주님의 임재를 느끼게 하옵소서. 말씀 중에 하나님의 뜻을 발견하게 하시고 믿음을 회복하게 하옵소서.

이 자리를 사모하지만 나오지 못하는 성도들에게 같은 은혜를 내려 주시기를 원합니다. 있는 자리에서 주님께 기도할 때 하나님께서 함께하여 주시고, 질병이 치유되고 삶의 문제가 해결되는 놀라운 은총을 받게 하여 주옵소서.

이번 말씀 잔치를 통하여 우리 모두가 전에 알지 못하던 신령한 말씀의 비밀을 깨달아 알게 하시고, 하늘의 양식으로 우리 심령이 배부르게 하옵소서. 하나님의 말씀을 들고 단 위에 서시는 강사 목사님에게 크신 능력을 덧입혀 주옵소서. 듣는 우리가 겸손히 하나님의 말씀을 받게 하시고, 말씀을 통하여 우리 심령이 은혜 받고 변화되게 하옵소서. 그 말씀을 따라 순종하며 살 때 주님, 우리와 동행하여 주옵소서.

말씀을 듣고 오늘 기도할 때 지금까지 우리 삶을 인도하신 하나님의 사랑과 은혜가 새록새록 생각나게 하시고, 오늘도 변함없이 우리를 사랑하시는 하나님 앞에 모든 것을 내어놓고 응답받게 하옵소서. 여기까지 인도하신 하나님이 앞으로의 모든 인생길도 친히 인도하여 주실 것을 믿으며, 근심과 염려가 기쁨과 감사로 변화되게 하옵소서.

우리 주 예수님의 이름으로 기도합니다. 아멘.

부흥(사경)회 셋째 날 새벽 예배

우리를 죄에서 구원하시고 자녀 삼아 주신 하나님 아버지!
은혜와 사랑을 감사드립니다. 우리에게 말씀 잔치를 허락하시고 매 시간마다 은혜로운 말씀을 풍성하게 공급하여 주시니 감사를 드립니다. 오늘 이 새벽 다시 주님 전에 모여 예배하며 말씀을 들으려고 합니다. 우리에게 오늘도 신령한 영의 양식을 풍족히 내려 주시고, 푸른 초장과 쉴 만한 물가로 인도하여 주시기를 원합니다.

부흥(사경)회 기간 동안 말씀을 통하여 우리의 삶을 다시 되돌아 보고 정리할 수 있는 시간을 주셔서 감사합니다. 잘못 살아온 생활을 회개하게 하시고, 새로운 결단으로 나아가게 하시오니 감사를 드립니다. 주님의 사랑으로 지금까지 살아왔사오니, 모든 삶의 문제를 주님께 맡기고 우리의 미래를 믿음으로 용기 있게 개척하며 나아가게 하옵소서. 살아 계신 하나님을 매 순간 잊지 않게 하시고, 우리의 모든 것을 아시는 주님께 기도하며, 주님이 공급하시는 힘으로 승리하게 하옵소서.

주님, 무거운 삶의 무게를 지탱하기 힘들어 지친 영혼들이 주님 앞에 나와 엎드렸습니다. "수고하고 무거운 짐 진 자들아 다 내게로 오라 내가 너희를 쉬게 하리라" 약속하신 말씀을 믿고 우리 인생의 짐을 주님께 내려놓습니다. 우리와 함께하여 주시고 시험당할 즈음에 피할 길을 주셔서, 모든 난관에 굴하지 않고 헤쳐 나갈 수 있게 도와주옵소서. 주님이 함께하심으로 여리고성처럼 견고한 삶의 문제가 허물어지게 하시고, 골리앗과 같이 감당하기 어려운 시련도 극복하게 하옵소서.

주님, 세우신 종을 통하여 오늘 주시는 말씀으로 다시 한 번 힘을 얻기를 원합니다. 강사 목사님을 피곤치 않도록 강한 팔로 붙들어 주옵소서. 하나님의 말씀을 전하실 때 능력 있게 하시고, 우리 모두가 은혜 받는 시간이 되게 하여 주옵소서. 갈급한 우리 영혼에 생수 같은 말씀이 되어서 기쁨과 위로가 회복되게 하옵소서.

우리를 사랑하시는 예수님의 이름으로 기도합니다. 아멘.

* 다섯 번째 주 수요 예배 대표기도문은 5주가 있는 달에 사용할 수 있다.
  순서를 바꾸어 중간에 사용할 수도 있다.

CHAPTER

수요 예배 대표기도문

1월 수요 예배(1)

우리를 사랑하시는 하나님 아버지!
바쁜 일상의 삶을 잠시 멈추고 오늘 수요 예배에 나와 말씀을 듣고 기도할 시간을 주신 것을 감사합니다. 세상일이 분주하지만, 잠시 내려놓고 마음을 모아 주님 전에 모였습니다. 이 예배를 통하여 세상에서 느낄 수 없는 평안과 위로를 우리 가운데 충만하게 내려 주시기를 원합니다.

새해를 맞이하여 첫 번째로 드리는 수요 예배에 성령께서 함께하시고, 올 한 해도 주님이 공급해 주시는 능력으로 살게 하여 주옵소서. 주일의 말씀을 기억하며 말씀대로 살았는지 돌아보게 하시고, 오늘 배우는 말씀을 통하여 다시 한 번 우리가 주님께로 더욱 가까이 나아가는 기회가 되게 하여 주옵소서.

우리 교회를 위하여 기도합니다. 오직 주님 한 분만으로 감사하고, 오직 주님께만 영광 돌려 드리는 기쁨이 충만한 교회가 되기를 원합니다. 모든 성도들이 주 안에서 하나 되어 가정같이 화목하고 행복한 교회로 든든히 서 가게 하옵소서. 올해에는 우리 모든 성도가 열심을 내어 주의 진리를 모르는 자들에게 복음을 전하게 하옵소서. 이 불신의 사회에서 우리를 만나는 모든 사람이 예수 믿고 구원받게 하옵소서.

오늘 말씀을 전하시는 목사님을 영육 간에 강건하게 붙들어 주시고, 많은 사역을 잘 감당할 수 있도록 지켜 주옵소서. 준비하신 말씀을 통하여 우리 성도들이 은혜를 누리게 하시고, 죄의 먼지가 쌓여 가는 우리의 심령에 다시 한 번 성령의 바람이 불어 깨끗함을 받게 하여 주옵소서.

주여, 이 사회가 보수와 진보로 분열되어 하나 되지 못하고 있습니다. 세대 간의 갈등이 증폭되어 미움과 분노가 심화되고 있습니다. 우리 교회가 평화의 도구가 되어서 미움이 있는 곳에 사랑을 전하게 하옵소서. 주님으로부터 받은 평안의 복음을 전하여 이 나라가 하나님이 주시는 평화를 누리게 하옵소서.

주여, 국제 정세가 불안하고, 남북이 여전히 대치 상태에 있으며, 전쟁과 기근과 천재지변과 난리의 소문이 우리를 위협하고 있습니다. 위정자로부터 모든 백성이 하나님 앞에 겸손히 머리 숙여 무릎 꿇게 하시고, 니느웨성처럼 회개하는 역사가 일어나게 하옵소서. 이 위기 상황을 구원하실 분은 오직 하나님 한 분밖에 없음을 알게 하옵소서. 교회가 깨어 기도하게 하시고 이 나라의 모든 백성이 하나님을 믿고 구원받는 역사가 있게 하옵소서.

우리를 구원하신 예수님의 이름으로 기도합니다. 아멘.

우리의 능력이 되시는 하나님 아버지!

감사와 찬양을 드립니다. 오늘도 수요 예배에 나와 말씀 듣고 기도하는 주의 백성들에게 하늘의 복으로 채우시고 기도에 응답하여 주시기를 원합니다. 우리를 돌아보면 부족한 것밖에 없사오나, 용서하시고 사랑해 주실 줄 믿고 나왔사오니, 우리를 용납하여 주시고 품어 주시기를 원합니다.

불평하는 입술이 변하여 감사하게 하시고, 원망의 마음에 사랑이 깃들게 하옵소서. 걱정과 염려로 잠 못 이루는 심령이 말씀으로 위로와 평강의 복을 누리게 하옵소서. 우리의 마음이 주님을 모시고 살면서 항상 풍족한 감사로 가득하게 하시고, 주의 나라와 그 의를 구하며 살게 하여 주옵소서.

움켜쥐기보다는 베풀게 하시고, 쟁취하기보다는 양보하고 이웃을 배려하는 사랑을 실천하여, 삶에서 주님의 향기를 발하게 하옵소서. 나와 우리 가정을 넘어서 교회 구성원들을 위해 기도하고 위로하는 주님의 제자로 살게 하여 주옵소서.

우리는 일평생 예배를 드렸으나 아무런 변화도 없이 옛사람의 성품 그대로 살아가고 있습니다. 오늘 드리는 이 예배를 통하여 우리가 변화되기를 소원합니다. 예배를 통하여 우리의 인격이 변화되게 하옵소서. 예배를 통하여 우리의 언어가 순화되게 하옵소서. 예배를 통하여 우리의 마음이 주님의 사랑을 품게 하옵소서. 예배를 통하여 우리와 동행하시는 임마누엘 하나님을 확실히 믿게 하옵소서.

새해에 주님 앞에 충성하고 신앙생활 잘하기로 결심한 기도 제목들이 잘 지켜지게 하옵소서. 우리 가정과 사업과 일터에 필요한 모든 것을 주님께서 넘치도록 공급해 주셔서, 영혼이 잘됨같이 범사가 잘되고 강건한 축복을 받게 하여 주옵소서.

올 한 해 우리 모두가 교회를 위하여 열심히 기도하게 하시고, 봉사와 헌신과 충성으로 주님의 몸 된 공동체를 살리고 부흥시키게 하옵소서. 교회의 일꾼으로 세움 받은 제직들의 손과 발이 부지런하게 하시고, 입술로는 긍정의 언어를 말하며, 마음에는 기쁨과 평화가 가득하게 하옵소서.

하나님 아버지, 이 시간 목사님이 말씀을 풀어 주실 때 능력으로 함께하여 주옵소서. 저희에게 깨닫는 지혜를 더하여 주셔서, 말씀을 통하여 큰 은혜를 받게 하여 주옵소서.

우리를 사랑하시는 예수님의 이름으로 기도합니다. 아멘.

1월 수요 예배(3)

사랑의 하나님 아버지!

많은 사람 가운데 저희를 선택하시고, 주님을 사모하는 은혜를 허락해 주셔서 감사드립니다. 주일에도 말씀으로 은혜 받게 하시고, 오늘 수요 예배로 모여 다시 말씀 듣고 기도하게 하시니 감사합니다. 저희들이 주님을 믿는다고는 하지만, 아직 믿음이 어린아이와 같고, 바람 앞의 등불처럼 불확실하고 연약한 존재들입니다. 이 시간을 통하여 저희에게 굳건하고 확실한 믿음을 허락해 주시기를 원합니다.

"부지런하여 게으르지 말고 열심을 품고 주를 섬기라"고 하셨는데, 우리가 주님을 섬기는 일에 최선을 다하지 못하였습니다. 용서하여 주시기를 원합니다. 새해 새 마음으로 주님이 맡겨 주신 일에 충실하여서, 주님을 기쁘시게 해 드리는 우리 모두가 되게 하여 주옵소서. 올해부터는 좀 더 예배의 자리를 지키게 하시고, 말씀을 가까이하여 묵상하고 경청하게 하옵소서. 교회에서 봉사할 때 기쁨이 넘치게 하시고, 서로의 교제가 아름다워지게 하옵소서. 전도하는 발걸음이 가벼워지게 하시고, 기도 시간이 간절해지게 하옵소서.

주여, 진리가 혼탁한 고난의 시대에, 우리 교회가 교회다운 교회가 되어서 시대적 사명을 잘 감당하게 하옵소서. 우리 교회를 사랑해 주셔서 말씀이 은혜로운 교회, 성령이 충만한 교회로 만들어 주옵소서. 오직 교회

모든 예배 대표기도문

의 머리 되신 주님만을 섬기고, 그 말씀을 따라 움직이는 건강한 신앙 공동체로 부흥시켜 주옵소서.

담임 목사님으로부터 모든 성도에 이르기까지 한마음이 되어 주님의 뜻을 이루는 모범적인 교회가 되도록 은혜 내려 주옵소서. 우리를 말씀으로 먹이시고 인도하시는 목사님을 강건케 하여 주시고, 말씀을 전하실 때마다 불같은 성령이 임하셔서 듣는 우리로 하여금 살아 계신 하나님을 체험하게 하시고, 연약한 믿음이 강건하여지는 축복을 받게 하여 주옵소서,

하나님 아버지, 지금 이 나라는 정치와 경제, 사회, 문화를 막론하고, 모두가 어지럽고 혼탁한 가운데 있습니다. 이 나라를 이끌어 가는 위정자들이 국민을 사랑하게 하옵소서. 이념으로 사분오열된 국민들이 일치단결하여 나라의 모든 위기 상황을 슬기롭게 극복해 나가는 한 해가 되게 하여 주옵소서.

오늘 말씀을 증언하시는 목사님과 함께해 주셔서 하나님의 뜻을 잘 대언하게 하옵소서. 우리가 그 말씀을 붙잡고 기도할 때 주께서 응답하여 주옵소서.

우리 주 예수 그리스도의 이름으로 기도합니다. 아멘.

1월 수요 예배(4)

사랑과 자비의 하나님 아버지!

바쁜 일상을 멈추고 주 앞에 나와 수요 예배를 드립니다. 사모하는 마음으로 주님 전에 나와 정성을 다해 드리는 이 예배를 기쁘게 받아 주시고, 우리 모두에게 하늘의 신령한 복과 은혜를 내려 주옵소서. 새해가 시작된 지 엊그제 같은데 벌써 한 달이 지나가고 있습니다. 올해 주님 앞에 결심한 서약들이 잘 지켜지게 하시고, 영적 회복과 각성의 해가 되게 하옵소서.

주여, 저희들의 나약한 믿음을 용서하여 주옵소서. 모든 것을 전적으로 주님께 맡긴다고 기도했지만, 돌아보면 어느새 생활의 문제, 자녀의 문제와 함께 미래의 확실하지 않은 여러 상황에 대하여 고민하고 염려하며 믿음 없는 모습으로 살아왔음을 고백하오니 주여, 긍휼히 여겨 주옵소서. "네 짐을 여호와께 맡기라"고 하신 말씀을 굳게 붙잡고 항상 기뻐하며 살아갈 수 있도록 큰 믿음을 허락하여 주옵소서. 이 예배를 통하여 하나님의 뜻이 깨달아지게 하시고, 우리의 삶을 통하여 하나님의 나라가 확장되게 하옵소서.

하나님 아버지, 이 나라를 긍휼히 여겨 주옵소서. 우리나라 대한민국이 서로가 믿고 의지하며 살아가는 복지 국가가 되게 하여 주시고, 건국의 정신으로 돌아가 하나님을 경배하고 기도하는 나라가 되게 하옵소서.

이 나라를 세우신 하나님의 뜻을 받들어 섬기며 감사하는 백성이 되게 하여 주옵소서. 어둠의 세력들이 온갖 교묘한 수단과 방법으로 다가와 사람의 마음을 흔들고 분열과 혼란을 조장하고 있사오니, 이 시대를 분별하여 바르게 볼 수 있는 눈과 지혜를 주옵소서. 우리가 누리는 자유와 평화가 얼마나 소중한 것인가를 감사하면서, 올바른 국가관과 안보관과 세계관을 가지고 애국하는 겸손한 백성들이 되게 하여 주옵소서.

하나님 아버지, 우리 교회를 지금까지 지켜 주시고 날마다 새로운 말씀으로 채워 주심을 감사합니다. 머리 되신 주님을 주인으로 모시며, 주님의 공의를 실천하는 교회가 되게 하여 주옵소서. 말씀이 살아 있는 교회가 되게 하시고, 오순절 마가의 다락방처럼 성령으로 충만한 교회가 되게 하옵소서.

오늘 말씀을 전하시는 목사님에게 영육 간에 강건함을 주옵소서. 주께서 맡겨 주신 사역을 감당할 때 피곤치 않게 하시며, 주님께 큰 영광 돌리는 종으로 세워 주옵소서. 이 시간 주의 말씀에 우리가 마음을 활짝 열게 하시고, 은혜의 말씀으로 영적 기쁨이 충만하게 하옵소서.

주 예수 그리스도의 이름으로 기도합니다. 아멘.

2월 수요 예배(1)

사랑의 하나님 아버지!

삼 일 동안 주님의 은혜 가운데 우리를 지켜 주시고 오늘 수요 예배로 인도해 주시니 감사합니다. 구원받은 성도들이 한자리에 모여 하나님을 찬양하고, 주 안에서 사랑을 나누게 하시니 감사합니다. 오늘 주의 전에 나온 모든 성도들에게 한량없는 은혜와 자비를 베풀어 주시기 원합니다.

주님, 우리의 연약한 믿음을 강하게 하여 주시옵소서. 마음은 원이지만 육신이 약하여 말씀대로 살지 못한 시간들이 많이 있습니다. 말씀은 들었으나 가슴에 담지 못하고 흘려 버렸습니다. 하나님의 뜻을 알지만, 그 뜻대로 살지 못하고 욕심과 교만, 시기, 질투로 주님의 마음을 아프게 하였습니다. 이 시간 회개하오니 용서하시고 치료와 회복의 은총을 허락하여 주옵소서.

주님, 우리 교회에 기도의 불이 꺼지지 않고 쉼 없이 타오르기를 원합니다. 개인의 삶이나 가정의 문제와 더불어 교회의 문제를 위하여 기도하는 사람들이 많아지게 하옵소서. 우리 교회가 가진 거룩한 비전이 기도로 이루어지게 하시고, 지역 사회와 민족을 위한 사명을 잘 감당하는 공동체가 되게 하옵소서.

우리 교회가 사랑으로 하나 되는 교회 되기를 원합니다. 각 구역(속회, 목장, 셀, 순) 식구들이 서로를 돌아보아 위로하고 사랑을 나누게 하옵소서. 새로 등록한 교우들이 잘 정착하도록 관심을 가지고 교제하며 보살펴서 이 교회의 믿음의 식구로 평안한 가운데 신앙생활 하게 하옵소서. 특별히 경제적으로 많이 어렵고 힘든 가정을 위해 기도하고 도와주는 공동체가 되게 하옵소서. 우리 모든 성도들의 가정과 사업장과 일터 위에 복을 주사 형통하게 하시고 주님을 섬기는 데 부족함이 없게 하옵소서.

자비로우신 하나님 아버지, 이 나라를 불쌍히 여겨 주옵소서. 그동안 하나님 보시기에 잘못한 일들을 용서하여 주시고, 대통령을 비롯하여 위정자들이 정직한 마음으로 이 나라를 이끌어 가게 하여 주옵소서. 그리하여 나라가 안정되고 국민이 하나 되어 평화롭고 행복한 선진국이 되게 하옵소서. 또한 북녘땅에도 주님의 복음을 전하는 날이 속히 오게 하시고, 영적 부흥이 다시 일어날 수 있도록 은혜를 베풀어 주옵소서.

이 시간 말씀 전하실 목사님에게 능력 주시고 하나님의 뜻을 잘 대언하게 하옵소서. 저희들의 마음이 열려 말씀을 받게 하시고, 말씀대로 실천하며 주님의 제자로 살아가게 하옵소서. 우리가 떡으로만 살 것이 아니라 하나님의 말씀으로 살아서, 세상을 이기고 마귀를 이기고 시험을 이기게 하옵소서.

오늘도 살아 계시는 예수님의 이름으로 기도합니다. 아멘.

2월 수요 예배(2)

사랑과 은혜의 하나님 아버지!

오늘도 바쁜 일과를 잠시 멈추고 수요 예배를 드릴 수 있는 믿음과 건강을 주셔서 감사합니다. 주를 찬양하는 입술과 말씀을 볼 수 있는 눈을 주시고, 말씀대로 살아갈 수 있도록 우리를 인도하여 주시니 감사드립니다.

지난 주일 주의 종을 통하여 귀한 말씀을 주시고 은혜 받게 하셔서 감사합니다. 그러나 받은 말씀을 생활에서 실천하는 데 게으른 저희들의 허물과 잘못이 있습니다. 주여, 용서하여 주시고 우리를 강권하여 말씀대로 살도록 인도하여 주시기를 기도합니다. 주님을 기쁘시게 하며 이웃에게 사랑을 전하는 실천적 믿음을 갖게 하여 주옵소서. 주님을 위해 해야 할 일을 미루지 않도록 성령께서 일러 주시고, 힘을 공급하여 주시기를 원합니다. 주님 앞에 어리석고 게으른 종이 되지 않게 하시고, 착하고 충성된 종이라는 칭찬을 듣는 올 한 해가 되게 하여 주옵소서.

주님께서 우리의 가정과 일터를 지켜 주셔서 감사합니다. 주님을 주인으로 모시고 말씀대로 행하여 주님이 기뻐하시는 열매를 맺는 귀한 가정이 되게 하옵소서. 우리의 일터와 사업장에 어려운 문제들이 해결되고, 막혔던 길이 열리고, 기도의 제목이 응답되게 하옵소서.

많은 기도 제목을 가지고 갈급한 심령으로 이 자리에 나온 주의 사랑하는 백성들에게 은총을 베풀어 주시기를 간구합니다. 이 예배를 통하여 우리 모두가 하나님을 만나고, 하나님의 말씀을 듣기를 원합니다. 예배와 말씀 가운데서 주의 뜻을 분별하게 하시고, 우리 삶의 문제가 해결되는 놀라운 축복이 임하기를 원합니다.

교회의 모든 일이 하나님을 모시고, 하나님 중심으로 진행되게 하옵소서. 인간들의 잔치로 끝나는 일이 없게 하시고, 인간이 영광을 받고 인간의 뜻이 관철되는 일이 절대로 없게 하여 주옵소서. 오직 하나님의 영광이 가득한 교회가 되게 하시고, 주님의 이름이 높임을 받는 교회가 되게 하여 주옵소서.

이 나라의 국론이 분열되어 있습니다. 동서가 나뉘고, 노소가 나뉘고, 빈부가 나뉘고, 진보와 보수가 나뉘어 대립하는 이 민족을 불쌍히 여기사, 주님의 진리 안에서 하나가 되게 하여 주옵소서. 이 나라의 백성들이 모두 한마음으로 뭉쳐서 선진국으로 나아가게 하시고, 그 동력으로 남북의 평화통일도 이루어지게 하옵소서.

오늘도 말씀을 전하시는 주의 종을 붙들어 주시고, 은혜로운 말씀에 감동받는 행복한 시간이 되게 하여 주옵소서.

주 예수 그리스도의 이름으로 기도합니다. 아멘.

2월 수요 예배(3)

은혜와 평강으로 날마다 채워 주시는 하나님!

거룩한 주의 날에도 예배드리며 은혜 받게 하시고, 오늘 수요 예배에도 주의 전에 나와 말씀과 찬양과 기도 가운데 주님을 만나게 하시니 감사를 드립니다. 세상의 일이 분주하고 마음에 여유가 없지만, 주님 앞에 예배하는 시간을 구별하여 드리게 하시니 감사합니다. 이 시간 주의 전을 찾아 나온 백성들을 복 주시고, 예비하신 은혜를 충만하게 채워 주실 줄로 믿습니다.

주님의 사랑을 받고 주의 보호와 인도하심으로 여기까지 온 저희들이지만, 때때로 믿음이 약하여 의심하고 불평하고 불안해하며 살았던 것을 용서하여 주옵소서. 십자가로 보여 주신 하나님의 사랑을 오늘 다시 한번 확인하게 하시고, 그 사랑 안에서 모든 삶의 문제를 해석하고 해답을 얻는 저희들이 되게 하여 주옵소서.

하나님 아버지, 우리 교회를 세워 주시고 인도해 주심을 감사드립니다. 우리가 한 지체가 되어 서로 사랑하고 위로하며 귀한 교회를 섬기게 하심도 감사드립니다. 이 교회가 주님의 뜻을 이루고 그 나라를 확장하는 거룩한 꿈을 향해 나갈 수 있게 하여 주옵소서. 교회 안에서 성도들이 즐거운 마음으로 신앙생활 하게 하시고, 교회를 통하여 지역의 이웃이 유익을 얻게 하옵소서.

하나님께서 허락하신 우리의 가정이 주 안에서 행복한 가정이 되게 하여 주옵소서. 가족 구성원 모두가 하나님을 잘 섬기고 믿음 생활 하게 하옵소서. 혹 불신 식구가 있으면 주님께서 그 영혼을 위한 간절한 기도에 응답하시어, 함께 교회에 나와 신앙생활 할 수 있는 은총을 허락하여 주시옵소서.

이 시간 드리는 예배 가운데 하나님의 말씀이 들려오게 하시고, 그 사랑이 느껴지게 하옵소서. 하나님을 만나는 체험이 있게 하시고, 지금까지 부어 주신 하나님의 사랑과 은총이 생각나는 시간이 되게 하여 주옵소서. 그리하여 이 예배를 통하여 우리의 신앙이 변화되게 하시고, 삶의 문제가 해결되는 놀라운 은혜를 받게 하옵소서. 육신의 정욕과 이생의 자랑이 다 사라지게 하시고, 오직 하나님만이 우리의 자랑이 되게 하시고, 하나님 나라의 상급이 우리의 보화가 되게 하옵소서. 오직 하나님께 영광 돌리는 것이 우리 삶의 가치가 되게 하시고, 주신 사명에 충실히 살아가게 하옵소서.

오늘도 주의 종을 통하여 말씀을 들을 때 성령 충만을 경험하게 하시고, 기도할 때 하늘 문이 열리고 응답받는 시간이 되게 하여 주옵소서.

주 예수 그리스도의 이름으로 기도합니다. 아멘.

2월 수요 예배(4)

좋은 것으로 우리 기도에 응답하시는 하나님 아버지!

주님을 생각하고 삶을 되돌아보면 은혜가 아니었던 순간이 없음을 고백합니다. 오늘도 그 사랑과 은혜에 감사하는 마음으로 주님께 예배를 드립니다. 이 시간에 우리를 성결케 하시고 예배하는 마음에 복을 내려 주시기를 원합니다.

하나님께서 아버지와 같은 사랑으로 십자가에 독생자 예수님을 희생하사 우리 죄를 사하시고, 성령님을 통하여 예수 믿고 하나님의 자녀가 되게 하신 놀라우신 은혜를 생각할 때, 만 입이 있어도 다 감사할 수 없음을 고백합니다. 때때로 그 은혜를 망각하고 살았던 우리에게, 이 예배 시간이 하나님의 사랑을 회복하는 기회가 되게 하여 주옵소서. 그리하여 불평과 원망의 입술이 감사와 찬양으로 변화되게 하옵소서. 사랑 안에서 근심과 염려가 물러가게 하시고, 평안과 위로가 마음에 깃들게 하옵소서.

우리 교회를 사랑해 주시고 좋은 교우들과 함께 신앙생활 할 수 있게 하시니 감사합니다. 우리 교회에 신실한 주님의 종을 보내 주셔서 신령한 말씀의 꼴을 먹게 하시니 감사합니다. 세워 주신 담임 목사님을 주님의 은혜로 강건케 하시고, 우리 교회를 통하여 하나님의 뜻을 이루는 목자가 되게 하여 주옵소서.

모든 예배 대표기도문

사랑의 하나님 아버지, 교회의 역사를 더해 가면서 주님의 교회로서의 순수함을 잃어버리지는 않았는지 점검하게 하옵소서. 주님은 "내 교회를 세우리라"고 하셨는데, 주님이 주인이 되시지 못하고 인간이 주인 노릇을 하는 모습은 없는지 반성하게 하옵소서. 항상 주님을 바라보는 교회가 되게 하시고, 주님 앞에 무릎 꿇고 겸손하게 고개 숙이는 교회 구성원들이 되게 하여 주옵소서.

인간의 의도나 계획이 아니라, 주님의 뜻과 그 나라의 확장을 위해 노력하는 교회가 되게 하여 주옵소서. 교회가 사람을 살리고 축복하고 사랑하고 격려하는 공동체가 되게 하셔서, 우리 모두가 주님의 성전에서 예배하고 섬길 때 기쁨이 충만하게 하옵소서.

주여, 우리의 자녀들에게 복을 주시고 그들의 앞길을 인도하여 주옵소서. 우리의 지혜와 능력으로는 자녀들을 바르게 지도하고 인도할 수 없음을 고백합니다. 저들의 목자가 되어 주시고, 저들의 믿음을 지켜 주옵소서. 세상의 가치보다 하나님 나라의 귀한 보화를 더 사랑하며 살게 하시고, 하나님 없는 세상의 부귀영화가 헛된 것임을 깨닫고 주님을 잘 섬기게 하옵소서.

오늘도 주의 종을 통하여 말씀을 들을 때 우리 심령이 뜨거운 성령의 충만을 체험하게 하시고, 말씀 가운데서 기도의 응답을 받게 하여 주옵소서.

주 예수 그리스도의 이름으로 기도합니다. 아멘.

3월 수요 예배(1)

늘 함께 계셔서 우리를 지켜 주시는 하나님 아버지!

그 은혜와 사랑을 감사드립니다. 복잡하고 어지러운 세상 가운데서도 주님을 잊지 않고 오늘 수요 예배에 나올 수 있도록 믿음과 건강과 성령의 감화를 주신 것을 감사합니다. 예배 중에 찬송하고 기도하고 말씀을 들을 때, 하나님의 살아 계심과 우리를 향한 사랑이 느껴지게 하옵소서.

죄 많은 우리 인간들을 위해 육신의 몸으로 이 땅에 오셔서 십자가의 길을 가신 주님을 생각합니다. 그 은혜에 감사한 마음으로 주님의 몸 된 교회를 섬기고 주의 길을 따라가게 하옵소서. 죄로 죽었던 우리를 살리시고 자녀 삼아 주셨사오니, 이제는 하늘 아버지의 사랑에 보답하는 마음으로 주님의 몸 된 교회를 섬기게 하옵소서.

온 천지가 새로운 봄을 맞을 준비를 하고 있습니다. 3월을 맞는 우리의 마음에도 다시 한 번 새로운 결단이 서게 하옵소서. 아직도 추위가 계속되는 날씨 속에서도 계절은 봄이 왔음을 알려 주고 있습니다. 비록 우리의 삶에 엄동설한 같은 환경이 있을지라도 믿음으로 기도의 응답을 확신하게 하시고, 믿음으로 문제가 해결되고 기쁨이 회복되는 축복을 누리게 하옵소서.

우리에게 시련과 환난이 있다고 할지라도 하나님 아버지를 바라볼 수 있는 믿음을 주셔서 낙심하지 않게 도와주시기를 기도합니다. 시험당할 즈음에 피할 길을 주시고 말씀 가운데서 시험을 이기게 하시는 하나님을 믿게 하옵소서. 문제를 바라보며 슬퍼하지 않게 하시고, 문제의 해결자이신 주님을 바라보게 하옵소서. 주님께 시선을 고정시키고 소망 가운데 살게 하옵소서. 주님의 말씀을 믿고 출렁이는 바다에 발을 디디는 베드로의 믿음을 허락하여 주옵소서.

3월 새 학기에 우리의 자녀들이 학교에 잘 적응할 수 있도록 은혜를 베풀어 주옵소서. 상급 학교에 진학을 하거나, 한 학년 올라가서 공부를 할 때 좋은 친구들을 만나게 하시고, 선생님의 가르침을 잘 따라서 공부하게 하옵소서. 교회학교에도 열심을 내어 세상 지식과 더불어 하나님을 아는 지식과 믿음의 훈련도 게을리하지 않게 하옵소서.

오늘도 주의 종을 통하여 주시는 말씀을 경청하게 하옵소서. 마음 문을 열고 오늘 내게 주시는 하나님의 말씀으로 받아 순종함으로, 그 말씀이 생명의 양식이 되게 하옵소서.

주 예수 그리스도의 이름으로 기도합니다. 아멘.

3월 수요 예배(2)

언제나 우리를 사랑하시는 주님!

지난 삼 일 동안도 우리를 주님의 날개 아래 품어 주시고 보호하셨다가 수요 예배의 자리를 지키게 하시니 감사드립니다. 오늘 우리가 주의 말씀을 기다리며 은혜를 사모하오니 주린 심령에 생명의 양식을 먹여 주시고, 신령한 말씀으로 배부르게 하옵소서.

거룩한 주일에 예배드리고 말씀을 들었으나, 세상에 나가 살면서 들은 말씀을 실천하지 못했습니다. 하나님의 뜻을 알고 있으나, 육신적인 연약함 때문에 그 뜻대로 행하지 못하였습니다. 주님, 우리의 믿음 없음을 용서하여 주옵소서. 성령께서 우리의 마음을 주관하사 하나님의 뜻을 분별하게 하시고, 말씀대로 살아갈 수 있는 능력을 공급하여 주시기를 기도합니다.

우리 가정의 모든 문제를 주님이 아시오니 기도에 응답하여 주시고, 모든 것을 합력하여 선을 이루시는 하나님의 방법대로 해결하여 주시기를 원합니다. 우리 가족들의 건강을 지켜 주시고, 자녀들의 학업과 진로와 직장과 결혼의 문제를 주님께서 맡아 주셔서, 가장 좋은 길로 인도하여 주시기를 기도합니다.

우리 교회의 모든 기관과 지체들이 한마음으로 주님의 뜻을 이루기를 원합니다. 손과 발의 역할을 하는 자들이 서로 아름답게 조화되게 하시고, 눈의 역할과 입의 역할을 맡은 자들이 각자의 사명을 잘 감당하게 하옵소서. 주님의 몸 된 교회가 활기가 넘치고 기쁨이 충만하게 하시고, 하나님이 주인 되신 지상의 천국이 되게 하여 주옵소서.

교회 안에 다툼이나 분열이 없게 하시고, 모든 성도들이 주님의 명령인 "사랑하라"는 계명을 최고의 말씀으로 받들어 실천하게 하옵소서. 대한민국의 모든 교회들이 사랑으로 하나가 되게 하옵소서. 교단의 벽을 허물게 하시고, 하나님의 복음을 위해 힘을 모으게 하옵소서.

주님의 나라 확장을 위하여 복음을 땅끝까지 전하는 전 세계의 선교사들에게 은혜를 베푸시고, 하늘의 위로와 성령의 능력이 충만하게 하옵소서. 저들이 가는 곳마다 교회가 세워지게 하시고, 저들이 만나는 사람마다 복음을 믿고 구원받게 하옵소서. 그리하여 복음이 땅끝까지 전파되고 주의 구원이 만민에게 임하게 하옵소서.

오늘도 주의 종을 통하여 말씀이 선포될 때, 우리가 잘 깨닫고 마음에 새기고 실천할 수 있도록 성령의 감화를 더하여 주옵소서.

주 예수 그리스도의 이름으로 기도합니다. 아멘.

3월 수요 예배(3)

우리를 지키시고 보호하시는 사랑의 하나님 아버지!

오늘도 주님을 사모하는 마음을 주시고 수요 예배 자리에 나올 수 있도록 허락해 주신 은혜를 감사합니다. 오늘 예배를 통하여 우리가 하나님을 찬양하고 기도하는 가운데 큰 은혜를 받는 시간이 되게 하여 주옵소서.

십자가의 은혜로 구속해 주시고 하나님의 자녀로 인정해 주셔서, 진리 안에서 자유함을 얻게 하신 사랑을 항상 기억하게 하옵소서. 오늘 종의 입술을 통하여 주시는 말씀으로 하나님의 사랑을 다시 한 번 확인하게 하시고, 마음에 기쁨과 감사가 넘치게 하옵소서.

3월에 세상이 새봄의 기운으로 가득한 것처럼, 우리의 신앙이 새로운 봄을 맞게 하여 주옵소서. 새로운 마음으로 주님을 더 잘 섬기게 하시고, 새로운 결심으로 신앙생활에 열심을 내게 하옵소서. 주님을 위해 해야 할 일을 미루지 않고 감당하게 하시고, 착하고 충성된 종으로 살아가게 하옵소서. 하나님 앞에 언제나 위선이 없게 하시고, 회개의 열매가 생활 속에 나타나 온전한 주님의 백성으로 살게 하여 주옵소서.

우리 교회를 사랑하셔서 지금까지 많은 어려움 중에도 형통하게 하심을 감사합니다. 주님께서 세워 주신 목회자 담임 목사님을 중심으로, 올 한 해 주님의 몸 된 교회가 평안히 성장하게 하옵소서. 복음이 살아 숨 쉬는 교회가 되게 하시고, 사랑이 넘치는 공동체가 되게 하옵소서. 기도할 때 성령 충만하게 하시고, 찬양을 드릴 때 천군 천사의 화답하는 소리를 듣게 하옵소서.

주님, 이 나라를 불쌍히 여겨 주시고 긍휼을 베풀어 주시기를 기도합니다. 하나님의 공의를 물같이, 정의를 하수같이 이 민족에게 베풀어 주옵소서. 나라가 어지럽고 사회가 혼란한 가운데 있습니다. 니느웨성이 하나님 앞에 무릎 꿇고 회개하여 구원을 얻은 것처럼, 이 나라의 모든 위정자와 백성들이 하나님께 돌아와 무릎 꿇고 회개하여서, 민족적 구원을 받는 축복을 누리게 하옵소서.

나라와 민족을 위해 우리 교회가 늘 깨어 기도하며 주님의 사명을 감당하게 하옵소서. 이 시대에 구원의 방주와 같은 교회가 되기를 원합니다. 이 사회와 민족에게 희망이 되고 사랑을 나눠 주는 복된 교회가 되기를 원합니다. 말과 혀로만 사랑하는 것이 아니라, 행함과 진실함으로 하나님의 사랑을 보여 주는 교회가 되게 하여 주옵소서.

오늘도 주의 종을 통하여 주시는 말씀에 은혜 받게 하시고, 말씀을 들음으로 믿음이 견고해져서 삶의 모든 문제들이 믿음 안에서 해결되는 축복을 얻게 하여 주옵소서.

우리 주 예수 그리스도의 이름으로 기도합니다. 아멘.

3월 수요 예배(4)

긍휼과 자비가 풍성하신 하나님 아버지!

거룩한 주일을 보내고 지난 삼 일 세상에서 사는 동안 우리의 영과 육을 지켜 주시고 가정과 교회를 보호하여 주신 은혜를 감사드립니다. 오늘도 주 앞에 나와 수요 예배를 드리는 심령들을 돌아보시고, 기도에 응답해 주셔서 삶의 모든 문제가 풀리는 시간이 되게 하여 주옵소서.

주님의 위로를 기다리는 영혼들이 주의 전을 찾았습니다. 우리 마음에 말씀으로 평안을 주시고, 기도의 응답을 받아 새 힘을 얻게 하여 주시기를 원합니다. 우리 인생의 주인이 내가 아니라 주님이심을 잊지 않게 하시고, 주의 은혜가 아니면 여기까지 살아올 수 없었음을 고백하게 하옵소서.

주여, 악하고 불의한 세상이 우리를 유혹하고 있습니다. 악에 물들지 않고 주의 말씀을 따라 살게 하시고, 주님의 사랑을 항상 느끼며 성령님과 동행하게 하옵소서. 주의 뜻을 행하고 선한 길을 걸을 수 있도록 우리에게 용기와 지혜와 믿음을 허락하여 주시기를 기도합니다. 진정한 그리스도인으로 살아갈 수 있도록 항상 지켜 주시고 인도하여 주시기를 원합니다.

우리 교회를 오늘까지 인도해 주심에 감사를 드립니다. 오직 주님의 이름만을 높이는 교회 되게 하여 주옵소서. 주의 은혜를 잊지 않고 감사하며 복음을 전하는 교회가 되게 하여 주옵소서. 주님만이 이 교회의 머리가 되심을 고백하며 나아가게 하시고, 주의 나라 확장과 그 뜻을 실현하는 데 앞장서는 교회가 되게 하옵소서. 우리 모두가 주님 안에서 사랑의 띠로 하나가 되게 하여 주옵소서. 주의 자녀들이 다툼과 허영과 욕심을 버리고, 서로 배려하고 사랑함으로 세상의 모범이 되게 하여 주옵소서.

주님, 우리나라를 위하여 기도합니다. 안보, 경제, 정치, 사회, 문화, 모든 분야가 위태로운 상황을 봅니다. 이 민족이 풍랑 속에 조각배처럼 흔들리고 있습니다. 주여, 이 나라를 불쌍히 여기시고 자비를 베풀어 주시기를 간구합니다. 분열된 국론이 하나로 모아지게 하시고, 좌우가 손을 잡고 민족을 위해 앞으로 나아가게 하옵소서.

오늘도 세우신 주의 종을 통하여 말씀을 들을 때, 하나님의 말씀으로 듣게 하여 주옵소서. 말씀을 전하시는 목사님에게 성령님이 함께하셔서 주의 뜻을 힘 있게 선포하게 하시고, 우리의 듣는 귀가 열려 생명의 양식을 사모하며 받게 하옵소서.

우리 주 예수 그리스도의 이름으로 기도합니다. 아멘.

4월 수요 예배(1)

우리 삶의 주인이신 하나님 아버지!

오늘도 주의 전에 나와 예배하고 찬송하며 기도하게 하시니 감사합니다. 우리의 마음에 주님을 사랑하고 말씀에 순종할 수 있는 열심을 주셔서 감사드립니다. 오늘 우리 영혼이 주님을 만난 기쁨으로 감사가 가득하게 하시고, 주님의 말씀으로 위로와 평강이 넘치기를 원합니다.

지난 삼 일 동안에도 우리를 눈동자와 같이 보호하시고, 가정과 일터와 교회를 지켜 주심에 감사를 드립니다. 우리의 자녀들을 주의 날개 아래 품어 주시고 인도하여 주신 것을 감사합니다. 험하고 악한 세상 속에서 주님을 더욱 신뢰하고 믿음을 지켜 살아갈 수 있도록, 성령으로 함께하여 주시기를 원합니다.

주여, 말씀대로 살지 못한 우리의 연약함을 고백하며 용서를 구합니다. 우리의 허물과 죄악을 주님의 보혈로 깨끗하게 사해 주시고, 오늘 새로운 결단으로 남은 한 주간을 살아갈 수 있도록 도와주시기를 원합니다. 우리의 마음이 항상 주님을 사모하게 하시고, 우리의 귀가 항상 주의 말씀을 경청하여서, 믿음 안에서 말씀을 따라 살아가도록 인도하여 주옵소서.

신록이 우거진 4월에 산천초목을 보면서, 우리의 신앙생활도 푸르고 풍성하게 변하기를 원합니다. 매일 식물이 자기가 해야 할 몫을 감당하며 성장하듯이, 오늘 우리가 주를 위해 해야 할 사명을 실천하며 살아가게 하옵소서. 산과 들의 꽃이 세상을 아름답게 물들이듯이, 우리의 신앙 인격이 그리스도의 향기를 풍기게 하여 주옵소서.

교회의 머리 되신 주님, 한국 교회가 교회로서의 사명을 다하게 하시고, 믿는 자들이 온전한 그리스도인으로 살게 하옵소서. 사순절을 지나는 동안 십자가와 구원의 의미를 되새기게 하시고, 사순절과 고난주간에 드려지는 예배를 통하여 주님의 사랑을 더욱 많이 느끼는 체험이 있게 하여 주옵소서.

오늘도 주님이 세우신 목사님을 통하여 말씀을 듣습니다. 영육 간에 강건하게 하시고, 종의 가정에 평안과 감사의 조건이 가득하게 하옵소서. 목회 생활에 어려움이 없도록 우리 모든 성도들이 합심하여 기도하고 협력하게 도와주옵소서. 우리가 말씀을 들을 때 하나님의 말씀으로 받게 하옵소서. 말씀이 생명의 양식이 되어, 또 한 주간 험난한 세상 속에서 살아갈 때, 하늘의 참 소망을 품고 고난을 이기게 하시고, 말씀으로 마귀의 시험을 물리치고 승리하게 하옵소서.

주 예수 그리스도의 이름으로 기도합니다. 아멘.

4월 수요 예배(2)

사랑의 하나님 아버지!

복잡하고 어지러운 세상 속에서 주님을 기억하며 수요 예배에 나와 엎드렸습니다. 이 시간 영광과 존귀를 주님께 드립니다. 말씀을 통하여 하나님의 뜻이 밝히 드러나게 하시고, 우리의 기도가 하나님 앞에 올려질 때 응답의 축복을 허락하여 주옵소서.

사순절 기간을 통하여 우리 주님의 고난을 묵상하게 하심을 감사합니다. 세상 죄를 지고 고난을 당하신 우리 주님께 감사를 드립니다. 갚을 길 없는 은혜를 받았사오니, 우리의 몸과 마음을 다해 주님을 사랑하기를 원합니다.

주님의 십자가와 고난을 사순절 기간에 깊이 묵상하면서 찬란한 부활의 아침을 바라보게 하시고, 우리도 복음을 위해 져야 할 십자가를 지고 세상으로 나가게 하여 주옵소서. 이 세상의 죽어 가는 영혼들에게 주의 복음을 전하며, 죄에 빠진 영혼을 구원하는 일에 최선을 다하게 하옵소서.

십자가로 보증하신 하나님의 사랑을 의심 없이 믿음으로 확신하며, 용감하게 세상을 살아가게 하옵소서. 세상의 어떤 시험과 환난과 질병의 위협 속에서도, 하나님의 뜻을 헤아리며 낙심하지 않게 하옵소서. 모든 일에 하나님의 개입과 간섭이 있음을 믿게 하시고, 합력하여 선을 이루

모든 예배 대표기도문

시는 하나님의 선한 능력을 의지하며 찬송하게 하옵소서.

우리 교회를 향한 주님의 특별한 계획을 믿습니다. 주님께서 우리를 위하여 십자가의 고난을 당하신 것처럼, 우리 교회도 세상의 구원을 위한 고난의 자리에 있게 하여 주옵소서. 우리 교회가 삶의 소망과 평안을 잃은 곤고한 자들을 구원으로 인도하는 생명의 방주가 되게 하여 주옵소서. 이 나라와 민족에게 희망의 등대가 되게 하시고, 민족의 구원을 위해 합심하여 기도하고 사명을 감당하게 하옵소서.

오늘도 주의 종을 통하여 말씀을 듣습니다. 목사님을 강건하게 하여 주시옵소서. 말씀을 증언하실 때 성령의 충만한 은혜가 넘치게 하시고, 말씀의 열매가 우리의 심령과 가정과 일터 위에 풍성하게 맺히는 축복이 있게 하여 주옵소서. 말씀 한마디 한마디가 나에게 주시는 하나님의 말씀으로 들려지게 하시고, 삶의 문제에 해답을 주는 말씀으로 다가오게 하옵소서.

사랑이 많으신 예수님의 이름으로 기도합니다. 아멘.

4월 수요 예배(3)

사랑과 자비의 하나님 아버지!

추운 겨울의 찬바람이 잦아들고 따뜻한 기운이 감도는 4월의 아름다운 계절에, 주님을 생각하며 수요 예배의 자리에 나오게 하심을 감사합니다. 주일에도 주님의 말씀으로 은혜 받고 삼 일 동안 살다가, 다시 주님의 말씀을 사모하여 이 자리에 나온 주의 백성을 위로하시고, 하늘의 복으로 채워 주시기를 원합니다. 주의 백성의 형통함을 보고 세상 사람들이 하나님을 경외하게 하시고, 우리 자녀들이 복을 누림으로 세상 사람들이 하나님의 살아 계심을 믿게 하여 주옵소서.

이제는 완연히 따뜻해진 봄날의 햇살처럼, 주님 사랑의 온기를 느끼며 살게 하옵소서. 온 마음과 정성을 다하여 드리는 이 예배를 통하여 주님 홀로 영광 받아 주시옵소서. 말씀을 통하여 주님의 위대하심을 다시 한 번 깨닫게 하시고, 찬양하며 감사하게 하옵소서. 우리의 기도 가운데 주님의 응답하시는 음성을 듣게 하여 주옵소서. 세파에 시달리고 근심과 염려가 많은 삶 가운데서, 믿음이 흔들리고 말씀을 의심할 때도 많았음을 고백합니다. 원치 않는 사건을 만날 때마다 불안해하고, 시련이 닥칠 때마다 원망이 앞서는 어리석은 저희들을 용납하시고 위로하여 주시기를 원합니다. 주님을 진정으로 사랑하지만, 삶의 주인으로 인정하지 못하여, 풍랑에 흔들리는 배처럼 평안이 없는 저희들의 나약함을 불쌍히 여겨 주옵소서.

모든 예배 대표기도문

주께 받은 바 은혜를 망각하지 않도록 도와주옵소서. 십자가로 보여 주신 하나님 아버지의 사랑을 잠시라도 잊지 않게 하시고, 좋은 것으로 우리에게 공급하여 주시는 하나님의 선하고 크신 뜻을 인내하며 기다리는 믿음을 허락하여 주옵소서. 지금까지 살아온 모든 삶의 고비고비마다 주님이 붙잡아 주시고 용기를 주신 은혜를 기억하게 하시고, 앞으로의 인생길에서도 모든 문제를 주님께 맡기며 살아가게 하옵소서.

주님, 한국 교회가 힘을 잃어버린 상태에서 회복되기를 간구합니다. 다시 한 번 성령 충만을 경험하게 하시고, 예전의 권위와 영적 능력을 회복하게 하옵소서. 교회가 주님의 거룩한 신부로서의 순결성을 되찾게 하시고, 정의롭고 평화로운 공동체로 거듭나게 하옵소서. 교회 안에 불의와 부정이 사라지게 하시고, 부조리와 하나님의 뜻을 거스르는 요소가 추방되게 하옵소서.

오늘도 주의 종을 통하여 말씀을 들을 때, 마음 밭에 말씀의 씨앗이 잘 심어지게 하시고, 말씀대로 실천하며 주의 뜻을 이루는 생활이 되게 하옵소서. 목사님을 주님의 강한 손으로 붙들어 주시고, 목회하면서 항상 기쁨과 감사가 충만하게 하옵소서. 모든 교인들이 목사님의 목회 방침을 잘 따르게 하시고, 협력자가 되어 주님의 교회를 더 아름답게 만들어 나가게 하옵소서.

예수 그리스도의 이름으로 기도합니다. 아멘.

4월 수요 예배(4)

사랑과 은혜로 우리를 돌보시는 하나님 아버지!

오늘도 세상의 분주한 일과를 잠시 멈추고, 주님의 전에 나와 수요 예배로 모이게 하시니 감사합니다. 우리의 의지로 나온 것이 아니라 하나님의 부르심에 순종하여 나왔사오니, 이 시간 마음과 정성과 뜻을 모아 하나님께 찬송하고 기도하게 하시며, 위로부터 내리는 신령한 축복을 힘입게 하여 주옵소서.

주님, 연약하고 죄 많은 저희들이 모였습니다. 주님의 용서와 능력을 힘입어 살기를 간구합니다. 우리의 믿음 없음을 용서하시고 세상을 살아갈 새 힘을 공급하여 주옵소서. 예배 중에 우리의 근심이 변하여 기쁨이 되게 하시고, 슬픔이 변하여 찬송이 되게 하여 주옵소서. 마음의 불안과 걱정을 해소하고도 남는, 십자가로 보증하신 하나님의 변함없는 사랑이 우리 마음속을 지배하게 하셔서, 힘찬 발걸음으로 이 전을 나가게 하옵소서.

하나님의 무한하신 사랑으로 우리가 구원받고 자녀가 된 것을 감사합니다. 여전한 주님의 사랑이 우리를 변함없이 지켜 주고 있는데도, 우리는 의심이 많고 근심과 염려가 떠나지 않는 상태로 살고 있습니다. 주여, 우리의 믿음 없음을 용서하여 주옵소서. 의심의 구름을 거두어 주시고, 밝게 빛나는 햇살처럼 확실한 믿음으로 나아가게 하여 주옵소서.

모든 예배 대표기도문

우리는 육신의 일부터 먼저 생각하는 어리석은 자들임을 고백합니다. 용서하여 주시고 긍휼을 베풀어 주시기를 원합니다. 항상 주님께 감사가 앞서게 하시고, 독생자도 아끼지 않으신 하나님의 사랑을 찬양하게 하옵소서. 그 은혜와 사랑 안에서 우리의 근심과 염려가 해결되게 하시고, 삶의 문제들이 해답을 얻게 하옵소서. 질병이 치유되게 하시고, 답답하고 슬픈 마음에 평안과 위로가 깃들게 하옵소서.

주님의 죽음과 부활을 생각하며 지내는 4월에, 우리의 마음속에 주님에 대한 사랑이 더해지는 은혜를 허락하여 주옵소서. 항상 주님 앞에 겸손한 자세로 살아가게 하시고, 그 은혜에 감사하는 마음으로 충성하게 하옵소서. 주께서 우리에게 무엇을 말씀하시는지를 영적인 분별력을 가지고 깨닫게 하시고, 그 뜻에 순종하며 주님의 사람으로 살아가게 하옵소서.

주님께서 세우신 종을 통하여 말씀을 들을 때, 하나님의 말씀으로 받게 하옵소서. 말씀이 우리에게 생명의 양식으로 다가오는 축복이 있게 하시고, 그 말씀대로 믿고 실천하는 신앙적 결단을 허락하여 주옵소서. 우리가 오늘 기도하는 시간에 하늘의 응답을 듣게 하시고, 마음에 짐이 모두 벗어지는 평강의 축복을 허락하여 주옵소서.

우리 주 예수 그리스도의 이름으로 기도합니다. 아멘.

5월 수요 예배(1)

만물을 새롭게 하시는 하나님 아버지!

아름다운 5월을 주시고 첫 수요 예배를 기쁜 마음으로 주 앞에 드리게 하시니 감사합니다. 이렇게 주의 성전에서 성도들과 함께 마음껏 예배할 수 있는 것을 축복으로 알게 하시고, 사슴이 시냇물을 찾듯 사모하는 심정으로, 말씀 듣고 기도하는 자리를 놓치지 않게 하옵소서. 이 시간 우리의 무거웠던 마음이 위로를 받게 하시고, 평안의 복을 누리게 하여 주옵소서.

예배를 자유롭게 드릴 수 있는 우리나라를 주신 것을 감사합니다. 종교의 자유가 있고 건강의 여유도 있지만, 예배를 소홀히 한 것을 회개합니다. 기쁨과 자원하는 마음으로 나오지 못하고 의무감에 빠졌던 죄악을 회개합니다. 예배 시간에도 우리의 소원과 욕심만을 구하며, 하나님의 뜻을 외면했던 잘못을 용서하여 주옵소서.

하나님 아버지, 이 예배가 우리 인간들의 욕심을 채우는 시간이 아니라, 하나님의 뜻을 묻고 우리의 욕심을 비우는 시간이 되게 하여 주옵소서. 인간의 왕국은 무너지게 하시고, 하나님의 나라가 확장되게 하옵소서. 예배를 통하여 은혜 받고, 우리 모두가 하나님의 기쁨이 되는 자녀로 살아가게 하옵소서.

우리의 목자가 되시는 주님, 날마다 새로운 힘과 용기를 주셔서 험한 세상에서 믿음으로 살게 하시니 감사합니다. 오늘도 사모하는 마음으로 나왔사오니 말씀으로 우리를 위로하시고 강건하게 하여 주시기를 기도합니다. "두려워하지 말라 내가 너와 함께함이라 놀라지 말라 나는 네 하나님이 됨이라"라고 말씀하신 주님을 의지하며, 마귀가 주는 두려움을 물리치고 담대히 살아가게 하옵소서. "내가 너를 굳세게 하리라 참으로 너를 도와주리라 참으로 나의 의로운 오른손으로 너를 붙들리라"라고 하신 말씀에 의지하여, 험한 세상을 능력 있게 살아가며 승리하게 하옵소서.

만물이 약동하는 5월의 봄기운처럼 우리 믿음에 생동감이 넘치게 하시고, 우리의 입술에 긍정의 언어를 담고 살아가게 하옵소서. 만물이 아름다운 것처럼 우리의 교회 생활도 아름답게 하시고, 서로를 격려하고 세워 주고 축복하게 하옵소서. 교회의 일꾼들이 주님을 사랑하는 마음으로 헌신하게 하시고, 기쁨과 감사가 넘쳐 나는 공동체가 되게 하여 주옵소서.

오늘도 말씀을 듣고 단 위에 서시는 주의 종에게 능력을 더하시고 말씀의 지혜를 주셔서, 하나님의 뜻을 잘 전달하게 하옵소서. 우리가 하나님의 말씀으로 받아 삶에 적용하게 하시고, 주시는 생명의 양식을 먹고 건강한 신앙 인격으로 성장하게 하옵소서.

주 예수 그리스도의 이름으로 기도합니다. 아멘.

5월 수요 예배(2)

우리를 눈동자와 같이 사랑하시는 하나님 아버지!

눈부시게 아름다운 5월에, 세상의 유혹이 많아도 오늘 시간을 바쳐서 주의 전에 나와 예배드리게 하시니 감사를 드립니다. 수요 예배의 자리를 지킨 주의 자녀들에게 하늘의 위로와 복으로 채워 주시기를 기도합니다. 이 시간 예배를 통하여 하나님이 우리 아버지가 되심을 다시 한 번 확인하고 큰 믿음을 소유하게 하옵소서.

우리에게 가정을 주시고, 가정을 통하여 하나님의 사랑을 느끼게 하시니 감사를 드립니다. 우리의 부모를 통하여 사랑을 받게 하시고, 우리가 자녀들을 기르면서 하나님이 우리를 얼마나 사랑하시고 돌보시는지를 알게 하시니 감사합니다. 주님께서 허락하신 우리 가정에 믿음을 주시고, 필요한 물질을 채우시고, 기쁨과 감사와 평안이 넘치게 하옵소서.

주님, 우리 교회를 가정 같은 교회로 만들어 주셔서, 교인들이 믿음 안에서 한 아버지를 모시고 사는 형제와 자매로 서로를 사랑하게 하옵소서. 우리 교회 안에 사람 간의 차별이 없게 하시고, 소외당하는 교인이 없게 하여 주옵소서. 가진 자가 교만하지 않게 하시고, 주님 앞에 겸손하여서 이웃을 섬기는 마음으로 나눔을 실천하게 하옵소서.

교회 직분을 맡은 자들에게 주님 앞에서 일하는 종의 자세를 취하게 하시고, 언제나 "무익한 종입니다. 하여야 할 일을 한 것밖에 없습니다"라는 고백을 잊지 않게 하옵소서. 교회 직분이 계급이 되지 않게 하시고, 주님 앞에서 쓰임 받는 일꾼 됨의 자세를 망각하지 않게 하옵소서. 사람의 평가에 민감하지 않게 하시고, 주님이 착하고 충성된 종이라고 칭찬하실 때, 마음에 기쁨이 가득하게 하옵소서. 우리 모두가 주장하는 자세로 일하지 않게 하시고, 서로 협력하고 배려하며 주님의 일을 해 나가는 귀한 일꾼들이 되게 하여 주옵소서.

이 대자연에 거짓이 없듯이, 하나님의 공의가 가정과 교회를 넘어 이 사회와 민족에게 강물같이 흐르게 되기를 원합니다. 주님이 허락하신 이 나라에서 하나님을 대적하는 모든 세력들이 힘을 잃게 하시고, 진리를 거스르는 이단들이 사라지게 하옵소서. 이 나라가 하나님을 공경하고 하나님의 복음으로 하나 되기를 소원합니다. 이념과 가치관의 혼동 속에서 사분오열되어 있는 우리나라를 불쌍히 여기시고, 구원의 길을 허락하여 주시기를 간구합니다. 이 백성의 살길은 천지를 지으신 살아 계신 하나님을 아버지로 고백하며 회개하는 것밖에 없사오니, 주여, 불쌍히 여기사 이 민족과 나라를 구원하여 주옵소서.

이 시간 말씀을 들고 단 위에 서신 목사님을 붙들어 주시고, 하나님의 뜻을 전할 때 힘 있게 하옵소서. 우리가 겸손한 마음으로 하나님의 말씀을 받게 하시고, 신앙 인격이 변하고 주의 뜻을 따라 살게 하옵소서.

주 예수 그리스도의 이름으로 기도합니다. 아멘.

5월 수요 예배(3)

우리에게 아름다운 계절을 주신 하나님 아버지!
한량없는 은혜와 사랑을 감사드립니다. 지난 주일에도 주님께 예배하며 은혜 받게 하시고, 오늘 수요 예배의 자리도 지킬 수 있도록 성령의 감화와 믿음을 주시니 감사합니다. 이 시간 신령한 하늘의 복을 사모하오니, 갈급한 우리 심령을 단비 같은 말씀으로 채워 주시기를 원합니다.

주님, 험한 세파 속에서도 우리를 붙들어 주셔서 강건하게 하신 것을 감사합니다. 죄악의 물결이 심한 세상에서도 주의 말씀대로 살려는 의지를 주신 것을 감사합니다. 마귀의 시험이 많았으나, 말씀을 마음에 두고 하나님의 자녀로 살게 하심을 감사합니다. 질병 속에서도 하나님의 사랑을 믿으며 견딜 수 있게 하시니 감사를 드립니다. 우리의 생사 화복의 모든 것을 주님께 맡기오니, 앞으로의 모든 삶도 지켜 주시고 인도하여 주실 줄로 믿습니다.

주여, 이 나라의 모든 교회가 교파를 초월하여 그리스도의 가족 같은 공동체가 되기를 소원합니다. 우리 교회가 세상을 복음으로 변화시키는 공동체가 되게 하옵소서. 사랑이 없어 탄식 소리가 가득한 이 사회에, 주의 사랑을 베풀고 나누어 주는 교회가 되게 하여 주옵소서.

우리 모두가 하나님의 은혜를 입어 구원받고 영생을 얻었사오니, 주님

모든 예배 대표기도문

의 참된 제자로 살아가게 하시고, 우리의 언어가 그리스도의 편지가 되게 하시고, 우리의 행동이 그리스도의 향기를 풍기게 하옵소서. 하나님의 은혜와 사랑을 넘치도록 받았사오니, 세상의 물질과 명예와 권력의 노예로 살지 않게 하시고, 진리 되신 주님 안에서 자유함을 누리게 하옵소서.

우리 삶의 목적이 세상의 것을 움켜쥐는 것이 아니라, 주신 복을 나누는 것임을 잊지 않게 하옵소서. 썩어질 세상의 것에 미련을 두지 않게 하시고, 육신의 정욕과 이생의 자랑에서 벗어나, 주님 한 분만으로 만족한 삶을 살게 하옵소서. 주님 안에서 모든 소원을 이미 이룬 자처럼 살게 하시고, 주님께 구한 것은 이미 받은 줄로 여기는 믿음의 사람으로 살아가게 하옵소서. "여호와는 나의 반석이시요 나의 요새시요 나를 건지시는 이시요 나의 하나님이시요 내가 그 안에 피할 나의 바위시요 나의 방패시요 나의 구원의 뿔이시요 나의 산성이시로다"라는 다윗의 찬송이 우리의 신앙 고백이 되게 하여 주옵소서.

오늘 말씀을 전하시는 목사님에게 힘과 능력을 더하여 주시고, 큰 은혜 받는 시간이 되게 하여 주옵소서.

주 예수 그리스도의 이름으로 기도합니다. 아멘.

5월 수요 예배(4)

우리의 힘과 방패가 되시는 하나님 아버지!

주의 이름을 찬양하며 예배하오니 주님 홀로 영광 받아 주옵소서. 오늘도 성령님의 인도로 수요 예배의 자리에 나온 주의 백성에게 하늘의 복을 내려 주시기를 원합니다. 예배하는 자로 주 앞에 나왔사오니, 성령께서 우리의 마음을 다스려 주셔서 온전히 주님께 우리의 생각이 집중되게 하시고, 주님의 은혜와 사랑을 기억하며 감사하는 시간이 되게 하옵소서. 주님을 향한 사랑이 우리의 찬송이 되게 하시고, 주님을 향한 충성이 우리의 헌신이 되게 하옵소서. 주님의 뜻에 우리의 소원이 동화되게 하시고, 주님의 생각이 우리의 마음을 지배하게 하옵소서.

오늘 주님의 말씀을 듣고 기도할 때 성령의 역사가 강하게 임할 줄로 믿습니다. 마음에 무거운 짐을 지고 온 자들이 주님 품에서 참 안식을 얻는 축복을 누리게 하옵소서. 병중에 있는 형제자매들의 심신을 온전히 치유하여 주시고, 성령의 능력으로 새 힘을 얻게 하여 주옵소서. 우리 교우들의 일터와 사업장에 복을 주시고, 형통한 길로 인도하여 주옵소서. 문제가 기도로 풀리게 하시고, 막힌 담이 찬송으로 무너지게 하옵소서.

우리 삶의 기준이 항상 주님이 되게 하여 주옵소서. 무엇을 결정할 시간에도 '주님이 기뻐하실까'를 먼저 생각하게 하시고, 무엇을 말할 때에도 '주님은 어떻게 말씀하실까'를 고민하게 하옵소서. 어떤 행동을 하기에

모든 예배 대표기도문

앞서 먼저 기도하며 주님께 해답을 구하게 하시고, 어떤 일을 시작할 때도 '주님이 이 일에 긍정하실까'를 기도하며 묻게 하여 주옵소서.

우리 일상의 삶에 기도가 끊이지 않게 하시고, 주님과 항상 교통하며 대화하게 하옵소서. 주님의 뜻이 아니면 하지 않게 하시고, 오직 주님이 원하시지 않는 길로 나아가지 않게 하옵소서. 날마다 말씀을 묵상하여 하나님의 뜻을 헤아리게 하시고, 세상의 어떤 유혹에도 흔들림 없이, 주의 자녀로서 바른길을 걷게 하여 주옵소서. 하나님의 선하시고 온전하신 뜻이 우리의 생활을 통하여 이루어지게 하시고, 하나님의 나라가 우리의 삶을 통하여 이 땅에 확장되게 하옵소서.

우리에게 하나님과 더불어 이웃이 보이게 하시고, 이웃을 위한 기도의 영역이 넓어지게 하옵소서. 우리가 기도해 주어야 할 사람들이 생각나게 하시고, 우리의 기도로 그들의 믿음이 회복되고, 질병이 치유되고, 어려운 환경이 물러가는 기적을 허락하여 주옵소서. 여러 가지 사정으로 고통을 받고 있는 우리 교우들과 친구들을 위해 기도할 때, 하늘의 문을 여시고 응답하여 주옵소서.

오늘도 주의 종을 통하여 말씀을 들을 때 우리의 귀가 열리게 하시고, 하나님의 말씀으로 들리는 축복을 허락하셔서 그 말씀으로 남은 한 주간을 살게 하여 주옵소서.

주 예수 그리스도의 이름으로 기도합니다. 아멘.

6월 수요 예배(1)

우리를 언제나 사랑하시는 하나님 아버지!

거룩한 주일을 지내고 삼 일 동안 은혜 가운데 살게 하셨다가, 오늘 수요 예배로 다시 모이게 하시니 감사를 드립니다. 주 앞에 나올 때 언제나 하나님께 예배드림이 기쁘고 행복한 시간이 되게 하시니 감사합니다. 세상에 좋은 것이 많지만, 주님 말씀이 더 좋아서 이 자리에 나온 주의 백성들에게 복 주시고 은혜 내려 주시기를 간구합니다.

우리에게 언제나 새 힘을 주시고 새로운 일을 시작하시는 하나님을 찬양합니다. 지치고 쓰러진 영혼을 생명수로 일으켜 세워 주시고, 주린 영혼에게 하늘의 만나로 배부르게 하시니 감사합니다. 사슴이 시냇물을 찾듯이 갈급한 심정으로 주 앞에 나온 우리에게, 생명의 말씀을 주셔서 위로와 평안을 얻게 하여 주시기를 원합니다. 주님 아니면 호흡도 할 수 없고 숨도 쉴 수 없는 연약한 우리를 불쌍히 여겨 주셔서, 언제나 손잡아 주시고 동행하여 주시기를 기도합니다.

여름으로 접어드는 6월이 시작되었습니다. 뜨거운 태양처럼 우리 신앙의 열기도 달아오르게 하시고, 여름 햇살에 식물이 성장하여 결실하듯이 우리도 열심을 내어 영혼 구원과 교회 성장의 열매를 맺게 하여 주옵소서. 메마른 대지에 소낙비를 내리심같이, 가물어 메마른 우리 마음에 성령의 단비를 부어 주셔서 갈급한 영혼이 새 힘을 얻게 하여 주옵소서.

우리 모든 성도들의 건강을 지켜 주시고, 가정의 평안을 허락하여 주시기를 원합니다. 직장과 사업장에 안전사고 없도록 주께서 안보하여 주시고, 모든 문제가 기도로 풀리게 하옵소서. 우리 교회가 계획하는 여름 행사가 잘 준비되어 하나님께 영광 돌리게 하옵소서.

주여, 이 나라가 하나님이 다스리시는 복된 나라가 되기를 간구합니다. 자유 대한민국을 지켜 주시고, 대통령부터 모든 국민에게 이르기까지 애국하는 마음을 허락하여 주옵소서. 오늘의 경제 성장과 국가의 위상이 있기까지 하나님이 인도하시고 보호하셨음을 잊지 않게 하옵소서.

주여, 다시는 이 나라에 전쟁이 없게 하시고, 분열이 사라지게 하옵소서. 사분오열되어 서로 미움과 다툼을 일삼는 자들을 감화시키사, 사랑과 화해의 정신으로 거듭나게 하옵소서. 교회가 세상을 향해 예언자적 권위를 회복하게 하옵소서. 그리하여 주님의 뜻을 세상에 전할 때 힘이 있게 하시고 복음으로 하나님의 나라가 확장되게 하옵소서.

오늘도 주의 종을 통하여 말씀이 선포될 때 하나님의 말씀으로 듣게 하시고, 성령의 감화로 우리 마음이 뜨겁게 하여 주옵소서. 은혜 받은 말씀으로 세상에 나가 주의 자녀답게 살게 하여 주옵소서.

주 예수 그리스도의 이름으로 기도합니다. 아멘.

6월 수요 예배(2)

사랑과 은혜가 충만하신 하나님 아버지!

주님의 사랑 속에서 삼 일 동안 세상에 살다가 오늘 수요 예배의 자리를 지킬 수 있도록 믿음을 주시니 감사합니다. 주님께 엎드려 은혜를 사모하는 자들에게 하늘의 복으로 충만하게 채워 주실 줄로 믿습니다. 답답하고 슬픈 마음을 가지고 나온 성도들이 이 예배를 통하여 삶의 해답을 얻고, 주님의 위로 속에서 찬송하며 이 전을 나갈 수 있도록 자비를 베풀어 주시기를 기도합니다.

여름의 무더위가 시작된 6월의 날씨에 지치지 않도록 우리의 몸과 마음의 건강을 지켜 주시기를 원합니다. 우리의 가정을 지켜 주시고, 사업장과 일터에 복을 더하여 주셔서 주님을 섬기는 데 지장이 없도록 도와주시기를 간구합니다. 우리 교우들이 여름에도 신앙생활 잘하고, 예배의 자리를 지킬 수 있도록 믿음과 건강의 복을 허락하여 주옵소서.

더워지는 날씨에 병상에 있는 우리 이웃들에게 치유의 손길을 허락하셔서, 속히 건강을 회복하도록 은총을 베풀어 주시기를 원합니다. 심신의 병으로 고생하는 교우들에게 주님의 위로와 평안을 내리시고, 믿음으로 강건하게 하옵소서. 미래적인 걱정과 불안 속에서 불면의 시간을 보내고 있는 사람들을 주께서 품어 주시고, 푸른 초장과 맑은 물가로 인도해 주시기를 원합니다.

한 주간의 삶을 되돌아봅니다. 말씀을 들었으나 말씀대로 실천하지 못한 죄를 고백합니다. 주의 사랑을 넘치게 받았으나, 그 사랑의 힘으로 이웃을 사랑하지 못한 잘못을 고백합니다. 하나님의 뜻대로 살지 못하고, 우리의 고집과 이기적인 욕심을 채우려고 하나님의 뜻을 합리화시킨 잘못을 회개하오니 용서하여 주옵소서. 항상 기뻐하고 범사에 감사하라고 하셨지만, 우리의 입술에 불평과 원망이 가득하였음을 회개합니다. 쉬지 말고 기도하라고 하셨지만, 기도의 시간도 확보하지 못하고 살아온 죄를 용서하여 주옵소서.

오늘 우리가 다시 한 번 주의 얼굴을 뵈옵고 주의 말씀을 듣습니다. 우리에게 주시는 하나님의 말씀을 놓치지 않게 하시고, 우리 마음 밭을 옥토로 만드사 떨어지는 말씀의 씨앗마다 백 배의 결실이 있게 하여 주옵소서. 그 말씀이 생명의 양식이 되어서, 우리의 신앙 인격이 자라게 하시고 하나님의 사람으로 변화되는 축복을 받게 하여 주옵소서.

교회의 어려운 환경 속에서도 주님의 사역을 감당하는 목사님에게 능력을 더하여 주시고, 주님의 위로와 평강 안에서 힘 있게 목회하며, 기쁨과 감사로 교회의 모든 성도들을 돌보게 하옵소서.

주 예수 그리스도의 이름으로 기도합니다. 아멘.

우리를 사랑하사 독생자를 보내 주신 하나님 아버지!

그 사랑을 찬양하고 감사드립니다. 죄로 죽었던 우리를 구원하셔서, 죄 사함 받게 하시고 하나님의 자녀로 삼아 주신 은혜를 무한 감사합니다. 오늘도 그 사랑에 감격하여 수요 예배에 나온 주의 백성에게 하나님의 말씀을 들려주시고 기도에 응답하여 주시기를 기도합니다.

주님 닮아 살기를 원합니다. 주님이 주신 입술에 긍정의 언어를 담아 화평을 도모하게 하옵소서. 서로 위로하고 칭찬하고 격려함으로 교회 공동체가 유익을 얻고, 모두가 행복하게 신앙생활을 할 수 있도록 도와주옵소서. 고난과 시련이 있어도 불평과 원망 대신 마음에 감사와 찬양이 넘치게 하옵소서. 우리를 향하신 하나님의 크고 놀라우신 뜻과 섭리를 믿으며, 그 말씀을 의지하여 승리하게 하옵소서.

하나님 아버지, 교회를 위해 기도합니다. 우리 교회가 하나님의 정의를 실천하는 공동체가 되게 하여 주옵소서. 불의와 타협하지 않게 하시고 세속화의 물결에 휩쓸리지 않게 하셔서, 하나님이 원하시는 깨끗하고 정결한 교회로 세워지게 하옵소서. 거짓과 권모술수가 만연된 이 사회를 향하여 주의 뜻을 전하게 하시고, 하나님의 나라를 확장하는 교회가 되게 하옵소서.

만물을 새롭게 하시는 하나님, 우리의 심령을 새롭게 하사 믿음과 소망과 사랑으로 채워 주옵소서. 하루의 시작이 언제나 새롭게 하시고, 매 순간순간이 소중하고 가치 있게 하옵소서. 매 주일 드리는 예배가 진부한 형식 안에서 행해지지 않게 하시고, 새 마음과 신선한 감동으로 주 앞에 드려지게 하옵소서. 죄로 물든 하나님의 형상이 새로운 피조물로 변화되게 하시고, 매일같이 말씀을 새롭게 깨달아 가며 새로운 신앙 인격이 형성되게 하옵소서.

민족의 아픔이 있는 6월입니다. 우리 모두가 주님 사랑의 동력으로 민족과 나라를 사랑하며 기도하게 하옵소서. 이 나라의 위기 상황을 주님이 해결하여 주시기를 기도합니다. 다시는 전쟁의 소용돌이 속에 한반도가 휩쓸리지 않게 막아 주시고, 남북의 긴장 관계가 평화의 기운으로 바뀌게 하옵소서. 북한의 핵무기가 사라지게 하시고, 대한민국의 사회적 갈등이 해소되게 도와주시기를 원합니다.

오늘도 복된 말씀을 전하시는 주의 종을 붙들어 주옵소서. 심신의 건강을 주시고 지혜와 지식과 성령의 감화를 주셔서, 하나님의 말씀을 바로 전하고 힘 있게 전파하게 하옵소서. 우리가 목사님의 말씀을 오늘 내게 주시는 하나님의 말씀으로 받아, 영혼이 잘됨같이 범사가 잘되고 강건한 축복을 누리게 하옵소서.

우리를 구원하신 예수님의 이름으로 기도합니다. 아멘.

사랑으로 우리를 돌보시는 하나님 아버지!

오늘도 바쁜 일과를 멈추고 주님 전에 나와 수요 예배를 드립니다. 마음과 정성과 뜻을 모아 예배하며 주의 말씀을 사모하오니, 예비하신 복을 내려 주시고 위로와 평안으로 우리의 마음을 채워 주시기를 기도합니다.

주님, 올해도 상반기가 다 지나가고 있습니다. 우리 삶을 다시 한 번 정리하게 하시고 낭비된 시간이 없는지 살펴서, 하반기에는 더 충실하게 생활하고 주 앞에 충성하며 살게 하여 주옵소서. 우리 교회의 상반기 모든 예배와 행사를 점검하여, 남은 하반기의 시간에 더 많은 달란트를 남기는 교회가 되도록 은총을 베풀어 주시기를 원합니다.

우리 교회의 모든 일꾼들이 예배드리는 일에 모범을 보이게 하옵소서. 예배보다 일이 앞서지 않게 하시고, 예배보다 회의를 더 즐기는 일이 없게 하여 주옵소서. 우리 신앙생활의 중심에 예배가 있게 하옵소서. 예배를 통하여 주님 앞에 겸손해지게 하시고, 교회 직분자들이 섬김과 낮아짐의 자세를 배우며 일하게 하여 주옵소서. 인간의 지혜나 권모술수가 아니라, 하나님이 일러 주시는 방법과 능력을 따라 교회의 사역을 감당하게 하옵소서.

주님, 이 세상의 명예나 박수에 한눈팔지 않게 하시고, 주님이 인정해 주시는 것으로 만족하게 하옵소서. 무익한 종이지만 주님께서 사용하여 주셔서 교회 일을 감당하고 있사오니, 항상 열심과 충성으로 맡겨 주신 일을 감당하게 하옵소서. 존귀 영광 모든 권세는 주님이 홀로 받으시고, 멸시 천대 십자가는 우리가 지고 가겠다는 신앙 고백으로 일하게 하옵소서.

주여, 교회를 잘 섬기고 싶습니다. 우리에게 건강의 복을 주시고 가정의 평안을 허락하여 주시기를 원합니다. 사업과 일터에 평안함을 주시고, 자녀들이 잘 되는 축복을 허락하여 주시기를 기도합니다. 항상 마음에 기쁨과 감사가 가득하게 하시고, 어려운 일도 성령님의 도우심으로 능히 헤쳐 나가 승리하게 하옵소서.

주님, 우리나라를 위해 기도합니다. 6·25전쟁 같은 비극이 다시는 이 땅에 재현되지 않게 막아 주시기를 원합니다. 북한의 독재 정권이 무너지게 하시고, 우리나라의 부정부패가 사라지게 하옵소서. 하나님을 섬기는 나라로 만들어 주시고, 이 마지막 때에 주님의 복음을 세계에 전하는 선교 국가가 되게 하여 주옵소서.

오늘도 주의 종을 통하여 말씀을 듣습니다. 하나님의 말씀을 잘 전할 수 있도록 목사님을 붙들어 주옵소서. 우리가 겸손히 말씀을 받아 마음에 간직하게 하시고, 그 말씀대로 살아갈 수 있는 순종의 마음을 허락하여 주옵소서.

우리 주 예수 그리스도의 이름으로 기도합니다. 아멘.

7월 수요 예배(1)

인간의 삶을 주관하시는 하나님 아버지!
세상의 많은 사람들 중에 우리를 택하사 주의 자녀로 삼아 주신 은혜를 감사드립니다. 삼 일 동안 세상에서 살다가 다시 수요 예배의 자리에 올 수 있도록 믿음을 주셔서 감사합니다. 오늘 예배가 하나님의 사랑과 은혜를 새롭게 느끼며 감사하는 자리가 되게 하여 주옵소서.

7월의 무더위 속에서 지치지 않도록 우리의 건강을 지켜 주시고, 믿음 생활을 하는 데 지장이 없도록 보호하여 주시기를 기도합니다. 우리 교회의 여러 기관들이 여름에 해야 할 일을 잘 준비하여서 하나님께 영광 돌리게 하옵소서. 특별히 여름성경학교 위에 주님께서 은혜를 베푸시고, 어린 심령들의 영적 성장의 기회가 되도록 역사하여 주옵소서. 수고하는 교사들과 교역자님들을 주께서 위로하여 주시고, 그들의 흘린 땀과 간절한 기도가 영적인 풍성한 결실로 나타나게 하옵소서.

이 나라의 교회들을 위하여 기도합니다. 세워 주신 주님의 뜻을 받들어 사명을 감당하는 교회가 되게 하여 주옵소서. 교회다운 교회를 찾아볼 수 없다는 이 시대에, 우리 교회만이라도 주님이 기뻐하시는 교회로 나아가게 하옵소서. 주님만이 이 교회의 머리가 되어 주시고, 주님의 생각과 의지대로 움직이는 공동체가 되게 하여 주옵소서.

모든 예배 대표기도문

우리 교회를 통하여 이 지역에 예수 믿는 사람이 많아지게 하시고, 이 사회에 주님의 뜻이 이루어져서 하나님의 공의와 사랑이 나타나게 하옵소서. 교회를 통하여 이 민족이 사랑을 배우게 하시고, 갈등을 멈추고 하나가 되는 축복을 허락하여 주옵소서. 삶의 소망을 잃어버린 자들이 교회에서 주님을 만나 기쁨을 회복하게 하시고, 인생의 낙이 없던 자들이 예수 믿으므로 평안을 되찾게 하옵소서. 교회가 상처받은 영혼들을 위해 기도하고 다가가는 선한 사마리아인의 역할을 잘 감당하기를 원합니다. 주여, 우리를 도와주시고 성령의 능력을 공급하여 주옵소서.

역사를 주관하시는 하나님 아버지! 지금까지 우리나라를 지켜 주신 것을 감사드립니다. 복잡하고 어려운 정치적, 경제적 문제들을 주님 손에 맡깁니다. 문제의 해결자이신 주님께서 이 나라를 강하게 붙들어 주시고 평화를 유지시켜 주시기를 간구합니다. 우리나라에 전쟁이 없게 하시고, 복음으로 평화 통일을 이루게 하옵소서. 남북한이 복음으로 하나되어 마음 놓고 예배드리고 찬송하게 하옵소서.

우리 교회를 이끄시는 담임 목사님과 교역자님들에게 항상 함께하여 주시고, 능력을 더하사 맡겨진 사역을 잘 감당하게 하옵소서. 이 시간 주의 종을 통하여 말씀이 선포될 때, 성령님의 감동으로 저희에게 큰 깨달음과 은혜가 넘치게 하옵소서.

예수 그리스도의 이름으로 기도합니다. 아멘.

만복의 근원이요 생명이 되신 하나님 아버지!

거룩한 주일에도 성전에서 지내게 하시고, 오늘 다시 수요 예배로 모여 은혜 받게 하시니 감사를 드립니다. 몸과 마음을 다하여 찬양하오니 홀로 영광 받으시고, 우리가 기도할 때 응답하여 주옵소서.

주님의 말씀을 듣고 가슴에 새겼지만, 말씀대로 살지 못한 허물과 죄를 고백합니다. 주님의 넓은 사랑으로 품어 주시고 용서하여 주시기를 원합니다. 세상이 우리를 유혹하지만, 주의 말씀에 바로 서서 죄에 빠지지 않게 하시고, 하나님 사랑과 이웃 사랑을 실천하며 살아가게 하옵소서. 하나님의 정의를 실현하며 살게 하시고, 주님이 가르쳐 주신 삶의 윤리와 정신을 본받아 살게 하여 주옵소서.

주님, 우리가 입으로는 주님의 제자라고 고백하지만, 우리의 실상은 바리새인처럼 살고 있지는 않은지 반성하게 하옵소서. 우리에게 신앙적인 위선이 없게 하시고, 하나님 앞에나 사람 앞에 자랑거리가 사라지게 하옵소서. 고개 숙인 자세로 하나님을 섬기게 하시고, 겸손한 마음으로 사람을 대하게 하여 주옵소서. 박수 받는 일과 상석에 앉는 습관적 위선을 떨쳐 버리게 하시고, 우리의 아집과 교만과 욕심과 추한 생각을 모두 십자가 밑에 묻어 버리게 하옵소서. 주 안에서 새로운 피조물 된 우리가 세상에 미련을 두지 않게 하시고, 주님의 나라를 동경하고 그 뜻을 헤아리며 살아가게 하옵소서.

이 나라와 민족을 위하여 기도합니다. 우리나라를 지금까지 인도해 주신 하나님 아버지의 은혜를 감사드립니다. 인간의 지혜와 힘으로는 이 나라가 유지될 수 없사오니, 주님의 강한 손으로 인도하여 주시기를 간구합니다. 정부와 국회와 사법부의 지도자들이 백성을 위하여 일하게 하시고, 하나님을 두려워하는 마음으로 정의를 구현하게 하옵소서.

주여, 우리 교회를 위하여 기도합니다. 하나님의 뜻이 계셔서 세우신 교회이오니, 주님이 이 교회의 주인이 되어 주시고 머리가 되어 주옵소서. '내 교회'를 세우겠다고 선언하신 주님, 이 교회가 진정으로 주님의 교회가 되기를 소원합니다. 인간이 주인 노릇 하지 않게 하시고, 주님 앞에 모두 무릎 꿇고 그 뜻을 받들어 섬기는 우리 모두가 되게 하여 주옵소서. 이를 위하여 우리가 항상 깨어 기도하게 하시고, 하나님의 말씀을 경청하게 하시고, 판단과 결정에 앞서 주님의 뜻을 생각하게 하옵소서.

이 예배 시간에 주의 종을 통하여 들려지는 하나님의 말씀을 믿음으로 '아멘' 하며 받게 하옵소서. 그 말씀을 세상에 나가 실천하며 그리스도인으로 살게 하여 주옵소서.

우리 주 예수 그리스도의 이름으로 기도합니다. 아멘.

7월 수요 예배(3)

사랑과 자비가 풍성하신 하나님 아버지!

오늘도 성령의 인도하심으로 수요 예배의 자리를 지키게 하시고, 하나님의 말씀을 듣고 기도하게 하시니 감사를 드립니다. 주의 은혜가 넘치는 시간이 되게 하시고, 우리의 기도가 하늘 보좌에 상달되는 응답의 시간이 되게 하여 주옵소서.

하나님이 살아 계시고 우리를 보호하신다는 것을 알지만, 우리의 믿음이 연약하여 삶의 문제 앞에서 항상 근심하고 불안한 채로 살아온 것을 회개하오니 용서하여 주옵소서. 이 시간 주님의 말씀 속에서 다시 한 번 큰 믿음을 갖게 하시고, 기도 가운데 하나님의 음성을 듣게 하옵소서. 임마누엘 성령께서 항상 동행하심을 믿고, 사망의 음침한 골짜기에서도 주님이 지켜 주심을 고백했던 다윗의 고백이, 우리의 신앙 고백이 되게 하여 주옵소서.

이 나라와 민족을 위하여 기도합니다. 정치를 맡은 자들이 하나님을 두려워하며 선한 정치를 펼치게 하시고, 애국심을 가지고 국정을 운영하게 하옵소서. 정치, 경제, 안보의 모든 문제를 주님이 해결하여 주시기를 원합니다. 하나님이 기뻐하시는 나라가 되게 하시고, 주님의 정의가 강물같이 흐르고 하나님의 평화가 온 천지에 가득한 나라로 만들어 주옵소서.

주여, 우리 교회를 선교하는 공동체로 만들어 주옵소서. 세상을 향하여 소금과 빛의 역할을 감당하게 하시고, 하나님의 뜻을 이 땅에 펼치는 교회가 되게 하여 주옵소서. 교회의 중직자들이 신앙생활에 솔선수범하게 하옵소서. 우리 교인들의 삶과 윤리가 세상 사람들에게 감동을 주어 삶으로 복음을 전하게 하시고, 우리 교회가 세상을 구원하고 변화시키는 주의 몸 된 교회가 되게 하여 주옵소서.

우리 교회의 일꾼들을 기억하옵소서. 교회를 위하여 헌신하는 수고에 기쁨과 보람을 상급으로 허락하옵소서. 어떤 대가나 기대감에서 일하지 않게 하시고, 쓰임 받음에 감격하는 마음을 주옵소서. 특별히 여름 행사로 수고를 아끼지 않은 교회학교 교사들과 교우들에게 복을 주사, 그 수고의 열매를 보게 하여 주옵소서.

교회가 계획한 여름 행사를 주의 은혜 가운데서 잘 마치게 된 것을 감사드립니다. 앞으로 계획하고 있는 모든 예배와 행사도 하나님께 드릴 풍성한 열매로 가득 넘치게 하옵소서. 휴가를 다녀오거나 계획하는 가정마다 건강을 지켜 주시고, 가족 간의 사랑을 확인하는 기회가 되게 하옵소서. 무더위에 우리 교우들의 건강을 지켜 주시고, 병상의 환우들을 위로하여 주옵소서.

오늘도 주의 종을 통하여 주시는 말씀으로 큰 은혜 받게 하시고, 기도 시간에 응답받는 축복을 허락하여 주옵소서.

우리를 구원하신 예수님의 이름으로 기도합니다. 아멘.

7월 수요 예배(4)

사랑과 은혜의 하나님 아버지!

변함없는 사랑으로 우리를 인도하시는 은총에 감사를 드립니다. 7월의 무더위 속에서도 저희들의 건강을 지켜 주시고 신앙적인 열심을 주셔서, 수요 예배에 나와 찬송하고 기도하며 말씀 듣게 하신 은혜를 감사드립니다. 이 시간 주님의 말씀을 사모하는 심령에게 필요한 영의 양식을 공급하여 주시기를 원합니다.

우리는 기도할 바를 알지 못하나, 성령께서 말할 수 없는 탄식으로 우리를 위하여 기도하고 계심을 믿습니다. 우리는 무엇이 우리에게 유익한 응답인지도 모른 채 구하나, 모든 것을 합력하여 선을 이루시는 주님의 뜻이 이루어지기를 원합니다. 나의 원대로 마시고 아버지의 뜻대로 되어지기를 원하시던 주님의 기도를 본받아, 우리를 통하여 하나님의 뜻이 이루어지고 주님의 나라가 확장되기를 기도합니다.

삶의 여러 문제들을 가지고 주님께 나와 기도하는 심령들을 불쌍히 여기사, 그 마음의 고민을 풀어 주시고, 눈물을 닦아 주시고, 슬픔을 치유하여 주시기를 원합니다. 상한 갈대를 꺾지 않으시고 꺼져 가는 등불도 끄지 않으시는 하나님의 자비와 사랑을 믿습니다. 오늘 주의 전을 찾아 나온 성도들의 마음에 평안과 위로를 내려 주시기를 원합니다. 주 앞에 엎드린 수로보니게 여인의 소원을 들어주셨던 주여, 이 시간도 주의 자녀들이 기도할 때, 그 믿음을 보시고 문제를 해결하여 주시기를 원합니다.

엘리야의 기도를 들으셨던 주님, 이 민족과 나라를 위하여 기도할 때 주께서 응답하여 주옵소서. 하나님의 주권적 개입이 없이는 우리의 가정도, 교회도, 나라도 건강하게 설 수 없사오니, 주님이 주인 되어 주셔서 우리의 가정과 교회와 나라를 다스려 주옵소서.

교회의 머리가 되시는 주님! 절망과 어두움의 시대일수록 교회의 사명이 막중함을 깨닫습니다. 한국 교회에 영적 대각성의 기회를 허락하여 주시기를 간구합니다. 교회에 정의가 살아 숨 쉬게 하시고 불의함이 떠나가게 하옵소서. 교회가 하나님의 뜻을 전하는 도구로서의 예언자적 사명을 잘 감당하게 하옵소서. 한국 교회가 하나 되기를 원합니다. 진보나 보수의 이념으로 나누어진 교회가 하나님의 나라 확장을 위해 하나로 힘을 모으게 하시고, 한목소리로 세상을 향하여 외치게 하옵소서. 영적 권위를 회복하게 하시고, 예수 그리스도의 십자가 복음을 힘 있게 전하는 하나님의 도구로 쓰임 받게 하옵소서.

오늘도 주의 종을 통하여 말씀을 들을 때, 귀가 열려 하나님의 말씀으로 받게 하옵소서. 목사님의 건강을 지켜 주시고 말씀의 능력을 더하여 주옵소서.

우리 주 예수 그리스도의 이름으로 기도합니다. 아멘.

8월 수요 예배(1)

사랑과 은혜가 풍성하신 하나님 아버지!

주님의 은혜 가운데 살다가 바쁜 일과를 잠시 멈추고, 수요 예배 시간을 기억하며 주의 전을 찾아 나오게 하심을 감사드립니다. 주 앞에 머리 숙인 백성들을 하늘의 충만한 복으로 채워 주시고 기도에 응답해 주시기를 원합니다. 우리의 예배를 통하여 하나님 영광 받으시고, 말씀을 더 깊이 사모하고 깨닫는 시간이 되게 하여 주옵소서. 이 시간 항상 우리에게 좋은 것으로 만족시켜 주시는 하나님의 손길을 느끼게 하시고, 믿음으로 삶의 용기를 회복하게 하옵소서.

주님 앞에 먼저 한 주간의 삶을 돌아보며 지은 죄를 회개합니다. 우리의 믿음이 연약하여 세상과 타협하고 하나님의 말씀대로 살지 못한 것을 용서하여 주옵소서. 주님의 뜻이 아닌 줄 알면서도 육신적인 욕망과 물질적인 이득에 눈이 어두워 지은 죄를 회개하오니 성령으로 우리의 마음을 깨끗하게 하옵소서. 사랑을 받았으나 사랑하지 못하였고, 은혜를 입었으나 그 은혜를 나누며 살지 못한 죄를 용서하여 주옵소서.

오늘까지 살아온 것이 주님의 은혜임을 기억하며 감사를 드립니다. 때를 따라 말씀을 주시고 일용할 양식을 주시니 감사를 드립니다. 이스라엘 백성을 불 기둥과 구름 기둥으로 인도해 주시고 만나와 메추라기로 먹이신 주님께서, 동일한 은혜로 우리에게 말씀의 만나와 메추라기를 공급하여 주시니 감사합니다.

무더위의 절정인 8월을 맞이하였습니다. 여름 더위와 태풍과 폭우로 인한 피해가 없게 하여 주옵소서. 어려움을 당한 사람들을 위해 교회가 기도하며 긍휼을 베풀고, 교회의 역할을 잘 감당하게 하옵소서. 교회 안팎에서 도움의 손길을 기다리는 사람들에게 주의 사랑의 마음을 가지고 다가가게 하옵소서. 세상이 어두워져 갈수록 주님을 더욱 의지합니다. 우리 삶의 소망이신 주님을 더욱 사랑합니다. 주님 없이는 이 세상에 희망도 없고 미래도 없음을 고백합니다. 주님, 이 나라 모든 백성들이 예수 믿고 구원받고 천국 소망 가운데 살게 하여 주옵소서. 이를 위해 교회가 구원의 등대가 되게 하시고, 소금과 빛의 역할을 잘 감당하게 하옵소서.

우리 교회 목사님을 기억하시고 영적 능력을 더하여 주시기를 기도합니다. 어려운 목회 현장에서 사역할 때, 언제나 새로운 위로와 힘을 공급하여 주시기를 원합니다. 우리 성도들이 주의 종을 잘 협력하고 도와줌으로 교회가 건강하게 성장할 수 있도록 은총을 베풀어 주옵소서.

오늘도 주께 받은 말씀을 전하시는 목사님을 붙들어 주시고, 힘 있게 주의 뜻을 선포하게 하옵소서. 우리가 마음을 열어 하나님의 말씀으로 받고 순종하여 영의 양식으로 삼게 하옵소서.

우리 주 예수님의 이름으로 기도합니다. 아멘.

8월 수요 예배(2)

우리를 사랑하시고 보호하시는 하나님 아버지!

우리의 생사화복을 주관하시는 주님을 찬양합니다. 오늘도 주의 전에 나와 예배드리게 하시는 은혜와 사랑에 감사를 드립니다. 우리의 마음과 정성을 다하여 드리는 예배 가운데 하나님의 영광을 보게 하시고, 하나님의 말씀을 듣게 되기를 원합니다. 주 앞에 우리의 소원을 놓고 기도할 때, 하늘 문이 열리고 응답을 받는 시간이 되기를 원합니다.

오늘도 세상의 풍파에 시달리고 상처받은 심령들이 주님의 위로를 기다리며 나왔사오니, 주의 날개 아래 품어 주시고 하늘의 안식과 평안을 허락하여 주옵소서. 연약한 육신을 이끌고 나온 성도들의 질병을 주의 능력으로 치유하여 주시기를 기도합니다. 가정의 문제와 사업과 일터의 문제를 가지고 기도할 때, 믿음의 기도를 들어 주시고 하나님의 기적을 경험하게 되기를 원합니다.

우리 교회를 위하여 기도합니다. 세워 주신 종 목사님을 성령의 충만함으로 붙들어 주시고, 피곤치 않도록 도와주시기를 원합니다. 교인들을 돌보고 심방할 때 성령께서 함께하셔서 목사님의 말씀에 성도들이 은혜받게 하시고, 손을 얹고 기도할 때 치유의 역사가 나타나게 하옵소서. 목사님의 가정을 평안으로 인도하여 주시고, 자녀들을 형통한 길로 이끌어 주시기를 원합니다. 항상 새로운 영감으로 감동적인 말씀을 선포하

모든 예배 대표기도문

는 종이 되게 하여 주셔서, 온 성도들이 영적으로 만족하고 행복한 신앙 생활을 하게 하옵소서.

주여, 광복의 계절에 우리나라를 위하여 기도합니다. 외세에 의한 탄압은 없지만, 서로 불신하고 반목하여 정쟁을 일삼고 나라가 사분오열되어 있습니다. 정치에 발전이 없고, 경제가 점점 어려워지고 있습니다. 도덕과 윤리가 무너지고, 사회적인 문제가 점점 우리의 마음을 어둡게 하고 있습니다. 이 나라의 건강한 사회 전통이 파괴되고, 퇴폐적인 문화가 판을 치고 있습니다. 종교마저도 권위를 잃고 세상의 조롱거리가 되고 있습니다. 총체적 난국에 빠진 이 나라를 주님의 강한 손으로 다시 한 번 구원해 주시고, 새로운 나라로 만들어 주시기를 기도합니다.

한국의 교회가 정신을 차리게 하시고, 교회가 먼저 주님의 뜻을 받들어 개혁되기를 기도합니다. 교회 안에 하나님이 미워하시는 모든 사상과 이념이 떠나가게 하시고, 하나님의 말씀 중심으로 부흥하게 하옵소서. 한국 교회 모든 성도가 분발하여 주님을 위해 몸 바쳐 일하게 하시고, 주님의 제자답게 살면서 세상 사람들의 본이 되게 하옵소서.

오늘도 주시는 말씀에 은혜 받기를 원합니다. 말씀을 전하시는 목사님을 통하여 하나님의 뜻이 전달되게 하시고, 우리의 마음 밭에 말씀이 잘 심어지고 자라나서 결실하게 하옵소서.

주 예수 그리스도의 이름으로 기도합니다. 아멘.

8월 수요 예배(3)

우리의 능력과 힘이 되시는 하나님 아버지!

주님의 위대하심과 크신 사랑을 찬양하며 감사를 드립니다. 지난 삼 일 동안도 하나님의 은혜 안에서 평안하게 지내다가 이 시간 주님 앞에 나와 수요 예배를 드리게 하시니 감사합니다. 위로부터 내리시는 신령한 은혜의 단비를 맞으며, 우리 영혼이 소생하고 기뻐하는 시간이 되기를 원합니다. 이 예배 시간에 받은 복을 세어 보게 하시고, 불평과 원망의 입술이 변하여 감사와 찬양이 가득하게 하옵소서.

주께서 우리를 목자와 같이 인도하셔서 항상 푸른 초장과 맑은 물가에서 살게 하시니 감사를 드립니다. 여호와 하나님께서 목자가 되시니 부족함이 없다고 한 다윗의 고백이 우리의 신앙 고백이 되게 하여 주옵소서. 다윗처럼 우리 삶에 원수가 있고 악한 자가 있을지라도, 하나님은 정의로우시고 정직한 자의 편이심을 믿게 하옵소서. 사망의 음침한 골짜기로 다닐지라도, 주님이 그곳에도 함께하심을 믿고 안심하게 하옵소서.

주님, 우리는 언제나 예배드리고 말씀을 받으나, 세상살이에 지쳐서 예배의 감격을 지속하지 못하고, 들은 말씀을 실천하지 못한 채 살아가고 있습니다. 주여, 우리의 믿음 없음을 용서하여 주시고 구원하여 주옵소서. 우리를 향하신 하나님의 뜻은 거창한 데 있는 것이 아니라, 일상에서 항상 기뻐하고, 쉬지 않고 기도하고, 범사에 감사하는 것임을 다시 한 번 기억하게 하시고, 그 말씀대로 사는 저희들 되게 하여 주옵소서. 저희들이 연약하여 하나님의 사랑을 불신하고 의심한 죄를 사하시고, 성령의 감화로 다시 한 번 예배의 감격을 회복하게 하옵소서.

험하고 고단한 세상이지만, 주님의 약속을 믿고 담대하게 찬송하며 살게 하옵소서. 여리고성 같은 장애물이 있다고 하더라도 주의 능력으로 무너지게 하시고, 승리의 나팔을 불게 하옵소서. 우리는 믿음이 부족하오니 성령께서 함께하여 주시고, 하나님의 약속 위에 굳게 서서 흔들리지 않게 도와주옵소서. 주님이 우리 삶의 주인 되심을 인정하고, 왕 되신 주님께 모든 문제를 맡기고 믿음으로 살게 하여 주옵소서.

우리 민족이 하나님의 은혜를 잊지 않게 하여 주옵소서. 일제의 압박에서 벗어나게 하시고 광복의 기쁨을 주신 하나님을 기억하며, 우상 숭배에서 떠나 하나님을 섬기는 민족이 되게 하여 주옵소서. 교회가 광복의 의미를 가르치고 계몽하여, 역사의 주인이 하나님이심을 선포하게 하옵소서.

이 시간 세우신 종이 말씀을 전하실 때, 우리가 그 말씀을 하나님의 말씀으로 받게 하시고, 깨달은 것을 삶에서 실천하며 사는 그리스도인들이 되게 하여 주옵소서. 목사님에게 강건함을 주시고 말씀의 지혜와 권능을 더하여 주옵소서.

예수 그리스도의 이름으로 기도합니다. 아멘.

우리의 목자가 되시는 하나님 아버지!

오늘도 주님의 인도하심에 이끌려 수요 예배의 자리를 지키게 하신 은혜를 감사드립니다. 우리의 게으름과 나태함으로는 세상의 유혹을 이기고 이 자리에 나올 수 없지만, 주님의 손에 이끌려 예배에 나와 찬송하고 기도하고 말씀을 듣게 하시니 감사합니다. 오늘도 은혜 충만한 시간이 되게 하시고, 기도의 응답이 주어지는 기쁨을 누리게 하옵소서.

이 시간 예배 가운데 하나님의 임재와 영광을 체험하게 하시며, 주님 없이는 살 수 없다는 고백이 우리 안에 넘쳐 나게 하옵소서. 아무런 조건 없이 우리를 사랑하시는 하나님 아버지의 은혜를 무한 감사하는 시간이 되게 하옵소서. 8월의 무더위 가운데서도 우리의 속사람을 강건케 하시고 영적으로 풍성한 삶을 허락해 주시니 감사합니다.

주여, 일상에서 날마다 베풀어 주시는 주님의 사랑과 은총을 느끼며 살게 하옵소서. 항상 좋은 것으로 우리를 먹이시고 푸른 초장과 잔잔한 물가로 인도하시는 주님을 찬양합니다. 주님을 따라 사는 삶 가운데 하늘의 기쁨을 맛보게 하시니 감사를 드립니다. 주의 말씀대로 소망 중에 즐거워하며, 환난 중에 참으며, 기도에 항상 힘쓰게 하시니 감사합니다. 골리앗 같은 문제가 우리 앞에 있다 할지라도, 다윗처럼 살아 계신 하나님의 이름으로 나아가 승리하게 하옵소서.

주여, 여름의 끝자락에서 서늘한 바람이 가을을 예고하듯이 고난과 시련의 세상살이에도 성령의 바람이 불어와 위로와 평안이 깃들게 하옵소서. 8월의 무더위 속에서도 가을이 온다는 기대 속에서 희망을 가지게 하시니 감사합니다. 우리의 믿음도 고난 속에서 약속의 말씀을 믿게 하시고, 소망 가운데서 낙심하지 않도록 붙들어 주시기를 원합니다. 우리의 삶이 다하도록 주님과 동행하기를 원하오니, 임마누엘의 주님이 항상 함께 계시고, 보혜사 성령이 동반자가 되어 주시기를 기도합니다.

우리 교회를 사랑하시는 주님, 이 시대에 주님이 기뻐하시는 정직한 교회, 교회다운 교회로 세워 주시기를 기도합니다. 우리 교회의 모든 성도들이 주의 말씀을 따라 살게 하시고, 각자에게 주신 달란트로 교회에 덕을 세우게 하옵소서.

오늘도 주의 종을 통하여 말씀을 들을 때 우리의 귀를 열어 주옵소서. 그리하여 들려주신 말씀을 마음에 깊이 새기고, 들은 대로 행하는 순종 가운데서 성령의 열매를 맺게 하옵소서. 말씀 하나하나가 오늘 내게 주시는 말씀으로 들려오는 축복을 허락하여 주옵소서. 달고 오묘한 말씀을 감격으로 받고, 세상에 나가 그 기쁨을 전하는 행복한 그리스도인으로 살아가게 하옵소서.

우리를 사랑하시는 예수님의 이름으로 기도합니다. 아멘.

9월 수요 예배(1)

우리를 눈동자와 같이 사랑하시는 하나님 아버지!

주님의 보호와 인도하심으로 주일 후 삼 일 동안 세상에서 살다가 이 시간 수요 예배로 모이게 하심을 감사드립니다. 오늘도 주의 말씀을 사모하는 자들에게 하늘의 신령한 복으로 채워 주시기를 기도합니다. 하나님의 은혜를 찬양하며 기도할 때, 우리의 마음에 기쁨이 충만하게 하옵소서.

우리의 삶 속에서 성령님의 인도하심을 느끼게 하시니 감사합니다. 연약하고 허물 많은 우리를 위하여 탄식하며 기도하시는 성령 하나님의 사랑을 항상 기억하며 살게 하옵소서. 성령의 음성에 귀를 기울이게 하시고, 성령의 인도함을 따라 살게 하옵소서. 허물 많고 연약한 저희들을 홀로 두지 마시고, 죄와 유혹의 파도가 거센 세상에서 시험에 들지 않도록 주께서 지켜 주시기를 원합니다.

하나님 아버지! 무더위도 지나고 기도하기 좋은 9월의 선선한 날씨를 허락하여 주셔서 감사합니다. 기도해야 할 시간에 깨어 기도하게 하옵소서. 우리의 기도를 통하여 가정이 복을 받고, 교회가 복을 받고, 이 나라가 복을 받게 하여 주옵소서. 가을이 무더위를 물리치고 선선한 바람을 선물하듯이, 주께서 기도하는 우리의 답답한 마음에 시원한 하늘의 응답을 내려 주실 것을 믿습니다.

주님, 한국 교회를 위하여 기도합니다. 이단들이 거짓을 선전하고 각종 사이비 종교들이 판을 치고 있는 이 시대에, 우리 교회가 바른 진리의 말씀을 가르치고 배우게 하시고, 한국의 모든 교회들이 선명한 복음을 선포하며 진리 수호에 앞장서게 하옵소서. 오직 예수의 이름 외에는 다른 구원이 없음을 확실하게 전파하는 교회 되게 하시고, 주 예수 그리스도를 믿음으로만이 구원을 얻는다는 진리 위에 확실히 서게 하옵소서.

모든 사람들이 예수 그리스도의 진리 안에 참 자유를 얻게 하옵소서. "진리가 너희를 자유케 하리라"는 말씀을 바로 깨닫게 하시고, 진리 되신 예수 그리스도 안에서 자유한 자가 되어, 구원의 복음을 전파하는 우리 교회가 되게 하여 주옵소서. 우리가 예수 믿으면서 다시 율법적인 속박과 거짓된 이단에 빠지지 않게 하시고, 예수로 말미암은 온전한 구원의 기쁨을 누리며 살아가게 하옵소서.

주님의 종 목사님을 위하여 기도합니다. 하시는 사역 위에 능력 주시고, 피곤치 않도록 날마다 새 힘을 공급하여 주시기를 원합니다. 이 시대에 하나님이 기뻐하시는 능력의 종으로 사용하여 주옵소서. 우리 모두가 목사님의 목회에 적극 협력하고 힘을 실어 주는 성도들이 되게 하여 주옵소서. 오늘 목사님을 통해 주시는 말씀으로 힘을 얻게 하시고, 그 말씀을 삶에 적용하여 어디를 가든지 그리스도의 향기를 드러내는 주의 자녀로 살게 하옵소서.

우리 주 예수님의 이름으로 기도합니다. 아멘.

9월 수요 예배(2)

우리에게 좋은 것을 공급하시며 우리를 사랑하시는 하나님 아버지!
여름 폭염 가운데서도 우리를 지켜 주시고, 가을의 선선한 계절을 허락
하신 은혜를 감사드립니다. 오늘도 수요 예배에 우리를 부르시고 은혜
주시기를 기뻐하시는 주님을 찬양합니다. 이 예배를 통하여 하나님의
사랑을 더 크게 느끼고 감사하는 시간이 되게 하여 주옵소서.

우리에게 소망을 주시고 진리 안에서 살게 하시는 주님을 찬양합니다.
근심과 걱정이 많은 세상이지만, "아무것도 염려하지 말고 다만 모든 일
에 기도와 간구로, 너희 구할 것을 감사함으로 하나님께 아뢰라"고 하신
주님의 말씀을 의지합니다. 주님께서 우리의 마음과 생각을 지켜 주셔
서 근심을 물리치고 평안을 누리게 하옵소서.

주님과 함께 나아갈 때 막혔던 담이 무너지고 새로운 미래가 열릴 줄로
믿습니다. 그리스도 안에서 불가능이 없음을 믿음으로 선언하게 하시
고, 능력 주시는 자 안에서 모든 것이 합력하여 선이 될 것을 기대하며
살아가게 하옵소서. 사망의 음침한 골짜기와 같은 상황이라도, 주께서
함께하심으로 전화위복이 될 줄로 믿습니다. 엠마오 마을로 내려가던
제자들이 부활의 주님을 만난 후 기쁨으로 발걸음을 옮겼듯이, 우리 마
음의 두려움이 변하여 기도 제목이 되게 하시고, 한숨이 변하여 찬송이
되게 하옵소서.

모든 예배 대표기도문

우리 교회를 위하여 기도합니다. 일찍이 주님께서 뜻하신 바 있어 이곳에 우리 교회를 세워 주신 줄 믿습니다. 이 교회를 통하여 하나님의 나라가 확장되게 하옵소서. 이 교회가 세상의 빛이 되고 소금이 되어, 어두운 곳을 밝히고 부패한 곳을 치료하는 주님의 도구로 쓰임 받게 하옵소서.

주님, 이 나라가 심히 어려운 가운데 있습니다. 한국 교회가 합심하여 기도함으로 우리나라의 모든 갈등이 해소되고, 이념으로 찢어진 민족의 마음이 하나가 되게 하옵소서. 우리가 기도함으로 이 나라의 정치와 경제와 사회적인 모든 문제들이 순조롭게 풀리게 하시고, 하나님이 미워하시는 이단들과 성경을 거스르는 모든 사상들이 무너지게 하옵소서.

오늘도 세워 주신 목사님을 강건하게 붙들어 주시고, 밝고 긍정적인 마음으로 목양에 힘쓰게 하옵소서. 말씀을 전하실 때 성령의 능력으로 주의 말씀을 잘 대언하여서 성도들이 감동받고 변화되게 하옵소서. 우리가 말씀을 받을 때 주님이 나에게 주시는 말씀으로 듣게 하시고, 말씀을 새기고 실천하여서 우리 언어가 변하고 행동이 변하고 인생관이 변하는 축복을 누리게 하옵소서. 오늘 말씀을 듣고 우리가 기도할 때, 하늘 문을 여시고 기도 제목마다 주님의 선하신 응답을 내려 주옵소서.

주 예수 그리스도의 이름으로 기도합니다. 아멘.

세상 만물을 창조하시고 주관하시는 하나님 아버지!

주님의 말씀을 듣고 세상에서 살다가 오늘도 수요 예배의 자리를 지킬 수 있도록 믿음 주셔서 감사합니다. 주님을 사모하고 사랑하는 백성들이 모였사오니, 이 자리에 함께하시고 은혜를 베풀어 주시기를 원합니다. 우리의 예배가 하나님께 드려지는 감사의 제사가 되게 하옵소서.

세상의 삶 가운데서 우리의 연약한 믿음대로 버려두지 않으시고, 일마다 때마다 말씀으로 인도하셔서, 죄의 길에서 벗어나게 하신 놀라우신 사랑을 감사드립니다. 육신이 연약하여 주님을 부인하고 말씀대로 살지 못한 저희들의 허물을 용서하시고, 더러워진 우리의 심령을 십자가의 보혈로 씻으사 정결케 하여 주시기를 기도합니다.

깊어 가는 가을에 우리의 주님 사랑도 깊어지게 하옵소서. 곡식과 열매가 무르익어 가는 가을에 우리의 신앙도 성숙하게 하시고, 주님의 사랑에 보답하는 마음으로 살아가게 하옵소서. 다윗처럼 '나의 힘이 되신 여호와' 하나님을 찬송합니다. 다윗의 고백처럼, 여호와는 나의 반석이시요, 나의 요새시요, 나를 건지시는 이시요, 나의 하나님이시요, 나의 피할 바위시요, 나의 방패시요, 나의 구원의 뿔이시요, 나의 산성이심을 고백하며 찬양합니다.

하나님께 모든 것을 맡기고 우리 삶의 주인이 되시는 주의 인도함을 따라 험한 세상을 용기 있게 살아가기를 원합니다. 태산 같은 문제가 있고 험한 골짜기의 수렁이 위협한다고 하더라도, 빛 되신 주님 안에서 주의 손을 잡고 걸어가게 하옵소서. 약속의 말씀을 믿고 의지하며 변함없는 사랑에 우리 삶을 맡기고 평안하게 하옵소서. 땅을 쳐다보지 않게 하시고 하늘을 바라보며 나아가게 하옵소서. 사방이 막혀 있는 환경 속에서도, 하늘은 항상 열려 있음을 믿음의 눈으로 보게 하옵소서.

지난날의 시간과 사건들을 돌아보며, 그 속에서 역사하시고 구원하신 하나님의 놀라운 섭리와 은총에 응답하는 마음으로 살게 하옵소서. 여기까지 인도하신 하나님의 사랑을 믿으며, 남은 삶을 주님께 맡기고 하루하루 기도하는 마음으로 살아가게 하옵소서. 세상의 것에 미련을 두지 않게 하시고, 하나님 나라에 우리의 보화를 쌓으면서 주의 일에 충성하게 하옵소서.

세워 주신 목사님을 주님의 강한 팔로 붙들어 주시고, 올 한 해 계획한 목회의 목표가 잘 이루어질 수 있도록 함께하여 주옵소서. 오늘도 말씀을 전할 때 능력 있게 하시고, 하나님의 뜻을 온전히 선포하는 종이 되게 하옵소서. 우리의 마음에 말씀이 심어지게 하시고, 자라서 백 배의 열매를 거두게 하옵소서.

우리 주 예수 그리스도의 이름으로 기도합니다. 아멘.

은혜와 진리의 하나님 아버지!

주님의 사랑을 감사합니다. 우리를 구원하시고, 자녀 삼아 주시고, 일꾼으로 사용하여 주신 놀라운 은총을 기억하며 주의 이름을 찬양합니다. 오늘 수요 예배로 모여 말씀 듣고 기도드리는 주의 백성에게, 하늘의 신령한 만나로 먹여 주시고 새로운 힘을 공급하여 주시기를 원합니다.

성령께서 이 자리에 임재하시어 우리 마음이 온전히 주님께 집중할 수 있게 하시고, 삶 속에서 받은 은혜를 감사하는 시간이 되게 하여 주옵소서. 어린아이와 같은 심정으로 아버지의 사랑과 위로를 기다리는 심령들을 품어 주시고 위로하여 주셔서, 근심과 염려가 물러가고 기쁨이 회복되게 하옵소서.

"저녁에는 울음이 깃들일지라도 아침에는 기쁨이 오리라"고 말씀하신 주님, 우리의 베옷을 벗기고 기쁨으로 띠를 띠우시고 소망을 허락하여 주옵소서. 우리의 영혼이 주님의 말씀을 신뢰하게 하시고, 하나님께 소망을 두며 인내하게 하옵소서. "먼저 그의 나라와 그의 의를 구하라 그리하면 이 모든 것을 너희에게 더하시리라"고 약속하신 주님을 믿습니다. 우리의 육신적인 소원에 앞서 하나님 나라의 확장과 주님의 의를 먼저 구하게 하옵소서. 하늘 아버지께서 우리의 필요한 것을 아신다고 말씀하신 것을 믿게 하시고, 그 말씀 안에서 평안을 누리게 하옵소서.

우리 자신을 위한 기도에 앞서 하나님의 뜻을 구하게 하시고, 이웃을 위한 기도가 앞서게 하옵소서. 먼저 우리 교회 안에 정신적으로, 물질적으로 소외된 사람들이 있는지 살펴보게 하옵소서. 우리가 사랑하는 사람만 사랑하고, 유익이 될 만한 사람에게만 관심을 보이지는 않았는지 반성하게 하옵소서. 우리의 사랑을 기다리는 이름 모를 교우들에게 다가가게 하시고, 인사하게 하시고, 먼저 손을 내밀게 하옵소서.

이 아름다운 결실의 계절 가을에 우리도 주 앞에 드릴 영적 열매가 풍성하게 하옵소서. 우리 입을 열어 전도함으로 한 생명이라도 구원받는 열매가 맺히게 하시고, 우리의 선행을 통하여 주님의 교회가 믿지 않는 사람들로부터 칭찬을 받게 하옵소서. 우리의 기도로 외로움과 고통 속에 있는 자들이 주의 사랑을 느끼게 하시고, 질병 속에 있는 자들이 치유의 기쁨을 누리게 하옵소서.

우리 교회 목사님을 중심으로 모든 제직들이 합심하여 주님의 사역에 동참하게 하시고, 사랑과 평화와 기쁨과 감사가 넘치는 공동체로 하나님께 영광을 돌리게 하옵소서. 말씀을 전하시는 목사님을 강건하게 하시고, 주의 말씀을 능력 있게 전함으로 우리 모두가 은혜 받고 변화되는 성령 충만을 경험하게 하옵소서.

우리를 구원하신 예수 그리스도의 이름으로 기도합니다. 아멘.

우리를 푸른 초장으로 인도하시는 하나님 아버지!

10월의 아름다운 계절에 우리의 삶을 풍요롭게 하시는 주님을 찬양합니다. 세상의 바쁜 일과를 잠시 멈추고 수요 예배로 주 앞에 나와 은혜를 사모하는 백성들에게 하늘의 신령한 복을 내려 주시기를 원합니다. 오늘도 말씀으로 풍성하게 하시고, 기도에 응답하여 주시기를 간구합니다.

"나의 평안을 너희에게 주노라. 너희는 마음에 근심하지도 말고 두려워하지도 말라"라고 말씀하신 주님, 그 말씀을 믿고 의지합니다. 근심거리가 많은 세상을 살아가지만, 주님을 의지하며 평안을 잃지 않게 도와주옵소서. 주님이 주시는 평안은 세상의 평안과 같지 아니함을 믿습니다. 흔들리고 없어질 이 세상의 재물이나 명예나 지식에 기대어 평안을 찾지 않게 하시고, 영원히 변치 않는 주님의 참 평안을 누리게 하옵소서.

오늘 예배에 나와 주님께 무릎 꿇은 우리 모두에게 자비를 베풀어 주시고, 기도 제목마다 주의 응답을 받게 하여 주옵소서. 이 자리에 건강의 문제로 나오지 못한 성도들이 있고, 직장의 일 때문에 오지 못한 성도들이 있습니다. 그들에게도 어느 곳에 있든지 말씀을 대하고 기도할 수 있는 열심을 주셔서 함께 주님의 은혜를 받게 하옵소서.

새롭게 시작된 10월이 축복의 달이 되기를 원합니다. 우리의 신앙적 열심을 새롭게 하여 선선한 계절에 말씀을 더 가까이하고 기도에 힘쓰게 하옵소서. 아름다운 산천초목의 풍경처럼 우리의 신앙 인격이 아름답게 되기를 원합니다. 우리에게 그리스도의 제자다운 품위가 풍기게 하시고, 우리의 언어와 행동이 주님을 닮아 가게 하옵소서.

우리를 하나님의 성전이라고 하신 주님, 우리 각자가 말씀을 따라 살게 하시고, 일상의 삶에서 성령의 열매를 맺어 가게 하옵소서. 그리하여 하나님의 자녀인 성도들이 모인 우리 교회가 세상에서 칭찬받는 모범적인 교회가 되게 하시고, 하나님의 뜻을 이루는 모델 교회가 되게 하여 주옵소서.

우리 교회의 모든 교우들이 서로 교제하며 떡을 떼며, 하나님을 아버지로 모시고 풍성한 사랑의 공동체가 되게 하여 주옵소서. 교회 안에 갈등이나 분쟁이 없게 하시고 성령의 열매만이 가득하게 하옵소서. 교회의 머리가 되시는 주님을 한마음으로 섬기며, 우리 모두가 교회의 지체로서 자기 역할을 잘 감당하게 하옵소서. '오직 하나님께 영광'이라는 종교개혁자들의 신앙적 목표가 우리 삶의 좌우명이 되게 하여 주옵소서.

오늘도 목사님을 통하여 주님의 음성을 들을 때, 하나님께서 내게 주시는 말씀으로 듣는 축복이 있게 하여 주시고, 그 말씀을 따라 살며 하나님께 영광 돌리는 성도들이 되게 하여 주옵소서.

주 예수 그리스도의 이름으로 기도합니다. 아멘.

우리의 생사화복을 주관하시는 하나님 아버지!

오늘도 주님을 찬양하며 예배를 드립니다. 찬양 속에 영광을 받으시고, 우리의 기도 가운데 주께서 응답하여 주시기를 원합니다. 예배를 드리는 가운데 하나님의 말씀이 기쁨의 근원이 되게 하시고, 주님의 위로하심으로 세상의 근심 걱정을 이기게 하옵소서.

이 가을에 우리의 관심을 끄는 세상의 유혹이 많지만, 수요 예배의 자리를 지키며 주 앞에 나와 엎드린 백성들에게 주님의 위로와 평강을 넘치도록 부어 주시기를 원합니다. 선한 목자 되신 주님께서 지금까지 우리의 삶을 인도하셨사오니, 앞으로의 인생길도 주의 인도하심을 따라 살게 하여 주옵소서. 하나님의 백성으로 주님을 왕으로 모시고 주의 뜻을 따라 살기를 소원합니다. 우리가 진리 되신 주님 안에서 행하고, 주님의 정의를 실현하고, 성령의 열매를 맺으며 하나님의 나라를 확장하게 하옵소서.

주께서는 한없는 은혜와 사랑으로 저희를 인도하셨지만, 우리는 세상의 욕심과 염려 때문에 주의 뜻을 거스르고 사랑을 의심하면서, 평안이 없이 살아가고 있습니다. 주여, 우리의 믿음 없음을 용서하여 주옵소서. 이 시간 예배를 통하여 십자가로 보여 주신 하나님의 사랑과 은혜를 다시 한 번 깨닫게 하옵소서. 그리하여 세상으로 향하던 마음이 주님을 향하게 하시고, 욕심을 채우며 살려던 마음이 오직 주님 한 분만으로 만족함을 누리게 하옵소서.

우리나라를 위해 기도드립니다. 이 나라의 정치가 올바른 방향으로 나가게 하시고, 사회적인 윤리와 도덕이 하나님의 법에 기초하여, 정의가 실현되고 정직한 백성들이 행복한 나라가 되게 하옵소서. 이 땅의 위정자들을 붙들어 주시고, 하나님을 두려워할 줄 아는 마음을 주옵소서. 국민을 섬기는 마음으로 나라를 다스릴 수 있는 지혜를 주셔서, 정치와 경제가 안정되게 하옵소서. 핵과 미사일로 우리의 평화를 위협하는 북한을 긍휼히 여겨 주시고, 남과 북이 복음으로 통일을 이루게 하옵소서.

주님, 우리 교회의 목자로 세워 주신 목사님을 축복합니다. 어려운 목회 환경이지만 주님이 날마다 새 힘을 공급하여 주셔서, 독수리가 날개 치며 올라가는 것 같은 활력으로 사역하게 하옵소서. 능력의 종으로 모든 교인의 존경을 받게 하시고, 높은 비전으로 교회를 성장시키는 목회자가 되게 하여 주옵소서. 말씀의 지혜와 지식과 영감이 넘치게 하시고, 말씀을 전할 때마다 하나님의 뜻을 잘 선포하는 종으로 세워 주옵소서.

오늘도 주님께서 예비하신 말씀을 주의 종을 통하여 듣습니다. 성령으로 우리의 마음이 뜨거워지게 하시고, 살아 계신 주님을 만나는 체험이 있게 하여 주옵소서.

주 예수 그리스도의 이름으로 기도합니다. 아멘.

10월 수요 예배(3)

은혜와 사랑이 많으신 하나님 아버지!
주님의 사랑 가운데 삼 일 동안도 평안히 지내게 하시고, 오늘 다시 수요 예배의 귀한 자리로 인도하시니 감사를 드립니다. 바쁘고 피곤한 삶이지만, 오늘 예배를 통하여 새로운 영적 활력을 얻게 하시고, 주의 말씀을 통하여 큰 은혜를 받게 하여 주옵소서.

죄 많은 우리를 위해 독생자 예수님을 보내시어, 우리 죄를 사하여 주신 은혜를 감사합니다. 죽었던 죄인이 하나님의 은총으로 구원받아 자녀가 된 것을 항상 잊지 않고 감사하며 살아가게 하옵소서. 어떤 고난과 질병 속에서도, 하나님의 사랑을 의심하여 낙심하는 일이 없게 붙들어 주시기를 기도합니다. 예배를 통하여 하나님의 살아 계심과 우리를 향한 사랑을 다시 한 번 느끼고 힘을 얻는 시간이 되게 하여 주옵소서.

주여, 우리가 아브라함처럼 하나님만 바라보고 여기까지 왔사오니, 앞으로의 여정 가운데도 함께하시고 주께서 약속하신 가나안 복지에 이르도록 보호하여 주시기를 기도합니다. 어려움도 많았지만, 지금까지 살아온 것이 하나님의 은혜였음을 고백합니다. 우리가 절망할 때도 주의 손이 구원하여 주셨고, 우리가 병들었을 때도 주님이 치료하여 주신 것을 감사합니다. 장애물 앞에서 불안에 떨 때도 피할 길을 주시고, 사람의 생각 밖에 해결책을 주셔서 우리를 살려 주신 것을 기억하며 감사를 드립니다.

주님, 나뭇잎이 단풍으로 곱게 물들며 떨어지듯이, 우리 인생의 후반기도 아름다운 인격으로 빛나게 하시고, 주님의 은혜와 사랑을 전하는 성도로 살게 하여 주옵소서. 말씀의 자리를 귀하게 여기게 하시고, 하나님의 말씀을 들음으로 우리의 모난 성격이 다듬어지고, 가시 돋친 언어가 순화되고, 일그러진 인격이 바로잡히게 하옵소서.

이 아름다운 계절에 모든 교우들이 말씀을 묵상하고 기도에 더욱 힘쓰게 하옵소서. 교회 생활이 서로를 격려하고 칭찬하는 가운데 즐겁고 웃음이 넘치게 하옵소서. 소외된 자에게 먼저 손을 내밀게 하시고, 모르는 얼굴에 먼저 다가가서 사랑의 교제를 나누게 하여 주옵소서.

우리 대한민국을 사랑하시는 하나님 아버지, 우리 민족의 위기 때마다 놀라운 방법으로 역사하시는 주님께 감사를 드립니다. 오늘도 이 나라와 민족을 위해 기도하는 성도들의 부르짖음을 들어 주시기를 간구합니다. 하나님의 능력이 아니면 해결될 수 없는 산적한 정치, 경제, 사회적인 문제들이 있습니다. 위정자로부터 백성들이 모두 주님 앞에 무릎 꿇고 회개하며 주의 자비와 은총을 구하게 하옵소서. 이 나라에 새로운 희망이 보이게 하시고, 새로운 발전과 도약의 기틀이 마련되게 하옵소서.

오늘도 주의 종을 통하여 주실 말씀을 기대하며 사모하오니, 큰 은혜의 시간이 되게 하옵소서.

주 예수 그리스도의 이름으로 기도합니다. 아멘.

우리 삶의 주인 되신 하나님 아버지!

우리를 죄에서 구원하여 주시고, 의롭다 하시고, 자녀 삼아 주신 은혜와 사랑을 감사합니다. 주님의 사랑에 감사하는 마음으로 수요 예배에 나온 우리를 용납하시고, 하늘의 크신 복을 내려 주옵소서. 기쁜 마음으로 주님께 예배하고 말씀을 사모하오니, 우리를 위로하여 주시기를 원합니다.

이제 10월도 거의 다 가고, 낙엽이 떨어지는 거리에는 깊은 가을의 정취가 느껴집니다. 세월이 너무 빠르고 인생이 덧없이 흘러감을 보면서 시간의 소중함을 깨닫게 하옵소서. 우리가 받은 시간의 달란트가 얼마나 남아 있는지 알 수 없사오나, 하루하루를 성실하게 살고 주를 위해 충성하며, 주신 달란트를 갑절로 남겨 주님께 착하고 충성된 종이라는 칭찬을 듣게 하옵소서.

우리 교회를 위하여 기도합니다. 주님을 머리로 하는 교회의 모습을 생각하며, 항상 새롭게 개혁하는 공동체가 되기를 원합니다. 잘못된 습관을 고쳐 나가는 교회가 되게 하옵소서. 습관에 매이지 않고 항상 성령의 감화로 예배 중심, 말씀 중심, 기도 중심의 교회가 되게 하옵소서. 교회 직분이 계급이 되지 않게 하시고, 회의나 봉사가 예배와 기도보다 앞서지 않게 하옵소서.

교회의 각 구역(속회, 목장, 셀, 순)이 활성화되게 하시고, 소그룹을 통하여 교제와 사귐이 시작되게 하옵소서. 한 사람을 천하보다 귀하게 여기시는 예수님의 정신을 실현하는 교인들이 되게 하시고, 서로가 먼저 손을 내밀고 인사를 나누는 거룩한 습관이 정착되게 하옵소서. 교회를 이끌어가는 목사님과 당회원들이 화목하여 하나가 되게 하시고, 각 부서의 임원들이 해야 할 일을 충성스럽게 감당하는 교회가 되게 하여 주옵소서.

말세가 되어서 사람들이 이기적이고 돈을 사랑하고 교만하고 포악해지고 있습니다. 사도 바울의 경고처럼, 사람들이 부모를 거역하고 감사하지 않고, 거룩함의 옷을 벗어 버리고 방탕한 가운데 살고 있습니다. 인간이 인간에 대하여 원통함을 풀지 않고, 절제가 없고 사나운 이리처럼 다투는 모습을 봅니다. 쾌락을 하나님보다 더 사랑하고, 경건의 모양은 있으나 경건의 능력을 상실한 종교적 위선을 봅니다. 우리 교회만이라도 순수한 복음의 기초 위에 서게 하시고, 주님만을 머리로 하는 하나님의 공동체가 되도록 도와주옵소서.

오늘도 주의 종 목사님을 통하여 주실 말씀을 사모합니다. 갈급한 심령에 성령의 단비 같은 말씀으로 우리 영혼이 해갈의 축복을 누리게 하옵소서. 말씀으로 위로받고 새 힘을 얻고 능력 있게 살아가게 하옵소서. 말씀에 의지하여 기도할 때, 문제가 해결되고 하나님의 뜻을 발견하는 축복이 있게 하옵소서.

우리 주 예수님의 이름으로 기도합니다. 아멘.

11월 수요 예배(1)

사랑과 자비의 하나님 아버지!

오늘도 우리에게 건강과 영적 감화를 주셔서 수요 예배의 자리를 지키게 하시니 감사를 드립니다. 이 시간 상한 심령을 위로하시는 주님의 사랑을 확인하게 하시고, 그 사랑 안에서 새로운 힘과 능력으로 무장하여 험한 세상에서 능력 있게 살아가기를 소원합니다.

오늘 예배를 통하여 슬픈 마음에 기쁨이 깃들게 하시고, 어두운 생각이 물러가고 밝고 긍정적인 마음으로 변화되게 하옵소서. 죄악의 습관이 하나님의 말씀으로 단절되게 하시고, 하나님의 뜻을 따르는 생활로 바뀌게 하옵소서. 이 예배가 우리 삶의 전환점이 되게 하시고, 오늘 받는 말씀으로 우리의 언어와 생각이 변화되게 하옵소서. 예배를 드릴 때마다 우리의 인격이 주님을 닮아 가는 놀라운 축복을 허락하여 주옵소서.

주님, 아름답게 물든 단풍처럼 우리의 인생도 하나님과 사람 앞에 아름답게 성숙하기를 원합니다. 우리의 언어가 아름답게 물들게 하옵소서. 우리의 행동에 그리스도의 향기가 풍기는 아름다운 사람이 되게 하옵소서. 우리의 인격이 주님을 닮아 아름답게 무르익어 가는 삶이 되게 하여 주옵소서. 우리 가정의 모습이 아름답게 하시고, 우리 교회의 소문이 아름답게 퍼지게 하옵소서. 우리 교우들 사이의 언어가 아름답게 하시고, 축복과 사랑의 공동체로 하나님의 영광을 드러내게 하옵소서.

모든 예배 대표기도문

보혜사 성령께서 항상 우리와 함께하심을 느끼게 하시고, 성령 충만한 생활 속에서 마귀의 시험을 이기며 담대하게 살아가기를 소원합니다. 우리 교회의 모든 교우들이 믿음 안에서 서로 교제하고 떡을 나눈 초대 교회의 아름다운 친교가 활성화되게 하옵소서. 주님께서 가르쳐 주신 사랑으로 교회를 평화롭게 만들고, 이 사회의 분열과 반목을 치유하게 하옵소서. 교회가 세상의 빛과 소금이 되어서, 여러 사회적인 문제들에 대하여 해답을 주며 하나님의 뜻을 이루게 하옵소서.

주여, 사상과 정치적 성향으로 양분되어 원수처럼 미워하는 이 민족을 불쌍히 여기사 그리스도의 사랑으로 하나 되게 하시고, 나라를 위하여 서로 손잡고 화해하는 역사가 일어나게 하옵소서. 성도들의 기도에 응답하사 우리나라를 안보하여 주시기를 간구합니다.

주님이 세워 주신 우리 교회 목회자들에게 능력과 하늘의 권세를 허락하여 주셔서, 주의 뜻대로 목양하고 교회를 위해 헌신하게 하옵소서. 담임 목사님의 목회 방침에 모든 교인들이 따르고 협력하여, 주님의 몸 된 교회가 성장하게 하옵소서.

오늘도 세워 주신 목사님을 통하여 말씀을 듣게 하시니 감사를 드립니다. 우리에게 겸손한 마음을 주시고, 나에게 주시는 하나님의 음성으로 듣게 하여 주옵소서.

우리 주 예수 그리스도의 이름으로 기도합니다. 아멘.

11월 수요 예배(2)

사랑과 은혜가 충만하신 하나님 아버지!

주일을 지내고 삼 일 동안도 우리의 생명을 연장시켜 주시고 평안히 살게 하셨다가 오늘 수요 예배를 사모하며 주의 전을 찾아 나오게 하시니 감사를 드립니다. 주님의 은혜에 감사하여 예배를 드리는 뭇 심령들에게 하늘의 위로와 풍성한 복을 넘치게 채워 주시기를 원합니다.

제법 추워진 날씨 속에서 주님의 섭리를 느낍니다. 아름답고 풍성했던 가을이 가고 자연이 겨울 추위를 준비하는 것을 보면서, 이 땅에서 우리가 누리는 모든 것이 유한하고 헛된 것임을 깨닫게 하시니 감사합니다. 젊음도 영원하지 못하고, 재물도 건강도 우리의 것이 아님을 고백합니다. 주님의 말씀만이 영원하고, 하늘에 쌓아 둔 보화만이 우리가 누릴 영원한 복임을 알게 하시고, 주님을 더욱 잘 섬기게 하옵소서.

이 시간 우리 모두가 성령의 임재를 경험하게 하시고, 주님 한 분만으로 만족하며 세상이 줄 수 없는 참 평안을 누리게 하옵소서. 나그네 같은 인생길에서 헛된 세상의 것을 소유하고 움켜쥐려는 욕심을 버리게 하옵소서. 십자가를 바라보며 하늘에 소망을 두게 하시고, 살아 계신 주님을 바라보며 믿음으로 사는 우리가 되게 하옵소서. "너희는 먼저 그의 나라와 그의 의를 구하라"고 하신 주님의 말씀을 기억하며, 우리 삶의 우선순위를 주님께 두게 하옵소서.

주님, 우리 교회의 다음 세대를 위하여 기도합니다. 어린 시절부터 주님의 말씀을 듣고 배우며 성장하게 하시니 감사합니다. 수고하는 교사들을 위로하시고 은혜 위에 은혜를 더하사, 기쁨으로 가르치고 감사함으로 아이들을 돌보게 하옵소서. 저들의 생업과 가정에 복을 주시고, 건강과 믿음을 지켜 주시기를 원합니다. 우리 교회의 어린이와 청소년들과 청년들이 믿음의 용사가 되어 장차 이 나라의 기둥 같은 존재들이 되게 하시고, 하나님의 나라를 위하여 크게 쓰임 받는 일꾼들로 성장하게 하옵소서.

우리의 큰 스승이신 주님, 우리가 어린아이와 같은 심정으로 주님의 말씀을 배우게 하시고, 항상 겸손하여서 말씀에 순종하며 살아가게 하옵소서. 땅끝까지 복음을 전하라고 하셨사오니, 전도에 열심을 내어 한 심령이라도 더 주를 믿고 구원받는 역사가 있게 하옵소서.

서로 사랑하라 하셨사오니, 하나님을 향한 사랑과 더불어 이웃 사랑을 실천하며 살게 하여 주옵소서. 우리 교우들이 함께 손을 잡고 마음을 같이하여 기도하고 서로 돕고 교제함으로 하나님의 뜻을 이루게 하옵소서. 미움과 다툼과 시기와 비방은 모두 사라지게 하시고, 사랑과 화평과 자비와 선한 양심 같은 성령의 열매가 가득한 교회로 만들어 주옵소서.

오늘 주의 종을 통하여 주시는 말씀을 기대합니다. 우리의 갈급한 심령을 하늘의 만나로 채우시고, 주린 영혼이 생명의 양식으로 배부르게 하옵소서.

우리를 사랑하시는 예수님의 이름으로 기도합니다. 아멘.

우리 삶의 주인 되시는 하나님 아버지!

주일 예배 후 삼 일 동안 지켜 주셨다가 수요 예배 자리에 인도하신 하나님께 감사와 찬양과 영광을 드립니다. 지난 주일 예배 시간에도 말씀으로 은혜 받게 하시고, 세상에 나가 주의 말씀과 사랑을 기억하며 살아가게 하시니 감사를 드립니다. 때때로 햇빛을 주시고 이른 비와 늦은 비를 공급해 주셔서, 우리 삶을 풍요롭게 하시고, 바른 신앙생활을 하게 하시니 감사를 드립니다. 감사의 계절에 온갖 곡식이 무르익고 열매를 풍성하게 맺은 것을 보며, 우리 신앙을 점검하게 하시니 감사합니다.

하나님의 은혜로 올 한 해 건강을 유지하며 살아온 것을 감사드립니다. 믿음으로 주님께 예배하고 말씀으로 양육받게 하신 것을 감사합니다. 그러나 우리 손에 주님께 드릴 열매가 부족하고, 주신 달란트를 갑절로 남기지 못한 불충성이 있습니다. 주여, 우리의 게으름과 연약함을 용서하여 주옵소서. 주님이 주신 재능과 은사로 얼마나 충성하며 지냈는지 반성하게 하옵소서. 그리하여 남은 연말의 시간이라도 좀 더 열심을 내게 하시고, 최선을 다하여 주님을 위해 살게 하옵소서.

주님의 은혜가 아니었으면 우리의 건강도 재물도 명예도 지식도 유지할 수 없었음을 고백하며 감사를 드립니다. 우리의 가정도 주님이 지켜 주셨고, 우리의 교회도 주님이 이끌어 주셔서 여기까지 역사를 이어 온 것을 감사드립니다. 우리나라가 정치적, 경제적 위기와 혼란 속에서도 이만큼 성장하고 발전할 수 있게 된 것은 전적인 하나님의 은혜였음을 고백하며 감사를 드립니다.

주님, 고개 숙인 알곡처럼 주 앞에 겸손하기를 소원합니다. 주님을 더욱 가까이 모시고 말씀을 따라 살기를 원합니다. 주님의 뜻을 이루며 주의 나라를 확장시키는 일에 헌신하기를 원합니다. 주여, 우리의 믿음 없음을 도와주시고, 주의 능력을 공급하여 주셔서 착하고 충성된 종으로 살아가게 하옵소서. 우리 삶의 비전이 주님의 나라 확장에 있게 하시고, 종교개혁자들처럼 우리 삶의 목적이 '오직 하나님께 영광'이 되게 하옵소서.

우리 교회가 연말에 해야 할 일들을 잘 준비하여서 감사가 넘치게 하옵소서. 우리 교회가 하나님의 말씀을 만민에게 전하고, 어려운 이웃에게 사랑을 나누어 주며, 지치고 상한 심령의 안식처가 되어 위로와 쉼을 주는 구원의 방주가 되게 하여 주옵소서.

오늘 말씀을 대언하시는 목사님을 강건하게 붙들어 주시고, 성령의 능력으로 생명의 말씀을 선포하게 하옵소서. 우리가 말씀을 들을 때 귀가 열리고 마음이 겸손하여서 하나님의 말씀으로 받게 하시고, 그 말씀을 통하여 우리의 언어와 행동과 인격이 변화되어 그리스도를 닮게 하여 주옵소서.

우리를 구원하신 예수 그리스도의 이름으로 기도합니다. 아멘.

11월 수요 예배(4)

사랑이 많으신 하나님 아버지!

주일 후 삼 일 동안 은혜 안에서 세상에 살다가 다시 수요 예배로 모였습니다. 주님을 사랑하는 마음으로 이 자리에 나온 주의 백성에게 하늘의 풍성한 복을 내려 주시고, 기쁨과 감사가 충만한 예배와 기도회가 되게 하여 주옵소서. 이 시간 하나님의 사랑을 더 깊이 묵상하고 감사하게 하시고, 말씀을 듣고 기도하는 가운데 우리의 상처가 치유되고 질병이 떠나가고 근심과 걱정이 물러가는 축복이 있게 하여 주옵소서.

주님, 한없이 연약하고 부족한 저희들이 모였습니다. 지금까지 인도하신 그 손길로 우리의 남은 삶도 이끌어 주시기를 기도합니다. 안개와 같고 나그네와 같은 우리의 인생길에서 의지할 분은 오직 예수 그리스도 한 분뿐이오니, 우리의 목자가 되어 주시고 어린양 같은 우리를 돌보아 주시기를 기도합니다. 영원히 변치 않는 사랑으로 우리를 감싸시는 주의 날개 아래 있게 하시고, 그 품에서 위로받으며 평안하게 살게 하옵소서.

추운 날씨 속에서 주님의 따뜻한 사랑의 품에 안길 수 있는 은총을 주셔서 감사합니다. 암탉이 병아리를 품듯, 주의 날개 아래 우리를 감싸안아 주시고, 위로와 평안을 주시니 감사합니다. 이 예배 시간만큼은 세상의 근심 걱정을 모두 잊고, 오직 하나님의 사랑을 온몸으로 느끼는 축복이 있게 하옵소서. 이 예배 시간만이라도 세상의 거친 소리가 차단되고, 신령한 귀가 열려 하늘로부터 내리는 말씀이 우리의 가슴에 울려 퍼지게 하옵소서. 답답하고 낙심된 일들을 모두 잊고, 주님 안에서 밝고 긍정적인 생각으로 충만하게 하옵소서.

하나님 아버지, 이 나라와 이 민족을 지켜 주옵소서. 때가 차매 이스라엘 백성을 애굽에서 이끌어 내신 것처럼, 주님의 때에 북한의 문을 여시고, 복음으로 통일되어 함께 감사 예배를 드리는 날이 속히 오게 하옵소서. 한국의 정치가 선진화되게 하시고, 경제가 되살아나서 모두가 잘사는 나라가 되게 하옵소서. 하나님의 나라가 이 땅 위에 건설되어서 국민 모두가 하나님의 백성이 되고, 빈부의 격차가 해소되고, 좌우의 이념이 하나 되고, 계층 간의 위화감이 해소되기를 기도합니다.

우리 교회 모든 성도들이 예배의 정신으로 살아가게 하옵소서. 불의와 타협하며 살지 않게 하시고, 하나님의 말씀 안에서 주님이 기뻐하시는 삶을 살게 하옵소서. 세상에 좋은 것이 너무 많지만, 진정한 보화이신 예수 그리스도를 마음에 모시고 살게 하옵소서. 믿음으로 사는 자는 하늘의 위로를 받는다고 하였사오니, 세상에서 가진 것이 없어도 주님 한 분만으로 만족하게 하옵소서.

오늘도 주님께서 세우신 종을 통하여 말씀을 들을 때 하나님의 말씀으로 듣게 하시고, 말씀을 실천하여 주님의 백성으로 살아가게 하옵소서.

주 예수 그리스도의 이름으로 기도합니다. 아멘.

12월 수요 예배(1)

만물을 창조하시고 통치하시는 하나님 아버지!

올 한 해를 시작한 지가 엊그제 같은데 벌써 결산의 달 12월을 맞이했습니다. 오늘도 말씀을 사모하며 기도하기 위하여 수요 예배로 모인 이 자리에 주님 함께하시고 영광 받아 주옵소서. 추운 겨울의 문턱에 들어섰지만, 우리의 예배 공간은 성령의 열기로 훈훈하게 하시고, 우리 마음은 주님 사랑의 온기로 가득하게 하옵소서.

바쁜 일상에서도 이처럼 주 앞에 나와 예배하고 찬양할 수 있는 믿음을 주셔서 감사합니다. 우리의 의지가 아닌 주님의 초청에 순종하여 나왔사오니, 우리의 예배를 받아 주시고 기도할 때 하늘 문을 여사 응답의 축복을 허락하여 주옵소서. 주여, 하나님이 정하신 응답의 때를 기다리는 믿음을 주시기를 소원합니다. 기도하다가 낙심하지 않게 하시고, 엘리야처럼 일곱 번이라도 기도하고, 손바닥만 한 구름의 징조에도 비를 예언하는 믿음을 허락하여 주시옵소서.

아기 예수의 탄생을 기다리는 대림절(대강절) 기간에 우리를 구원하기 위하여 이 땅에 오신 예수님을 생각합니다. 평강의 왕으로 오신 주님을 모르는 세상은 아직도 어두움에 갇혀 있습니다. 이 죄 많고 부조리와 불의가 가득한 세상에 진리의 빛을 비추어 주시고, 전쟁과 테러와 살육의 현장에 평화를 내려 주시기를 기도합니다. 교회가 십자가의 군병이 되어 이 세상을 하나님의 나라로 확장해 나가게 하옵소서.

우리는 너무 이기적이고 물질적이고 세상의 향락을 좋아하는 죄 많은 존재임을 인정하며 회개합니다. 우리의 이기적인 마음이 성령의 감화를 받아 그리스도의 희생과 나눔을 본받게 하옵소서. 우리의 소유가 하나님의 것임을 인정하게 하시고, 주님이 원하시는 곳에 움켜쥔 것을 펼치고 나누는 그리스도인으로 살게 하옵소서.

이 나라와 교회를 위하여 기도합니다. 복음의 능력으로 살기 좋은 대한민국을 세워 주셨건만, 영적 교만과 도덕적 불감증으로 죄악이 만연되어 있습니다. 진리의 말씀을 주셔서 교회를 부흥케 하셨지만, 성경을 부정하는 신학과 사상이 난무하고, 이단들이 득세하며 진리를 위협하고 있습니다. 주여, 불쌍히 여겨 주시고 이 나라와 교회를 구원하여 주옵소서. 주님을 머리로 하는 교회가 힘을 얻게 하시고, 선명하고 바른 진리를 외치게 하옵소서. 이단들이 무너지게 하시고, 잘못된 신학과 사상이 말씀의 권위 아래 무릎 꿇는 역사가 있게 하옵소서. 하나님이 미워하시는 모든 사회적 악이 축출되게 하시고, 건강하고 복된 나라로 회복시켜 주옵소서.

오늘도 목사님이 말씀을 전하실 때, 성령의 감화로 하나님의 뜻을 힘 있게 선포하게 하옵소서. 우리가 그 말씀을 받아 기도할 때, 주께서 문제마다 응답의 축복을 허락하여 주옵소서.

우리를 사랑하시는 예수님의 이름으로 기도합니다. 아멘.

12월 수요 예배(2)

언제나 우리를 사랑하시는 하나님 아버지!
오늘도 세상의 일과를 잠시 멈추고, 피곤한 몸이지만 주 앞에 나와 수요 예배를 드리오니 주님 영광 받아 주옵소서. 주님이 어루만져 주실 것을 기대하고 엎드린 심령들을 사랑의 날개 아래 품어 주시고, 말씀으로 위로하여 주시기를 원합니다.

교회의 머리가 되시고 주인이 되시는 주님, 우리 교회를 사랑하시어 지금까지 인도하여 주신 은혜를 감사드립니다. 세상에 많은 교회가 있지만, 교회다운 교회를 찾을 수 없고 진리의 말씀이 선포되는 교회를 발견하기 어려운 시대를 살고 있습니다. 우리 교회만이라도 주님을 머리로 하는 참다운 교회 공동체가 되게 하시고, 선명한 복음이 선포되는 말씀 중심의 교회로 세워 주시기를 기도합니다. 아기 예수께서 말구유에 탄생하셨듯이, 우리 교회를 찾는 모든 사람이 마음에 주님을 모시는 축복이 있게 하시고, 주님을 영접하는 영적 체험 속에서 신앙생활을 하게 하옵소서.

우리 인간을 구원하기 위하여 하늘 보좌를 버리고 이 땅에 오신 아기 예수의 탄생을 기다리며 기도합니다. 어두운 세상에 빛으로 오신 주님을 모시고, 우리가 세상의 빛으로 살아가게 하옵소서. 그리하여 우리가 있는 곳마다 어둠이 물러가고 빛으로 가득하게 하시고, 죄악이 떠나가고 하나님의 정의가 바로 서는 역사가 나타나게 하옵소서. 주님의 몸 된 교회가 거룩하고 성결하게 하시고, 불의와 타협하지 않고 순결한 진리로 옷 입게 하옵소서. 교회를 이루는 우리 모든 성도들을 주님의 보혈로 성결케 하시어, 날마다 주님의 말씀으로 새롭게 하여 주옵소서.

우리 교회의 교역자들과 함께하시고, 연말에 많은 예배와 행사를 능히 감당할 수 있도록 건강과 능력을 더하여 주옵소서. 담임 목사님의 교회를 위한 기도에 응답하여 주시고, 성도들을 돌보실 때 피곤하지 않도록 새 힘을 공급하여 주옵소서. 우리 교회 모든 교역자들과 중책을 맡은 일꾼들을 주께서 위로하여 주시고, 가정과 일터에 하늘의 복을 허락하여 주옵소서.

아기 예수께 예물을 드리고 경배했던 동방 박사들과 목자들의 신앙을 본받게 하옵소서. "주 예수보다 더 귀한 것은 없다"는 찬송의 가사처럼, 예수 그리스도만이 우리의 진정한 진리요 보배이심을 고백하며 살게 하옵소서. 한 해를 살면서 이웃과의 관계에 가로막힌 담이 있다면, 서로가 용서하고 화해하는 아름다운 신앙적 결단이 있게 하여 주옵소서. 무슨 일을 만나도 합력하여 선을 이루시는 하나님의 사랑을 믿게 하옵소서.

목사님이 강단에서 말씀을 전하실 때마다 진리의 말씀이 선포되게 하시고, 우리가 그 말씀을 깨달을 수 있는 지혜를 허락하여 주옵소서. 말씀대로 살면서 세상의 빛과 소금의 사역을 감당하는 믿음의 사람으로 살아가게 하옵소서.

주 예수 그리스도의 이름으로 기도합니다. 아멘.

12월 수요 예배(3)

사랑과 진리의 하나님 아버지!

성탄의 계절에 주님을 사랑하는 마음으로 수요 예배를 드립니다. 이 자리에 주님이 함께하시고, 예배하는 우리에게 하늘의 큰 복을 내려 주시기를 원합니다. 주님을 만남이 우리의 기쁨이고, 주의 말씀을 듣는 것이 우리의 위로가 되게 하시고, 예배를 통하여 하나님께 영광을 돌리게 하옵소서.

이 성탄의 계절에 요란한 행사보다는 조용히 예배하고 기도하며 아기 예수 탄생의 의미를 새기게 하옵소서. 성탄에 사람과의 교제보다는 주님과의 만남을 소중히 여기게 하옵소서. 한 해의 마무리를 주님과 함께 하는 축복이 있게 하시고, 예수님이 진정으로 우리 인생의 주인이 되시는 놀라운 변화를 체험하는 기회가 되게 하옵소서. 한 해를 돌아보며 주님을 믿지 못하여 걱정하고 불안해했던 불신앙을 회개합니다. 주 안에서 근심과 염려를 몰아내고, 한 해를 마무리하며 새해를 맞게 하여 주옵소서.

연말을 맞이하여 행하는 예배와 행사들이 계획대로 잘 이루어지게 하시고, 모든 교우들이 각자의 몫을 잘 감당하여 하나님께 영광을 돌리고, 사람들에게는 평화를 전하게 하옵소서. 특별히 가난한 자에게 복음을 전하고 눌린 자를 자유케 하러 오시는 주님을 생각하며, 교회가 소외되고 가난한 자들에게 사랑의 손길을 펴는 일에 게으르지 않게 하옵소서. 교회가 외롭고 병들고 삶에 지친 사람들의 안식처가 되게 하시고, 주의 말씀으로 새 생명을 얻는 공동체가 되게 하옵소서.

새해의 각 부서 일꾼들을 교회의 권위로 임명할 때, 순종과 감사의 마음으로 받게 하시고, 주님을 섬기듯 교회의 직책에 충성하는 믿음을 허락하여 주옵소서. 임직을 받은 일꾼들이 서로 손을 잡고 협력하여 교회를 섬기게 하시고, 감사가 넘치고 화목한 분위기로 주님을 기쁘시게 해 드리는 공동체가 되게 하옵소서. 모든 제직들이 주의 능력의 손에 붙잡혀 일하게 하시고, 사람이 아닌 하나님의 위로를 기대하며 사역하게 하옵소서.

말씀이 선포될 때 우리의 심령이 변화되게 하시고, 진리 가운데로 깊이 들어가는 시간이 되게 하옵소서. 말씀을 통하여 눌린 자가 해방되고 약한 자가 새 힘을 얻게 하여 주옵소서. 말씀을 통하여 병든 자가 치료되게 하시고, 낙심한 자가 소망을 갖게 하옵소서. 말씀을 통하여 과거의 아픔이 치유되게 하시고, 슬픈 마음이 위로받게 하옵소서. 말씀으로 불투명한 미래가 밝은 소망으로 변하게 하시고, 오늘의 문제가 하나님의 사랑 가운데서 믿음으로 해결되게 하옵소서.

이제 주님의 종을 통하여 주실 말씀을 기대합니다. 목사님을 성령의 능력으로 붙들어 주시고, 하나님의 뜻이 잘 전달되어 우리의 삶이 변화되게 하옵소서.

우리 주 예수님의 이름으로 기도합니다. 아멘.

12월 수요 예배(4)

사랑과 은혜의 하나님 아버지!

올 한 해도 여기까지 인도해 주시고 마지막 수요 예배로 드리게 하심을 감사드립니다. 한 해를 돌이켜 보면서 주님의 돌보심과 인도하심으로 살아왔음을 고백하고 감사를 드립니다. 만 가지 은혜를 받고 살아오면서도 감사하지 못하고 불평했던 저희들의 잘못을 용서하여 주옵소서. 죄로 죽었던 우리를 값없이 구원하여 주시고 자녀 삼으셔서, 구원의 반열에 세워 주신 놀라운 사랑을 감사드립니다.

올 한 해 주님의 교회를 위하여 직책을 받고도 충성하지 못한 것들이 많이 있음을 회개하며 용서를 구합니다. 하나님이 우리에게 부어 주신 은혜는 한없이 크고 넓지만, 우리가 주 앞에 드릴 열매는 빈약하고 초라한 상태로 예배를 드리오니, 우리의 게으름과 불충성을 용서하여 주옵소서. 사랑을 받았으나 받은 사랑을 나누지 못했습니다. 위로를 받았으나 남을 위로하는 데 인색하였습니다. 수없이 말씀을 들었지만, 여전히 우리의 믿음이 약하고 우리의 성품이 이기적이어서 이웃에게 유익을 주지 못했습니다. 내게 손해가 되는 것은 용납하지 못하고, 이웃을 위한 희생도 실천하지 못하여, 하나님의 뜻을 이루지 못했음을 회개합니다. 저희들의 미련하고 우둔함을 용서하여 주옵소서.

우리 교회를 사랑하시는 주님, 지난 한 해 동안 우리 교회에 등록한 새 가족에게 복을 주시고 이 교회에서 믿음 생활을 잘할 수 있도록 보살펴 주옵소서. 지난 한 해 동안 우리 교회에서 새로 태어난 아기들에게 복을 주셔서 지혜와 키와 믿음이 자라며 부모에게 보람과 기쁨이 되게 하옵소서. 지난 한 해 사랑하는 가족을 천국으로 떠나보낸 우리 교우들의 가정을 위로하시고 복을 주사, 부활의 소망 가운데서 살도록 은혜 내려 주옵소서.

내년에 교회 살림을 맡은 여러 기관과 부서의 일꾼들에게 믿음을 주시고 충성할 수 있도록 건강과 능력을 더하여 주시옵소서. 먼저 예배의 자리에 모범을 보이게 하시고, 무슨 일을 하든 기도가 앞서게 하여 주옵소서. 성령 충만하여서 피곤치 않도록 도와주시고, 주님의 위로하심 가운데 주신 사명을 기쁨으로 감당하게 하옵소서.

이 교회를 위하여 주님이 허락하신 담임 목사님에게 큰 권능과 지혜로 함께하여 주셔서, 주님의 백성을 말씀으로 먹이고 사랑의 손길로 돌보게 하옵소서. 우리 모두가 내년에 더욱 교회를 사랑하고 목사님의 목회 방침에 협력하여, 주의 교회가 힘을 얻고 건강하게 성장하는 축복을 누리게 하옵소서. 이 시간도 말씀을 사모합니다. 세우신 종을 통하여 주께서 말씀하여 주시기를 원합니다. 우리가 하나님의 말씀을 잘 받아 위로와 평안을 회복하게 하시고, 주를 위한 헌신이 새로워지게 하옵소서. 말씀을 듣는 데서 그치지 않고, 삶에서 실천함으로 성령의 열매를 맺게 하옵소서.

주 예수 그리스도의 이름으로 기도합니다. 아멘.

다섯 번째 주 수요 예배(1)

우리와 언제나 함께하시는 하나님 아버지!

죄와 허물로 죽었던 우리를 살리사 영원한 생명을 주시고 주의 자녀 삼아 주신 은혜를 무한 감사드립니다. 그 사랑에 감격하여 오늘도 바쁜 일과를 중단하고 수요 예배로 모였습니다. 사모하는 마음으로 기다리는 우리에게 주의 말씀을 허락하시고, 우리의 기도에 응답하여 주옵소서.

주님, 지난 주일에 말씀을 듣고 영적인 기쁨과 감사가 충만했지만, 삼 일 동안 세상에 살면서 받은 은혜를 간직하지 못한 잘못을 용서하여 주옵소서. 십자가를 통한 하나님의 사랑이 분명하지만, 아직도 우리는 주님을 믿지 못하여 불안과 근심 속에 있습니다. 주여, 우리를 불쌍히 여기시고 믿음을 더하여 주옵소서.

주여, 언제나 성령님의 인도하심 속에서 살기를 원합니다. 하나님을 모시고 담대하게 세상의 문제와 맞서 승리하게 하옵소서. 삶 속에서 항상 주님과 동행하며 주의 음성을 듣고 따르게 하옵소서. 주의 온전하신 뜻을 발견하게 하시고, 그 뜻을 삶에서 실천할 수 있는 신령한 복을 더하여 주옵소서. 말씀 앞에 자신을 비추어 반성하고 회개하는 자세를 가지고 살아가게 하옵소서.

주여, 오늘 예배하는 이 자리에 임하셔서 우리를 만나 주시고 어루만져

모든 예배 대표기도문

주시기를 원합니다. 예배 가운데 주의 영광을 보며 우리 영이 기뻐하게 하시고, 주의 말씀에 위로받게 하옵소서. 진리의 말씀을 통하여 큰 믿음을 갖게 하시고, 하늘의 신비한 은혜를 체험하는 놀라운 시간이 되게 하여 주옵소서.

주여, 우리나라를 위하여 기도합니다. 하나 되지 못하고 사상과 이념이 나뉘어 서로 반목하는 불쌍한 백성을 구원하여 주옵소서. 이 민족이 말씀으로 하나님의 평화를 덧입게 하시고, 주 안에서 한마음으로 뭉쳐서 이 마지막 때에 주의 복음을 전하는 선교 민족으로 세움 받게 하옵소서.

주여, 우리 교회를 위하여 기도합니다. 신령한 말씀이 항상 공급되는 교회가 되게 하시고, 시냇가에 심은 나무처럼 열매를 많이 맺는 교회로 만들어 주옵소서. 우리 교회에 속한 모든 사람들이 이 전에서 기도할 때 주께서 응답하여 주시고, 모든 삶의 문제에 해답을 주셔서 기쁨과 감사가 충만하게 하옵소서.

오늘도 말씀을 전하시는 목사님을 강한 팔로 붙들어 주시고, 생명의 말씀을 힘 있게 전하게 하옵소서. 우리가 말씀을 겸손한 마음으로 받아 실천하여 주의 뜻을 이루며 살게 하옵소서.

주 예수 그리스도의 이름으로 기도합니다. 아멘.

다섯 번째 주 수요 예배(2)

사랑과 은혜가 풍성하신 하나님 아버지!

오늘도 세상의 바쁜 일과를 잠시 멈추고 주의 전에서 삼일 예배로 주님께 영광 돌리게 하시니 감사를 드립니다. 이 시간 주님의 말씀을 사모하고 기도의 응답을 소원하며 나온 주의 백성을 사랑하사 신령한 하늘의 만나로 배부르게 하시고, 저들의 기도에 귀를 기울이사 응답하여 주옵소서.

오늘 말씀 가운데서 주님을 확실히 믿게 하시고, 우리 삶의 어두운 그림자가 모두 사라지게 하옵소서. 부활의 주님을 만난 제자들이 두려움이 변하여 기쁨이 가득하게 되고, 공포에서 벗어나 담대하게 복음을 전했던 것처럼, 우리도 오늘의 예배와 말씀을 통하여 주님의 살아 계심과 우리를 향한 사랑을 깨닫게 하시고, 두려움과 근심에서 벗어나 찬송하고 기쁨이 넘치는 삶으로 변화되게 하옵소서. 주의 사랑으로 마귀의 시험을 이기게 하시고, 육체의 정욕을 물리치고 하나님의 자녀 된 권세를 누리며 살게 하옵소서.

주여, 오늘 주 앞에 나와 엎드린 사랑하는 자녀들을 돌아보사, 그들의 간절한 기도에 응답하여 주옵소서. 어렵고 힘든 세상에서 지치고 상처받은 영혼들이 주의 만져 주심을 바라고 나왔사오니, 주님의 피 묻은 손으로 어루만져 주시고 눈물을 닦아 주셔서, 위로받고 사랑받고 회복되는 시간이 되게 하여 주옵소서. 작은 신음에도 응답하시는 주님의 자비하심으로 우리 마음에 있는 모든 소원을 들어주시고, 주의 선한 길로 인도하여 주시기를 원합니다.

주여, 이 나라를 위하여 기도합니다. 하나님을 대적하는 모든 사상과 이념이 사라지게 하옵소서. 하나님의 말씀을 왜곡하는 거짓된 이단들이 자취를 감추게 하옵소서. 이 백성의 마음을 사분오열시키는 사탄 마귀의 세력이 물러가게 하옵소서. 이 백성이 하나님 앞으로 돌아와 모두 예수 믿고 구원받게 하옵소서.

주여, 한국 교회를 위하여 기도합니다. 영적인 권위를 잃고 세속화되어 가는 한국의 교회들을 불쌍히 여겨 주옵소서. 주의 복음을 사람의 이성으로 변질시키는 잘못된 신학이 추방되게 하옵소서. 교회를 지배하는 세속적 경영 논리가 물러가게 하옵소서. 오직 주의 선명한 복음이 교회로부터 선포되게 하시고, 이 민족에게 참된 윤리와 도덕을 가르치고 몸소 실천하는 신령한 교회의 모습이 회복되게 하옵소서.

오늘도 말씀을 들고 단 위에 서시는 주의 종을 붙들어 주시고, 하나님의 말씀을 전하는 통로로 사용하여 주옵소서. 목사님이 말씀을 전하실 때 우리가 겸손한 마음으로 받게 하시고, 삶에서 실천하여 하나님께 영광을 돌리게 하옵소서.

주 예수 그리스도의 이름으로 기도합니다. 아멘.

다섯 번째 주 수요 예배(3)

자비로우신 하나님 아버지!

놀라운 주님의 사랑 안에서 지난 삼 일 동안 세상에서 살다가, 오늘 주의 전에 모여 수요 예배를 드리게 하시니 감사합니다. 우리의 게으름을 이길 믿음을 주시고, 이 복된 자리에 나올 수 있는 열심을 주시니 감사를 드립니다. 바쁜 세상에서 살지만, 주님의 말씀을 가장 귀한 것으로 생각하고 다시 한 번 은혜 받기를 소원하는 마음을 주시니 감사합니다.

주여, 오늘 주의 전에 나온 사랑하는 백성들 한 사람 한 사람을 개별적으로 만나 주시고 안수하여 주시고 마음의 소원을 들어주시기를 원합니다. 마음은 원이지만 여러 환경에 매여 이 자리에 참석하지 못한 우리의 지체들에게도, 있는 처소에서 기도하게 하시고 주의 동일한 은혜를 받게 하여 주옵소서.

주여, 주님의 은혜가 아니면 하루도 살지 못하는 나약한 저희들이 주 앞에 엎드렸습니다. 우리의 목자가 되어 주시고 길 잃은 양과 같은 우리를 품어 주시기를 원합니다. 마귀가 우는 사자와 같이 믿는 자들을 삼키려고 하는 험악한 세상에서, 우리를 주의 품에 안아 주시고 보호하여 주셔서 평안하게 하옵소서.

황량한 사막같이 고독하고 친구가 없는 이 세상에서 주님을 바라봅니다. 상한 갈대를 꺾지 않으시고 꺼져 가는 등불도 끄지 않으시는 주의 사랑을 믿고 기도합니다. 주여, 우리에게 자비를 베푸시고 은혜를 내려 주옵소서. 우리를 도와주셔서 하나님의 전신 갑주를 입고, 주의 말씀으로 무장하여 험한 세상에서 승리하며 살아가게 하옵소서.

주여, 교회의 머리이신 주님의 사랑 안에 한국의 모든 교회가 하나 되기를 원합니다. 악의 세력이 점점 커지는 이 시대에, 한국의 교회가 하나로 힘을 모아 예수의 이름으로 악을 이기고 하나님의 나라를 확장할 수 있도록 역사하여 주옵소서. 교회를 공격하는 악한 세력들이 모두 무너지게 하옵소서. 하나님이 세우신 교회에 파고드는 이단들을 주께서 막아 주시고, 불쌍한 심령들이 저들의 잘못된 신념에서 빠져나와 구원에 이르게 하옵소서.

교회가 언제나 주 앞에서 개혁되게 하시고, 낡은 관행적 습관을 탈피하게 하옵소서. 오직 말씀 안에서 처음 신앙을 회복하며 새 역사를 만들어 나가는 공동체가 되게 하시고, 이 시대 구원의 방주로서의 사명을 잘 감당하게 하옵소서.

오늘도 주의 종을 통하여 들려주시는 말씀에 은혜 받기를 원합니다. 목사님에게 하나님의 말씀을 잘 전할 수 있는 능력을 더하여 주시고, 우리의 마음이 열려 하나님의 말씀을 순종하며 받게 하여 주옵소서.

주 예수 그리스도의 이름으로 기도합니다. 아멘.

다섯 번째 주 수요 예배(4)

은혜와 사랑이 넘치는 하나님 아버지!

여러 가지 분주하고 어지러운 세상의 삶 속에서 오늘도 주님을 사랑하는 마음으로 수요 예배에 나온 사랑하는 백성들에게 복을 주시고 위로하여 주시기를 원합니다. 세상에 귀한 것이 많지만, 예수 그리스도보다 더 귀한 것은 없기에 주님을 사모하는 마음으로 나왔습니다. 주여, 우리를 사랑하사 오늘을 사는 데 필요한 영의 양식을 풍족하게 받아 누리는 시간이 되게 하여 주옵소서.

지난 주일 귀한 하나님의 말씀을 듣고 은혜를 받았으나, 삼 일 동안 세상에 나가 살면서 주의 말씀대로 살지 못한 우리의 모습을 고백하오니 용서하여 주옵소서. 주님은 원수도 사랑하라 하셨으나, 우리는 내게 유익한 사람만을 가까이하였습니다. 주님은 아무것도 염려하지 말고 기도하라고 하셨으나, 우리는 근심과 걱정에 눌려 기도의 능력을 믿지 못하였습니다. 주님은 항상 기뻐하고 감사하라고 하셨지만, 우리는 웃음기 없는 무표정으로 불신자와 같이 생활하였습니다. 주여, 우리의 믿음 없음을 용서하여 주옵소서.

이 시간 십자가를 통하여 우리에 대한 사랑을 확증하신 하나님의 마음을 헤아려 봅니다. 독생자도 아끼지 않으시고 우리의 구원을 위하여 내어 주신 하나님의 그 넓고 크신 사랑 안에 거하게 하여 주옵소서. 하나님의 사랑 안에서 우리의 모든 환경이 해석되게 하옵소서. 그리하여 사랑 안에서 두려움이 물러가고, 근심과 염려 대신에 찬송과 감사가 마음에 가득 차게 하옵소서.

주여, 우리 가정마다 기도의 제목을 가지고 나왔습니다. 엎드려 기도할 때, 하늘 문을 여시고 각 가정에 필요한 하늘의 복을 부어 주시기를 원합니다. 우리의 간구하는 기도를 들으사 가장 합당한 주님의 방법과 시기에 따라 기도가 응답되는 축복을 누리게 하옵소서. 우리의 자녀들이 믿음 안에서 하나님의 사람으로 살아가게 하시고, 우리의 일터가 형통의 복을 받게 하옵소서. 주께서 우리의 질병과 연약함을 회복시켜 주시고, 영육이 강건하여서 주의 일에 힘쓰는 자들이 되게 하옵소서.

이 시간 우리가 기도하는 사람들이 복을 받게 하옵소서. 우리의 이웃이 복을 받게 하시고, 우리 교회가 복을 받게 하옵소서. 이 교회가 사랑으로 하나 되고 성령이 충만하여 복음을 널리 전하는 사명을 잘 감당하게 하옵소서.

오늘 우리에게 하나님의 말씀을 대언하시는 목사님과 함께하셔서, 주님의 말씀을 잘 전하게 하옵소서. 우리의 마음을 겸손하게 하사 하나님의 말씀을 받아 순종하게 하옵소서.

주 예수 그리스도의 이름으로 기도합니다. 아멘.

* 교회의 세포 조직을 일컫는 구역이라는 단어는 주로 장로교회에서 사용하고 있다. 그 밖의 개념으로 감리교회의 속회를 비롯하여 목장, 셀, 순 등의 용어가 사용되는데, 다 열거할 수가 없다. 이 장에서는 편의상 구역 예배로만 표시하지만, 이는 앞의 다른 용어와 대체하여 사용하면 된다. 구역 예배는 매주 모일 수도 있지만 격주나 부정기적으로 모임을 가지는 경우도 많으므로 여기서는 20개의 기도문만을 소개한다.

CHAPTER

구역(속회, 목장, 셀, 순) 예배
대표기도문

구역(속회, 목장, 셀, 순) 예배(1)

은혜와 자비가 풍성하신 주님!

저희를 사랑하셔서 오늘도 구역 식구들과 한자리에 모이게 하시고, 새해 첫 예배를 드리게 하시니 감사합니다. 약하고 허물 많은 우리를 하나님의 자녀로 삼아 주시고, 아름다운 교회에서 좋은 목사님을 만나 신앙생활을 하게 하시니 감사합니다.

지난 한 주간 주님의 말씀대로 살아 보려고 했지만, 실천하지 못한 것들이 많이 있습니다. 주님, 우리의 죄를 용서하여 주옵소서. 살기에 바빠서 말씀을 읽고 기도하는 영적 생활에 게을렀습니다. 물질의 유혹을 이기지 못하고 신앙 양심대로 살지 못하였습니다. 우리의 언어와 행동이 주님을 닮지 못하고 사람들에게 상처를 주고 아픔을 주었습니다. 이 시간 우리를 치료하여 주시고 새롭게 사용하여 주시기를 원합니다.

오늘 우리가 말씀을 공부하고 하나님의 뜻을 헤아릴 때, 깨달음의 지혜를 허락하여 주옵소서. 우리가 기도할 때 응답하여 주시고, 우리가 서로 교제하며 떡을 나눌 때 사랑이 넘치게 하옵소서. 서로의 기쁨을 공유하고 아픔에 동참하면서, 주님 안에서 한 식구임을 확인하는 귀한 모임이 되게 하옵소서. 구역장님에게 하늘의 복을 넘치게 부어 주시고, 우리 구역을 잘 이끌어 갈 수 있도록 주님이 인도하여 주옵소서. 사랑이 많으신 예수님의 이름으로 기도합니다. 아멘.

모든 예배 대표기도문

구역(속회, 목장, 셀, 순) 예배(2)

사랑의 하나님 아버지!

우리의 삶을 주관하시고 인도하셔서 오늘도 구역 예배로 모이게 하시니 감사를 드립니다. 죄로 영원히 죽을 영혼을 살려 주시고 천국 백성으로 삼아 주신 은혜에 감사하며 예배를 드리오니, 모인 우리에게 은혜를 내려 주옵소서.

교회 성도들 중에 우리를 한 구역에 모아 주시고, 말씀을 나누고 묵상하게 하시니 감사합니다. 오늘도 큰 은혜를 받게 하시고, 놀라운 기도의 응답이 임하게 하옵소서. 우리 가운데 질병으로 고생하는 식구들을 기억하시고 치료하여 주시기를 원합니다. 남모르는 사정으로 낙심하고 눈물 흘리는 교우들을 주님이 위로하여 주시기를 기도합니다. 우리의 따뜻한 언어로 서로의 마음에 기쁨과 평화를 전하게 하시고, 우리 구역의 아름다운 분위기가 교회 전체에 퍼져서 사랑이 넘치는 아름다운 공동체가 되게 하옵소서.

오늘도 말씀을 배우며 교제하는 가운데 함께 은혜 받는 시간이 되게 하여 주옵소서. 초대 교회처럼 날마다 기도하고 전도하고 성령이 충만하여 하늘의 언어로 소통이 이루어지는 구역이 되게 하옵소서. 우리 구역 식구들의 건강을 지켜 주시고, 가정마다 하나님의 위로와 평안이 넘치게 하옵소서. 우리 주 예수님의 이름으로 기도합니다. 아멘.

구역(속회, 목장, 셀, 순) 예배(3)

자비하신 주님!

지난 주일에도 말씀으로 은혜 받게 하시고 세상 가운데서 우리를 보호 하셨다가, 오늘 사랑하는 구역 식구들이 함께 모여 예배를 드리게 하시 니 감사합니다. 이 시간도 하나님의 말씀을 잘 배우고 삶에서 실천하는 은혜를 주시고, 서로를 더 많이 알아 가고 위해서 기도해 주는 교제와 축 복의 시간이 되게 하여 주옵소서.

금년 한 해 우리가 주님 앞에 약속한 신앙적 결단이 무뎌지지 않도록 이 시간 마음을 새롭게 하여 주옵소서. 무엇보다도 사소한 일상의 삶에서 성령의 열매를 맺기 원하오니, 우리의 삶에 사랑과 희락과 화평과 오래 참음과 자비와 양선과 충성과 온유와 절제의 열매가 풍성하게 하옵소 서. 교회의 지체 된 우리가 구역에서부터 서로 사랑하고 화합하여 기쁨 이 넘치는 모임이 되게 하여 주시기를 원합니다. 구역장님을 붙들어 주 시고, 우리 구역을 위해 애쓰고 충성할 때 주님이 위로하여 주옵소서.

우리 구역이 모일 때마다 하나님의 이름을 높이고 영광을 드러내는 모 임이 되게 하옵소서. 인간적인 교제뿐만 아니라 신앙적인 교류가 있게 하시고, 기도할 때 마음이 뜨거워져서 맺힌 것이 풀어지고 질병이 치유 되고 미움이 물러가는 기적이 있게 하여 주옵소서. 우리를 사랑하시는 예수님의 이름으로 기도합니다. 아멘.

구역(속회, 목장, 셀, 순) 예배(4)

우리의 능력이 되시는 주님!

한 주간을 은혜 안에 살다가 오늘 구역 예배로 모여 반가운 얼굴을 만나게 하시고 하나님을 찬양하게 하시니 감사를 드립니다. 우리 가운데 성령께서 함께하시고, 말씀의 은혜가 풍성한 시간이 되게 하여 주옵소서.

매일매일의 삶 속에서 하나님을 잘 섬겨 보려고 하지만, 우리 육신이 연약하여 죄를 짓고 주님의 말씀대로 살지 못하는 것을 용서하여 주옵소서. 오늘 말씀을 배우면서 서로의 기도 제목도 나누게 하시고 함께 기도함으로 하늘 문이 열리고 응답이 단비같이 임하는 축복을 허락하여 주옵소서. 평안의 매는 줄로 서로의 허리를 동이고, 믿음의 한 식구로서 기쁨과 아픔을 공유하는 우리 모두가 되게 하옵소서. 우리의 가정마다 필요한 모든 것을 공급하여 주시고, 자녀들이 건강하게 잘 성장하도록 주님께서 은혜 베풀어 주시기를 원합니다.

우리 구역장님을 리더로 세워 주셨사오니 강건하게 하시고, 물질의 복과 신령한 복으로 영육 간에 채워 주옵소서. 구역의 식구들을 충성으로 보살필 때 피곤치 않게 하시고, 주님이 주시는 힘으로 능히 감당하게 하옵소서. 우리 모두가 하나님의 능력으로 건강하게 한 주간을 살아가게 하옵소서. 우리 주 예수님의 이름으로 기도합니다. 아멘.

구역(속회, 목장, 셀, 순) 예배(5)

우리의 소망이 되시는 주님!

은혜와 사랑을 감사합니다. 저희들이 건강하게 신앙생활 할 수 있도록 좋은 교회의 일원이 되게 하시고, 목사님의 지도 아래 바른 신앙을 갖고 살게 하시니 감사를 드립니다. 오늘도 우리를 위해 예비하신 주의 은혜가 충만하게 내리는 시간이 되게 하옵소서.

우리 구역 식구들 중에 가정과 자녀의 문제나 직장 문제로 마음고생을 하는 사람이 있다면, 오늘 주의 자비하심과 위로가 임하게 하시고, 모든 문제가 말씀 가운데서 풀어지고 해결되는 축복을 누리게 하옵소서. 주님이 우리 가정과 일터의 주인이 되어 주시고, 친히 모든 것을 선하신 뜻대로 해결하여 주시기를 원합니다. 우리에게 믿음을 주셔서 간절한 마음으로 기도하게 하시고, 인내하며 응답의 때를 기다리게 하옵소서. 모든 것을 합력하여 선을 이루시는 하나님을 믿으며 마음의 평안을 잃지 않게 하옵소서.

오늘 말씀을 나눌 때 깨달음이 있게 하시고, 기도할 때 성령의 역사를 경험하게 하옵소서. 우리가 서로 교제할 때 사랑이 넘치게 하시고, 서로의 아픔을 나눌 때 위로가 충만하게 하옵소서. 오늘 여러 사정으로 이 자리에 참석하지 못한 우리 식구들에게도 동일한 은혜를 내려 주옵소서. 우리를 사랑하시는 예수님의 이름으로 기도합니다. 아멘.

구역(속회, 목장, 셀, 순) 예배(6)

사랑이 많으신 주님!

험한 세상에서 우리를 눈동자와 같이 보호하여 주셨다가 오늘 구역 모임에 나올 수 있도록 성령의 감화를 주시니 감사합니다. 우리 구역 식구들의 주를 사랑하는 마음에 복을 주시고, 오늘도 넘치는 은혜를 충만히받게 하옵소서. 구역장님이 강건함으로 우리 구역을 이끌어 가는 데 부족함이 없게 하시고, 주님의 위로가 충만하게 하옵소서.

우리 각자가 하나님의 넘치는 사랑과 위로 속에서 살게 하시고, 생활 가운데 시험에 드는 일이 있다면 서로를 위해 합심하여 기도하게 하옵소서. 두세 사람이 기도할 때 응답해 주겠다고 약속하신 주님의 말씀을 믿습니다. 우리 구역에 믿음이 약한 식구들이 강한 믿음을 소유하여서, 어떤 어려움에도 신앙이 흔들리지 않도록 주께서 도와주옵소서. 우리 구역을 통하여 믿지 않던 영혼들이 예수 믿고 교회에 나오는 축복이 있게하여 주옵소서.

믿음의 주요 온전케 하시는 예수님을 바라보고, 우리가 함께 격려하며 하나님의 뜻을 이루게 하옵소서. 앞선 자가 이끌어 주고 뒤에 있는 자가 격려를 받으며, 모두 신앙생활의 승리자가 되게 하여 주시기를 기도합니다. 우리 구역을 통하여 우리 교회가 유익을 얻게 하시고, 건강한 성장을 이루게 하옵소서. 우리의 목자가 되시는 예수님의 이름으로 기도합니다. 아멘.

구역(속회, 목장, 셀, 순) 예배(7)

우리를 사랑하시고 복 주시는 하나님!

주일에도 예배 가운데 은혜를 받게 하시고, 오늘 다시 구역 모임 가운데서 넘치는 주님의 사랑을 느끼게 하시니 감사를 드립니다. 말씀이 풍성하고, 기도가 뜨겁고, 교제가 살아 있는 우리 구역이 되게 하여 주옵소서.

우리 교회에 속한 모든 구역을 축복하시고 구역마다 건강하게 모이고 교제가 활성화되게 하옵소서. 구역이 살아남으로 교회가 부흥하게 하시고, 구역에서 나눈 사랑이 교회의 분위기를 바꾸는 축복이 있게 하옵소서. 주님이 명령하신 사랑의 계명을 구역에서 실천하여, 우리 교회의 모든 교인들 사이에 미움과 다툼이 없는 평화로운 교회가 되게 하여 주옵소서. 주님의 참된 제자의 도리를 구역에서 배우게 하시고, 썩어 없어질 세상의 재물과 명예와 권력에 마음을 두지 않고, 하나님 나라의 보화를 귀한 것으로 여기며 살게 하옵소서.

오늘도 하늘의 만나를 사모합니다. 주님이 우리에게 공급하시는 말씀이 우리 삶에 힘이 되고 능력이 되어서 험한 세상을 용기 있게 살아가는 데 부족함이 없게 하옵소서. 선한 목자가 되시는 주님을 의지하고 사랑합니다. 우리를 항상 푸른 초장과 맑은 물가로 인도하여 주옵소서. 주 예수 그리스도의 이름으로 기도합니다. 아멘.

구역(속회, 목장, 셀, 순) 예배(8)

사랑의 하나님 아버지!

오늘도 바쁜 삶을 멈추고 사랑하는 구역 식구들과 함께 예배하고 주님의 사랑을 확인하게 하시니 감사를 드립니다. 주님이 이 자리에 함께하시고, 말씀으로 우리를 위로하여 주시기를 원합니다. 사모하는 영혼에 만족을 주시고, 갈급한 심령에 은혜의 단비를 내려 주시기를 기도합니다.

만물을 새롭게 하시는 주님, 우리의 마음을 항상 새롭게 만드셔서 주님의 뜻을 밝히 깨닫게 하시고, 그 뜻을 삶에서 이루어 하나님께 영광 돌리게 하옵소서. 죄로 인해 죽었던 우리를 살리려고 십자가에 달려 돌아가신 주님을 찬양하며 감사를 드립니다. 그 십자가로 보여 주신 사랑을 믿으며 담대하게 마귀의 시험을 이기게 하옵소서.

우리 교회 목사님을 위하여 기도합니다. 언제나 영과 육이 강건하여서 맡은 사명 잘 감당하게 도와주옵소서. 목사님과 함께 우리 모두가 신실한 마음으로 주님의 교회를 아름답게 가꾸고 건강한 공동체로 세워 가게 하옵소서. 우리 구역의 모든 식구들이 오늘도 삶의 문제를 공유하고 서로를 위해 기도할 때, 주의 응답을 받는 시간이 되게 하여 주옵소서. 구역 모임을 위해 애쓰고 충성하는 종들의 수고에 주님이 위로하시고 하늘의 복을 내려 주옵소서. 주 예수 그리스도의 이름으로 기도합니다. 아멘.

구역(속회, 목장, 셀, 순) 예배(9)

만복의 근원이 되시는 하나님 아버지!

사랑으로 우리를 인도하시는 놀라우신 은혜를 찬양합니다. 우리에게 영원한 생명을 주시고 하나님의 자녀가 되는 특권을 허락하신 아버지께 감사를 드립니다. 항상 십자가의 사랑을 잊지 않게 하시고, 모든 일을 그 사랑 안에서 해석하며 승리하게 하옵소서.

길이요 진리요 생명이신 주님의 인도하심을 따라 언제나 푸른 초장과 맑은 물가에서 살아가게 하옵소서. 우리 삶이 고달프고 힘든 일이 있을지라도, 주님이 모든 것을 아시고, 문제의 열쇠를 쥐고 계심을 믿으며 안심하게 하옵소서. 삶의 주인 되시는 예수님을 신뢰하며 자유함을 누리게 하옵소서. 근심 걱정으로부터 자유하게 하시고, 불안과 공포로부터 자유하게 하옵소서. "내게 능력 주시는 자 안에서 내가 모든 것을 할 수 있느니라"라는 사도 바울의 고백이 우리의 고백이 되게 하여 주옵소서.

우리 구역 식구들의 건강을 주님께서 지켜 주옵소서. 몸이 불편한 사람들을 치료하여 주시고, 마음에 상처가 있는 형제들을 품어 주셔서, 기쁨과 감사가 회복되게 하옵소서. 경제적인 어려움을 겪고 있는 가정의 문제를 주님이 선하신 방법으로 해결하여 주시고, 직장과 사업에 형통함을 허락하여 주옵소서. 우리의 구원자이신 예수님의 이름으로 기도합니다. 아멘.

구역(속회, 목장, 셀, 순) 예배(10)

사랑의 하나님 아버지!

우리를 언제나 좋은 길로 인도하시는 주님을 찬양합니다. 주일 예배를 통해서도 하나님의 말씀으로 배부르게 하시고, 오늘 다시 구역 식구들과 함께 모여 예배하게 하시니 감사를 드립니다. 오늘 우리의 모임에 풍성한 은혜와 감동이 넘치게 하옵소서.

오늘 믿음의 교제를 통하여 받은 바 은혜를 서로 나누게 하시고, 하나님의 놀라우신 사랑을 더 많이 느끼는 시간이 되게 하여 주옵소서. 주님은 항상 풍성한 은혜로 채워 주시지만, 우리는 말씀대로 살지 못하고 육신의 좋은 것만 추구하며 영적인 것에 관심이 없었습니다. 주여, 우리의 연약함을 용서하여 주옵소서. 강하고 담대한 믿음을 주셔서 세상의 유혹에 빠지지 않게 하시고, 우리의 시간을 주님께 드리며 주님이 원하시는 삶을 살게 하여 주옵소서.

우리 구역 식구들의 가정을 지켜 주시고 건강의 복도 허락하여 주셔서, 구역 모임에 함께 참여하고 말씀을 나누며 교제하는 일에 빠지지 않도록 도와주옵소서. 우리의 소망은 주님께 있사오니 주님 안에 거하게 하시고, 주님과 동행하며 살아가게 하옵소서. 오늘 말씀을 나누는 시간을 복되게 하시고, 우리가 합심하여 기도할 때 응답하여 주옵소서. 우리를 언제나 사랑하시는 예수님의 이름으로 기도합니다. 아멘.

구역(속회, 목장, 셀, 순) 예배(11)

우리에게 새로운 소망을 주시는 주님!

오늘도 구역 예배로 모이게 하시고 새로운 은혜를 주시는 주님을 찬양합니다. 우리 구역을 복되게 하사 이렇게 모일 수 있게 하시고, 말씀을 나누고 기도하고 교제하게 하시니 감사합니다. 오늘도 놀라운 주님의 은혜를 경험하는 귀한 모임이 되게 하여 주옵소서.

저희들의 모임을 항상 축복하사 믿음의 열매가 풍성하게 하시고, 웃음이 그치지 않고 기쁨의 샘이 마르지 않는 구역이 되게 하여 주옵소서. 기쁠 때나 슬플 때나 주님 앞에 모든 것을 내려놓고 합심하여 기도함으로, 응답받고 감사의 조건이 더해지는 귀한 모임이 되게 하여 주옵소서. 주님의 말씀을 배우며 기도 제목을 나눌 때, 주님 안에서 사랑이 충만하게 하옵소서. 슬픔과 괴로움이 있는 가정에는 성령의 위로가 풍성하게 하시고, 불안과 걱정이 있는 가정에는 하늘의 평안과 소망이 가득하게 하옵소서.

우리 구역을 돌보느라 고생하는 구역장님의 건강을 지켜 주시고, 구역 식구들을 위한 기도에 응답하여 주옵소서. 우리 구역이 평안하므로 교회에 선한 영향력을 끼치게 하시고, 우리 교회의 각 구역마다 은혜가 넘치게 하옵소서. 우리를 죄에서 구원하신 예수님의 이름으로 기도합니다. 아멘.

구역(속회, 목장, 셀, 순) 예배(12)

은혜가 풍성하신 하나님 아버지!

우리를 항상 사랑하시고 눈동자와 같이 보호하셨다가 오늘 귀한 구역 식구들과 함께 예배하게 하시니 감사를 드립니다. 여기 모인 우리 모두에게 성령의 감화와 위로를 풍성하게 내려 주시기를 원합니다. 이 시간을 통하여 말씀에 은혜 받게 하시고, 아름다운 교제 속에서 우리의 믿음이 성장하게 도와주옵소서.

이 어지러운 세상 속에서 우리가 마귀의 유혹을 물리치고 말씀을 따라 살게 하시니 감사합니다. 그러나 돌이켜 보면 한 주간 살면서 우리 욕심대로 죄를 지은 적도 많이 있음을 고백합니다. 돈을 사랑하고 쾌락을 좋아하면서 시간을 낭비하였습니다. 말씀을 가까이하지 못하고 기도하는 데 게을렀습니다. 주여, 우리의 허물과 죄를 용서하시고 새롭게 하여 주시기를 원합니다.

오늘 우리의 모임을 통하여 기도 제목을 나누고 합심하여 기도할 때 성령의 역사하심을 경험하게 하시고, 답답했던 마음에 은혜의 생수가 넘쳐 나게 하옵소서. 슬픈 마음이 위로받게 하시고, 불안한 심령에 주의 평안이 깃들게 하옵소서. 구역장님을 비롯하여 모든 구역 식구들이 한마음이 되어 서로 사랑하고 나누는 믿음의 교제를 경험하게 하옵소서. 우리 주 예수님의 이름으로 기도합니다. 아멘.

구역(속회, 목장, 셀, 순) 예배(13)

우리의 목자가 되시는 주님!

은혜와 사랑을 감사합니다. 주일에도 목사님의 설교에 은혜 받게 하시고, 오늘 우리 구역이 다시 모여 말씀을 배우고 기도하게 하시니 감사를 드립니다. 이곳에 성령님이 함께하셔서 위로와 평강이 넘치게 하옵소서.

오늘 모인 구역 식구들의 마음에 하나님의 사랑이 깊이 느껴지게 하옵소서. 그 사랑으로 세상의 삶에서 모든 고난과 역경을 이기는 축복을 허락하여 주옵소서. 우리에게 문제가 있어서 문제가 아니라 믿음이 없어서 문제임을 깨닫게 하시고, 살아 계신 하나님이 오늘도 함께하심을 믿으며 평안을 누리게 하옵소서. 오늘 저희들이 서로 교제하며 대화를 나눌 때 사랑이 충만하게 하옵소서. 기도 제목을 공유하고 서로를 위하여 주님께 간구할 때, 선하신 주께서 응답하시고 문제가 해결되게 하옵소서.

우리 교회의 담임 목사님과 여러 교역자님들에게 영력을 더하여 주시고, 성도들을 목양하는 데 피곤하지 않도록 건강의 복도 허락하여 주옵소서. 목사님의 기도와 관심 속에서 우리 교인들이 행복하게 하시고, 서로를 축복하고 위로하고 격려하는 아름다운 공동체가 되게 하여 주옵소서. 오늘도 주시는 말씀에 은혜 받게 하시고, 말씀을 삶에 잘 적용하여서 그리스도인답게 살아가게 하옵소서. 우리를 구원하신 예수님의 이름으로 기도합니다. 아멘.

구역(속회, 목장, 셀, 순) 예배(14)

우리를 사랑하시는 주님!

많고 많은 사람들 중에 우리를 택하여 주의 자녀 삼아 주시고, 천국 백성으로 살게 하신 은혜를 감사합니다. 좋은 교회를 허락하시고 신실한 목사님의 지도 아래 신앙생활을 하게 하시니 감사를 드립니다. 좋은 구역장님과 구역 식구들이 함께 모여 예배하며 교제를 나누게 하신 은혜를 감사합니다.

주님, 오늘도 우리의 모임에 함께하여 주시고, 우리에게 은혜를 더하여 주옵소서. 이 모임을 통하여 오늘까지 인도하신 주님의 손길을 생각하며 위로를 받게 하시고, 묵묵히 우리 삶의 모든 것을 간섭하시고 채워 주시는 하나님의 사랑을 느끼게 하옵소서. 이 시간 우리에게 은혜를 베푸사 세상에서 살면서 흐트러졌던 신앙을 다시 추스르고, 새롭게 결단하는 모임이 되게 하여 주옵소서. 우리 구역 식구들이 서로 격려하고 손을 잡아 함께 건강한 신앙생활을 도모하는 기회가 되게 하여 주옵소서.

이 자리에 참석하지 못한 우리 식구들의 사정을 주님이 아시오니, 어느 곳에 있든지 함께 기도하게 하시고, 말씀을 사모함으로 하늘의 복을 받게 하옵소서. 병중에 있는 구역 식구들에게는 치유의 광선을 발하여 건강하게 하옵소서. 주 예수 그리스도의 이름으로 기도합니다. 아멘.

구역(속회, 목장, 셀, 순) 예배(15)

인간의 생사화복을 주관하시는 하나님 아버지!

우리의 생명을 안전하게 지켜 주시고, 세상의 죄악에 물들지 않고 주의 말씀 안에서 살게 하시니 감사를 드립니다. 바쁜 하루의 일과를 뒤로 미루고 주의 사랑하는 백성들이 구역 예배로 모였사오니, 이 시간을 복되게 하사 기쁨과 사랑이 충만하게 하옵소서.

주님, 우리에게 믿음을 더하사 우리 구역 식구들과의 만남이 가장 행복한 시간이 되게 하시고, 주님의 말씀을 나누는 시간이 가장 기다려지는 시간이 되게 하옵소서. 오늘도 믿음 안에서 만나고 교제를 나누게 하셨사오니, 이 모임을 통하여 우리 각자의 마음속에 있는 근심과 고통이 기쁨과 감사로 바뀌는 축복을 허락하여 주옵소서. 기도의 제목을 서로 공유하고 함께 기도할 때 주께서 응답하여 주시고, 우리의 마음에 기쁨을 회복시켜 주옵소서.

우리가 기도함으로 구역의 모든 가정마다 복을 받게 하시고, 우리 교회가 하나님의 도우심으로 건강하게 성장하는 공동체가 되게 하옵소서. 우리의 신앙이 구역에서부터 자라나게 하시고, 그 믿음을 따라 교회를 위하여 일하고 주님 앞에 충성하게 하옵소서. 오늘 구역 예배로 모이는 모든 곳에 동일한 은혜를 내려 주옵소서. 우리 구주 예수님의 이름으로 기도합니다. 아멘.

구역(속회, 목장, 셀, 순) 예배(16)

은혜와 진리의 주님!

우리를 구원하려고 십자가를 지시고 고난을 당하신 주님을 찬양합니다. 세상의 일이 분주하지만, 오늘도 주님의 사랑에 감사하는 마음으로 구역 모임에 참여한 우리에게 한량없는 은혜와 자비를 베풀어 주옵소서.

우리에게 이 자리에 모일 수 있도록 건강을 주시고 믿음을 주신 주님께 감사를 드립니다. 오늘 주의 말씀으로 우리의 신앙이 더욱 깊어지게 하시고, 기도를 통하여 하나님의 살아 계심과 역사하심을 강하게 느끼는 시간이 되게 하여 주옵소서. 우리의 교제와 친교를 통하여 서로의 사정을 나누고 기쁨과 아픔을 공유할 때, 성령의 교통하심이 함께하사, 마음의 상처가 치유되고 고통이 평안으로 바뀌는 축복이 있게 하여 주옵소서. 우리의 받은 은사가 서로 다르고 살아온 환경이 같지 않아도 주 안에서 한마음으로 사랑하게 하시고, 가족 같은 유대감으로 협력하여 하나님의 뜻을 이루게 하옵소서.

우리 구역을 사랑하시는 주님, 구역을 위해 헌신하는 구역장님과 일꾼들의 수고를 기억하시고 하늘의 위로와 평안으로 마음을 채워 주시기를 원합니다. 우리 교회의 모든 구역이 건강하게 성장하게 하시고, 교회 부흥의 밑거름이 되게 하여 주옵소서. 우리의 기쁨이 되시는 예수님의 이름으로 기도합니다. 아멘.

구역(속회, 목장, 셀, 순) 예배(17)

우리의 삶을 주관하시는 주님!

언제나 우리와 함께하시고 좋은 것으로 만족시켜 주시는 사랑에 감사를 드립니다. 오늘도 하늘의 만나를 사모하며, 사슴이 시냇물을 찾듯이 갈급한 심정으로 이 자리에 모인 우리 구역 식구들을 위로하시고, 하늘의 복으로 채워 주시기를 원합니다.

저희들의 삶이 때로 감당하기 힘든 시련과 환난을 만날 때가 있습니다. 두세 사람이 기도할 때 함께하겠다고 약속하신 주님을 믿습니다. 이 시간 서로의 기도 제목을 나누고 합심하여 기도할 때, 우리의 마음이 평안을 되찾고 미래가 열리는 축복을 허락해 주시기를 원합니다. 이 험한 세상에서 주님을 의지하오니, 우리를 고아와 같이 버려두지 마시고 품어 주시고 위로하여 주시기를 원합니다. 우리는 빌 바를 알지 못하는 때도 많으나, 성령께서 우리를 위하여 기도하고 계심을 믿습니다. 주님, 우리에게 가장 좋은 것으로 응답하여 주셔서 하나님께 영광 돌리게 하옵소서.

우리 구역의 모든 식구들의 가정마다 영육 간에 필요한 것을 채워 주시고, 무엇보다도 신앙생활을 잘할 수 있도록 온 가족에게 믿음을 더하여 주시기를 원합니다. 오늘도 말씀에 은혜 받게 하시고 사랑의 교제가 넘치게 하옵소서. 저희를 사랑하시는 예수님의 이름으로 기도합니다. 아멘.

모든 예배 대표기도문

구역(속회, 목장, 셀, 순) 예배(18)

우리에게 영원한 생명을 주신 하나님 아버지!
우리를 택하시고 구원하여 주시고 자녀 삼아 주신 은혜와 사랑에 감사를 드립니다. 이 시간 구역 예배로 모인 우리와 함께하사 기쁨이 충만하게 하시고, 주님 안에서 평안을 누리게 하옵소서.

"너희는 먼저 그의 나라와 그의 의를 구하라"고 하셨사오니, 주님의 나라가 우리를 통하여 세상에 확장되게 하시고, 하나님의 뜻을 이루는 우리 구역이 되게 하여 주옵소서. 주님을 왕으로 모신 나라의 백성으로 항상 기뻐하고 쉬지 않고 기도하며 범사에 감사하는 성도들이 되게 하옵소서. 매일의 삶이 성령님의 인도하심으로 기쁨과 감사가 넘치게 하시고, 고난과 역경이 닥쳐도 기도하며 주의 손을 잡고 승리하게 하옵소서.

우리의 생각이 보이는 문제에 초점을 맞추지 않고, 하나님이 주신 말씀에 근거하여 응답을 기다리는 믿음을 허락하여 주옵소서. 저희 구역의 모든 식구들을 주님이 안보하시고, 가정마다 평안을 주시고, 기업과 일터에 형통함을 더하여 주옵소서. 우리 교회의 모든 구역이 잘 성장하게 하시고 화목하게 하셔서, 목사님의 목회에 유익을 주는 모임이 되게 하옵소서. 오늘도 말씀을 나누고 기도하고 교제하는 모든 시간에 주님이 함께하여 주옵소서. 주 예수 그리스도의 이름으로 기도합니다. 아멘.

구역(속회, 목장, 셀, 순) 예배(19)

우리의 힘과 방패가 되시는 하나님 아버지!
넘치는 사랑으로 우리 삶을 인도하시는 주님을 찬양합니다. 우리를 언제나 사랑하시고 죄의 유혹에서 보호하여 주시는 은혜를 감사합니다. 오늘도 바쁜 일과를 멈추고 구역 예배로 모였사오니, 우리와 함께하시고 하늘의 만나로 먹여 주시기를 원합니다.

지금까지 지내 온 시간을 돌이켜 볼 때 주님의 은혜였음을 고백합니다. 많은 풍파와 시련의 시간 속에서도 오늘까지 낙심하지 않게 하시고, 믿음을 지켜 생활하게 하신 주님의 은혜를 생각할 때 무한 감사를 드립니다. 영원히 동일하신 주님, 앞으로의 삶도 주님과 동행하며 성령님의 인도로 살아가게 하옵소서. 빈곤에 처할 줄도 알고 풍부에 처할 줄도 알았던 사도 바울이, "능력 주시는 자 안에서 모든 것을 할 수 있다"고 선언한 그 고백을 우리도 믿음으로 외치게 하옵소서. 어떤 일을 만나도, 인간의 생사화복을 주관하시는 주님 안에서 위로와 평안을 누리며 승리하게 하옵소서.

우리 교회를 위하여 기도합니다. 목사님을 강건하게 하시고, 생명의 말씀을 힘 있게 전하는 종이 되게 하옵소서. 우리 구역을 통하여 교회가 유익을 얻게 하시고, 기쁨이 넘치고 화목한 공동체가 되게 하여 주옵소서. 우리를 사랑하시는 예수님의 이름으로 기도합니다. 아멘.

구역(속회, 목장, 셀, 순) 예배(20)

능력과 권능의 하나님 아버지!

우리의 생명을 여기까지 연장시켜 주시고, 부족하지만 주의 일에 사용하여 주시니 감사합니다. 오늘 주님의 사랑에 감사하여 구역 식구들이 모였사오니, 이 자리를 복되게 하시고 은혜 내려 주옵소서.

구하는 자에게 좋은 것을 주시는 주님, 우리가 기도할 때 가장 좋은 것으로 응답하여 주실 줄로 믿습니다. 우리는 무엇이 선한 것인지도 모르는 어리석은 자들이오니, 주님께서 우리의 소원을 주님의 방법으로 만족시켜 주시고, 주의 뜻을 이루어 주시기를 원합니다. 우리 구역의 가정마다 신령한 복이 넘치게 하시고, 영혼이 잘되고 범사가 잘되고 강건한 축복으로 말미암아, 세상 사람들이 하나님을 두려워하고 구원받는 역사가 일어나게 하옵소서.

우리 구역 식구들이 모일 때마다 믿음이 성장하게 하시고, 사랑의 교제가 풍성하게 하옵소서. 우리 구역이 작은 천국이 되게 하옵소서. 서로의 문제를 기도해 주고 기쁨을 공유하며, 한 가족이 되어 웃음과 감사가 넘치는 모임이 되게 하여 주옵소서. 우리의 언어가 사람을 살리는 언어가 되게 하시고, 우리의 행동이 이웃에게 덕을 끼치는 삶이 되어 아름다운 주의 향기가 풍기게 하옵소서. 우리 주 예수 그리스도의 이름으로 기도합니다. 아멘.

제직회

공동의회(사무총회) – 예결산, 임직자 선출, 담임 목사 청빙

각 기관 정기총회(남전도회, 여전도회, 안수집사회, 권사회)

각 기관 월례회(남전도회, 여전도회, 안수집사회, 권사회)

성경 공부 모임

성가 연습

교사 기도회

지역 주민 초청 잔치

야외 예배

체육 대회

수능 수험생을 위한 기도회

CHAPTER

각종 모임 대표기도문

제직회

우리 교회를 사랑하시는 주님!

오늘도 주의 전에 모여 예배드리게 하시고 말씀으로 은혜 받게 하심을 감사합니다. 이 시간 예배 후 제직회로 모였습니다. 부족한 저희들을 주님의 몸 된 교회의 직분자로 세워 주신 은혜를 감사드립니다. 우리 모두가 목사님의 목회를 잘 협력하게 하시고, 각자 맡은 직분을 잘 감당하여 교회가 건강하게 성장하는 데 헌신하게 하옵소서.

오늘 제직회를 주관하시는 목사님과 함께하셔서 회의를 잘 인도하게 하옵소서. 모든 안건이 처리될 때마다 하나님의 뜻에 합하게 하시고, 인간적인 욕심이나 개인적인 유익이 앞서지 않게 하옵소서. 우리 모두가 주님의 일꾼이오니, 주님께 기도하는 마음으로 겸손히 회의에 임하게 하옵소서. 이 자리에 주님이 계신다는 의식 속에서 우리의 언어가 순화되게 하옵소서. 사랑과 화평을 도모하는 마음과 나보다 남을 낮게 여기는 생각 속에서 발언하고 결의하게 하옵소서.

오늘 제직회를 통하여 우리 교회에 기쁨이 넘치고, 사랑과 격려와 감사의 언어가 충만하게 하옵소서. 제직회의 각 부서를 맡은 부장들에게 성령의 충만함을 허락하사, 주님 앞에 선한 청지기로서 사명을 잘 감당하게 하옵소서. 교회의 머리가 되신 예수님의 이름으로 기도합니다. 아멘.

모든 예배 대표기도문

공동의회(사무총회) - 예결산, 임직자 선출, 담임 목사 청빙

우리 교회를 사랑하시고 보호하시는 주님!

지난 한 해 동안도 여러 가지 어려운 환경 속에서 우리 교회를 건강하게 지켜 주시고, 선한 길로 인도하신 주님의 은혜를 감사드립니다. 오늘 예배 후에 교회의 (예결산/임직자 선출/담임 목사 청빙)을 의논하고 결의하기 위하여 공동의회(사무총회)로 모였사오니, 모든 회의 진행을 주님이 주관하셔서 은혜롭게 마칠 수 있도록 인도하여 주옵소서. 의장이신 목사님과 함께하셔서 회의를 잘 이끌게 하시고, 우리 교회가 하나님이 기뻐하시는 뜻을 이루게 하옵소서.

이 자리에 모인 세례교인들은 모두 동등한 권리와 의무를 가진 교회의 식구들이오니, 서로가 상대방의 의견을 존중하며 겸손한 자세로 회의에 임하게 하옵소서. 주님을 이 자리에 모신 마음으로 회의가 진행되게 하시고, 우리의 발언이 교회에 덕을 세우고 주님께 영광이 되는 의견이 되게 하옵소서. 세상 사람들의 회의와 구별된 거룩하고 아름다운 모임이 되게 하시고, 절제된 발언으로 기쁨과 평안을 유지하며 회의가 진행되게 하옵소서.

오늘 결의하는 모든 것이 하나님의 뜻에 합하게 하시고, 교회의 유익이 되게 하옵소서. 수고한 모든 종들에게 하늘의 넘치는 복으로 채워 주옵소서. 주 예수 그리스도의 이름으로 기도합니다. 아멘.

각 기관 정기총회(남전도회, 여전도회, 안수집사회, 권사회)

우리의 구원자가 되시는 주님!

우리에게 아름답고 좋은 교회와 담임 목사님을 허락하셔서 매 주일 은 혜 받으며 신앙생활 하게 하시니 감사를 드립니다. 또한 우리 교회의 지 체들이 여러 기관에 속하여 교제를 나누고 일하게 하시니 감사합니다.

주님, 오늘은 우리 (남전도회, 여전도회, 안수집사회, 권사회)의 정기총 회로 모였습니다. 새로운 일꾼을 선출하고, 새해의 사업과 예산과 결산 을 처리하는 이 자리에 주님이 함께하셔서, 하나님의 뜻대로 모든 것이 결의되게 하옵소서. 우리의 생각과 마음을 주장하사 기도하는 가운데 새 임원이 선출되게 하옵소서. 우리가 하나님의 일꾼으로 선출되는 자 들을 위해 기도로 돕고 적극 협력하게 하옵소서. 지금까지 수고한 임원 들을 위로하시고, 그들의 수고가 하늘나라의 보화로 쌓이게 하옵소서. 예결산도 잘 처리되어서, 우리 (남전도회, 여전도회, 안수집사회, 권사 회)가 새해에 해야 할 모든 일이 순조롭게 진행되게 하시고, 주님께 영 광 돌리게 하옵소서.

주님, 지난해를 돌아봅니다. 열심히 충성한 일도 있고 게으름으로 주의 뜻을 이루지 못한 시간도 있었음을 고백합니다. 새해에 더욱 충성하게 하시고, 많은 열매를 주님께 남겨 드리는 우리 모두가 되게 하여 주옵소 서. 우리를 사랑하시는 예수님의 이름으로 기도합니다. 아멘.

모든 예배 대표기도문

각 기관 월례회(남전도회, 여전도회, 안수집사회, 권사회)

은혜가 풍성하신 주님!

우리를 이렇게 좋은 교회에 한 식구로 불러 주시고, 함께 신앙생활 하게 하신 것을 감사합니다. 오늘은 우리 (남전도회, 여전도회, 안수집사회, 권사회) 월례회로 모였습니다. 회원들이 교회를 사랑하고 주님께 충성하는 마음으로 모였사오니, 우리 모두에게 복을 주시고 수고하는 임원들에게 위로와 평강을 내려 주시기를 원합니다. 회의를 주관하는 회장님에게 지혜와 명철을 주셔서 하나님의 뜻대로 안건을 처리하게 하시고, 모든 결의를 통하여 하나님의 나라가 더욱 확장되게 하옵소서.

우리 회원들이 주님을 모시고 회의를 한다는 의식 속에서 건강한 의견을 교환하게 하시고, 부드러운 음성으로 발언하게 하옵소서. 회의의 시작과 끝이 기쁨이 넘치고 감사가 충만하게 하시고, 서로를 존중하고 믿어 주면서 아름다운 분위기로 진행되게 하옵소서.

우리 (남전도회, 여전도회, 안수집사회, 권사회)가 교회의 머리 되신 주님의 지체로서 교회의 발전을 위해 서로 돕고 협력하여, 주님의 기쁨이 되고 목사님의 목회에 힘이 되는 기관이 되게 하옵소서. 우리 회원들의 가정과 일터에 건강과 형통의 복을 허락하사, 주님의 일을 감당하는 데 부족함이 없게 하옵소서. 우리의 구원자가 되시는 예수님의 이름으로 기도합니다. 아멘.

성경 공부 모임

사랑이 많으신 주님!

우리를 사랑하셔서 매 주일 예배하게 하시고 말씀으로 은혜 받게 하시니 감사합니다. 저희들이 목사님의 말씀을 듣고 은혜 안에서 신앙생활할 수 있도록 좋은 교회를 주셔서 감사합니다. 그러나 한 주간 살면서 주신 말씀을 실천하지 못하고 믿음 없이 살았음을 고백합니다. 말씀을 머리로 이해하고 가슴으로는 받아들이지만, 말씀대로 살지 못했던 우리를 용서하여 주옵소서.

주님, 우리가 다시 성경 공부로 모여 말씀을 배우려고 합니다. 여기 모인 자들에게 은혜를 주셔서 하나님의 말씀을 잘 배우게 하시고, 배운 말씀을 삶에서 잘 적용할 수 있도록 도와주옵소서. 인도하시는 목사님에게 큰 능력으로 함께하사 진리의 말씀을 체계적으로 잘 전하게 하옵소서.

이 모임에서 말씀을 배우기도 하고 서로의 삶을 공유하기도 하여, 주께서 우리 각자에게 주신 은혜를 나누고 간증하는 가운데 믿음이 성장하게 하옵소서. 성경에 대한 지식뿐만 아니라, 그 속에 담겨 있는 진정한 하나님의 계획과 뜻을 이해하게 하시고, 우리를 향한 주님의 크신 뜻을 발견하게 하옵소서. 이 성경 공부를 통하여 우리가 서로를 알아 가고, 위해서 기도해 주는 영적 교통이 있게 하옵소서. 진리의 근원이신 예수님의 이름으로 기도합니다. 아멘.

성가 연습

찬양 받기에 합당하신 주님!
우리에게 성가대(찬양대)로 섬길 수 있는 열심을 주시고 재능을 주셔서
감사합니다. 오늘도 예배를 위하여 하나님께 드릴 찬양을 연습하려고 합
니다. 우리의 영혼이 진정으로 살아 계신 하나님을 높이는 찬양이 되게
하여 주옵소서. 우리 교우들을 대신하여 하나님의 은혜와 사랑을 찬양할
때, 주님 영광 받아 주옵소서.

지휘자 ○○○ (직분)님에게 지혜와 능력을 더하사 우리 대원들을 잘 이
끌게 하시고, 성가대(찬양대)의 수준이 날마다 향상되게 하옵소서. 반주자
(직분)님에게도 은혜를 주시고, 대장님 이하 모든 대원들에게 주의 크신
복을 내려 주옵소서. 우리 성가대(찬양대)가 아름다운 교제와 사랑으로 교
인들의 모범이 되게 하여 주옵소서. 연습에 늦지 않게 하시고, 집에서도 연
습을 게을리하지 않도록 열심을 허락하여 주옵소서.

찬양은 하나님께 바치는 제물이오니 우리의 정성과 믿음의 열매로 흠 없
고 온전한 찬양이 드려지게 하옵소서. 찬양은 우리의 신앙 고백이오니
확실한 믿음 위에서 하나님께 신앙을 고백하는 심정으로 찬양하게 하옵
소서. 우리 대원들이 더욱 기도에 힘쓰고 말씀 듣는 일에도 앞장서게 하
옵소서. 성가대(찬양대)의 사명을 잘 감당할 수 있도록 건강의 복과 가정
의 평안을 허락하여 주옵소서. 예수님의 이름으로 기도합니다. 아멘.

교사 기도회

우리의 스승이 되시는 주님!

우리에게 가르칠 수 있는 달란트를 주시고, 주일학교 교사로 헌신할 기회를 주셔서 감사합니다. 주님께서 허락하신 귀한 생명들을 맡았사오니, 믿음의 반석 위에서 아이(학생)들을 가르치게 하옵소서. 교사들이 먼저 엎드려 예배하고 기도하며, 주님의 지혜와 능력을 구하게 하옵소서.

부서를 지도하시는 목사님(전도사님)에게 영력을 주시고, 부장님에게 지도력을 주셔서, 우리 (유아부, 아동부, 중고등부, 청년부)가 아름답게 성장하게 하옵소서. 우리가 말씀을 가르칠 때 성령께서 우리의 마음과 입술을 주장하사 말씀을 잘 전달할 수 있게 하시고, 아이(학생)들의 마음에 복음의 씨앗이 잘 심어지도록 은혜를 베풀어 주옵소서.

주여, 교사의 직분을 감당하기 충분한 건강의 복을 주시고, 가정과 일터와 학업에 형통함을 허락하여 주시기를 원합니다. 우리 교사들이 서로 화목하게 하시고, 사랑의 마음으로 서로의 부족한 면을 채워 주고 협력하여, 하나님의 뜻을 이루어 나가는 모임이 되게 하여 주옵소서. 우리 교사 모임이 기쁨과 평안으로 충만하게 하시고, 은혜 안에서 서로 격려하고 위로함으로 교회에 선한 영향력을 끼치게 하옵소서. 우리 교사들의 열심과 헌신이 담임 목사님의 목회에 힘을 주고, 교회 성장에 도움이 되게 하옵소서. 우리를 선한 길로 이끄시는 예수님의 이름으로 기도합니다. 아멘.

지역 주민 초청 잔치

사랑과 은혜의 하나님 아버지!

우리 교회를 사랑하사 이곳에 세워 주시고 선교의 사명을 다하게 하신 은혜를 감사합니다. 오늘은 지역 주민을 초청하여 함께 예배를 드리게 하시니 감사합니다. 우리 교회 주변에서 늘 함께 생활하고 인사를 나누던 주민들이오니, 오늘 이 자리가 서로의 친교를 더하는 시간이 되게 하여 주옵소서. 서로 인사하고 교제하면서 웃음과 덕담이 오가는 시간 되게 하시고, 음식을 나누고 대화할 때 기쁨이 가득하게 하옵소서.

우리 교회가 있으므로 지역 주민이 하나님의 복을 받게 하시고, 나눔을 통하여 삶에도 유익을 얻게 하옵소서. 우리 교회가 지역 주민을 위해 기도하며 소외된 이웃을 돌보게 하시고, 서로 필요한 것을 나누며 마음을 통하는 아름다운 관계가 지속되게 하옵소서.

오늘 행사를 통하여 우리 주민들에게 교회의 문턱이 낮아지게 하옵소서. 함께 교회에 나와 예배드리는 사람이 많아지는 축복도 허락하여 주옵소서. 우리를 사랑하시는 예수님의 이름으로 기도합니다. 아멘.

야외 예배

우주 만물을 창조하신 하나님 아버지!

오늘 이 아름다운 자연에서 주님의 창조를 몸으로 느끼며 예배하게 하시니 감사를 드립니다. 우리가 예배 가운데 하나님의 높고 위대하심을 마음껏 찬양하게 하시고, 자연을 통하여 주님의 영광을 보게 하옵소서.

목사님이 생명의 말씀을 전하실 때 영과 육을 건강하게 붙들어 주시고, 말씀을 힘 있게 전하게 하옵소서. 우리가 마음을 열고 말씀을 받게 하시고, 그 말씀으로 한 주간 주의 뜻을 이루며 살아가게 하옵소서. 오늘 모든 행사를 준비한 주의 종들에게 하늘의 큰 복으로 채워 주시고 위로하여 주옵소서.

우리가 음식을 나누고 교제할 때 서로의 언어에 사랑이 넘치게 하시고, 웃음과 칭찬과 격려가 가득하게 하옵소서. 마음에 무거운 짐이 있는 자들도 오늘 교제하는 가운데 기쁨으로 충만하게 하시고, 삶의 문제로 고민하는 사람들도 믿음으로 주께 모든 것을 맡기고 쉼을 얻게 하옵소서. 우리가 하루 종일 행사를 진행할 때 안전사고가 없도록 지켜 주시고, 경쟁하지 않고 양보하며 상대방을 먼저 생각하는 마음으로 격려하는 시간이 되게 하옵소서. 오늘의 예배와 행사를 통하여 우리 교회에 사랑과 평안의 분위기가 고조되게 하시고, 하나님께 영광을 돌리게 하옵소서. 우리 주 예수님의 이름으로 기도합니다. 아멘.

체육 대회

사랑의 하나님 아버지!

우리를 교회의 식구로 불러 주시고 함께 신앙생활 하며 동고동락하게 하신 은혜를 감사합니다. 오늘 주님께서 우리의 친교를 위해 아름다운 체육 대회를 마련해 주신 것을 감사합니다. 오늘 하루 종일 우리 모두의 마음에 기쁨이 충만하고 감사가 넘치게 하옵소서. 위로와 사랑을 주고받고 덕담이 오가게 하시고, 모두를 향하여 칭찬과 박수가 오가는 아름다운 시간이 되게 하여 주옵소서.

어린아이로부터 어른에게 이르기까지 운동 경기와 놀이를 하는 가운데 안전사고가 없게 하시고, 서로 상대방을 먼저 생각하고 양보하는 마음으로 그리스도인다운 행사가 진행되게 하옵소서. 우리 모두가 한 식구처럼 양보하면서도 기분이 좋게 하시고, 다른 사람의 승리가 내 기쁨이 되는 아름다운 신앙 인격을 보이게 하옵소서.

오늘 행사를 준비하느라 수고한 주의 일꾼들의 노고를 아시오니, 하늘의 위로와 큰 복으로 채워 주옵소서. 먼저 예배 중에 목사님이 하나님의 말씀을 전하실 때, 하늘 아버지의 음성으로 듣게 하시고, 우리의 삶에 적용함으로 주님의 뜻을 이루게 하옵소서. 우리를 사랑하시는 예수님의 이름으로 기도합니다. 아멘.

수능 수험생을 위한 기도회

사랑의 하나님 아버지!

주님의 놀라우신 은혜를 감사드립니다. 오늘 우리에게 수능 수험생을 위한 기도회를 허락해 주셔서 감사합니다. 우리 가정과 교회에 속한 학생들이 건강하게 장성하여 고등학교 학업 과정을 잘 마치게 하신 은혜를 감사합니다. 대학 입학을 위한 수능 시험을 치르기까지 인도하신 하나님의 사랑에 감사를 드립니다. 몸이 피곤하고 마음이 무너질 때마다 주의 말씀을 의지하게 하셔서 여기까지 오게 하신 은혜를 감사합니다. 그동안 수험생을 돌보느라 고생한 부모들의 마음에, 주께서 위로와 평강으로 채워 주시기를 기도합니다.

이제는 모든 것을 주님께 맡깁니다. 한 과목 한 과목 시험을 치를 때 아는 것을 틀리지 않도록 지혜를 주시기 원합니다. 성실하게 준비한 과정 이상으로 좋은 성적을 낼 수 있도록 주님께서 도와주시기를 기도합니다. 이 시험 과정을 통하여 우리 학생들이 한 단계 더 성장하게 하시고, 주님을 믿는 믿음이 강해지게 하옵소서. 시험의 결과가 하나님께 영광을 돌리는 간증이 되기를 원합니다.

주님, 지금까지 우리 아이들의 성장을 인도하신 것을 감사합니다. 앞으로 대학에 진학하고 인생을 설계하며 진로를 정할 때도, 주님이 함께하시고 목자가 되어 주시기를 간구합니다. 우리 학생들 한 사람 한 사람을

모든 예배 대표기도문

주께서 귀한 인물로 세워 주시고, 교회와 민족을 위한 큰 그릇으로 사용하여 주시기를 원합니다. 인생의 고비마다 주님께 의지하고 기도하는 믿음의 용사가 되게 하옵소서. 하나님이 우리 학생들을 택하시고 키우셔서 모세와 같은 지도자가 나오게 하시고, 사무엘과 같은 선지자가 배출되게 하시고, 다윗과 같은 성군의 역할을 담당하게 하옵소서.

여호와를 경외하는 것이 지식의 근본이라고 하였사오니, 대학에 진학해서도 바른 믿음을 가지고 하나님을 잘 섬기며 복을 받는 사람들이 되게 하여 주옵소서. 좋은 믿음의 친구를 만나게 하시고, 좋은 선생님의 가르침을 받게 하셔서, 자신이 원하는 인생의 목표를 이루게 하옵소서. 스스로가 행복하고 보람 있는 삶을 살게 하시고, 사회에 유익을 주며 사람들에게 칭찬받고 하나님께 영광을 돌리게 하옵소서. 우리의 삶을 인도하시는 예수님의 이름으로 기도합니다. 아멘.

백일 감사 예배

돌 감사 예배

결혼 감사 예배

회갑 감사 예배

고희(古稀)[칠순] 및 희수(喜壽) 감사 예배

미수(米壽) 감사 예배

백수(白壽) 감사 예배

목회자 생신 감사 예배

9

CHAPTER

◆ ✳ ◆

생일, 백일, 결혼
감사 예배 대표기도문

백일 감사 예배

사랑의 하나님 아버지!

주님이 사랑하시는 이 가정에 귀한 아기 ○○○을(를) 선물로 주시고, 주 안에서 잘 자라게 하셔서 이제 백일을 맞게 하시니 감사를 드립니다. 오늘 온 가족과 친지들이 모여 ○○○의 백일을 축복하고 기도하오니, 이 아기가 자라나는 모든 과정에 주께서 복을 주시고, 주님의 품 안에서 건강하게 성장하도록 도와주옵소서.

태어나서 백일이 될 동안 어려운 일도 많았지만, 기도할 때마다 주님이 도와주시고 보살펴 주신 것을 감사합니다. 앞으로 아기의 성장에 필요한 건강의 복과 물질의 복과 믿음의 복을 넘치게 허락하여 주실 줄 믿습니다. 아기의 부모 ○○○ (직분)님과 ○○○ (직분)님에게 복을 주시고, 그동안의 수고에 주님이 위로해 주시기를 원합니다. 아기를 위한 부모의 기도에 응답하여 주시고, 우리 ○○○의 미래를 하나님께 맡기며 믿음으로 양육하게 하옵소서. 아기의 웃음소리가 이 가정의 행복이 되게 하시니 감사합니다. 이 아기로 말미암아 우리 교회가 기쁨이 넘치게 하옵소서. 장차 이 아기를 통하여 우리 민족과 사회가 큰 유익을 얻게 하여 주옵소서.

오늘 목사님의 말씀이 부모와 아기와 우리 모두에게 축복의 말씀이 되기를 원하오며, ○○○를 사랑하시는 예수님의 이름으로 기도합니다. 아멘.

돌 감사 예배

어린이를 사랑하시는 주님!

오늘 주님이 사랑하시는 ○○○ 아기의 첫돌을 맞아 예배하게 하시니 감사를 드립니다. 이 가정에 출산의 기쁨을 주시고 아기가 일 년 동안 잘 자라서 하나님께 영광을 돌리게 하시니 감사합니다. 첫돌을 맞은 우리 ○○○ 아기를 축복하러 온 모든 식구들과 친지들의 마음에 감사가 넘치게 하시고, 하나님이 주시는 기쁨으로 충만하게 하옵소서.

지금까지 우리 ○○○ 아기를 잘 양육한 부모 ○○○ (직분)님과 ○○○ (직분)님에게 큰 기쁨과 위로를 주시니 감사합니다. 주님께서 이 가정에 선물로 주신 생명이오니, 앞으로의 성장 과정도 친히 인도하셔서, 지혜와 키가 자라며 하나님께 인정받고 사람에게 칭찬을 듣는 예쁜 어린이가 되게 하여 주옵소서. 무엇보다도 부모의 마음에 믿음을 주사, 하나님을 기쁘시게 하는 어린이로 키울 수 있게 하옵소서. 이 아기가 성장하는 데 필요한 믿음과 건강과 물질의 복을 허락하셔서, 언제나 감사와 보람으로 양육하게 하옵소서. 이 아기의 장래를 인도하사 교회의 귀한 일꾼이 되게 하시고, 민족을 위한 큰 인물로 세워 주시기를 원합니다.

오늘 목사님의 말씀에 은혜 받기를 원합니다. 우리 모두에게 주시는 하나님의 말씀이 되게 하옵소서. 우리 ○○○ 아기를 사랑하시는 예수님의 이름으로 기도합니다. 아멘.

결혼 감사 예배

인간을 창조하시고 아담과 하와의 가정을 축복하신 하나님!
오늘 하나님의 뜻 가운데서 ○○○ 군과 ○○○ 양의 결혼을 허락하시고, 가족과 친지와 하객들 앞에서 결혼식을 하게 하신 은혜를 감사합니다. 오늘이 있기까지 두 사람이 각기 다른 환경에서 성장하여, 서로 만나고 사랑하고 결혼을 결심하게 된 모든 과정이, 하나님의 인도하심이었음을 생각하며 감사를 드립니다.

그동안 두 사람을 훌륭하게 길러 주신 양가 부모님들의 수고를 주님이 위로하시고 보상하여 주심을 감사합니다. 신랑과 신부가 가정을 이룬 후에 독립하여 살아갈 때도, 부모님의 은혜를 잊지 않고 효도하며 다른 사람들에게 본이 되게 하여 주옵소서. 양가 부모님과 우리 모두의 기도를 들어 주사, 주께서 이 두 사람이 이룬 가정을 삶이 다하는 날까지 복되게 하옵소서.

주님이 이 가정의 주인이 되셔서 기쁠 때나 슬플 때나 함께하시고, 건강의 복과 필요한 물질의 복을 주시고, 자녀를 얻는 기쁨도 허락하여 주시기를 기도합니다. 무엇보다도 믿음의 가정으로 세워 주셔서, 하나님을 경외하고 예배하며 말씀을 사랑하는 가정으로 인도하여 주시기를 원합니다.

오늘 신랑과 신부에게 주례자가 권면할 때, 그 말씀을 두 사람이 일평생 좌우명으로 곁에 두고 험한 세상에서 승리하게 하옵소서. 인생길에 성공과 행복의 조건이 충족되더라도, 말씀을 기억하며 교만하지 않고 하나님께 감사하게 하옵소서. 혹 불행과 고난이 닥칠지라도 좌절하거나 낙심하지 않고, 말씀 붙들고 기도하며 주님의 도우심을 구하게 하옵소서.

오늘 신랑과 신부, 두 사람의 사랑하는 마음이 변치 않고 일평생 지속되게 하시고, 사랑하므로 모든 조건을 초월한 행복을 누리는 복된 인생을 살게 하여 주옵소서. 그리하여 진정한 사랑이 메마른 이 세상에 참사랑의 작은 촛불을 밝히는 두 사람이 되게 하여 주옵소서. 가정의 주인 되시는 예수님의 이름으로 기도합니다. 아멘.

회갑 감사 예배

만복의 근원이 되시는 창조주 하나님 아버지!

오늘 사랑하는 ○○○ (직분)님의 회갑을 맞이하여 함께 예배하며 축하하게 하신 은혜를 감사합니다. 하나님께서 만세전에 우리 ○○○ (직분)님을 택하시고 구원하여 주셔서 자녀 삼아 주시고, 우리 교회의 식구로 함께 신앙생활 하게 하신 사랑을 생각하며 감사를 드립니다.

오늘의 모임이 주님의 은혜를 찬양하고 감사하는 가운데, 우리 ○○○ (직분)님을 축복하는 복된 자리가 되게 하여 주옵소서. 지금까지 살아온 것이 모두 하나님의 은혜였음을 간증하고 감사하고 기뻐하는 자리가 되게 하여 주시고, 주님의 사랑과 권능을 우리 모두가 공유하는 복된 시간이 되게 하옵소서.

회갑을 맞기까지 세상을 사는 동안 사랑하는 ○○○ (직분)님의 건강을 지켜 주신 것을 감사합니다. 온 가족과 교우들의 축복 속에서 남은 삶이 더 강건하게 하시고, 행복하고 보람 있게 살아가도록 은혜를 내려 주시기를 원합니다. 교회를 위하여 기도하는 (직분)님이 되게 하시고, 그 기도로 말미암아 우리 교회가 복을 받아 평안한 가운데 성장하게 하옵소서.

주여, 우리 ○○○ (직분)님 자녀들의 가정을 복되게 하사 하나님을 잘 섬기며 살게 하시고, (직분)님의 기쁨이 되게 하옵소서. 자녀들의 건강도 지켜 주시고, 하는 모든 일에 형통함을 주옵소서. 자녀들에게 지혜와 명철을 주셔서 자신의 앞길을 잘 설계할 수 있게 하시고, 하나님께 기쁨이 되고 사람에게 칭찬을 받는 삶을 살게 하여 주옵소서.

오늘 목사님이 전하시는 말씀에 우리 모두가 은혜 받기를 원합니다. 말씀을 통하여 회갑을 맞는 ○○○ (직분)님에게 꼭 필요한 은혜를 주시고, 축복하는 우리 모두에게 하나님의 사랑이 느껴지는 축복이 있게 하옵소서. 주 예수님의 이름으로 기도합니다. 아멘.

* 회갑(환갑)은 만 60세 생일을 의미한다.

고희(古稀)[칠순] 및 희수(喜壽) 감사 예배

사랑과 자비가 풍성하신 하나님 아버지!

오늘 우리가 사랑하는 ○○○ (직분)님의 고희(희수) 생신을 맞아 온 가족과 교우들이 함께 예배를 드리고 축하하게 하시니 감사합니다. 일찍이 주님을 믿고 신실한 종으로 교회를 섬기며 충성을 다한 우리 (직분)님을 여기까지 인도하신 하나님의 은혜를 감사합니다. 주님께서 남은 삶을 더욱 강건하게 하시고, 보람 있고 복되게 인도해 주실 줄 믿습니다. 갈렙과 같이 신앙적인 열심과 비전이 식지 않게 하시고, 후손과 교회를 위해 기도하는 아버지(어머니)로 살아가게 하옵소서.

오늘이 있기까지 삶에 많은 풍파와 시련이 있었지만, 믿음으로 넉넉히 이기게 하시고, 하나님께 영광을 돌리게 하시니 감사를 드립니다. 우리 후손들과 성도들이 모두 (직분)님의 신앙을 본받게 하시고 다윗처럼 푸른 초장으로 인도함을 받을 때나, 사망의 음침한 골짜기에 놓일 때나 하나님을 의지하고 믿음으로 승리하게 하옵소서.

우리 ○○○ (직분)님이 후손들을 위해 기도할 때, 자녀와 손주에 이르기까지 하늘의 복을 넘치게 받게 하시고, 가정마다 감사의 조건이 많아지게 하옵소서. 무엇보다도 믿음의 유업을 잘 이어 가는 후손들이 되어서 교회 생활에 충실하고 말씀 위에 굳게 서서 승리하게 하옵소서.

우리 ○○○ (직분)님이 교회의 어른으로 보여 주신 신앙의 모범을 교우들이 잘 본받아서 더욱 예배와 말씀의 자리를 사랑하고, 기도와 섬김에 열심을 내게 하여 주옵소서. (직분)님의 기도로 말미암아 우리 교회가 더욱 건강하게 성장하게 하시고, 사랑과 평안이 넘치는 공동체가 되게 하여 주옵소서.

오늘 말씀을 전하시는 목사님과 함께하셔서 우리 모두가 은혜 받게 하옵소서. 우리의 생명이 되신 예수님의 이름으로 기도합니다. 아멘.

* 칠순은 고희(古稀)라고도 하며 한국 세는 나이로 70세 생일이고, 희수(喜壽)는 77세 생일을 의미한다.

미수(米壽) 감사 예배

인간의 삶을 주관하시는 하나님 아버지!

오늘 주님이 사랑하시는 ○○○ (직분)님의 미수 생신을 맞아 자녀 손들과 교우들이 함께 모여 예배하며 축하하게 하신 은혜를 감사합니다. "백발은 영화의 면류관이요 의롭게 살아야 그것을 얻는다"고 하신 주님의 말씀을 생각하며, 하나님께 감사와 영광을 돌립니다. 주 앞에 신앙을 지키며 충성된 종으로 살아오신 우리 ○○○ (직분)님에게 이렇게 장수의 복을 주시고, 미수연을 갖게 하시니 감사를 드립니다.

자손의 자손을 보게 하시고, 오늘 후손들의 축복 속에서 88세 생신 잔 칫상을 받으며, 일평생의 수고와 사랑에 대한 기쁨을 누리게 하시니 감사를 드립니다. 그동안 교회에서 신앙의 모범을 보이며 존경과 사랑을 받았던 우리 ○○○ (직분)님의 미수 생신을 통하여 주님께 영광을 돌립니다.

인생이 칠십이요 강건하면 팔십이라고 하신 말씀을 기억하며, ○○○ (직분)님의 생명을 오늘날까지 지켜 주시고 인도하신 하나님께 감사를 드립니다. 앞으로의 삶도 더욱 강건하게 하시고, 모세처럼 기력이 쇠하지 않는 축복을 허락하여 주시기를 원합니다. 자손들의 가정마다 (직분)님이 가진 믿음의 유업을 잘 이어 가게 하시고, 믿음의 명문 가정들로 세워 주시기를 기도합니다.

우리 ○○○ (직분)님이 그동안 걸어오신 삶의 여정 속에서 겪었던 많은 수고와 슬픔과 역경을 주님 아시오니, 이제 그 눈물을 닦아 주시고 마음을 위로하여 주시기 원합니다. 또한 광야 같은 세상살이 가운데서 불기둥과 구름 기둥으로 인도하시고 만나와 메추라기로 먹여 주신 주의 은혜를 생각하며, 남은 생애가 감사와 찬양으로 이어지게 하옵소서.

우리 ○○○ (직분)님이 남은 생애 동안 기도의 아버지(어머니)로 살게 하시고, 자손들과 교회를 위한 기도가 모두 응답되는 축복을 누리게 하옵소서. 만복의 근원이 되시는 예수님의 이름으로 기도합니다. 아멘.

* 미수(米壽)는 한국 세는 나이로 88세 생일이다.

백수(白壽) 감사 예배

인간의 생사화복을 주관하시는 하나님 아버지!

주님의 뜻을 따라 100년 전 우리 ○○○ (직분)님을 이 땅에 태어나게 하시고, 오늘날까지 동행하시고 인도하셔서 하나님께 영광 돌리게 하시니 감사를 드립니다. 오늘 (직분)님의 백수 생신을 맞아 모든 자손들과 교회 교우들의 축복 속에 이렇게 잔치를 열게 해 주시니 감사합니다.

인생이 칠십이요 강건하면 팔십이라고 하신 말씀을 기억합니다. 그러나 우리 ○○○ (직분)님에게는 하나님께서 특별한 은총을 주셔서 백수를 누리게 하시고, 자손의 자손을 보게 하시니 참으로 감사와 찬양을 드립니다. 120세를 살았던 모세처럼 우리 ○○○ (직분)님의 남은 생애도 눈이 흐리지 않고 기력이 쇠하지 않는 축복을 내려 주시기를 원합니다.

100년의 세월 속에서 우리 ○○○ (직분)님과 함께하신 주님을 찬양합니다. 우리나라 역사의 굴곡 속에서 가난의 굴레와 전쟁의 고난을 겪고, 분단되는 조국의 아픔을 보며 살아오신 우리 (직분)님의 삶이었지만, 하나님이 불 기둥과 구름 기둥으로 지켜 주시고, 사망의 음침한 골짜기에서도 안보해 주심으로 오늘까지 생명을 연장시켜 주신 은혜를 감사합니다. 오늘 이 귀한 축하의 자리를 통하여, 우리 (직분)님의 마음에 기쁨이 가득하게 하시고 하나님의 위로하심이 충만하게 하옵소서.

일평생 주님 앞에 몸 바쳐 헌신하며 신앙과 생활의 모범을 보이신 착하고 충성된 종이오니, 그 모든 신앙의 유산을 우리 자손들과 교우들이 본받아 주님을 잘 섬기게 하시고, 예배하고 말씀 듣고 기도하는 일에 최선을 다하게 하옵소서. 우리 ○○○ (직분)님의 후손들이 잘되는 축복을 허락하시고 우리 교회가 (직분)님의 기도를 통하여 건강하게 성장하는 공동체가 되게 하옵소서.

오늘 말씀을 전하시는 목사님과 함께하여 주셔서, 우리 모두가 감동받고 은혜 받는 시간이 되게 하옵소서. 우리 주 예수 그리스도의 이름으로 기도합니다. 아멘.

*백수(白壽)는 한국 세는 나이로 99세 생일이다.

목회자 생신 감사 예배

사랑의 하나님 아버지!

오늘 귀하고 복된 날 담임 목사님의 생신을 맞아 온 성도가 함께 축하할 수 있도록 은혜를 베풀어 주신 것을 감사합니다. 주님께서 목사님을 우리 교회 영적 지도자로 세워 주시고, 바쁜 목회 생활 가운데서도 건강하게 하시고, 항상 긍정의 마음을 가지고 목회하게 하시니 감사를 드립니다.

목사님의 삶을 하나님께서 주관하셔서 신실한 주의 종으로 쓰임 받게 하심을 감사합니다. 더욱 큰 성령의 능력을 부어 주시고, 모세와 여호수아처럼 강하고 담대한 지도력을 주셔서, 우리 교회를 주님의 뜻대로 잘 이끌어 가게 하옵소서. 목사님의 건강을 지켜 주시고 피곤치 않게 하셔서, 주께서 맡겨 주신 사명을 잘 감당하게 하옵소서.

우리 모두가 목사님의 목회 방침에 적극 협력하여 주님이 세우신 교회를 아름답게 성장시킬 수 있도록 은총을 내려 주시옵소서. 당회와 제직회가 목사님을 중심으로 하나 되고 화목하여서 주님께 드릴 열매가 많아지게 하옵소서.

우리 목사님에게 말씀의 지혜와 지식과 권능을 더하사 전하는 말씀마다 성령의 감화가 있게 하시고, 병든 심령이 치유되는 역사가 나타나게 하옵소서. 목사님의 기도로 우리 모든 성도들이 항상 가정이 평안하게 하시고 시험을 만나도 말씀으로 극복하고 예수의 이름으로 승리하게 하옵소서.

목사님의 가정을 복되게 하사 사모님도 건강하게 하시고, 자녀들의 앞길이 형통하도록 은혜를 베풀어 주옵소서. 목사님의 영과 육이 주님의 위로와 사랑 가운데서 쉼을 얻게 하시고, 우리 성도들이 목사님을 위해 기도함으로 언제나 독수리가 날개 치며 올라감 같은 새 힘을 공급받아 사역하는 종이 되게 하옵소서. 감사와 찬송을 주님께 드리며 에수님의 이름으로 기도합니다. 아멘.

임종 예배

입관 예배

발인 예배

화장 예배(기도)

봉안 예배

하관 예배

추모(추도) 예배

목회자 장례(발인) 예배

CHAPTER

장례 관련 예배 대표기도문

임종 예배

생명의 주관자이신 하나님 아버지!

주님의 사랑을 믿습니다. 주님의 선하심을 믿습니다. 살고 죽는 것이 모두 하나님의 뜻 안에서 이루어짐을 믿습니다. 주님, 이 시간 사랑하는 ○○○ (직분)님의 임종을 바라보며 기도합니다. 이 영혼을 주님 품에 받아 주시고 영원한 안식에 들어가게 하옵소서. 믿음이 있으나 육신을 가진 우리는 슬프고 안타까운 마음을 금할 길이 없습니다. 우리에게 주님의 나라를 보게 하시고, 부활의 소망을 주셔서 하나님의 뜻을 받아들이며 순종하게 하옵소서.

우리 ○○○ (직분)님을 예수 믿게 하시고 주님의 몸 된 교회를 위해 충성하다가, 이제 하나님 나라를 바라며 주의 뜻을 기다리게 하시니 감사합니다. 꿈에도 그리던 하늘나라가 가까이 왔음을 기뻐하며 평안히 잠들 (직분)님을 생각하며, 우리의 마음에도 주님의 위로가 깃들게 하옵소서. (직분)님의 가족과 자손들에게 믿음을 주시고, 신앙의 유산을 이어받아 하나님을 잘 섬기고 교회에 충성하는 주의 자녀로 살게 하여 주옵소서.

오늘 주의 종 목사님을 통하여 말씀을 주실 때, 우리 모두가 은혜 받는 시간이 되게 하여 주옵소서. 말씀을 통하여 슬픈 마음이 위로받게 하시고, 애통하는 마음이 감사의 마음으로 변화되게 하옵소서. 부활이요 생명이신 예수 그리스도의 이름으로 기도합니다. 아멘.

입관 예배

인간의 생사화복을 주관하시는 하나님 아버지!

하나님의 뜻에 순종하며, 이 시간 우리가 함께 생활하던 고(故) ○○○(직분)님의 입관 예배를 드리고 있습니다. 우리에게 부활의 소망을 주셔서, 하나님 나라에 먼저 입성하신 고인을 생각하며 위로를 받게 하옵소서. 유가족에게 특별히 주님의 사랑과 은혜를 더하여 주셔서, 슬픔과 아쉬움 속에서도 하나님 아버지 품에 안긴 고인을 믿음의 눈으로 바라보며 감사하게 하옵소서. 고인의 귀한 신앙을 남겨진 후손들이 잘 이어받게 하시고, 고인의 믿음이 자손만대에 이어지는 축복이 있게 하여 주옵소서.

고인이 살아생전에 교회를 위하여 충성하고 기도하던 모습을 기억하면서, 우리도 말씀 중심, 기도 중심으로 살아가게 도와주시옵소서. 믿음 안에서 죽은 자를 잠든 자라고 말씀하신 주님, 주 안에서는 죽음도 영원한 나라로 들어가는 과정이오니, 슬픔 가운데서도 위로를 받게 하옵소서. 주님의 나라에서는 하루가 천년 같고 천년이 하루 같은 것을 믿사오니, 이 땅에서 오래 사는 것보다 하루를 살아도 진실하게 살게 하시고, 매일 주님 나라가 가까워짐을 생각하며 주님의 뜻대로 살게 하옵소서.

목사님이 말씀을 전하실 때 하나님의 위로와 평강이 우리 마음에 가득하게 하시고, 영광스러운 하나님의 나라를 소망하게 하옵소서. 예수님의 이름으로 기도합니다. 아멘.

발인 예배

인간의 생명을 주관하시는 하나님 아버지!

아직도 사진 속의 고인이 우리 곁에 계셔서 말을 걸어올 것만 같고, 고인의 음성이 들려오는 것 같은데, 우리는 이렇게 발인 예배를 드리고 있습니다. 오늘 우리가 사랑하는 고(故) ○○○ (직분)님을 우리 마음으로부터 하나님 나라에 보내 드리면서 기도하게 하시니 감사합니다. 고인의 영혼은 하나님 품에 안기지만, 육신은 흙으로 돌아갑니다. 모든 예식의 과정을 복되게 하시고, 은혜롭게 마칠 수 있도록 인도하여 주시기를 원합니다.

이 땅에서 주님을 잘 섬기고 교회에 충성하다가, 이제 주님의 부르심에 순종하여 영원한 하늘나라에 입성하시는 고인을 생각합니다. 다시는 고인의 얼굴을 볼 수 없어서 슬퍼하는 유족들의 마음을 성령께서 위로하여 주시기를 기도합니다. 하루가 천년 같고 천년이 하루 같은 주님의 시간 속에서, 우리도 잠시 후에 고인을 천국에서 만날 것을 기대하며 부활의 소망 가운데 살아가게 하옵소서.

이 세상은 아무리 미화시켜도 고통의 바다이고, 고난의 연속임을 고백합니다. 질병과 환난과 전쟁이 가득한 이 세상에서 우리 ○○○ (직분)님을 사랑하사 먼저 하나님 나라에 불러 가신 줄 믿고 감사를 드립니다. 고통이 없고 죽음이 없고 전쟁도 없고 환난이 없는 그 나라에서 영원한

모든 예배 대표기도문

안식을 얻고, 날마다 하나님의 동산에서 찬송하며 영생의 복을 누릴 고인을 생각하면서, 우리도 주님의 나라를 동경하며 소망 가운데 살게 하여 주옵소서.

유족들이 고인의 믿음을 유산으로 받아 예수 잘 믿고 신앙생활에 충실하여, 하늘의 신령한 복을 자자손손 누리는 가정 되게 하여 주옵소서. 고인이 우리 교회에서 보여 주었던 신앙생활의 모범을 따라서, 우리 성도들도 교회 생활에 열심을 내게 하시고, 믿음 가운데 주의 뜻을 이루며 살게 하옵소서.

목사님이 말씀을 전하실 때 우리 모두가 은혜 받고 감사하는 시간이 되게 하여 주옵소서. 남은 모든 장례 절차를 주님께 맡기오며, 예수님의 이름으로 기도합니다. 아멘.

화장 예배(기도)

사랑의 하나님!

이제 고인의 유해를 화장하려고 합니다. 육신은 한 줌의 재로 남지만, 그가 남긴 믿음의 유산은 영원히 우리 가슴속에 살아 있음을 믿습니다. 그 믿음으로 영원한 하나님 나라에서 우리를 기다리고 있는 고인을 보게 하옵소서. 썩어지고 없어질 이 땅의 것에 미련을 두며 살지 않게 하시고, 영원히 변치 않는 하나님 나라에 보화를 쌓으며 살아가게 하옵소서.

"성도의 죽는 것을 여호와께서 귀중히 보신다"는 말씀대로, 지금 주님의 눈이 이곳에 머물고 계심을 믿습니다. 지금 주님의 마음이 우리와 함께 계심을 믿습니다. 선한 싸움을 싸우고 달려갈 길을 마치고 믿음을 지킨 고인이 이제 하나님의 품에 안겨 영생의 복을 누리고 있음을 믿습니다. 다시는 고통이 없고, 눈물이 없고, 아픈 것이나 죽음이 없는 하나님의 나라를 사모하며 우리도 믿음 안에서 살게 하여 주옵소서.

다시 눈물 흘릴 유가족들을 위로하시고, 잠시의 슬픔 뒤에 주시는 하나님의 크신 위로와 은총으로 마음의 평안을 얻게 하여 주옵소서. 고인과 같이 십자가 든든히 붙잡고 날마다 승리하며 나아가는 삶이 되게 하여 주옵소서. 화장을 마치고 장지에 이를 때까지, 남은 장례 과정을 주님이 주관하시고 인도하여 주셔서 은혜롭게 진행되게 하옵소서. 우리의 소망되시는 예수님의 이름으로 기도합니다. 아멘.

* 화장 장소에서는 소란하고 복잡하여 예배를 드릴 수 없는 경우가 대부분이다. 따라서 간
   단한 기도와 성경 말씀을 묵상하는 것으로 예배를 대신하는 것이 좋다. 화장장에서의 기
   도는 집례 목사가 하는 것이 보통이다.

봉안 예배

사랑과 자비의 하나님 아버지!

고(故) ○○○ (직분)님의 화장 절차를 잘 마치게 해 주신 은혜에 감사드립니다. 이제 고인을 이곳 봉안당에 주님 오시는 날까지 안치하기 위하여 마지막 예배를 드리고 있습니다. 고인의 영혼이 지금 하늘나라에서 주님 품에 안겨 안식을 누리듯이, 육신도 이 봉안당에 머물며 추모하는 발길 속에서 영원히 기억되게 하옵소서.

사랑하는 유족들의 마음이 고인을 이곳에 모시면서 다시 슬픔으로 가득 차 있습니다. 주님이 슬픈 마음을 위로하시고 어루만져 주셔서 눈물이 찬송으로 이어지게 하옵소서. 고인을 모신 유골함을 보면서, 부활의 소망 가운데서 언젠가 다시 만날 날을 기약하는 우리 모두가 되게 하옵소서. 고인을 여기서 대할 때마다 남기신 귀한 신앙의 유산이 기억되게 하시고, 우리도 죽는 날까지 착하고 충성된 종으로 주를 위해 살게 하옵소서.

고인의 자손들에게 복을 주사 영혼이 잘되고 범사가 잘되고 강건하게 하옵소서. 우리 교회 모든 교우들이 고인이 보여 주신 믿음의 본을 따라, 신앙적 열심을 품고 주님을 섬기게 하옵소서. 고인이 지켰던 예배의 자리를 우리가 채우게 하시고, 고인이 봉사하던 사역을 남겨진 우리가 충실하게 이어받아 주님께 영광을 돌리게 하옵소서. 하늘나라에서 고인이 우리를 위하여 기도할 때, 주님이 들으시고 남은 가족과 우리 모두에게 가장 좋은 것으로 응답하여 주옵소서.

이 시간 목사님을 통하여 하나님의 말씀이 선포될 때, 우리의 가슴속에 따뜻한 하나님의 사랑이 느껴지게 하옵소서. 우리를 영원히 사랑하시는 예수님의 이름으로 기도합니다. 아멘.

＊봉안 예배는 시신을 화장하여 분골함을 봉안당에 안치할 때 거행한다.

하관 예배

우리의 영원한 피난처가 되시는 하나님 아버지!

고(故) ○○○ (직분)님의 장례 절차를 순탄하게 하신 은혜를 감사드립니다. 이제 고인을 땅에 묻는 하관식을 거행하며 예배를 드립니다. 고인의 육신은 이곳에 묻히지만, 그 영혼은 하나님 품에서 영원한 안식을 누리고 있을 줄 믿습니다. 우리 눈이 고인이 묻히는 이 땅을 통하여 영원한 하나님 나라를 보게 하옵소서.

육신적인 이별 때문에 잠시 슬퍼하지만, 우리 믿는 자에게는 죽음이 천국에 이르는 과정임을 부활 신앙으로 깨닫게 하시고, 슬픔 중에도 소망을 품고 감사하게 하옵소서. 고인이 보고 싶어 이곳을 찾을 때, 고인이 남겨 주신 신앙의 유산이 기억되고 전수되게 하옵소서. 주님을 위해 일평생 예배하고 기도하던 고인의 열정을 본받게 하시고, 주님의 몸 된 교회를 위한 섬김과 봉사의 자리를 우리가 이어받게 하옵소서.

사랑의 주님, 고인의 유가족들을 특별한 은총으로 보살펴 주시고, 공허한 마음을 하늘의 위로로 채워 주시기를 원합니다. 고인이 보고 싶을 때마다 엎드려 기도하게 하시고, 말씀 가운데서 성령의 감화로 위로받게 하시고, 고인이 부르던 찬송을 부름으로 영적인 교통이 있게 하옵소서. 고인의 자손들을 복되게 하사 건강하게 하시고, 살아가는 데 부족함이 없게 하시고 영육 간에 형통하게 하옵소서.

이 시간 목사님을 통하여 하나님의 말씀을 들을 때, 우리 모두의 마음에 하늘의 평강이 임하게 하시고 위로와 은혜가 넘치게 하옵소서. 눈물이 없고 사망이 없고 애통하는 것이 없는 그 나라에 먼저 가신 고인을 축복하며 감사하는 시간이 되게 하옵소서. 우리의 생명이 되신 예수님의 이름으로 기도합니다. 아멘.

＊하관 예배는 시신을 모신 관, 또는 화장한 분골을 땅에 묻거나 뿌릴 때 거행한다.

추모(추도) 예배

길이요 진리요 생명이신 주님!

오늘 고(故) ○○○ (직분)님의 기일을 맞아 추모 예배를 드리게 하심을 감사합니다. 주님께서 고인의 생애에 함께하셔서 바른길을 걷게 하시고, 진리 되신 주님을 믿고 영원한 생명을 천국에서 누리게 하심을 감사합니다. 고인의 육신은 볼 수 없으나, 믿음과 소망 가운데서 언제나 고인을 추모하며 생각하게 하시니 감사를 드립니다.

생전에 고인이 베푸신 사랑을 우리도 실천하며 살게 하시고, 고인이 본을 보인 신앙생활을 따라 우리도 열심을 다해 주님을 섬기며 살게 하옵소서. 삶과 죽음 사이가 그리 멀지 않음을 깨닫게 하시고, 멀어지는 세상을 아쉬워하지 않고 가까워지는 천국을 환영하며 살아가게 하옵소서.

아직도 슬픔의 응어리가 가슴에 있는 유족들을 주님이 품어 주시고 위로하여 주시기를 원합니다. 썩을 몸이 썩지 않을 것을 입고, 죽을 몸이 죽지 않을 것을 입을 그날을 소망하며, 죽음을 이기고 부활하신 예수님의 제자답게 주 안에서 항상 기뻐하고 쉬지 않고 기도하고 범사에 감사하며 살게 하옵소서. 우리의 육신은 땅에 발을 딛고 살지만, 우리의 마음은 언제나 새 하늘과 새 땅을 소망하게 하시고, 세상이 알지 못하는 하늘의 기쁨으로 찬송하며 살게 하여 주옵소서.

오늘 목사님을 통하여 주시는 하나님의 말씀으로 우리 모두가 은혜 받고 위로받기를 원하오며, 우리를 구원하시고 영생을 주신 예수 그리스도의 이름으로 기도합니다. 아멘.

목회자 장례(발인) 예배

영원하신 우리 주 하나님 아버지!

일찍부터 주의 종으로 택함 받아 일평생 충성을 다한 고(故) ○○○ 목사님을 하나님이 정한 시간에 주님 나라에 불러 주셨사오니, 그 뜻에 순종하며 감사를 드립니다. 유가족과 우리 성도들이 말할 수 없는 아쉬움과 슬픔 속에서 예배를 드리오니, 주님께서 그 마음을 위로하여 주시고 평안으로 채워 주시기를 원합니다. 이제 우리 마음이 부활 신앙으로 충만하여, 이 예배가 고인을 하늘나라에 환송하는 축복의 시간이 되기를 소원합니다.

"나는 부활이요 생명이니 나를 믿는 자는 죽어도 살겠고 살아서 믿는 자는 영원히 죽지 아니하리라"는 주님의 말씀을 믿습니다. 목사님의 남겨진 유족들을 위로하시고, 슬픔 속에서도 감사의 조건을 찾게 하옵소서. 목사님의 자녀 손들을 주님이 돌보아 주시고, 살아가는 데 어려운 일이 없도록 영육 간에 보호하시고 필요한 것을 채워 주시기 원합니다.

우리 교회 모든 성도들이 목사님이 베풀어 주신 사랑과 헌신을 잊지 않게 하시고, 그 사랑에 보답하는 마음으로 목사님을 추모하며 그 정신을 본받게 하옵소서. 목사님의 주옥같은 말씀을 되새기게 하시고, 그 말씀 속에서 우리 목사님을 추억하며 살아가게 하옵소서.

우리 목사님의 가정을 복되게 하사 자녀들이 형통하게 하시고 자자손손 믿음의 명문 가정이 되게 하여 주옵소서. 우리 교회도 건강한 선교 공동체로 계속 성장하게 하옵소서.

남겨진 우리가 목사님의 목회 정신을 잘 이어받아 주님께 착하고 충성된 종으로 인정받게 하시고, 주님이 세우신 교회를 열심을 다해 섬기며 고인의 유지를 받들게 하옵소서.

항상 부활의 소망으로 험한 세상을 이기게 하시고, 주의 호령과 천사장의 나팔 소리와 함께 주님을 만나고 고인과 재회하는 그날까지, 믿음의 선한 싸움에서 승리하게 하옵소서. 우리 주 예수 그리스도의 이름으로 기도합니다. 아멘.

이사한 교인 심방 예배

새로 등록한 교인 심방 예배

신혼 가정 심방 예배

출산한 교인 심방 예배(전화)

개업 감사 심방 예배

사업을 확장한 교인 직장 심방 예배

질병과 사고로 입원한 교인 심방 예배

요양원에 있는 교인 심방 예배

독거노인 교인 심방 예배

치매 환자 교인 심방 예배

교회 다니다가 시험 든 교인 심방 예배

구원의 확신이 없는 교인 심방 예배

다문화 가정 교인 심방 예배

장애인 교인 심방 예배

* 심방 예배는 종류가 다양하나 여기에는 가장 보편적이고 자주 발생하는 심방 예배 대
표 기도문만 실었다. 심방 예배의 기도는 보통 교구 담당 부교역자가 하는 경우가 많
고, 정해진 기도문보다는 상황에 맞추어 즉흥 기도를 할 수밖에 없기 때문이다.

CHAPTER

심방 예배 대표기도문

이사한 교인 심방 예배

사랑과 은혜가 많으신 하나님 아버지!

오늘 ○○○ (직분)님의 가정에 새 보금자리를 주신 은혜를 감사하며 예배를 드립니다. 이곳에 주님이 주인으로 항상 머물러 계셔서 영육 간에 필요한 모든 것을 공급하여 주시기를 원합니다.

이 삶의 터전에서 ○○○ (직분)님과 가족 모두가 건강의 복을 받게 하시고, 영적인 풍요함을 누리게 하여 주옵소서. 기쁨이 샘 솟는 가정이 되게 하시고, 범사에 감사하는 우리 ○○○ (직분)님이 되게 하옵소서. 어려운 일에 기도가 앞서게 하시고, 문제의 해결자이신 주님의 응답을 받는 가정이 되게 하옵소서. 우리 ○○○ (직분)님의 자녀 손들이 모두 복을 받게 하시고, 주님을 잘 섬김으로 범사가 잘되고 형통하게 하옵소서.

여기까지 인도하신 하나님의 은혜에 감사하며, 신앙생활에도 심기일전하여 주님을 잘 섬기게 하옵소서. 이 가정이 하나님이 계신 교회처럼 되고, 우리 교회가 가정처럼 느껴지는 공동체가 되기를 원합니다. 이곳이 가족이 모여 예배하며 주님을 주인으로 모시는 공간이 되게 하시고, 주께서 공급하시는 사랑과 은혜가 넘치게 하옵소서.

오늘 목사님을 통하여 이 가정에 주시는 말씀으로 은혜 받기를 원하며, 우리가 대화하며 축복할 때 기쁨이 충만하게 하옵소서. 주 예수 그리스도의 이름으로 기도합니다. 아멘.

새로 등록한 교인 심방 예배

우리를 사랑하시는 하나님 아버지!

오늘 우리 교회에 새로 등록하여 한 식구가 된 ○○○ (직분)님의 가정에 와서 함께 예배하게 하시니 감사합니다. 주님께서 이 가정의 주인이 되어 주시고, 날마다 새로운 은혜와 사랑으로 충만하게 하옵소서.

우리 교회가 ○○○ (직분)님의 새로운 영적 보금자리가 되기를 원합니다. 말씀으로 반석과 같은 믿음을 갖게 하시고, 예배드리는 것이 삶의 기쁨이 되게 하옵소서. 교회에 나와 기도할 때 주께서 응답하여 주시고 필요한 모든 것을 공급하여 주옵소서. 교회에 교제할 수 있는 좋은 친구들을 만나게 해 주시고, 봉사하며 섬길 때 감사가 넘치게 하옵소서.

우리 ○○○ (직분)님의 가정을 복되게 하사 영혼이 잘되고 범사가 잘되고 강건한 축복을 누리게 하옵소서. 자녀 손들이 모두 예수 믿고 신앙생활을 하게 하시고, 주님 안에서 형통한 길을 걷게 하옵소서. 우리 ○○○ (직분)님의 삶에 언제나 주님의 위로와 평강이 넘치기를 원합니다. 외로울 때 주님이 함께해 주시고, 고난이 올 때 피할 길을 주시고, 질병이 찾아올 때 치료의 손길로 어루만져 주옵소서.

오늘 목사님의 말씀에 우리 모두가 은혜를 받게 하시고, 하나님의 살아 계심을 믿고 찬송하는 시간이 되게 하여 주옵소서. 주 예수 그리스도의 이름으로 기도합니다. 아멘.

신혼 가정 심방 예배

사랑으로 우리를 인도하시는 하나님 아버지!

오늘 신혼 가정에 와서 예배를 드릴 수 있도록 허락하신 은혜를 감사드립니다. 하나님께서 ○○○ (직분)님과 ○○○ (직분)님을 사랑하셔서, 한 가정을 이루게 하신 놀라우신 은혜를 생각하며 감사를 드립니다. 주님이 허락하신 이 가정에 살아가는 데 필요한 모든 것을 공급해 주실 줄로 믿습니다.

먼저 하나님을 믿는 믿음의 가정이 되기를 원합니다. 두 사람이 예배의 자리를 사랑하게 하시고, 말씀을 가까이하고 기도하면서, 하나님을 이 가정의 주인으로 모시고 복된 삶을 살게 하여 주옵소서. 두 사람의 인생 설계에 주님이 복을 주셔서, 하나님께 영광 돌리고 사람에게 유익을 주는 가정이 되게 하옵소서. 필요한 건강의 복을 주시고, 물질의 복도 허락하여 주시기를 원합니다. 자녀의 복도 허락하셔서 두 사람의 기쁨이 되고 감사의 조건이 되게 하여 주옵소서.

삶의 어려운 문제를 만날 때 하나님의 말씀을 가운데 두고 기도하면서 주님의 지혜를 구하게 하시고, 성령의 권능으로 두려움이 변하여 찬송이 되고 근심이 변하여 감사가 되는 축복을 누리게 하옵소서.

오늘 이 가정을 위하여 말씀을 전하시는 목사님과 함께하여 주셔서, 꼭 필요한 생명의 말씀이 선포되게 하시고 그 말씀으로 은혜 받게 하옵소서. 주 예수 그리스도의 이름으로 기도합니다. 아멘.

출산한 교인 심방 예배(전화)

천지 만물을 창조하시고 다스리시는 하나님 아버지!

오늘 우리 ○○○ (직분)님과 ○○○ (직분)님 가정에 귀한 생명을 선물로 주셔서 참으로 감사합니다. 아기와 산모가 건강하게 하옵소서. 하나님이 주신 선물이오니 주님이 길러 주시고 양육하여 주시기를 원합니다. 이 아기가 부모의 기쁨이 되고 우리 교회의 자랑이 되게 하옵소서.

이제 출산 후 회복하는 과정에 있사오니, 주님께서 하루하루 산모와 아기의 건강을 돌보아 주시기를 원합니다. 퇴원하여 가정으로 돌아갈 때까지 의사와 간호사의 손길을 주장하여 주시고, 주께서 안전하게 지켜 주시기를 기도합니다.

이제 부모가 된 ○○○ (직분)님과 ○○○ (직분)님 두 사람에게 아기를 잘 키울 수 있도록, 믿음의 복과 건강의 복과 물질의 복을 풍족하게 내려 주시기를 원합니다. 우리 교회가 이 가정을 위해 기도하고 축복하며, 필요한 것을 공급하는 교제와 나눔이 있게 하여 주옵소서. 아기의 자라나는 모든 과정에 주께서 복을 주시고 모든 환경을 주관하여 주옵소서. 생명의 주인 되시는 예수님의 이름으로 기도합니다. 아멘.

* 요즘은 출산한 병원이나 산후조리원에 외부인 출입이 어려우므로 사실상 면담 심방은 불가능하다. 그러나 전화로 심방을 대신하여 짧게 기도하며 축복할 수 있다.

개업 감사 심방 예배

복의 근원이 되시는 하나님 아버지!

오늘 사랑하는 ○○○ (직분)님의 가정에 개업의 기회를 주시고, 가족과 교우들이 함께 예배하게 하시니 감사를 드립니다. 새로 시작하는 사업 위에 주님이 함께하셔서, 기도하며 계획한 모든 것이 이루어지게 하시고 하나님께 영광 돌리게 하옵소서. 우리 ○○○ (직분)님에게 건강의 복을 주셔서 이 사업을 잘 영위해 나갈 수 있도록 하시고, 어려운 일 없도록 성령께서 막아 주시고 지켜 주시기를 기도합니다.

사람이 일을 계획하여도 그 길을 인도하시는 분은 하나님이시오니, 항상 주님께 기도하고 말씀을 가까이하여 하늘의 지혜를 얻게 하옵소서. "너의 행사를 여호와께 맡기라. 그리하면 네가 경영하는 것이 이루어지리라"고 하신 주님의 말씀을 믿습니다. 사람의 방법과 수단이 아니라 하나님의 인도하심을 받게 하시고, 우리 ○○○ (직분)님의 형통함을 보고 사람들이 하나님을 경외하며 예수 믿는 역사가 나타나게 하옵소서.

우리 ○○○ (직분)님의 가정을 특별히 사랑하여 주시기를 원합니다. 영혼이 잘됨같이 범사가 잘되고 강건한 축복을 누리는 식구들이 되게 하여 주옵소서. 물질적인 형통함이 있을 때 교만하지 않게 하시고, 어려운 일이 닥쳐도 낙심하지 않게 하옵소서. 변함없는 하나님의 사랑에 기대어 모든 환경 속에서 항상 믿음으로 승리하게 하옵소서. 오늘 하나님이 목사님을 통해 주시는 말씀에 우리 모두가 은혜 받기를 바라며, 예수님의 이름으로 기도합니다. 아멘.

사업을 확장한 교인 직장 심방 예배

사랑과 은혜가 충만하신 하나님 아버지!

주님이 사랑하시는 ○○○ (직분)님의 가정을 오늘까지 복 주시고 인도하사, 귀한 사업을 잘 영위할 수 있도록 도와주신 은혜를 감사합니다. 하나님의 은혜로 오늘 사업을 확장하고 규모를 넓히면서(새 건물을 지으면서), 먼저 예배로 주님께 감사의 제사를 드리려고 합니다. 주님께서 이 기업에 복을 주사 아브라함의 기업처럼 번창하는 축복을 허락하여 주시기를 원합니다.

이제 새로 시작하는 마음으로 기업을 경영하려고 하는 우리 ○○○ (직분)님에게 신앙적인 결단도 새로워지게 하시고, 더욱 주님께 매달리고 기도함으로 바라고 원하던 모든 것이 하나님의 뜻 안에서 이루어지게 하옵소서. 여기까지 인도해 주신 주님의 사랑을 결코 잊지 않게 하시고, 사업이 잘될 때 교만하지 않고 주님 앞에 겸손하여 더욱 큰 복을 받게 하옵소서.

우리 ○○○ (직분)님의 믿음을 지켜 주시고, 가정의 평안을 주시고, 자녀들의 앞길도 형통하게 하셔서 감사의 조건이 넘치게 하옵소서. (직분)님에게 하박국 선지자처럼 물질이나 소유가 아니라 오직 하나님의 함께하심이 감사의 조건이 되게 하시고, 매사에 주님을 주인으로 모시고 기업을 운영하게 하옵소서. 오늘 하나님이 목사님을 통해 주시는 말씀으로 큰 용기와 힘을 얻게 하시고, 은혜와 위로가 넘치게 하옵소서. 예수님의 이름으로 기도합니다. 아멘.

질병과 사고로 입원한 교인 심방 예배

사랑이 많으신 하나님 아버지!

오늘 주님이 사랑하시는 ○○○ (직분)님을 심방하여 예배를 드리게 하시니 감사합니다. 이 시간을 통하여 우리 ○○○ (직분)님이 새 힘을 얻게 하시고, 속히 완쾌되고 병상에서 일어나 하나님께 영광을 돌릴 수 있도록 은총을 베풀어 주시기를 원합니다.

주님, 우리 ○○○ (직분)님이 병상에서 주님을 바라보게 하시고, 이 고난을 통하여 주시는 하나님의 뜻을 헤아릴 수 있는 영안이 열리게 하옵소서. 그리하여 이 고난이 변하여 복이 되게 하시고, 병상의 기도가 간증 거리가 되도록 역사하여 주옵소서. 우리 ○○○ (직분)님의 마음에 주님의 위로가 넘치게 하시고, 주의 평안으로 채워 주시기를 원합니다.

우리 ○○○ (직분)님에게 치료의 과정을 인내할 수 있는 믿음과 체력을 허락하여 주셔서, 모든 과정을 잘 극복하고 완쾌할 수 있게 하옵소서. (오늘 목사님이 전하시는 하나님의 말씀 가운데 주님의 치료의 손길이 나타나게 하시고, 은혜 받는 시간 되게 하옵소서.)

예수님의 이름으로 기도합니다. 아멘.

＊ 요즘은 병원에 들어가서 예배하는 것이 거의 불가능하다. 복도에서 간단히 성경 읽고 기도하는 것으로 예배를 대신할 수 있다. 또는 전화로 심방을 대신하여 기도할 수 있다. 전화 심방일 경우 괄호 부분을 생략한다.

모든 예배 대표기도문

요양원에 있는 교인 심방 예배

우리를 언제나 돌보시는 하나님 아버지!

오늘 주님께서 사랑하시는 ○○○ (직분)님이 생활하는 요양원에 와서 심방 예배를 드리게 하시니 감사합니다. 주님께서 이곳에 우리 ○○○ (직분)님과 함께하시고 외롭지 않도록 항상 위로해 주시고 품어 주셔서, 마음에 평안이 넘치게 하옵소서.

이곳에서 공동생활을 할 때 좋은 친구와 동료를 많이 만나게 하시고, 함께 어울릴 때 기쁨의 교제가 있게 하여 주옵소서. 이곳에서 자녀들을 위해 기도할 때, 주님께서 선하신 뜻대로 응답해 주셔서 우리 ○○○ (직분)님의 마음에 감사가 넘치게 하옵소서. 예배할 기회가 있을 때 주님을 경배하며 말씀으로 은혜 받게 하시고, 주님을 신뢰함으로 새 힘을 얻게 하여 주옵소서.

비록 교회에 출석을 하지 못하더라도 영적인 교제가 지속되게 하시고, 주님의 사랑 안에서 찬송하며 살아가게 하옵소서. 우리 ○○○ (직분)님의 자녀 손들에게 복을 주사 모두 믿음 생활 잘하게 하시고, 앞길이 환하게 열리는 축복을 허락하여 주옵소서. 이곳에서 생활할 때 우리 ○○○ (직분)님의 건강을 지켜 주시고, 식사도 잘하게 도와주시기를 원합니다.

오늘 목사님이 주시는 하나님의 말씀을 통하여 큰 은혜 받게 하시고 주님의 위로와 평강이 임하는 축복을 누리게 하옵소서. 우리 주 예수님의 이름으로 기도합니다. 아멘.

독거노인 교인 심방 예배

사랑과 자비의 하나님 아버지!

오늘 주님께서 사랑하시는 ○○○ (직분)님을 심방하여 예배할 수 있는 은혜를 주시니 감사합니다. ○○○ (직분)님이 사시는 이곳에 주님이 함께 계셔서 외롭지 않도록 언제나 돌보아 주시고 손잡아 주시기를 원합니다. 비록 홀로 계시지만 믿음 안에서 주님이 함께 계심을 느끼게 하시고, 기도로 대화하며 감사한 마음을 잃지 않게 하옵소서.

주님께서 우리 ○○○ (직분)님의 앉고 일어서고 나가고 들어오는 모든 삶을 지켜 주셔서 안전하게 보호하여 주시기를 원합니다. 낮에는 구름 기둥으로 밤에는 불 기둥으로 안보하여 주시고, 불꽃 같은 눈으로 우리 ○○○ (직분)님과 동행하여 주시기를 기도합니다.

아침에 잠에서 깰 때 주님의 인자하신 손길을 느끼며 감사하게 하시고, 밤에 잠이 들 때 야곱처럼 하늘 문이 열린 것을 보게 하여 주옵소서. 비록 불편하고 온전하지 못한 건강이지만 단잠을 허락하여 주시고, 식사도 잘하게 하여 주옵소서. 비록 육신적으로는 가진 것이 없어도 영적인 풍요함 가운데 살게 하여 주옵소서. 우리 ○○○ (직분)님이 자녀 손들을 위해 기도할 때 응답하여 주옵소서.

오늘 목사님의 입을 통해 주시는 하나님의 말씀으로 우리 ○○○ (직분)님의 마음에 큰 은혜가 임하기를 원합니다. 가난한 자의 친구가 되시는 예수님의 이름으로 기도합니다. 아멘.

치매 환자 교인 심방 예배

약한 자를 돌보시고 치유하시는 하나님 아버지!

오늘 우리가 사랑하는 ○○○ (직분)님을 위해 심방하며 예배를 드리게 하시니 감사를 드립니다. 원치 않는 병으로 고생하고 있는 주님의 사랑하는 아들(딸)을 불쌍히 여겨 주시기를 기도합니다. 주님이 원하시면, 치료의 광선을 발하여 우리 ○○○ (직분)님의 상태를 온전하게 고쳐주시기 원합니다. 온 가족과 우리 교회가 기도하고 있사오니 응답하여 주시고, 이 가정에 기쁨을 회복시켜 주옵소서.

우리 ○○○ (직분)님이 비록 정신적으로는 온전하지 못한 상태이지만, 마음만은 온전히 주님을 바라고 그 영이 하나님께 부르짖으며 기도하고 있을 줄로 믿습니다. 현대 의술로 어쩔 수 없는 병이지만, 주님이 그 마음을 다스려 주시고 불안과 갈등을 몰아내 주시기를 원합니다.

하나님의 사랑이 우리 ○○○ (직분)님의 영과 육을 감싸 주시고, 사랑하는 가족의 눈물을 닦아 주시기를 원합니다. 이 고난의 상황을 잘 인내하고 극복할 수 있도록 하늘의 위로를 더하시고 새 힘을 부어 주옵소서. 웃음을 잃지 않게 하시고, 기도하며 감사의 조건을 찾게 하여 주옵소서. 가족의 건강도 주님이 책임져 주시고, 일터에도 복을 내려 주옵소서.

오늘 목사님이 주시는 하나님의 말씀이 이 가정에 큰 위로와 힘이 되기를 원하오며, 살아 계신 예수님의 이름으로 기도합니다. 아멘.

교회 다니다가 시험 든 교인 심방 예배

사랑의 하나님 아버지!

오늘 주님이 사랑하시는 ○○○ (직분)님을 심방하여 예배하게 하시니 감사를 드립니다. 어려운 가운데서도 이렇게 목사님을 모시고 심방 받기로 결단한 우리 ○○○ (직분)님의 마음에 주님의 위로와 평안이 가득하기를 원합니다. 오늘 이 심방 예배를 통하여 우리 ○○○ (직분)님의 마음에 새로운 신앙적 결심이 서게 하시고, 다시 용기를 내어 교회에 출석할 수 있는 은혜를 주시기 원합니다.

주님은 온전하시고 하나님의 말씀은 정확 무오하지만, 불완전한 인간이 모인 교회에는 오류가 있고 실수와 잘못된 점이 많이 있음을 고백합니다. 주여, 우리를 불쌍히 여겨 주옵소서. 우리가 사람을 보지 않고 오직 주님만을 바라보며 신앙생활을 하게 하옵소서. 우리 ○○○ (직분)님이 마음에 받은 상처와 실망이 있다면 주님이 위로하시고 회복시켜 주시기를 원합니다. 삶에 어떤 문제로 시험 들었다면, 주님께서 형통한 길을 허락하여 주셔서 하나님의 영광이 가리어지지 않게 하옵소서.

우리 ○○○ (직분)님이 교회의 주인이신 예수님을 만나게 하시고, 그 말씀을 들으며 하늘의 평안과 기쁨으로 살아가게 하옵소서. 다음 주일부터 교회 예배에 나와 함께 주님을 찬양하며 신앙생활을 할 수 있도록 성령의 감화를 내려 주옵소서. 오늘 목사님이 주시는 하나님의 말씀에 우리 ○○○ (직분)님의 마음이 열리고 큰 은혜 받기를 원하오며, 예수님의 이름으로 기도합니다. 아멘.

구원의 확신이 없는 교인 심방 예배

사랑이 넘치는 고마우신 하나님 아버지!

오늘 사랑하는 ○○○ (직분)님을 심방하여 예배하며 상담할 수 있게 하시니 감사를 드립니다. 주님, 아직도 믿음의 확신이 없는 주님의 사랑하는 아들(딸)을 불쌍히 여겨 주옵소서. 이 심방 예배를 통하여 예수님을 구주로 믿는 확신을 주시고, 주님의 자녀로서 살아가게 하옵소서.

우리 ○○○ (직분)님을 하나님께서 만세전에 택하시고 사랑하시고 여기까지 인도하여 주신 줄로 믿습니다. 믿음은 들음에서 난다고 하였사오니 우리 ○○○ (직분)님에게 성령께서 감동을 주셔서 성경을 가까이하게 하시고, 주일 예배에 나와 말씀을 들을 때 깨달음을 허락하여 주시기 원합니다. 사람이 마음으로 믿어 의에 이르고 입으로 시인하여 구원에 이른다고 하신 말씀을 기억합니다. 주여, 우리 ○○○ (직분)님의 마음에 믿음을 주시고, 그 믿음을 입으로 고백하게 하시고, 구원받고 하나님의 자녀가 되는 기쁨을 누리게 하여 주옵소서.

세상에 귀한 것이 많지만, 예수 믿고 하나님의 자녀가 되고 영생 얻는 것보다 귀한 것은 없다는 것을 깨닫게 하시고, "주여, 내가 믿습니다"라고 자신 있게 고백하는 우리 ○○○ (직분)님이 되게 하옵소서.

오늘 목사님을 통하여 하나님의 말씀을 들을 때 성령의 큰 역사가 나타나게 하시고, ○○○ (직분)님에게 구원의 확신이 임하게 하옵소서. 우리 주 예수님의 이름으로 기도합니다. 아멘.

다문화 가정 교인 심방 예배

자비로우신 하나님 아버지!

인류를 창조하시고 우주 만물을 다스리시는 주님을 찬양합니다. 오늘은 주님이 사랑하시는 ○○○ (직분)님과 ○○○ (직분)님의 가정을 심방하고 예배를 드리게 하시니 감사합니다. 주님께서 이 가정을 사랑으로 허락해 주시고 오늘까지 인도해 주심을 감사드립니다. 이 가정이 하나님께 영광을 돌리고 사람들에게 축복받는 가정이 되기를 원합니다.

특별히 이국땅에 와서 낯선 풍토와 문화와 언어 가운데 살아야 하는 우리 ○○○ (직분)님에게 은혜를 베풀어 주시기를 원합니다. 무엇보다도 건강의 복을 주시고, 자녀들이 환경에 잘 적응하게 하시고, 친구들과도 잘 어울릴 수 있도록 주님께서 인도해 주시기를 기도합니다. 우리 ○○○ (직분)님의 부모님도 멀리 이국땅에서 잘 생활하게 하시고, 어려운 일 없이 좋은 소식만 오가게 하옵소서.

우리 ○○○ (직분)님과 ○○○ (직분)님의 삶을 주님이 동행하여 주셔서, 외로울 때마다 품어 주시고 눈물 날 때마다 위로하여 주시기를 원합니다. 마음에 고민과 근심이 쌓일 때 말씀과 기도로 극복할 믿음을 허락하여 주옵소서. 우리 교회에서 신앙생활 할 때 구원의 확신을 얻게 하시고, 예수 믿고 하나님의 자녀 된 권세를 누리며 살게 하옵소서. 일터와 가정에서도 주님이 함께하셔서 행복한 일터와 가정이 되게 하옵소서. 오늘 목사님을 통하여 주시는 하나님 말씀에 큰 은혜를 받을 줄 믿사오며, 사랑 많으신 예수님의 이름으로 기도합니다. 아멘.

장애인 교인 심방 예배

사랑과 은혜가 풍성하신 하나님 아버지!

우리를 하나님의 형상대로 만드시고 주님을 섬기며 예배할 수 있도록 허락하신 은혜를 감사합니다. 오늘은 주님이 특별히 사랑하시는 ○○○ (직분)님을 심방하여 함께 예배하게 하심을 감사합니다. 이 심방 예배를 통하여 우리 ○○○ (직분)님에게 넘치는 하나님의 사랑과 위로가 임하기를 원합니다.

상한 갈대를 꺾지 않으시고 꺼져 가는 등불도 끄지 않으시는 사랑의 하나님을 믿습니다. 병든 자를 고쳐 주시고 장애인의 친구가 되시는 주님의 사랑과 위로를 기다립니다. 우리 ○○○ (직분)님의 평생에 하나님께서 동행하여 주시고 지켜 주시기를 원합니다.

힘든 일도 많고 어려운 일도 많이 있겠지만, 믿음 안에서 웃음을 잃지 않고 살아가는 우리 ○○○ (직분)님에게 감사의 조건이 더욱 넘치게 하시고, 일평생 주님 안에서 찬송하며 살게 하옵소서. "여호와는 나의 목자시니 내게 부족함이 없으리로다"라는 다윗의 찬송이 우리 ○○○ (직분)님의 입술에 언제나 머물게 하시고, 만나는 모든 사람들에게 하나님의 살아 계심을 간증하는 주의 자녀가 되게 하옵소서.

오늘 목사님이 주시는 하나님의 말씀에 큰 은혜 받기를 원하며, 우리 주 예수 그리스도의 이름으로 기도합니다. 아멘.

웹 부록

헌금기도, 새벽기도, 참회기도
대표기도문은 아래 QR에서 확인하세요.